# 新HSK六级
# 全真模拟
## 测试题集

主　　编：王尧美

副主编：戴丽华

编　　者：戴丽华　甄　珍　矫雅楠

北京语言大学出版社
BEIJING LANGUAGE AND CULTURE
UNIVERSITY PRESS

**图书在版编目 (CIP) 数据**

新 HSK 六级全真模拟测试题集 . / 王尧美主编 . —

北京：北京语言大学出版社，2012.9

ISBN 978-7-5619-3377-0

Ⅰ . ①新… Ⅱ . ①王… Ⅲ . ①汉语—对外汉语教学—

水平考试—习题集 Ⅳ . ① H195-44

中国版本图书馆 CIP 数据核字（2012）第 222022 号

书　　名：新 HSK 六级全真模拟测试题集
责任印制：汪学发

出版发行：北京语言大学出版社
社　　址：北京市海淀区学院路 15 号　　邮政编码：100083
网　　址：www.blcup.com
电　　话：发行部　82303650 / 3591 / 3651
　　　　　编辑部　82303647 / 3592 / 3395
　　　　　读者服务部　82303653 / 3908
　　　　　网上订购电话　82303668
　　　　　客户服务信箱　service@blcup.net
印　　刷：保定市中画美凯印刷有限公司
经　　销：全国新华书店

版　　次：2012 年 10 月第 1 版　　2012 年 10 月第 1 次印刷
开　　本：889 毫米 ×1194 毫米　　16 开　　印张：25.25
字　　数：540 千字
书　　号：ISBN 978-7-5619-3377-0 / H·12164
定　　价：79.00 元（含录音 MP3）

## 一、编写背景

新汉语水平考试（HSK）是中国国家汉办于 2009 年推出的一项国际汉语能力标准化考试，重点考查汉语非第一语言的考生在生活、学习和工作中运用汉语进行交际的能力。新 HSK 分笔试和口试两部分，笔试部分共六级，其中六级属高级水平的考试，面向已掌握 5000 个常用词的考生。

为使考生们能在较短时间内了解熟悉新 HSK 六级的考试模式和内容，适应题型，明确考点，掌握答题技巧，我们根据国家汉办颁布的《新汉语水平考试大纲 HSK 六级》，参照真题，在充分研究新汉语水平考试命题思路的基础上编写了本书。全书由 10 套笔试模拟试卷组成。针对每套试卷，配有听力文本及答案、答案说明，书后附有大纲第六级 2500 词分类词表。

## 二、本书特点

1. **全真模拟**。本书中的模拟试题严格参照国家汉办新 HSK 考试大纲设计编写，在词汇量、题型、题量、区分度等方面都与新汉语水平考试（HSK）样卷及真题保持一致，反映了新 HSK 大纲的要求，符合新 HSK 考试的命题思路。

2. 大纲**第六级词汇覆盖率 100%**。10 套模拟题对大纲规定的第六级 2500 词的覆盖率为 100%。

3. 提供**解题思路**。模拟试卷前的答题指南可帮助考生掌握答题技巧，听力、阅读、书写每一部分的解题思路都以真题案例形式作了详细说明，对教师教学和考生应试具有重要的指导意义。在"听力文本·答案·答案说明"部分的"答案说明"中提供了每道模拟题的答案精解。

4. **试测**。书中每套模拟题都经过相应水平的辅导班考生试测，并根据试测结果作了相应的调整和修改，具有较高的信度和效度。培训班多次试用，考试通过率高。

5. 大纲**第六级 2500 词分类词表**有助快速学习大纲词汇。本书最后部分将大纲第六级的 2500 词按 26 个意义类别加以分类，帮助考生利用分类联想法记忆词汇，以达到事半功倍的学习效果。这部分也提供了录音，可以用来做多种形式的练习。

随书配有录音 MP3。每套听力试题前的中国民乐由"女子十二乐坊"演奏，在此深表谢意。

编者

2012 年 10 月

# 目　录

## 全真模拟试卷

## 听力文本·答案·答案说明

## 附　录

答题卡

# 新 HSK 六级考试介绍

## 纸笔考试

　　HSK（六级）主要面向掌握 5000 及 5000 以上常用词语的考生。HSK（六级）考查考生的汉语应用能力，它对应于《国际汉语能力标准》五级、《欧洲语言共同参考框架（CEFR）》C2级。通过 HSK（六级）的考生，可以轻松地理解所听到或读到的汉语信息，以口头或书面的形式用汉语流利地表达自己的见解。

| 考试内容 | | 试题数量（个） | | 考试时间（分钟） |
|---|---|---|---|---|
| 一、听力 | 第一部分 | 15 | 50 | 约 35 |
| | 第二部分 | 15 | | |
| | 第三部分 | 20 | | |
| 填写答题卡 | | | | 5 |
| 二、阅读 | 第一部分 | 10 | 50 | 50 |
| | 第二部分 | 10 | | |
| | 第三部分 | 10 | | |
| | 第四部分 | 20 | | |
| 三、书写 | 作文 | 1 | | 45 |
| 共计 | / | 101 | | 约 135 |

　　全部考试约 140 分钟（含考生填写个人信息时间 5 分钟）。

　　HSK（六级）成绩报告提供听力、阅读、书写和总分四个分数。总分 180 分为合格。

| | 听力 | 阅读 | 书写 | 总分：300 |
|---|---|---|---|---|
| 满分 | 100 | 100 | 100 | |

　　HSK 成绩长期有效。作为外国留学生进入中国院校学习的汉语能力的证明，HSK 成绩有效期为两年（从考试当日算起）。

## 新 HSK 网考

　　新 HSK 网考是在纸笔考试形式的基础上新增的一种考试形式。考试级别和试卷与笔试相同。网考支持在线发放试卷、在线作答各种题型，并可以网络回传考试作答数据，整个考试过程实现了无纸化操作。网考听力试题音频独立播放。写作时可用键盘输入，也可用数码笔书写。

　　网考报名截止时间比笔试报名截止日期提前 10 天。网考地点需提前咨询相关考点。

# 新 HSK 六级答题指南

# 一、听　力

　　　　　　1—15题，共15道题。每题都是听一段短文，试卷上有四个选项，要求选出与所听内容一致的一项。每题听一次。

　　如，你听到下面一段话：*

　　1. 我想给女朋友打电话，我预想了各种情况：一、她妈妈接电话。二、她爸爸接电话。三、她接电话，但父母在身边，说话不方便，等等。我想了一个下午，想好了各种应对策略，然后拿起电话，结果她不在家。

　　你在试卷上看到四个选项：

　　1. A 女朋友不在家　　　　　　B 他的恋爱失败了
　　　 C 他最后没打电话　　　　　D 女朋友给他打电话了

　　根据听到的短文，内容一致的是 A。

**解题技巧**

　　听力第一部分主要考查两个能力：一是对短文的整体理解能力，题型为主旨题；二是对材料细节的把握能力，题型为细节题。

　　先快速阅读四个选项，这是你能看到的信息，应注意充分利用选项信息预测题型。如果能做到有目的、有选择地获取信息，会大大提高听力理解的准确度。主旨题要根据短文的主要事实、逻辑表达和观点进行判断。细节题要根据短文提供的信息仔细对照，看是否相符。选择答案时，注意排除干扰项，确定正确选项。

　　如，在试卷上你看到下面四个选项：

　　2. A 心态影响成败　　　　　　B 玫瑰花种类繁多
　　　 C 要避免盲目乐观　　　　　D 希望越大，失望越大

　　听到以下内容：

　　2. 同样是一枝玫瑰，悲观者看到的是刺，乐观者看到的是花，不同心态与思维模式

---

　　* 以 2010 年 7 月新 HSK 六级考试真题为例。

会导致不同的结果与命运。多数成功者的心态是积极的，即使只有一线希望，也要全力以赴去争取。

短文中"不同心态与思维模式会导致不同的结果与命运"这一主题句给出短文的主要观点。A"心态影响成败"与短文内容相符。C"要避免盲目乐观"与短文内容不相符。B"玫瑰花种类繁多"是"同样是一枝玫瑰，悲观者看到的是刺，乐观者看到的是花"的干扰项。D"希望越大，失望越大"是"多数成功者的心态是积极的，即使只有一线希望，也要全力以赴去争取"的干扰项。

又如，在试卷上你看到下面四个选项：

8. **A** 巧克力能提高记忆力　　　　**B** 杏仁巧克力有助睡眠

　　**C** 维生素可延缓大脑衰老　　　　**D** 巧克力含有丰富的维生素

看到选项，可以感觉出这是一道细节题。应提醒自己注意短文中"巧克力、杏仁巧克力、维生素"这几种物质的功能和关系。你听到以下内容：

8. 吃杏仁巧克力有利于大脑健康？没错！但这不是巧克力的功劳，而是杏仁中的维生素在起作用，它可以延缓大脑衰老。当然也不能忽视心理因素，比如感到焦虑时，吃一块杏仁巧克力无疑是对自己小小的宠爱。

这段话的表达关系"吃杏仁巧克力……？没错！但……不是巧克力……而是杏仁中的维生素……，……延缓大脑衰老。……"，首先否定了"杏仁巧克力"和"巧克力"，其中干扰最强的是 A 和 D，排除干扰项，最佳选项是 C。


**第二部分**

16—30题，共15道题。题型多是一段对话式访谈，然后提出问题，要求根据提问选出正确答案。每段话后有三到五个选择题。试卷上给出四个选项。每题听一次。

如，你听到下面一段话：

**第16到20题是根据下面一段采访：**

女：作为清华创业园的主任，您认为大学生创业的优势和劣势都是什么？

男：大学生创业的优势是没有包袱。对大学生来讲，本来就一无所有，即使失败了，得到的也是经验，我认为这就是大学生的创业优势。另外在经验方面来看，没有经验反而敢于冒险，一些较难的项目，有经验的人不敢做，恰恰因为他是大学生，初生之犊不畏虎，就开始做了，并获得了成功。

女：从海外回来的留学生也没有经验，他们和国内的大学毕业生的差别是什么？

男：留学生之间差别比较大。如果留学生只是纯粹搞技术，跟国内毕业生是一样的。技术出身的人把技术看得比较重，技术为主的公司，不成功的主要原因是欠缺商业化运作能力。国内大学生和留学生都有这样的情况。在清华有这样一批留学生，他们有创业经历，掌握海外先进的技术，了解如何将技术变成市场需要的产品，如何与资本结合达到上市等。这样的留学生，市场观念比较强，市场运作能力比较强，吸引资金本事也比较大。他们不仅带回来技术，还有新的观念和理念，这样的留学生创业是比较容易成功的。

女：对于我们大学毕业生来说，先不要头脑发热，先要确定自己适不适合创业。

男：对大学生最重要的是，不管怎样创业，要搞清楚一件事情，不管你是卖产品还是服务，最主要还是看有没有市场需求，产品的潜在市场有多大。在市场里，要做跟别人不一样的东西，要考虑如何在市场里取得一杯羹。

女：在创业者里面，有个人，也有团队，哪一种更多？

男：大多数都是团体创业，很多是懂技术的和懂市场的相结合。比如说我们做电脑的，搞技术的人把电脑做得更快、更好，以更好卖，这是最简单的一个结构。有人开发适合市场的产品，有人卖出去，再把信息反馈回来，这是最简单的组合。如果还有懂资金、懂销售、懂管理、懂人力资源的，这样的团队会更加的完美，成功的可能性会更大一点儿。

16. 大学生创业的优势是什么？

17. 关于从海外回来的留学生，下列哪项正确？

18. 技术为主的公司不成功的主要原因是什么？

19. 大学生创业应该先搞清楚什么？

20. 根据对话，可以知道什么？

你可以在试卷上看到以下各题的选项：

16. **A** 没有负担          **B** 知识丰富
    **C** 团队意识强          **D** 对市场反应敏感

17. **A** 市场观念不强          **B** 熟悉国内市场
    **C** 重视海外市场          **D** 一部分人有创业经历

18. **A** 不愿冒险          **B** 技术落后
    **C** 没海外背景          **D** 缺乏商业化运作能力

19. **A** 有无技术          **B** 有无资金
    **C** 有无市场需求          **D** 有无新的理念

20. **A** 团体创业更易成功　　　　　　**B** 大学生不适合创业

　　**C** 创业者应该懂技术　　　　　　**D** 创业初期要控制规模

根据采访内容，16–20题正确答案分别是 A、D、D、C、A。

**解题技巧**

首先，根据第一句的听力提示确定选择题范围（"第16到20题是根据下面一段采访"）。上例这段话共有五个问题。在听的过程中应同时阅读试卷上提供的信息，作出预测，为后边的提问提供辅助信息。做这部分听力题时，注意说话人提出的问题和上下文的语境会为选择答案提供有力的帮助。

如，你看到选项：

16. **A** 没有负担　　　　　　　　　　**B** 知识丰富

　　**C** 团队意识强　　　　　　　　　　**D** 对市场反应敏感

听到对话人的提问"您认为大学生创业的优势和劣势都是什么？"和回答"大学生创业的优势是没有包袱"及相关的解释时，不用等最后的问题提问，就可以预测出16题的正确答案是 A。

又如，你看到选项：

17. **A** 市场观念不强　　　　　　　　　**B** 熟悉国内市场

　　**C** 重视海外市场　　　　　　　　　**D** 一部分人有创业经历

在听到谈话中问"他们和国内的大学毕业生的差别是什么？"以及回答"他们有创业经历，……还有新的观念和理念"后就可以知道17题可预选 D。等听到最后的提问时，可以作为内容的校对，确定最终选项。这部分题的关键要边听边做，等到最后听完问题再做就会很仓促，或者会丢失一些信息。

**第三部分**

　　　　31—50题，共20道题。包括五到六段短文，每段短文后有三到四个提问，要求根据听到的该段话选出正确答案。每题听一次。

如，你可以听到：

**……现在开始第31到33题：**

**第31到33题是根据下面一段话：**

　　现在技术发展了，旅游业也进步了，进步之一就是名山胜地都架起了缆车。一般的

－V－

旅行都采取上山乘缆车，然后步行下山的方式，省力省钱又省时。登山活动，不知不觉变成了下山活动。在这个活动中，三种人有三种不同的感受。甲说："上山坐缆车，啥也没看到。下山下了千级台阶，腿肚子都抽筋了，找罪受！"乙说："上得太快了，只好慢慢下，也算软着陆嘛！"丙说："一边下山，一边看风景，把这辈子的下坡路全走了，今后就一定顺了！"同一件事，同样的行为，却有不同的感受。甲是悲观主义，乙是客观主义，丙是乐观主义。看来，天底下快乐的人，不是上天赐予他快乐的事，而是给了他一颗快乐的心。

　　31. 现在爬山，游客们一般采取什么方式？

　　32. 关于甲，可以知道什么？

　　33. 这段话主要告诉我们什么？

你在试卷上可以看到：

　　31. **A** 步行上下山　　　　　　　　　**B** 坐缆车上下山

　　　　 **C** 坐缆车上山，步行下山　　　　**D** 步行上山，坐缆车下山

　　32. **A** 知足常乐　　　　　　　　　　**B** 是悲观主义者

　　　　 **C** 坐缆车下了山　　　　　　　　**D** 和乙感受相似

　　33. **A** 要着眼未来　　　　　　　　　**B** 要追求效率

　　　　 **C** 要有快乐的心　　　　　　　　**D** 解决问题要讲究策略

根据这段话的内容，31—33 题的正确答案分别是 C、B、C。

**解题技巧**

首先根据听力提示确定选择题范围（如"第 31 到 33 题是根据下面一段话"，可知这段话共有 3 个问题）。在听的过程中同时阅读试卷上提供的这几个问题的信息，作出预测，为后边的提问提供辅助信息。等听到最后的提问时，可以作为内容的校对，确定最终选项。

考题类型同样包括细节题和主旨题。细节题，如：

　　31. 现在爬山，游客们一般采取什么方式？

　　32. 关于甲，可以知道什么？

主旨题，如：

　　33. 这段话主要告诉我们什么？

☆ 听力考试结束后，有专门的 5 分钟填写答题卡时间，把答案抄写到答题卡上。

# 二、阅 读

　　　　　　51—60题，共 10 道题。给出 A、B、C、D 四个句子，要求选出有语病的一个句子。

　　常见的语病类型有以下几种：

1.语序不当　　　2.词语／搭配不当　　　3.成分残缺　　　4.成分赘余　　　5.结构混乱

6.语意不明　　　7.语意重复　　　　　8.不合逻辑　　　9.否定不当

可以从这些方面考察一个句子是否有语病。

**解题技巧**

找出一句话的主干部分（主—谓—宾），看各部分是否完备或搭配。如：

　　51. **A** 7 月的内蒙古草原，是一个美丽的季节。

　　　　**B** "位"不是一个普通的量词，它还含有敬重的意思。

　　　　**C** 一个志存高远的人，必定将追求优秀作为自己的人生目标。

　　　　**D** 心胸狭窄的人就像显微镜，将小事过分放大，大事却看不见。

　　A句中，"内蒙古草原是……季节"搭配不当，应为"7 月是……季节"。有判断动词"是"，可考虑句子的主语与宾语是否搭配。

　　52. **A** 在怎样获得快乐这个问题上，孩子有时是我们的老师。

　　　　**B** 书中的经验和知识对我们来说取之不尽、用之不竭的源泉。

　　　　**C** 我祖籍江苏无锡，再上两代是江苏武进，就是今天的常州。

　　　　**D** 生活中没有"删除"键，好的、坏的都是你人生的一部分，要学会珍惜。

　　B句中"的源泉"成分赘余，可去掉。或"取之不尽"前增加"是"。错误类型：成分残缺。

　　53. **A** 顾客可以通过浏览我们的网站选择所需要的商品。

　　　　**B** 太阳能设备不用燃料，安全卫生，因为不会带来污染。

　　　　**C** 世界小麦种植的总面积，居粮食作物种植总面积的第一位。

　　　　**D** 作为一名管理者，你可以不知道下属的缺点，却不能不知道下属的长处。

　　B句中，"因为"表示原因，不合逻辑，应是表示因果关系的"因此"。句中有介词或连词，可考虑其是否用得恰当。

　　54. **A** 光线太强或太弱，都容易使眼睛感到疲劳。

　　　　**B** 这是一个专门教你怎么制作网页的免费网站。

　　　　**C** 一般情况下，敬酒一定要充分考虑好敬酒的顺序，分明主次。

　　　　**D** 世界上没有完全相同的两片树叶，更没有完全相同的两个人。

C句中，第二个"敬酒"属语意重复。句中有多重限定或修饰成分，可考虑是否语序不当或赘余。

55. A 拥有资源的人不一定能成功，善用资源的人才会成功。
    B 晚唐诗人中，诗歌成就最高的，是擅长写爱情诗的李商隐。
    C 有些植物的花朵因吸收金属元素而改变颜色，这也能成为找到地下矿藏。
    D 今天是上海世博会开园后的第三个周六，参观人数达到开园以来最高峰。

C句中，"这也能成为找到地下矿藏"成分残缺，语意不明，可在最后增加"的线索"。

56. A 简单的生活，无论对身体还是精神，都大有裨益。
    B 第十届国际马拉松赛报名时间将于本月12号截止。
    C 对语言的应用，应该力求用最经济的方式，表达最丰富的内容。
    D 每个人都需要表露自己的情绪：如喜怒哀乐忧惧等，尤其孩子如此。

D句中，"表露……情绪"用词不当，应为"表达……情感"。另外，副词"尤其"应放在谓语"如此"的前面、主语"孩子"的后面。注意副词在句中的位置。

57. A 早饭一定要吃，因为它可以帮助你维持血糖水平的稳定。
    B 当人的注意力不集中时，就会下意识地眨眼，以减少进入大脑的信息。
    C 据预测，明年第二季度国际市场的原油日需求量将减少250万桶以内。
    D 豆浆是中国人十分喜爱的一种饮品，它营养丰富，又被称做"植物奶"。

C句中，"减少250万桶"与"以内"有矛盾。句中出现数字，可考虑数字说明是否前后矛盾或重复，是否有歧义等。

58. A 在她的心目中，童年跟大自然相处的那段日子是自己受过的最好的艺术教育。
    B 地球上最宽阔的是海洋，比海洋更宽阔的是天空，比天空更宽阔的是人的胸怀。
    C 颐和园是一座环境幽雅、建筑精美、举世闻名的古典园林，它是中外游客到
       北京的必游之地。
    D 登山之前要掌握一些登山的知识，而且还要准备好登山的装备，这样才能更
       好地应对意外情况。

A句中，"童年跟大自然相处的那段日子"应为"童年那段跟大自然相处的日子"，语序不当。句中有多重限定或修饰成分，可考虑是否语序不当或赘余。

59. A 冬季停车要注意选择地点，尽量避开坑洼潮湿处，以免积水结冰，冻住车轮。
    B 按照中国农历，"立夏"代表着夏季来临，不过由于中国幅员辽阔，各地入
       夏的时间并不一致。
    C 卷心菜可以说是所有的蔬菜中最为古老的一种，我们知道古时候的人就已经
       很久以前一直在吃它了。
    D 初次见面，能说出对方姓名，并说一两句恭维话，可以给对方留下好印象。
       不过，恭维不能过头，说多了会令对方觉得你世故、虚伪。

C 句中，"很久以前"与"就已经"状语语序不当，应是"很久以前就已经"；"已经"与"一直"语义矛盾。句中有并列成分，应当考虑它们同其他成分是否搭配或照应，它们是否存在从属关系或交叉关系。

60. **A** 一口整洁的牙齿，不仅是身体健康的标志，还能使人在社交场合充满自信。

　　**B** 你努力了，不见得能得到你想要的成功。但在努力的过程中，你一定会有所获得。

　　**C** 胶片的发明催生了另外一个改变人类记录方式的事物的产生带来很大影响，那就是电影。

　　**D** 节日期间，各星级饭店纷纷推出特色餐饮和特惠措施，吸引大量市民走进饭店欢度佳节。

C 句中"催生了另外一个改变人类记录方式的事物的产生带来很大影响"结构混乱，语意不明。

---

**第二部分**

61—70 题，共 10 道题。要求选词填空。主要考查词语的应用能力，涉及词语的语义和结构搭配、同义词和近义词的辨析等。

**解题技巧**

应掌握词语的常见搭配，区别近义词不同的语素义，注意词语的褒贬色彩。有时一个空儿几个选项都可以，这时应根据上下文，使用保证几个空儿**同时**成立的方法立来确定最终的选项。填空后通读一遍。如：

61. 良好的口语交际能力，已成为现代人必备的＿＿＿＿，口语交际是在一定的语言情境中相互＿＿＿＿信息的过程，是人与人之间交流和沟通的基本＿＿＿＿。

| | | |
|---|---|---|
| **A** 素质 | 传递 | 手段 |
| **B** 品质 | 传授 | 手法 |
| **C** 品德 | 传播 | 途径 |
| **D** 道德 | 传达 | 模式 |

61 题第一个空儿："交际能力"属于人的"素质"范畴。词义范围不同。选 A。第二个空儿："传授"多指把学问、经验、技艺等教给别人。"传达"多用于把上级指示转告给下级。"传递信息 / 传播信息"指传送散布信息。词义范围不同。可选 A、C。第三个空儿："手段、手法"多指采用的不正当的方法，有贬义色彩；"途径、模式"指方式方法。感情色彩不同。可选 A、C、D。61 题三个空儿同时正确的选项是 A。

词由语素构成，分析近义词、同义词的不同，可从它们不同的语素着手，揣摩其异同。主要从意义方面辨析：意义轻重不同、范围大小、搭配对象不同等。还可从色彩方面辨析：感情色彩不同，语体色彩不同。还可从用法方面辨析：词性不同等。这几个方面可作为辨析同义近义词的重要依据。

做题时可以采用排除法，如选项中只有一个是正确选项，可迅速排除其他选项，马上确定最终选项。

### 第三部分

71—80题，共10道题。包含两篇短文，每篇短文要求从五个句子中选择适合上下文的句子填空。主要考查上下文理解能力及语篇表达能力。如：

71—75.

司马光出生于宋真宗天禧三年（公元1019年），当时，他的父亲司马正担任光州光山县令，于是便给他取名"光"。司马光家世代为官，父亲司马池官至兵部郎中、天章阁待制，一直以清廉仁厚享有盛誉。司马光深受父亲影响，自幼便聪敏好学。据史书记载，（71）＿＿＿＿＿＿，常常"手不释书，至不知饥渴寒暑"。7岁时，他便能够熟练地背诵《左传》，并且能把200多年的历史梗概讲述得清清楚楚。

（72）＿＿＿＿＿＿，从小就是一副小大人模样。有一次，他跟小伙伴们在后院里玩耍，（73）＿＿＿＿＿＿，有个小孩子爬到缸沿上玩，一不小心，掉到缸里。缸大水深，眼看那孩子快要没顶了。别的孩子们一见出了事，吓得边哭边喊，跑到外面向大人求救。司马光却急中生智，（74）＿＿＿＿＿＿，使劲向水缸砸去，"砰！"水缸破了，缸里的水流了出来，被淹的小孩子得救了。这就是流传至今的"司马光砸缸"的故事。（75）＿＿＿＿＿＿，东京和洛阳有人把这件事画成图画，广泛流传。

**A** 这个偶然的事件使小司马光出了名

**B** 小小的司马光遇事沉着冷静

**C** 从地上搬起一块大石头

**D** 司马光非常喜欢读《左传》

**E** 院子里有一口大水缸

#### 解题技巧

71题，上文提到司马光聪明好学，下文写司马光喜欢读书的程度和对《左传》的了解程度，根据上下文，选D。72题，根据下文故事，前面一句应是对故事的概括，选B。73题，根据下文"……爬到缸沿上玩，……掉到缸里"，选E。74题，根据下文"砸缸"，应该选C。75题，根据事件的结果，选A。

**第四部分**

81—100题，共20道题。包含五篇短文，要求阅读每篇文章后，根据提问，从给出的四个选项中选出正确答案。

**解题技巧**

六级阅读理解话题内容广泛，题材各异。测试重点在词汇、阅读速度和理解能力三个方面。测试题型可分为考查文章的话题、中心思想、结构、寓意、细节、词义猜测及逻辑推理等。给出以下几条建议：

1.以文章为出发点，切忌以自己的观点取代文章中作者的观点。

2.注意文章的题材和体裁，阅读中保持清晰的思路，顺着文章的脉络读下去。

3.弄清题型，如细节往往散布在文章各处，词义猜测或指代关系则要看上下文，主旨题可在文章或段落的开头或结尾部分寻找主题句。

4.阅读时不要因不认识的词影响阅读速度，要以文章整体为主。也可采取文章与题目相结合的方法，从题目中寻找一下提示。

5.注意选择项中的干扰项，主要包括脱离原文、以偏概全、扩缩范围、偷换概念、正误并存等。

# 三、书　写

第101题：缩写。你有10分钟的时间阅读约1000字的文章，体裁多为记叙文和议论文。阅读时不能抄写、记录。10分钟后，监考收回阅读材料，要求在35分钟内缩写成一篇400字左右的短文。标题自拟。只需复述文章内容，不需加入自己的观点。

六级缩写主要考查考生的阅读能力、分析能力、概括与写作能力。

**解题技巧**

缩写的方法主要有两种：一是适当删减，删去文章中的次要人物、次要内容；另一种是适当概括，即把文章中的叙述、描写及对话进行概括。这两种方法通常结合运用。

缩写的具体做法是：

1.先概括全文的中心思想和各段落大意，再确定题目。

2.围绕中心弄清主要事件和材料，不改变原文中心思想，不改变原文体裁，保持原文的主要事件、人物的基本特点。删掉次要情节和材料。

3.缩写语言，把具体描写的句子变成简洁叙述的句子。

4.使文章衔接自然，首尾贯通，成为一个整体。

如：

　　在一个安静的小镇上，有一名厨师，他的烹饪水平很不错，在一家叫"吃吧"的饭店做厨师5年多了。当厨师之余，他还热衷于买彩票，虽然他一直没有中过大奖。

　　有一天，幸运之神终于眷顾了他，他居然中了数百万元的大奖，他成了小镇上最幸运的人。中奖的那个晚上，他在自己工作的饭店请客。他亲自下厨，做了许多拿手菜，和大家一起庆祝自己的一夜暴富。

　　那个狂欢的晚上，所有人都尽情玩闹，只有饭店的老板有些难过，因为他得开始计划重新招聘一名厨师了，他想原来的厨师肯定不会继续干这份工作了。

　　第二天，就在老板写好招聘广告，正准备贴在门口时，一个熟悉的身影出现了，那个厨师居然回来了。他不但回来了，而且风趣地说："我是厨师，厨房是我的，你们休想把我丢进那些豪华会所。"

　　于是，他又吹着口哨开始了自己的工作。很快，饭店里的食客变得比以前更多了，当人们发现那位厨师依然在这里工作时，都很惊讶地向他挥手致意。

　　后来，他的做法引来了好奇的记者。记者们举着摄像机闯进厨房问他："先生，您已经是百万富翁了，完全不必继续在这里工作了，为什么还要继续呢？"

　　他一手端着盘子，一手拿着勺子，对记者说："你知道我有多么喜欢干这个了吧？而且，我在这里有像亲人一样的老板和同事，我们相处得非常愉快，他们让我人生的大部分时间都很快乐，我为什么要因为一笔意外之财而丢弃我热爱的事情呢？是的，我不能因为钱耽搁了我的快乐。"

　　记者很惊讶，良久无语，然后很执着地问："你这么有钱，为什么不把这家饭店买下来，然后自己做老板，这样不是更好吗？"

　　厨师笑了，隔着玻璃门指着外面的老板说："像购买这家饭店成为老板这种事情，我是不会干的。因为这是他最喜欢干的事情，我如果买下这家饭店，那不意味着他要失业并失去快乐了吗？既不能给我带来快乐，又有可能夺走别人快乐的事情，我为什么要干呢？"

　　听了厨师的回答，记者再次惊呆，然后对这位厨师竖起了大拇指。人们都相信，他是快乐的，因为他热爱着自己的工作和生活。

　　很多时候，我们都把工作的目的等同于赚钱，于是工作便成为一种庸俗的劳累。如果试着把工作和金钱分开，和快乐挂上钩，也许你会发现工作将成为一件愉快的事情。细细想来，我们大多数人都没有中头彩的命，可能要将人生大部分的时间献给工作，如果不能把工作当成快乐的事情，不去从工作中寻找快乐，那我们的一生岂不是要在悲哀中度过吗？

缩写参考

　　在一个小镇，有一名厨师，他热衷于买彩票。

　　一天，他居然中了百万元大奖。中奖的那个晚上，他在自己工作的饭店请客，和大家一起庆祝。

　　只有饭店的老板有些难过，因为他得重新招聘一名厨师了，原来的厨师肯定不会继续干这份工作了。

　　第二天，那个厨师居然回来了，还说："我是厨师，厨房是我的，你们休想把我丢进那些豪华会所。"

　　于是，他又快乐地开始工作。很快，饭店里的食客更多了，人们发现那位厨师，都向他挥手致意。

　　后来，他对记者说：我喜欢干这个。而且，我跟老板和同事相处得非常愉快，我没必要因为意外之财丢弃我热爱的事。

　　记者问："你这么有钱，为什么不把饭店买下来，自己做老板？"

　　厨师说：我如果买下这家饭店，那意味着老板要失业并失去快乐了。

| | | 人 | 们 | 都 | 相 | 信 | ， | 厨 | 师 | 是 | 快 | 乐 | 的 | ， | 因 | 为 | 他 | 热 | 爱 |
| 自 | 己 | 的 | 工 | 作 | 和 | 生 | 活 | 。 | | | | | | | | | | | |
| | | 很 | 多 | 时 | 候 | ， | 我 | 们 | 都 | 把 | 工 | 作 | 等 | 同 | 于 | 赚 | 钱 | ， | 于 |
| 是 | 工 | 作 | 成 | 为 | 劳 | 累 | 。 | 如 | 果 | 不 | 能 | 把 | 工 | 作 | 当 | 成 | 快 | 乐 | 的 |
| 事 | ， | 不 | 从 | 工 | 作 | 中 | 找 | 快 | 乐 | ， | 那 | 我 | 们 | 一 | 生 | 岂 | 不 | 是 | 要 |
| 在 | 悲 | 哀 | 中 | 度 | 过 | 吗 | ？ | | | | | | | | | | | | |

　　缩写要写到答题卡的稿纸上，每个字、大部分标点每个占一格（如上例）。汉字书写应正确，句子无语法错误，结构清晰，内容与文章相符，语句流畅。

　　☆ 填写答案时，要求用 2B 铅笔把 A、B、C、D 中的某个字母涂满，以便电脑判卷。作文写在答题卡的作文纸张上。

　　☆ 听力部分有单独的抄写答题卡时间，其他部分没有单独的抄写答案时间。

# 新 HSK 六级评分标准

## 1. 客观题评分

客观题指听力和阅读。其评分过程为：首先，读取考生答题卡，提取考生作答数据，形成原始数据，然后按"答对一题给 1 分，答错一题给 0 分"的标准，形成听力、阅读分测验的原始分数；其次，将原始分数进行等值转换，形成等值分数；第三，将等值分数转换为标准分；第四，将标准分再转换为听力、阅读分测验新 HSK 分数。

考生自我评估时，按百分制简单处理即可。以 HSK（六级）为例，听力共 50 题，满分 100 分，每题 2 分；阅读共 50 题，满分 100 分，每题 2 分。如听力答对 30 题，其成绩为 $30 \times 2 = 60$ 分；阅读答对 20 题，其成绩为 $20 \times 2 = 40$ 分。

## 2. 主观题评分

书写的评分过程是：首先，将评分员所给分数转换为标准分；其次，将标准分转换为书写分测验新 HSK 分数。

● HSK（六级）书写的评分标准如下：

| 书写 | 题量 | 分值 | 满分 |
|---|---|---|---|
| 缩写 | 1 | 100 | 100 |

## 3. 关于笔试总分

新 HSK 笔试总分由分测验分数相加而得。以 HSK（六级）为例，如果听力为 60 分、阅读为 50 分、书写为 75 分，总分即 $60 + 50 + 75 = 185$ 分。

## 4. 书写题型评分说明

HSK（六级）的书写题"缩写"评分标准如下：

---

0　　分：空白。

---

低档分：内容与提供材料相关性不大；

　　　　内容不连贯，有语法错误；

　　　　有较多错别字。

---

中档分：内容与提供材料基本相符，有语法错误；

　　　　内容与提供材料基本相符，有少量错别字；

　　　　篇幅不够。

---

高档分：内容与提供材料相符，结构合理，表达有条理、连贯，无语法错误、

　　　　错别字。

---

附：

## 新、旧 HSK 分数对应关系

（来源：国家汉办）

| 旧 HSK 证书等级 | | | 旧 HSK 分数段 | 旧 HSK 级别 | 新 4 级 总分 300 | 新 5 级 总分 300 | 新 6 级 总分 300 |
|---|---|---|---|---|---|---|---|
| 初、中等 总分 （400） | 初 等 证 书 | C | 152– | 3 级 | *180– | | |
| | | B | 189– | 4 级 | 195– | | |
| | | A | 226– | 5 级 | 210– | | |
| | 中 等 证 书 | C | 263– | 6 级 | | 180– | |
| | | B | 300– | 7 级 | | 195– | |
| | | A | 337– | 8 级 | | 210– | |
| 高等 总分 （500） | 高 等 证 书 | C | 280– | 9 级 | | | 180– |
| | | B | 340– | 10 级 | | | 195– |
| | | A | 400– | 11 级 | | | 210– |

全真

模拟试卷

# 新汉语水平考试
# HSK（六级）
# 模拟试卷　第 1 套

## 注　意

一、HSK（六级）分三部分：

　　1. 听力（50 题，约 35 分钟）

　　2. 阅读（50 题，50 分钟）

　　3. 书写（1 题，45 分钟）

二、听力结束后，有 5 分钟填写答题卡。

三、全部考试约 140 分钟（含考生填写个人信息时间 5 分钟）。

|  | 答对题数 | 成　绩 |
|---|---|---|
| 听　力 |  | 2分× 　 = 　分 |
| 阅　读 |  | 2分× 　 = 　分 |
| 书　写 | （1题，100分） | 　分 |
| 总成绩 |  | 　分 |

# 一、听 力

## 第一部分

第1—15题：请选出与所听内容一致的一项。

1. A 姚明的球技不佳
   B 个子高不容易生病
   C 姚明喜欢用新电脑
   D 姚明认为个高是优势

2. A 口头语言有复杂含义
   B 应该更关注口头语言
   C 肢体语言能传递很多信息
   D 肢体语言不能够表现权力

3. A 老年人喜欢听笑话
   B 老年人喜欢讲笑话
   C 老年人普遍缺乏幽默感
   D 老人记忆力和推理能力下降

4. A 凡客是传统的品牌
   B 凡客是一位设计师
   C 凡客重视与用户的互动
   D 凡客没有自己的设计师

5. A 小李想骗老张
   B 老张想骗小李
   C 老张没有喝醉
   D 小李没借老张的钱

6. A 极限运动都非常危险
   B 极限运动花费的钱多
   C 人们喜欢极限运动的刺激
   D 极限运动只有少数人喜欢

7. A 这位老人有很多鞋
   B 这位老人十分想得开
   C 这位老人的鞋很昂贵
   D 有人捡到了老人的鞋

8. A 美国发现了最长寿灯泡
   B 一个灯泡可以用三四年
   C 这个灯泡亮了二十二年
   D 灯泡的长寿秘诀找到了

9. A 小伟很喜欢读书
   B 小伟有很多好朋友
   C 小伟的生活很单调
   D 小伟喜欢一个人生活

10. A 科技馆重视人们的肠道健康
    B 在科技馆可以学到很多知识
    C 科技协会请大家参观科技馆
    D 科技馆近期有健康科普活动

11. A 表带的款式千变万化
    B 手表的款式千变万化
    C 表带分皮质和金属两类
    D 手表的材料有精钢、间金等

12. A 传统商务服务做得更好
    B 传统商务类型没有限制
    C 电子商务有劣势也有优势
    D 电子商务比传统商务更火

-4-

13. **A** 工作时间越长越有可能成功

    **B** 管理者工作越长企业越能赢利

    **C** 每周工作 48 小时的企业最赚钱

    **D** 公司赢利能力与管理者的工作
时间有关

14. **A** 英国的退休年龄最晚

    **B** 各国的退休年龄都不一致

    **C** 生育率下滑使各国拟延长退休
年龄

    **D** 现在美国 2.6 个年轻人赡养 1 位
老人

15. **A** 鲁迅先生已经逝世 82 年

    **B** 周海婴是鲁迅先生独子

    **C** 纪念鲁迅诞辰活动规模不大

    **D** 周海婴在父亲 130 年诞辰之后
逝世

# 第二部分

第16—30题：请选出正确答案。

16. A 幸福指数上升了
    B 幸福指数下降了
    C 自己是有钱人了
    D 非常看重这件事

17. A 引起很多争议
    B 曾经质疑微软
    C 市值800亿美金
    D 引来了很多赞誉

18. A 他妈妈总是批评他
    B 他一共有五个孩子
    C 他的姐姐非常优秀
    D 他比姐妹都要优秀

19. A 博士论文很难写
    B 没有考上博士生
    C 不擅长科学研究
    D 想做更实际的事

20. A 做中英文搜索
    B 专做中文搜索
    C 开展多元化探索
    D 做游戏和短信业务

21. A 普通的人
    B 沉闷的人
    C 内向的人
    D 滑稽的人

22. A 熟悉草根语言
    B 认识很多小人物
    C 希望让观众开心
    D 平民意识易引起共鸣

23. A 李小龙写了很多书
    B 李小龙的电影很简单
    C 李小龙的功夫很厉害
    D 李小龙让世界知道中国功夫

24. A 是单纯的喜剧
    B 在香港票房很好
    C 男的表演很完美
    D 所有观众都喜欢

25. A 李小龙式的电影
    B 大部分人喜欢的电影
    C《大话西游》式的电影
    D《少林足球》式的电影

26. A 准备新节目
    B 跑新闻现场
    C 邀请新闻当事人
    D 主持《东方时空》

27. A 关注新闻本身
    B 主持人很严肃
    C 相对轻松活泼
    D 主持人必须穿衬衫

28. A 声音条件不好
    B 外在形象很好
    C 是播音系毕业的
    D 非常想做主持人

29. A 说话流利
    B 心理素质好
    C 做好长远工作的准备
    D 知识储备和社会责任感

30. A 现场直播
    B 心理考验
    C 选题不好
    D 技术考验

# 第 三 部 分

第 31—50 题：请选出正确答案。

31. A 车库
    B 卧室
    C 窗台
    D 警察局

32. A 有
    B 没有，他们在包围车库
    C 没有，他们在执行任务
    D 没有，他们在抓捕小偷

33. A 怕小偷偷东西
    B 他手里有把枪
    C 让警察快点儿来
    D 想自己解决问题

34. A 在每年的 5 月 5 日
    B 一直十分盛行
    C 一直是法定假日
    D 只在古代流行

35. A 是位诗人
    B 喜欢喝酒
    C 他创立了端午节
    D 是端午节出生的

36. A 纪念屈原
    B 庆祝节日
    C 驱除厄运
    D 参加龙舟比赛

37. A 时装设计师
    B 非常瘦的人
    C 有名的模特
    D 天生很胖的人

38. A 穿起来显瘦
    B 是国际品牌
    C 专为瘦人设计
    D 都是黑色衣服

39. A 避免横向分割
    B 多穿名牌服装
    C 努力让自己减肥
    D 多穿短靴短袜

40. A 城市化的影响
    B 女性的社会压力太大
    C 很多人找不到男朋友
    D 女性自主意识的提升

41. A 都是啃老族
    B 是被动单身的
    C 有自己的工作
    D 大都酗酒赌博

42. A 缺少安全感
    B 消费能力较强
    C 常不理性消费
    D 爱买衣服和美容

43. A 挣钱太少
   B 大房型少
   C 房价过高
   D 经济状况差

44. A 2011 年
   B 2005 年
   C 2016 年以后
   D 2014 年以后

45. A 3.3 亿
   B 730 万
   C 1000 亿
   D 160 亿

46. A 占地 3.9 平方公里
   B 占地 126 平方公里
   C 是最小的迪士尼乐园
   D 是亚洲第三座迪士尼乐园

47. A 非常少见
   B 容易患癌
   C 身体很好
   D 这种人不存在

48. A 是良性肿瘤
   B 每个人都有
   C 只有黑色的
   D 会引发癌症

49. A 痣本身
   B 人体皮肤
   C 突变基因
   D 人体抗癌机制

50. A 蛋白质
   B 内质网
   C 致癌基因
   D 人体细胞

# 二、阅 读

## 第一部分

第51—60题：请选出有语病的一项。

51. A "胡同"其实是汉语"井"的蒙古语发音。
    B 甲骨文的考察与发现把中国的历史提前了上千年。
    C 许多家庭选房、买房的过程中，孩子的教育始终是人们优先考虑的因素。
    D 不丹政府要求人们上班、去寺庙及出席官方活动时都不得不穿传统服装。

52. A 会场剪彩时的气氛热烈，嘉宾讲话被听众热烈的掌声不时打断。
    B 日本菜热量低，对这对既想吃美食又怕胖的夫妇来说很有诱惑力。
    C 传统的北京四合院原来多是一家人按照儒家尊卑长幼固有的观念居住。
    D 通过一系列低碳行动，混浊的空气散去，曾经的"雾都"早已今非昔比。

53. A 绿茶具有防辐射功效，专家建议电脑族每天至少喝三杯绿茶。
    B 打造一款优质精良的手表，其背后隐藏了多种角色分工和众多工序。
    C 一部由苹果公司推出的手机，引导了百万人的抢购狂潮，真可谓一大奇观。
    D 以出卖资源为代价的经济发展，当资源枯竭时，留下的只有恶劣的环境。

54. A 喜欢囤积物品的人通常在信息处理方面存在一定程度的障碍。
    B 小时候从童话故事里学到的东西，可能会受其影响我们的一生。
    C 动物只要不患疾病，食物充足，就会快乐满足，人类也应该如此。
    D 由于每个国家的用户群体和使用习惯不同，各自畅销的车型也不一样。

55. A 顾长卫的电影总是不粉饰、不夸张、不贬值地记录时代。
    B 草莓又叫红莓、地莓，原产于欧洲，20世纪才传入中国。
    C 饮食是每一个人生存的能量来源，饮食不当会导致死亡甚至疾病。
    D 普及类经济学读物的最大价值，是能帮助我们准确地评估自身的处境。

56. A 放学以后，小林没有告诉妈妈和爸爸去公园里玩儿了。
    B 由于情报有误差，等我们赶到出事的隧道时，他的尸体已经躺在那儿了。
    C 在半殖民地的旧中国，列强通过不平等条约划分势力范围，中国没有主权，人民被压榨，物资被掠夺。
    D 李教授的助手刚才来电话说，等摘要、序言和文献综述部分校对完毕，这本书就可以印刷出版了。

57. **A** 历史文物是不可再生不可复制的，一旦毁掉，损失将无法弥补。

   **B** 人们的记忆只是一个个片段，每一次回忆都是一次重构的过程。

   **C** 在心灵类魔术中，魔术师为控制观众的意识，会重新表述魔术的过程。

   **D** 受"限号治堵"政策影响，北京今年汽车销量将大约减少 50 万台以上。

58. **A** 婴幼儿看到别人带着的眼镜，常常会抓下来，舔一舔镜片，尝尝玻璃的味道。

   **B** 非物质文化遗产不能永远活在博物馆里，如何让它们成为当今人们生活的一部分才是关键。

   **C** 天气预报提醒市民：本周双休日天气较热，紫外线辐射强烈，户外活动需注意防暑和防晒。

   **D** 关于精心设计了镜头画框拍摄出来的视频，人们无法注意到其中大部分变化，这种现象叫"变化盲视"。

59. **A** 苏州是一座拥有悠久历史和精致园林的城市，同时又是全国经济总量排名前列的大市。

   **B** 现在的商品存在着过度包装的问题，媒体大力呼吁商家选择用材少、做工好、可循环利用的新包装。

   **C** 如果你不能和你的伴侣享有选择食物的自由，那么你们之间的问题很可能不仅仅是饮食上的问题了。

   **D** 我看过他年轻时的肖像画，他有着乌黑的头发，珍珠般的牙齿，可现在头已经秃了，牙齿也掉光了。

60. **A** 对喜欢烹调的人来说，如何在相异的饮食习惯之间搭建桥梁是一道难题。

   **B** 孩子的心就是块净土，哪怕只在其中播种下一点点的爱，能迅速生根发芽。

   **C** 回想童年听过的故事，我们常常发现，故事里的人物角色可能会一辈子生活在我们的想象空间里。

   **D** 乘坐轮船来到在这个号称"度假天堂"的岛国，不需要倒时差，就可以立即下海潜水，你也可以在海滩上欣赏海平面的美景，但别忘了涂抹防晒霜。

# 第二部分

第61—70题：选词填空。

61. 在古代诗词和中国画中，仙鹤常被文学家、艺术家作为_____而称颂。由于仙鹤的_____可达五六十年，所以自古以来人们把它同松树绘在一起，作为长寿的_____。

   **A** 题材　　性命　　意向　　　　**B** 主题　　寿命　　象征
   **C** 题目　　生命　　特征　　　　**D** 话题　　命运　　表现

62. 英国女作家罗琳的小说《哈利·波特》先后被_____成七十多种语言，在全世界成为_____书，这不能不说是文学史上的一个_____。

   **A** 翻译　　畅销　　奇迹　　　　**B** 改编　　流行　　痕迹
   **C** 创作　　销售　　神话　　　　**D** 写作　　推销　　事迹

63. 夏天由于气温高，人体_____的能量比较大，汗出得比较多，加上工作各方面的压力，_____会变差，饮食调理和保持健康的生活_____非常重要。

   **A** 耗费　　滋味　　规律　　　　**B** 消费　　体力　　习惯
   **C** 消耗　　胃口　　作息　　　　**D** 消化　　口味　　休息

64. 二胡是一种重要的民族乐器，至今已有一千多年的历史，宋朝的陈旸在《乐书》中_____"奚琴本胡乐也"，说明它最早发源于古代北部少数民族。二胡过去主要流行于长江中下游一带，_____又称为南胡。其音色_____人的声音，情感表现力高，广为大众_____。

   **A** 下载　　因此　　将近　　知道
   **B** 标记　　于是　　接受　　喜欢
   **C** 记录　　因为　　近似　　了解
   **D** 记载　　所以　　接近　　接受

65. 赫哲族是一个历史_____的民族。主要分布在黑龙江省。食物以鱼为主，有一套烹调鱼类菜肴的_____技艺。捕鱼和狩猎是赫哲人衣食的主要_____。赫哲族人喜爱吃鱼，尤其喜爱吃生鱼。这一_____沿袭至今，显示了这个民族与其他民族不同的特点。

   **A** 持久　　特别　　来历　　习惯
   **B** 陈旧　　特殊　　来自　　俗话
   **C** 长久　　独立　　源泉　　风俗
   **D** 悠久　　独特　　来源　　习俗

66. 根据世界卫生组织推荐，健康成年人每天盐的摄入量不宜超过 6 克。而北京人每天食盐平均摄入量为 13 克，超过_____ 1 倍多。为使市民_____科学用盐意识，北京市_____了"限盐行动"，目的是 _____ 越来越多的居民由于吃盐多而引发高血压等慢性病。

   A 目标　　　建立　　　开始　　　牵制
   B 要求　　　建设　　　发展　　　控制
   C 规定　　　成立　　　发生　　　限制
   D 标准　　　树立　　　开展　　　遏制

67. 人们常说，快乐_____着长寿。新的研究也支持"_____"的乐观态度。研究人员对积极心态和健康及寿命之间_____的研究进行分析后发现：越快乐的人，身体_____越好，寿命也越长。保持愉悦的心情可降低与压力相关的激素水平，进而提高免疫系统功能，这样有助于使疲劳的心脏很快_____。

   A 意味　　　知足常乐　　　关系　　　状况　　　恢复
   B 意识　　　优胜劣汰　　　相关　　　情况　　　回复
   C 意向　　　恰到好处　　　关照　　　情形　　　修复
   D 意图　　　众所周知　　　联系　　　情绪　　　反复

68. 虽然这次手术要_____巨大的痛苦，小玉还是咬牙_____下来了。手术的_____非常好，当一直守候在手术室门外的家人听到医生"一切顺利"的话时，都忍不住_____。

   A 交涉　　　坚强　　　利率　　　爱不释手
   B 忍受　　　狠心　　　效率　　　如释重负
   C 承受　　　坚持　　　效果　　　热泪盈眶
   D 难受　　　果断　　　结果　　　兴高采烈

69. 有机农业指在动植物_____过程中不使用化学农药、化肥等物质，而是_____自然规律和生态学原理，采取一系列可_____发展的农业技术，协调种植业和养殖业的_____，维持农业生态系统稳定的一种农业生产方式。

   A 出生　　　遵守　　　继续　　　权衡
   B 生产　　　遵循　　　持续　　　平衡
   C 生长　　　遵照　　　陆续　　　和平
   D 生活　　　尊重　　　连续　　　平均

70. 小顾大学毕业后从上海回到了农村老家养鸡。他的决定_____了所有亲友的反对。然而，在大家的_____声中，他经过不懈的努力，终于用自己_____的专业技能开发了鸡蛋质量查询系统，扩大了市场，成了人们_____的成功人士。

   A 得到　　　怀疑　　　特长　　　嫉妒
   B 遭遇　　　迟疑　　　专长　　　尊敬
   C 遭到　　　质疑　　　擅长　　　羡慕
   D 遭受　　　疑惑　　　擅自　　　爱戴

# 第 三 部 分

第71—80题：选句填空。

71—75.

　　某个周末午夜，喝醉后的麦克在洗手间里狂吐一番后，从墙上的镜子里看见了自己的身影。那是一个消瘦与肥胖的混合体：(71)_____，腰腹却尽是脂肪。这是近20年酗酒、暴饮暴食和极度不规律的生活共同作用的结果。于是，他想起了母亲的话，"(72)_____，而在于你这样活着"。后来，麦克在朋友的鼓励下开始跑步。还报名参加了马拉松比赛，跑出了他一生中跑过的最远距离。这之后，(73)_____，跑步慢慢取代了酒、药物和垃圾食品，成为他生命中更重要的东西。麦克说，跑步不是什么秘密，也不会创造奇迹，但跑步可以帮助你在某一段时间内专注于自己的内在，开始反省并学习如何处理自己的人生。正是在跑步中，他开始领悟到，(74)_____，而是一场长跑。漫长，不断犯错，没有固定答案，不一定以超出别人为评判标准，(75)_____。

　　A 他开始爱上了跑步的感觉

　　B 生命不是百米冲刺

　　C 胸部肋骨毕露

　　D 悲剧不在于你将这样死去

　　E 而在于你可以坚持到最后

76—80.

在美国，电动自行车属于娱乐品，而不是代步工具。据介绍，电动自行车平均每部售价1000到4000美元不等，（76）＿＿＿＿＿＿＿＿＿＿。因此，购买电动自行车的大多是富人，他们买电动自行车的目的一是为了娱乐，二是为了表明自己环保生活的态度。

电动自行车在普通民众中不普及的主要原因是美国人日常出行非常依赖汽车，（77）＿＿＿＿＿＿＿＿＿＿，大多数美国城市的公路上没有自行车道。另外，美国人多数住在远离工商业中心的郊区，（78）＿＿＿＿＿＿＿＿＿＿，必须开车上下班。

目前，美国还没有特殊政策鼓励电动自行车的生产和使用。不过，在人口稠密、道路拥挤的地方或许更有发展前景。例如，纽约、西雅图等大城市有几家餐馆，（79）＿＿＿＿＿＿＿＿＿＿。另外，在美国大学城里，已经有学生使用电动自行车。记者看到，纽约大学的校报上也刊登着电动自行车厂家的广告，（80）＿＿＿＿＿＿＿＿＿＿。美国交通部门准许乘客把电动自行车免费带上地铁和公共汽车，在公共交通工具发达的城市，它会比较适合作为从车站到目的地的短程代步工具。

A 从家到单位的路程很远

B 相当于一辆二手小轿车的价格

C 并对学生实行优惠

D 就利用电动自行车作为送餐员的交通工具

E 城市规划和交通设施也多是为开车族设计的

# 第四部分

第81—100题：请选出正确答案。

81—84.

有一对情侣，男的非常胆小懦弱，做什么事情之前都要让自己的女友先试。女友对此十分不满。有一次，两人在赤道出海游玩，返航时遇到飓风，风暴呼啸着把小船摧毁了。幸亏女友抓住了一块木板才保住了两人的性命。

女友问男友："你怕吗？"男友从怀中掏出一把水果刀，说："怕，但有鲨鱼来，我就用这个对付它。"女友只是摇头苦笑。

不久，一艘货轮发现了他们，正当他们欣喜若狂时，一群鲨鱼出现了，女友大叫："我们一起用力游，会没事的！"男友却突然用力将女友推进海里，独自扒着木板游走并喊道："放手，这次我先试！"女友惊呆了，望着男友的背影，感到非常绝望。鲨鱼游过来了，可它对女人不感兴趣，径直地朝男人游了过去，一瞬间男人被鲨鱼凶猛地撕咬着，他发疯似地冲女友喊道："我爱你！"

女友获救了，甲板上不断有人向海水敬礼默哀。船长坐到女友跟前说："小姐，他是我见过的最勇敢的人。我们为他祈祷！""不，他是个胆小鬼。"女友冷冷地贬低他。"您怎么这样说呢？刚才我一直用望远镜观察你们，我清楚地看到他把你推开后用刀子割破了自己手腕上的动脉。鲨鱼对血腥味很敏感，如果他不这样做来争取时间，恐怕你永远不会出现在这艘船上。"

81. 根据第一段，女的对男的不满的原因是什么？
    A 男的不会游泳　　　　　　　　B 男的不谦让女的
    C 男的太胆小懦弱　　　　　　　D 男的弄坏了小船

82. 第二段里，女的为什么摇头苦笑？
    A 认为不会有鲨鱼　　　　　　　B 认为水果刀没用
    C 认为男的很勇敢　　　　　　　D 笑话男的太懦弱

83. 女的为什么说男的是胆小鬼？
    A 她不爱男的　　　　　　　　　B 男的太自私
    C 男的被鲨鱼吃了　　　　　　　D 她以为男的自己逃命

84. 男的为什么独自游走？
    A 怕被鲨鱼吃掉　　　　　　　　B 希望引开鲨鱼
    C 怕被女的拖累　　　　　　　　D 担心拖累女的

85—88.

　　古时候有个叫王祥的人，非常善良。他很小的时候就失去了亲生母亲。他的继母朱氏对他很不好，经常打他骂他，有时还在父亲面前说他的坏话，他父亲慢慢地对他也不那么关心了。但是即使这样，王祥还是对父亲和继母非常尊敬。

　　王祥的继母喜欢吃鲤鱼，王祥就经常去河里为继母钓鲤鱼吃。一年冬天，天气非常冷，继母生病了，很想吃活鲤鱼。她说："王祥，你去钓两条活鲤鱼回来，我很想吃。我一定得吃到活鲤鱼。"王祥很听话，二话没说就出去了。外面的风特别冷，他走啊，走啊，并没感觉到天气的寒冷，只想快点钓鱼回来给继母吃。可是，他走到平时钓鱼的地方，才发现河结冰了。

　　"哦，天哪！"他焦急地想，"怎么能钓到鲤鱼呢？花钱去市场上买也买不到，何况我也没有钱。我非得想办法钓到鲤鱼不可。"他向周围看了看，又开始下雪了，连一只鸟都看不见。"我该怎么办呢？妈妈吃了鱼也许病很快就会好起来的。"

　　他想了很久，忽然想到了一个办法："我可以躺在冰上，也许我的体温能融化冰块，那么我就可以抓到鱼了。"于是他脱下衣服，躺在冰上。"啊！好冷，好冷……"但是他下了最大的决心，躺在冰上不肯起来。过了很长时间，忽然他听到冰在他身体下发出"嘣"的一声，奇迹真的出现了，王祥躺的地方，居然破了一个洞，从洞口跳出了两条鲤鱼。王祥不相信自己的眼睛，大喊："鱼！鱼！活鱼！从水里跳出来了？是真的吗？我不是在做梦吧？"他站起来，赶快穿上衣服，抓起鲤鱼就往家跑。

　　到家之后，王祥把两条鲤鱼交给了继母。继母知道了王祥"钓"鱼的经历后，非常惭愧。她检讨了自己的错误。从那以后，继母对王祥非常好，像亲生妈妈一样，王祥终于又有了一个关心爱护他的好妈妈。

　　85. 父亲不喜欢王祥的原因是什么？
　　　　A 他是王祥的继父　　　　　　　　B 王祥不尊重继母
　　　　C 继母经常打骂王祥　　　　　　　D 继母常说王祥的坏话

　　86. 根据上文，哪一项正确？
　　　　A 继母没有真的生病　　　　　　　B 王祥并不想去钓鱼
　　　　C 冬天很难钓到鲤鱼　　　　　　　D 王祥不希望继母好起来

　　87. 王祥是怎么得到鲤鱼的？
　　　　A 别人帮助他钓到的　　　　　　　B 花钱从市场上买来的
　　　　C 自己用鱼钩钓上来的　　　　　　D 用体温融化寒冰得到的

　　88. 继母开始对王祥好的原因是什么？
　　　　A 鲤鱼太好吃了　　　　　　　　　B 她的病好起来了
　　　　C 王祥的父亲希望她这样做　　　　D 被王祥的行为感动了

89—92.

2009 年，联合国教科文组织绘制了《全球濒危语言分布图》，展示了全球部分族群的濒危母语现状，并分为五个等级：不安全的、危险的、濒危的、垂危的、已灭绝的。该组织同时宣布：全世界现存的 6000 多种语言中，大约 2500 种语言濒临灭绝，濒危语言数量超过了总数的 1/3，比 2001 年发布的濒危语言数量增加了好几倍。事实上，早在 20 年前，美国语言学家迈克尔·克劳斯教授就曾警告："如果有一天，地球上 90% 的人类语种灭绝了，那么语言学就是历史上唯一一门看着自己消失的学科。"当时他预测，世界上的语言有一半将会在一个世纪内逐渐消失。如今他的预言正在逐渐变成现实。

全世界目前有 150 种濒危语言的使用人数不足 10 人；有 80 种濒危语言的使用人数不足 5 人，而且只会说单词或简单句子。去年中国台湾最后一个会说巴则海语的人——97 岁的潘金玉去世，这一语言随之消亡。

从上世纪 80 年代，很多有识之士就呼吁抢救世界濒危语言，也取得了一些成果，如日本北海道的阿伊努语曾一度濒临灭绝，后来日本政府进行了政策调整，建立基金会，开办文化馆，出版词典，倡议当地人学习自己的语言，目前该语种正在慢慢恢复。新西兰在拯救毛利语时实行了一个政府计划，在幼儿园中传授毛利语，成为抢救濒危语言的典范。然而直到现在，世界各地濒危语言保护的现状还不容乐观。

中国同样面临濒危语言问题。调查显示：中国正使用的 120 余种少数民族语言中，使用人口在 1 万人以下的语言约占总数的一半，其中 20 余种处于濒临消亡的边缘。例如，满族虽有 1100 多万人口，但会说满语的人却不足百人，且都是年过八旬的老人。这些老人辞世之时，也将是满语退出历史舞台之日。很多人担忧：如果满语消失，很多清代史实将再也没有解密的机会了。

89. 关于世界濒危语言，下面的说法中正确的是哪一项？

 **A** 90% 灭绝了      **B** 超过 6000 种

 **C** 大约 2500 种      **D** 分五个等级

90. 潘金玉的去世标志着什么？

 **A** 语言学的消亡      **B** 巴则海语的消失

 **C** 满语退出历史舞台     **D** 克劳斯教授的预言实现

91. 根据上文，抢救濒危语言取得成果的语种是哪一个？

 **A** 日语         **B** 满语

 **C** 毛利语        **D** 巴则海语

92. 关于中国濒危语言的现状，正确的是哪一项？

 **A** 共 1100 万人说满语

 **B** 120 种濒临消亡的边缘

 **C** 清代史实都是用满语记录的

 **D** 约 60 种少数民族语使用人数少于 1 万人

93—96.

　　看美景、品佳肴、闻香味，都要依靠我们的五官，可是如果不注意保护，五官不仅会过早衰老，还会引发各种疾病。那如何让五官变年轻呢?

　　人的大脑，约有 70% 的知识和记忆都是通过眼睛获取的。医学上把视觉功能下降定为眼睛真正走向衰老的标志。一过 40—45 岁，你就会发现近距离或长时间阅读时，开始看不清东西。这说明，你的眼睛已经开始衰老，随之而来的可能就是白内障、青光眼、黄斑变性等老年性眼疾。给眼睛减龄的办法是多吃黄绿色食物，如胡萝卜、玉米、西红柿、西兰花、猕猴桃等，其中丰富的叶黄素和玉米黄素会在眼睛后部的光敏感组织中积累，帮助眼睛对抗紫外线。还要多打乒乓球，打乒乓球时，眼睛随着快速运动的物体转动，可以起到调节、放松的作用，延缓老化，预防近视。另外，一次用眼不要超过 40 分钟；不要长时间盯着电脑、电视和书本，尤其是在空调房里，很容易引发干眼症等。对眼睛最好的放松方式就是看远处。夏天到了，出门一定要带上太阳镜，防止紫外线让眼睛老化。

　　口腔开始衰老的表现是牙齿变黄、牙龈退缩、牙缝变宽。给牙齿减龄的方法是睡前用一次牙线；别老用一边嚼东西，这样不仅会让脸左右大小不一，还会导致一边牙齿磨损严重，容易折断，另一边却因为很少用到，积攒牙结石，引发牙周疾病；记得半年看一次牙医。

　　耳朵衰老的表现是听力下降，或者频繁出现重听、耳鸣。减龄的办法是远离嘈杂的地方。研究表明，噪音污染会对听力造成最大损害，要想减少噪音，家中电器不要集中摆放，不要在嘈杂的地方戴耳机听音乐、打电话，临街的窗户最好有隔音功能，窗前多摆绿植也能起到隔音效果。另外，还要锻炼平衡能力，可以倒着走、单腿站立，这种运动能刺激人体反应，达到锻炼的目的。

　　鼻子一旦衰老，抵御细菌的功能变弱，还会出现嗅觉下降、呼吸不畅、分泌物不足、干痒等症状。鼻子减龄的办法是：常用清水洗鼻子，清除鼻腔内的废物，对鼻炎患者来说很有效；别闻刺激性味道；感冒了赶紧治，感冒容易引起鼻塞或鼻炎，如不赶紧治疗，会对嗅觉造成影响。

93. 上文提到的老年性眼疾不包括哪一项?
　　A 白内障　　　　B 干眼症　　　　C 青光眼　　　　D 黄斑变性

94. 常用口腔一边嚼东西，会导致:
　　A 牙结石　　　　B 牙缝宽　　　　C 牙龈炎　　　　D 牙齿黄

95. 根据上文，绿色植物可以:
　　A 减轻鼻炎　　　　　　　　　　　B 对抗紫外线
　　C 延缓口腔衰老　　　　　　　　　D 减少室内噪音

96. 最适合做上文标题的是哪一项?
　　A 五官衰老的标志　　　　　　　　B 如何让五官年轻
　　C 五官对人体的重要性　　　　　　D 从五官看人体的健康程度

97—100.

　　"黑洞"这个名称，人们已经不很陌生了。有人给它起了个不光彩的外号："太空中最自私的怪物"。这究竟是什么意思呢？

　　"黑洞"的第一个字是"黑"，这表明它绝不向外界发射或反射任何光线或其他形式的电磁波。因此，人们绝对无法看见它。第二个字是"洞"，任何东西只要一进入它的边界，就别想再溜出来了，所以它活像一个真正的"无底洞"。

　　那么，要是用一盏威力极大的探照灯去照亮黑洞，它不就会原形毕露了吗？

　　这也不行，射向黑洞的光无论有多强，都会被黑洞全部"吃掉"，不会有一点反射。黑洞为什么会有这样奇怪的特性呢？

　　我们还是从宇宙飞船说起吧。宇宙飞船要飞出地球，进入行星际空间，至少要达到每秒11.2千米的速度，否则就摆脱不了地球吸引力的束缚。这个速度，是一个物体从地球引力场中"逃"出去所需要的最低速度，所以称为地球的"逃逸速度"。太阳的吸引力比地球强得多，因此太阳的逃逸速度也大得多：每秒618千米。而如果一个天体的逃逸速度达到或超过了光的速度，那么就连光线也不可能逃出去了。这样的天体正是我们所说的黑洞。在宇宙中，没有任何东西的运动速度比光更快。既然连光都逃不出黑洞，那么其他任何东西当然更不可能跑出去了。

　　人们对黑洞的定义一般是："黑洞是根据爱因斯坦的广义相对论所预言的一种特殊天体。它的基本特征是有一个封闭的边界，称为黑洞的视界；外界的物质和辐射可以进入视界，视界内的东西却不能跑到外面去。"正因为黑洞像是一个"只进不出"的空洞，所以有人说它是"宇宙中最自私的怪物"。

　　97. 根据第一、二段，下列说法中正确的是哪一项？
　　　　A 黑洞有黑色的光辉　　　　　　B 黑洞能反射任何光
　　　　C 人类无法看见黑洞　　　　　　D 黑洞是很自私的洞

　　98. 根据第三、四、五段，黑洞能"吃掉"光线的原因是什么？
　　　　A 太阳的逃逸速度高　　　　　　B 太阳的吸引力比地球强
　　　　C 无法摆脱地球吸引力　　　　　D 黑洞的逃逸速度超过光速

　　99. 根据上文，可以知道宇宙飞船的速度：
　　　　A 超过光速　　　　　　　　　　B 大约每秒618千米
　　　　C 超过太阳逃逸速度　　　　　　D 超过地球逃逸速度

　　100. 关于黑洞，下列说法中正确的是哪一项？
　　　　A 爱因斯坦最早发现的　　　　　B 没有一个封闭的外界
　　　　C 任何东西都跑不出去　　　　　D 可用超大探照灯照亮

# 三、书　写

第 101 题：缩写。

（1）仔细阅读下面这篇文章，时间为 10 分钟，阅读时不能抄写、记录。
（2）10 分钟后，监考收回阅读材料，请你将这篇文章缩写成一篇短文，时间为 35 分钟。
（3）标题自拟。只需复述文章内容，不需加入自己的观点。
（4）字数为 400 左右。
（5）请把作文直接写在答题卡上。

下午 2：30，午餐高峰时间过去了，原本拥挤的小吃店，客人都已慢慢散去了。累了半天的老板收拾了一下东西，坐下来，打算喘口气看会儿报纸，有人走了进来。这么晚了谁还会来吃午饭？老板抬头一看，原来是一位老奶奶领着一个小男孩。两人身上的衣服都很旧了，特别是老奶奶的衣服，是早就不流行的样式，但是却都干干净净的，看上去很整洁。

"老板，牛肉汤饭一碗要多少钱呢？"老奶奶问。"五块"。老板回答道，以为他们会要两碗，没想到老奶奶坐下来，拿出钱袋数了数钱后，只要了一碗汤饭。老板想问一句：两个人一碗饭够吗？想想还是算了。热气腾腾的汤饭很快就端上桌了。奶奶把碗推到孙子面前，小男孩吞了吞口水，望着奶奶说："奶奶，您真的已经吃过午饭了吗？""当然了，奶奶还能骗你吗？"奶奶含着一块萝卜泡菜慢慢咀嚼着，一边慈爱地看着孙子狼吞虎咽地开始吃饭。

一眨眼工夫，小男孩就把一碗饭吃个精光。老板看到这幅景象，走到两个人面前说："老太太，恭喜您，您今天运气真好，正好是我们店的第一百位客人，所以免费。"老奶奶和男孩子都高兴极了，看着他们离开的背影，老板心里觉得很辛酸。

之后过了一个多月的某一天，那个小男孩蹲在小吃店对面像在数着什么东西，使得无意间望向窗外的老板吓了一大跳。原来小男孩每看到一个客人走进小吃店里，就把一个小石子放进他在地上画的圆圈里。他在数数！老板抬头看了一下表，发现午餐时间都快过去了，小石子却连 50 个都不到。心急如焚的老板赶紧打电话给他认识的所有的老顾客："很忙吗？没什么事，我要你来吃碗汤饭，今天我请客。"像这样打电话给很多人之后，客人开始一个接一个到来。"81，82，83……"小男孩数得越来越快了。终于当第 99 个小石子被放进圆圈的那一刻，小男孩匆忙拉着奶奶的手进了小吃店。"奶奶，这一次换我请客了！"小男孩有些得意地说。真正成为第一百个客人的奶奶，让孙子招待了一碗热腾腾的牛肉汤饭。而小男孩就像之前奶奶一样，含了块萝卜泡菜在口中咀嚼着，开心地看着奶奶吃。

　　"也送一碗给那男孩吧。"老板娘不忍心地对老板说。"不，他现在正在学习不吃东西也会饱的道理哩！"老板回答。呼噜呼噜吃得津津有味的奶奶抬头问小孙子："要不要留一些给你？"没想到小男孩却拍拍他的小肚子，带着自豪的神气对奶奶说："不用了，我很饱，奶奶您看……"

# 新汉语水平考试
# HSK（六级）
# 模拟试卷 第②套

## 注 意

一、HSK（六级）分三部分：

　　1. 听力（50题，约35分钟）

　　2. 阅读（50题，50分钟）

　　3. 书写（1题，45分钟）

二、听力结束后，有5分钟填写答题卡。

三、全部考试约140分钟（含考生填写个人信息时间5分钟）。

|  | 答对题数 | 成 绩 |
|---|---|---|
| 听力 |  | 2分× ＝ 分 |
| 阅读 |  | 2分× ＝ 分 |
| 书 写 | （1题，100分） | 分 |
| 总成绩 |  | 分 |

# 一、听　力

## 第一部分

第1—15题：请选出与所听内容一致的一项。

1. **A** 邻居不礼貌
   **B** 邻居是疯子
   **C** 甲先打扰了邻居
   **D** 邻居先打扰了甲

2. **A** 多此一举
   **B** 小题大做
   **C** 积少成多
   **D** 必不可少

3. **A** 沟通的作用
   **B** 沟通的利与弊
   **C** 人际关系与沟通
   **D** 人际沟通的技巧

4. **A** 看电视的坏处
   **B** 看电视的好处
   **C** 看电视有意外收获
   **D** 要有选择有限制地看电视

5. **A** 学校对学生的行为不满
   **B** 学校对家长的行为不满
   **C** 有些家长不让孩子上学
   **D** 有些家长对中小学教育不满

6. **A** 成功需要自信
   **B** 自信就是自负
   **C** 有自信就不需要毅力
   **D** 有了自信就有了成功

7. **A** 社会成员应具备的素质
   **B** 社会文明程度不够高
   **C** 社会文明要从每个人做起
   **D** 社会文明跟个人没关系

8. **A** 人生需要幽默
   **B** 幽默就是滑稽
   **C** 幽默没有意思
   **D** 我们都来学幽默

9. **A** 大学生性格很内向
   **B** 大学生觉得很疑惑
   **C** 大学生没找到工作
   **D** 大学生不想做业务员工作

10. **A** 早晨空气新鲜清洁
    **B** 春天空气新鲜清洁
    **C** 早晨和晚上空气污染严重
    **D** 傍晚和晚上空气新鲜清洁

11. **A** 责任和责任感的作用
    **B** 责任和责任感的差别
    **C** 责任和责任感的影响
    **D** 责任和责任感的意义

12. **A** 候鸟迁徙的途径
    **B** 候鸟迁徙的时间
    **C** 候鸟迁徙的原因
    **D** 候鸟迁徙的过程

13. **A** 邓亚萍自身条件很好

    **B** 邓亚萍比赛成绩出色

    **C** 邓亚萍很适合当运动员

    **D** 邓亚萍的比赛成绩不理想

14. **A** 嫉妒心强危害健康

    **B** 嫉妒心强有益于健康

    **C** 嫉妒心强的人有心脏病

    **D** 嫉妒心强的人有高血压

15. **A** 韩为的回答正确

    **B** 老师写的字不清楚

    **C** 韩为知道老师问什么

    **D** 老师误解了韩为的回答

# 第 二 部 分

第 16—30 题：请选出正确答案。

16. **A** 不想出国
    **B** 去别的国家
    **C** 永远不想回国
    **D** 开始回到自己的国家

17. **A** 经济全球化
    **B** 地理环境恶劣
    **C** 人口数量增多
    **D** 投资地区减少

18. **A** 总体流向亚洲
    **B** 总体流向发达国家
    **C** 总体流向新兴国家
    **D** 已经发生了根本变化

19. **A** 严格限制
    **B** 适当放宽限制
    **C** 实行开放政策
    **D** 实行关门闭守政策

20. **A** 仅仅是人口的重新分布
    **B** 发达国家已不具吸引力
    **C** 新兴国家在大力引进人才
    **D** 人才流动率超过资本和技术流动

21. **A** 学市场营销专业
    **B** 大学毕业三年了
    **C** 在学校开女装店
    **D** 在网上开过男装店

22. **A** 管理能力
    **B** 领导能力
    **C** 组织能力
    **D** 收益和从业方向

23. **A** 利润
    **B** 形式
    **C** 目的
    **D** 本质

24. **A** 市场营销不好
    **B** 企业利润较少
    **C** 很多企业都在发展电子商务
    **D** 网络营销是发展电子商务的关键

25. **A** 只是销售的一种
    **B** 未来的机会很少
    **C** 属于可持续发展的行业
    **D** 只有 5—10 年的发展前景

26. **A** 名胜古迹
    **B** 有名的咖啡馆
    **C** 奥运会主会馆
    **D** 奥运会足球馆

27. **A** 游泳比赛
    **B** 射击比赛
    **C** 女子足球比赛
    **D** 男子足球决赛

28. **A** 建筑设计院

    **B** 外国建筑设计师

    **C** 中国建筑设计师

    **D** 中外建筑师合作

29. **A** 里面像鸟巢

    **B** 外观像鸟巢

    **C** 附近鸟巢很多

    **D** 里面住着很多鸟

30. **A** 观众能清晰地收听赛场广播

    **B** 采用太阳能光伏发电系统

    **C** 每个观众与赛场中心点等距离

    **D** 残障人士坐席比普通坐席稍低

# 第 三 部 分

第 31—50 题：请选出正确答案。

31. **A** 有朋友想请客吃饭
    **B** 在谈恋爱阶段实行
    **C** 在婚姻生活中实行
    **D** 电视剧正在热播中

32. **A** 夫妻可以多赚钱
    **B** 夫妻会很伤感情
    **C** 夫妻都不会花钱
    **D** 夫妻不会轻易分手

33. **A** 婚后感情保障
    **B** 一定的安全感
    **C** 婚后财产共享
    **D** 避免轻易离婚

34. **A** 认识更多的人
    **B** 买到紧缺商品
    **C** 买东西更方便
    **D** 得到最便宜的价格

35. **A** 买的人多
    **B** 认识消费者
    **C** 不认识消费者
    **D** 商品质量不好

36. **A** 商家购物模式
    **B** 主流消费模式
    **C** 电子商务模式
    **D** 自由购物模式

37. **A** 服务不好
    **B** 要自己组团
    **C** 主要是老年人
    **D** 在大城市很流行

38. **A** 让孩子越来越可爱
    **B** 孩子越看会越聪明
    **C** 毁灭孩子的想象力
    **D** 能发展孩子的大脑

39. **A** 孩子的想象力
    **B** 电视的想象力
    **C** 电视上的画面
    **D** 看电视的危害

40. **A** 富有
    **B** 贫穷
    **C** 居住地
    **D** 生活方式

41. **A** 传染病
    **B** 高血压
    **C** 心脏病
    **D** 恶性肿瘤

42. **A** 传染病
    **B** 营养缺乏
    **C** 心血管疾病
    **D** 寄生虫病

43. A 钱太多
    B 身体不好
    C 他也不知道
    D 买的东西太多

44. A 丢失了健康
    B 找到了幸福
    C 失去幸福的机会
    D 失去一生的财富

45. A 欺骗了富翁
    B 把袋子还给了富翁
    C 把袋子给了别的人
    D 抢走了富翁的袋子

46. A 机不可失
    B 有失就有得
    C 有得就有失
    D 失去才知道珍惜

47. A 来源于股票市场
    B 来源于一部小说
    C 来源于一次新闻报道
    D 来源于一场体育比赛

48. A 比赛落后者
    B 取得冠军者
    C 第一次参赛者
    D 初次参赛取得好成绩者

49. A 意外获胜
    B 骑着黑马
    C 没有前途
    D 得了冠军

50. A "黑马"一词的来历
    B 黑马参加的比赛
    C 关于"黑马"的解释
    D 关于黑马的使用

# 二、阅 读

## 第 一 部 分

第 51—60 题：请选出有语病的一项。

51. A 成功的过程都是相似的，而成功人的经历却各不相同。
    B 这次考试不难，但由于他准备得不够充分，差点儿就没及格。
    C 你必须提前赶到那儿，否则如果你不赶去的话，就会完不成任务。
    D 适当和必要的评比表彰活动能起到鼓励先进、鞭策后进、弘扬良好社会风气的作用。

52. A 无论学生和老师，毫无例外，都必须遵守学校的规章制度。
    B 9 月 9 日上午 10 点，瑞士钟表今昔回顾展览会在上海世博会瑞士城市馆举行开幕典礼。
    C 能否考出好的成绩，除了平时的学习方法和态度，还取决于考试时的心理状态和身体状况。
    D 我们把电影和电视看成姊妹艺术，是因为这两种艺术相辅相成，有太多的相似、相通、相互借鉴之处。

53. A 香港生活节奏快，工作效率高，快餐式文化特别流行。
    B 元宵节与节俗活动，是随历史的发展而延长、扩展的。
    C 我们在本月中旬前后有个重要会议，所以现在就要好好准备。
    D 在这次经济危机中，美国如何规划战略和利用契机值得我们关注和借鉴。

54. A 品牌效应是品牌在产品上使用，为品牌使用者所带来效益和影响。
    B 微笑是对生活的一种态度，跟贫富、地位、处境没有必然的联系。
    C 人们被老人那清晰的思路、乐观的情绪和坚定的信心深深感染了。
    D 我国在水墨画的主要成分是墨，加以清水，在宣纸上浸染、互渗，通过不同浓淡反映不同审美趣味，被国人称为"墨宝"。

55. A 独处也是一种能力，并非任何人任何时候都可具备的。
    B 法庭上原告胡某向被告刘某提起诉讼，被告刘某答应定期偿还借款本金及利息。
    C 一项研究表明，在进行紧张的工作时，宠物的陪伴比配偶、家庭成员或者密友的陪伴更能使人减压。
    D 由于环境污染，常继发厌氧细菌的严重感染，极易发生破伤风，致使在当地或运送外地途中救治不及而死亡。

56. A 那个池中的水都是由于冰雪融化而成的。
    B 不知道自己缺点的人，一辈子都不会想要改善。
    C 这位过路人的话听得我脸红，仿佛他说的不是别人而是我。
    D 据报道，日前法国发生的石油工人罢工事件导致国际原油价格飙升。

57. **A** 遏制气候变暖，拯救地球家园，是全人类共同的使命。

　　**B** 北京破获一起非法兑换外汇案件，冻结银行卡和存折 54 个。

　　**C** 电脑轿车虽然有很多好处，但万一若出了毛病，就会闯大祸。

　　**D** 冰雹灾害发生后，政府积极采取补救措施，为灾民发放补贴，帮助恢复生活与生产。

58. **A** 踢毽运动自诞生以来，一直很受人们所喜爱。

　　**B**《西游记》中孙悟空的国籍问题，至今还是一个谜。

　　**C** 中国是最早种植大豆的国家，至少有四五千年种植历史。

　　**D** 海洋产业是指人类利用海洋资源和空间所进行的各类生产和服务活动。

59. **A** 医生跟他说过，咖啡跟他失眠与否并没有关系，全在于心事重重。

　　**B** 运气不可能持续一辈子，能帮助你持续一辈子的东西只有你个人的能力。

　　**C** 中国皮影戏曾经征服了无数热爱它的人，它的传播对中国近代电影艺术的发展有着不可忽视的影响。

　　**D** 报告指出，中国及印度的一些跨国公司眼下正不遗余力地开拓国际市场，新加坡、俄罗斯等则紧随其后，国际市场的竞争格局在发生日新月异的变化。

60. **A** 这些毕业生在考试中获得优异成绩，肯定了他们本身的能力和所付出的努力。

　　**B** 他平时总是沉默寡言，但只要一谈起他心爱的专业时，就变得分外活跃而健谈多了。

　　**C** 李先生侃侃而谈，他的音容笑貌虽然没什么变化，但眼角的皱纹似乎暗示着这些年的艰辛和不快。

　　**D** 广大消费者对今年三月十五日媒体曝光的地下黑工厂的做法极为愤慨，解决产品质量问题任重道远。

# 第二部分

第61—70题：选词填空。

61. 网上购物突破了传统商务的_____，可在更大的范围_____、更广的层面上以更高的效率实现资源配置。无论对消费者、企业_____市场都有着巨大的吸引力和影响力。

A 阻碍　　　上　　　还　　　　　　B 障碍　　　内　　　还是

C 阻挡　　　里　　　或者　　　　　D 妨碍　　　中　　　并且

62. 人们日常购物用的塑料袋大多是用石油制成的，虽然看上去_____，但由于使用数量巨大，造成的资源_____、环境污染十分惊人。目前，许多国家和地区已_____或限制使用塑料袋。

A 不起眼　　浪费　　　禁止　　　　B 不敢当　　耗费　　　避免

C 不突出　　挥霍　　　制止　　　　D 不显著　　荒废　　　停止

63. 我一直以为自己是没有习惯的人，我讨厌习惯，我以为有习惯的人会_____适应力。其实我_____了习惯，仅是从表象上的个人喜恶去_____习惯。习惯应该是从人的一生或整个生活去解读，它会寻究到生活中的每一件事。

A 缺乏　　　误解　　　看待　　　　B 缺少　　　误会　　　对待

C 匮乏　　　错解　　　理解　　　　D 短缺　　　错误　　　认识

64. 在很大程度上，人类精神文明的_____是以书籍的形式_____的。一个真正的读者就是通过读书来最大限度地_____这些成果，而一个人能否成为一个真正的读者，关键_____他在青少年时期能否养成良好的读书习惯。

A 效果　　保持　　使用　　为　　　B 果实　　储存　　利用　　是

C 成就　　保护　　享受　　在　　　D 成果　　保存　　享用　　在于

65. 齐国大将田忌，赌马常常赌输。孙膑_____他们的马力都_____，只因田忌没有_____每匹马的实际情况分配布置才造成输的结果。_____孙膑叮嘱田忌："您用下等马与他们上等马赛，用上等马与他们的中等马赛，用中等马与他们下等马赛。"比赛结果，田忌取得两胜一负的成绩。

A 观看　　　不分伯仲　　　遵照　　　因此

B 察看　　　势均力敌　　　依据　　　可是

C 观察　　　不相上下　　　按照　　　于是

D 观测　　　旗鼓相当　　　根据　　　所以

66. 每个国家发行邮票，无不尽选本国最具代表性或纪念性的东西，经过精心设计，_____在邮票上。_____的内容多是政治、经济、文化、军事等方面，各行各业_____，使得方寸之间的小小邮票成为包罗万象的博物馆、容纳_____知识的小百科。

A 展现　　涉及　　应有尽有　　丰富
B 展示　　关于　　无所不有　　丰盛
C 展出　　对于　　一无所有　　富余
D 显示　　有关　　比比皆是　　富足

67. 香港和上海在文化方面有许多共通之处，既有传统的一面，又_____吸收西方文化。而_____国际大都市，两地的艺术面貌又_____。香港_____艺术发展必须具备前瞻性和宏观视野。而自由、开放和包容的环境，又令香港的艺术团体和艺术家能够接收到丰富的文化资讯。

A 便于　　变成　　不分上下　　强化
B 勇于　　认为　　各有所长　　加强
C 鉴于　　成为　　各具千秋　　重视
D 善于　　作为　　各具风采　　强调

68. "一朝被蛇咬，十年怕草绳"。最有力的教训往往是痛苦的记忆。大部分人都不愿_____新事物，他们被变化震慑住："你最好别试，_____后悔。"一般人总被已有的经验_____住，从不_____来改变这些经验给他的影响，而一味地服从它。

A 尝试　　免得　　控制　　想方设法
B 试验　　省得　　束缚　　千方百计
C 品尝　　避免　　约束　　费尽心思
D 接受　　以免　　拘谨　　绞尽脑汁

69. 由于运动项目的不同，对身体的要求和_____的效果各有不同的_____。我们_____锻炼的形式要多种多样，以使身体得到全面发展。然而，无论进行哪种体育锻炼，都要循序渐进，_____。只有反复长期地锻炼，才会_____促进人体的发育，增进身体健康，增强体质。

A 培养　　特性　　赞同　　从一而终　　断续
B 训练　　特征　　认为　　全神贯注　　继续
C 锻炼　　特点　　主张　　持之以恒　　持续
D 培训　　特别　　同意　　始终如一　　逐渐

70. 货币是实物交换过程中的媒介，货币也就_____着所能交换到的实物的价值。在_____的情况下，货币数量的_____应当与实物市场上实物数量的增长相一致，这样物价就能_____，就不会出现通货膨胀。

A 表示　　完美　　增强　　稳固　　　B 代表　　理想　　增长　　稳定
C 显示　　圆满　　增大　　安定　　　D 表现　　愿望　　增高　　平稳

# 第 三 部 分

第71—80题：选句填空。

71—75.

    一次，去拜会一位事业上颇有成就的朋友，闲聊中谈起了命运。我问："这个世界到底有没有命运？"他说："当然有啊。"我又问："命运究竟是怎么回事？（71）＿＿＿＿＿＿＿＿＿＿，那奋斗又有什么用？"他没有直接答复我，但笑着掰开我的左手说，（72）＿＿＿＿＿＿＿＿＿＿，再帮我算算命。在给我讲了一些生命线、爱情线、事业线等诸如此类的话之后，突然，他对我说："你照我的样子做一个动作。"他举起左手，慢慢地而且越来越紧地握起拳头。他问我："握紧了没有？"我有些迷惑："握紧啦。"他又问："那些命运线在哪里？"我机械地回答："在我的手里呀。"他又追问："请问，命运在哪里？"我如遭当头棒喝，恍然大悟：（73）＿＿＿＿＿＿＿＿＿＿！

    他很平静地继续说道："你再看看自己的拳头，你还会发现你的生命线有一小部分还留在外面，（74）＿＿＿＿＿＿＿＿＿＿，它又能给我们什么启示？（75）＿＿＿＿＿＿＿＿＿＿，但还有一部分掌握在'上天'手里。"

    **A** 命运在自己的手里

    **B** 命运绝大部分掌握在自己手里

    **C** 既然命中注定

    **D** 不妨先看看我的手相

    **E** 没有被握住

76—80.

王羲之幼年学书的时候，非常羡慕东汉书法家张芝。据说张芝学习书法的时候经常在衣帛上写字，然后再把衣帛放在染缸里，用来给别的衣服染色。张芝还经常到水池边上去写字，用池水磨墨涮笔，（76）＿＿＿＿＿＿＿＿＿＿＿。由于用功，字写得非常好，特别是草书更为出名，当时人们称他为"草圣"。

王羲之不仅学习张芝的精神，（77）＿＿＿＿＿＿＿＿＿＿＿。每当春天到来的时候，他就带上纸笔砚墨来到家乡临川新城的一个水池边上学习写字，用池里的水磨墨，用池里的水涮笔，每当他的黑黑的墨笔投入池水的时候，（78）＿＿＿＿＿＿＿＿＿＿＿。这样，天长日久，池水也就渐渐变黑了。（79）＿＿＿＿＿＿＿＿＿＿＿，王羲之的字也一天天地长进了。不久，他写的字就超过了当时的书法家庾翼。

有一次，他用草书给对书法很有研究的朋友写了一封信，朋友看到以后大为叹服，说王羲之的字"（80）＿＿＿＿＿＿＿＿＿＿＿"。经过不懈的努力，王羲之终于成为当时著名的书法家。

A 真可以与张芝的媲美了

B 随着池水的一天天变黑

C 结果池水被染成黑色

D 水里立刻出现一片黑云似的水墨

E 而且还学习张芝写字的方法

# 第四部分

第81—100题：请选出正确答案。

81—84.

中国古代著名军事家孙子又叫孙武，字长卿，春秋时代齐国人，与孔子为同时代。其先祖是陈国的公族，本姓妫。其祖上为回避官场斗争到了齐国，改姓田。孙武的祖父叫田书，为齐国建了不少的功劳，被封了地，还赐姓孙，于是改叫孙书。孙书之子孙冯也是战将。后来齐国内部矛盾尖锐，为了回避，孙氏家族又到了吴国。

孙武在吴国过着隐居生活。由于孙武的祖父、父亲都是名将，所以他自己也喜欢研究兵法。每当遇到有战争经历的人，他总是收集并记录战争情况，还结合兵书写下体会。经过20多年的潜心研究，他写出了《孙子兵法》一书。

他的好友伍子胥是吴国的将军，对孙武十分推崇，在吴王面前反复推荐他。当吴王看了孙武的兵书，深为赞叹，认为他是一个天才，决心聘请孙武，于是派伍子胥持重金前往。

孙武无奈，就与伍子胥一起到了吴国。没等孙武见吴王，吴王便上门了。吴王说："先生的兵书我已拜读，实在是博大精深，但不知实行起来如何？可否为我小规模演练一番，让我们见识见识？"

孙武将宫内180名宫女演练成军纪严明的士兵。于是吴王拜孙武为大将。在孙武的指挥下，吴军击败楚国，孙武为霸主。孙武也被世人称为"兵圣"。

81. 和第一段中"尖锐"意思最相近的词是：

　　A 锋利　　　　　　B 刺耳　　　　　　C 激烈　　　　　　D 深刻

82. 关于孙武，下面哪一项正确？

　　A 先祖姓孙　　　　　　　　　　B 擅长兵法
　　C 与孔子同岁　　　　　　　　　D 从齐国去了陈国

83. 与第三段"对他十分推崇"意思最接近的是哪一项？

　　A 对他很重视　　　　　　　　　B 十分想推荐他
　　C 非常希望他能高升　　　　　　D 对他极其推重和敬佩

84. 根据本文，我们可以知道什么？

　　A 孙武能文能武　　　　　　　　B 孙武只会纸上谈兵
　　C 孙武主动去的吴国　　　　　　D 吴王一开始就很信任孙武

85—88.

科学家说，笑并非人类独享的专利，而是人类和许多灵长类"堂兄弟"共同拥有的特性。"笑"是灵长类进化的独有成果，使得灵长类化解内部矛盾，"一致对外"，从而在大自然的残酷竞争中取得群体优势。殊不知，在自然界，也有一些动物会发出类似人类和灵长类的笑声。

笑鸟是生活在澳大利亚森林里的一种鸟，当地人称为"库卡巴拉"。这种鸟是捕蛇能手，它有一个带钩而又锋利的嘴。捕蛇时，先用带钩的嘴将蛇衔到树顶上，然后从空中将其摔死，再细嚼慢咽地品尝，同时不断地发出"哈哈"的笑声，仿佛在庆贺自己的胜利。

瑞典的针叶林中也有一种鸟，身上长有十多只羽扇，形成十多张薄膜，当它飞行时，空气急剧地冲动羽扇上的薄膜，便会发出洪亮、欢快、类似人"笑呵呵"的声音。

地中海里有一种鲲鱼，会边游边笑。这种鱼的腹部周围有许多肌肉，游动时，肌肉处于不同的收缩状态，便会发出似人笑的声音。

在圭亚那的奔米达地区，有一种会发笑的牛。它的喉部长着一个隔音膜，叫时，此膜剧烈颤动，发出"哈哈哈"的声音，人们就形象地称它为"哈哈牛"或"笑牛"，又因它的叫声像古稀老人在爽朗地笑，所以还被称为"笑老人"。

85. "笑"在灵长类动物中可以：

    **A** 独享专利          **B** 取得优势

    **C** 化解内部矛盾     **D** 跟外部成员打仗

86. 根据第二、三段，笑鸟在什么时候发出笑声？

    **A** 获胜时           **B** 捕蛇时

    **C** 随时随地        **D** 吃食或飞行时

87. 关于"哈哈牛"，下面哪一项正确？

    **A** 长得很丑        **B** 腹部发出笑声

    **C** 用笑表示友好     **D** 它的叫声像老人

88. 最适合做上文标题的是：

    **A** 笑的种类        **B** 动物的笑

    **C** 动物的特点      **D** 各种各样的笑声

89—92.

目前商场赠送的塑料袋主要都是不可降解的，如果用做垃圾袋，对环境的危害将与日俱增。塑料袋埋在地下要过大约 200 年才能腐烂，并且严重污染土壤；如果采取焚烧方式处理，则会产生有害烟尘和有毒气体，长期污染环境。

对于每个人的每一天而言，塑料袋的环境危害几乎是个可忽略不计的问题。然而在塑料袋诞生百余年之后的今天，人们却发现，塑料袋已经成为人类不可忽视的一个环保大问题。

去年 3 月 27 日，美国旧金山市议会通过禁止超市、药店等零售商使用塑料袋法案。该法案规定，超市和药店等零售商只能向顾客提供纸袋、布袋或以玉米副产品为原料生产的生物可降解塑料袋。在洛杉矶等城市，政府开始发起塑料袋回收活动，动员人们少用或不用塑料袋，并将用过的塑料袋放入专门的回收桶。加拿大、澳大利亚、巴西等国的一些地方也已出台禁用塑料购物袋或有偿使用的规定。目前，无论是在美洲、欧洲还是非洲，许多国家和地区都在制订各种政策法规限制使用塑料购物袋。其中，比较普遍的做法是使用替代性可降解产品、收取处理费、设置回收箱以及对违反者进行罚款等。

过去，顾客总认为商家提供的塑料袋是免费的，实际上他们购买的商品价格中已包含了塑料袋的费用，无论他们是否拿塑料袋都要为此付费。现在，南非的零售商不再"免费"提供塑料袋，而是将塑料袋明码标价，顾客有了买或不买塑料袋的选择权。在政府规定了塑料袋的厚度以及零售商开始对塑料袋公开收费后，人们使用塑料袋时不再像从前那样"奢侈"了，很多人开始自觉重复使用塑料袋。规定推行一年多后，全国塑料袋的使用量比原来下降了 60%，"白色污染"也明显减少。

89. 关于塑料袋，下面哪一项正确？
    **A** 只是短期污染         **B** 烧毁后可保护环境
    **C** 埋在地下可减少污染     **D** 已成为严重危害环境的大问题

90. 文中提到回收塑料袋的国家和地区是：
    **A** 加拿大     **B** 澳大利亚     **C** 美国洛杉矶     **D** 美国旧金山

91. 有偿使用商场的塑料袋后，顾客的反应是：
    **A** 抢购     **B** 不买     **C** 有限制地使用     **D** 无限制地使用

92. 上文主要介绍了什么？
    **A** 塑料袋的功与过         **B** 塑料袋的污染问题
    **C** 治理塑料袋污染的措施     **D** 塑料袋的危害及使用现状

93—96.

甘罗的爷爷甘茂是秦国的丞相。有一回，因为一件事，甘茂得罪了秦武王，秦武王本想处罚甘茂，可又觉着他是朝中老臣，不好公开发落，就想了个法子整治他。

一天，秦武王会晤大臣，把甘茂叫到面前，板着脸说道："命你在三天内，给我送来三个鸡蛋。"甘茂刚答应了一个"是"字，秦武王又接着说："我要的可是公鸡蛋！听清了吗？公鸡蛋。"甘茂立刻傻了眼。他睁着惊讶的眼睛，呆呆地望着秦武王。秦武王连看都不看他，挥挥手说："你走吧。"

甘罗见爷爷下朝后愁眉苦脸的样子，就拉着爷爷问原因。甘茂长叹一声说："皇上要吃公鸡蛋，限爷爷三天内送到，否则就要杀头。"

甘罗听了爷爷的话，灵机一动，心中萌生出一个妙计，他笑着说道："爷爷，您不必为此事忧愁，到了期限，我上朝给您交差就是了。"甘茂看了看甘罗那天真的模样，摇了摇头，苦笑着说："孙儿，爷爷怎好让你替我去死！"甘罗见爷爷一直摇头，便凑到爷爷耳旁，把想好的对策简要地说了一遍。甘茂一听，喜上眉梢，高兴地一把将甘罗抱在了怀中。

限期到了。这一天，甘罗一早就起了床，动身前告别了祖父，自己上了大殿拜见秦武王。秦武王正等着甘茂为他送来公鸡蛋，却见来人不是甘茂而是一个小孩，气得怒发冲冠，问道："甘茂去了哪里？"甘罗答道："回大王，我祖父正在家中生孩子，所以不能来见大王，望大王恕罪。"

秦武王一听，勃然大怒，说道："真是胡说八道！你祖父是男人，怎么会生孩子？"甘罗听了这话，不慌不忙地说道："大王说得有理。既然男人不会生孩子，那么公鸡也自然不会下蛋！"

秦武王张口结舌，无言以对。他觉得眼前这个孩子真是又聪明又大胆，实在太可爱了。于是就不再提要公鸡蛋的事，甘茂也免了一场灾难。

93. 秦武王要公鸡蛋是因为：
    A 秦武王开玩笑　　　　　　B 不知道公鸡不下蛋
    C 秦武王想为难甘茂　　　　D 秦武王想长生不老

94. 关于甘茂，下面哪一项正确？
    A 被孙子说服了　　　　　　B 不相信孙子
    C 孙子替他去死　　　　　　D 自己去见秦武王

95. 秦王放过甘茂是因为：
    A 甘罗的智慧　　　　　　　B 找到了公鸡蛋
    C 甘茂生了孩子　　　　　　D 知道了公鸡不能下蛋

96. 最适合做上文标题的是哪一项？
    A 神童甘罗　　　　　　　　B 抢救祖父
    C 甘罗与祖父　　　　　　　D 甘罗与秦始皇

97—100.

天津市社科院教授王来华介绍说，古代人们一直认为，冬至节气是计算我国二十四节气的起点。从冬至开始白昼渐长，民间说"过了冬，一天长一葱"，是以中午门前的日影为测标，所以又称这天为"长至"。冬至一到，新年就在眼前了。我国古代对冬至很重视，冬至被当做一个较大的节日，在民间广泛流传着"冬至大如年"的说法，而且有庆贺冬至的习俗。

每年农历冬至这一天，不论贫富，饺子是必不可少的节日饭。谚云："十月一，冬至到，家家户户吃水饺。"这种习俗，相传是因纪念"医圣"张仲景冬至舍药留下的。

张仲景，东汉末年著名医学家，被称为医圣。他从小嗜好医学，当他十岁时，就已读了许多书，特别是有关医学的书。他的同乡何颙赏识他的才智和特长，说他才思过人，善思好学，聪明稳重，将来一定能成为有名的医家。何颙的话更加坚定了张仲景学医的信心，从此他学习更加刻苦，博览医书，广泛吸收各医家的经验用于临床诊断，进步很大，很快便成了一个有名气的医生。张仲景在认真学习和总结前人的理论经验基础上，写出中医名著《伤寒杂病论》。

东汉时张仲景曾任长沙太守，后毅然辞官回乡，为乡邻治病。返乡之时，正是冬季。他看到白河两岸乡亲面黄肌瘦，饥寒交迫，不少人的耳朵都冻烂了。便让其弟子在南阳东关搭起医棚，支起大锅，在冬至那天施舍"娇耳"医治冻疮。他把羊肉和一些驱寒药材放在锅里熬煮，然后将羊肉、药物捞出来切碎，用面包成耳朵样的"娇耳"，煮熟后，分给来求药的人每人两只"娇耳"，一大碗肉汤。人们吃了"娇耳"，喝了"祛寒汤"，浑身暖和，两耳发热，冻伤的耳朵都治好了。后人学着"娇耳"的样子，包成食物，也叫"饺子"或"扁食"。

冬至吃饺子，是不忘"医圣"张仲景"祛寒娇耳汤"之恩。至今南阳仍有"冬至不端饺子碗，冻掉耳朵没人管"的民谣。

97. 古代人们为什么认为冬至是二十四节气的起点？
    **A** 夜晚时间增加　　　　　　　　**B** 白天时间增加
    **C** 冬至比新年早　　　　　　　　**D** 冬天快结束了

98. 古代人把冬至当做什么？
    **A** 新年　　　　　**B** 节气　　　　　**C** 节日　　　　　**D** 节气与节日

99. 张仲景写出《伤寒杂病论》一书是因为什么？
    **A** 聪明稳重　　　　　　　　　　**B** 精力集中
    **C** 发明了"祛寒娇耳汤"　　　　　**D** 善于学习和总结

100. 冬至人们为什么有吃饺子的风俗？
    **A** 增加营养　　　**B** 暖和身体　　　**C** 纪念"医圣"　　　**D** 治疗冻疮

# 三、书　写

第 101 题：缩写。

（1）仔细阅读下面这篇文章，时间为 10 分钟，阅读时不能抄写、记录。

（2）10 分钟后，监考收回阅读材料，请你将这篇文章缩写成一篇短文，时间为 35 分钟。

（3）标题自拟。只需复述文章内容，不需加入自己的观点。

（4）字数为 400 左右。

（5）请把作文直接写在答题卡上。

　　一位在纽约任教的老师决定告诉她的学生他们是如何重要，并表达对他们的赞许。她决定采取一种独特的作法，就是将学生逐一叫到讲台上，然后告诉大家这位同学对整个班级和对她的重要性，再给每人一条蓝色缎带，上面用金色的字写着："我是重要的。"之后她给每个学生三个缎带别针，叫他们出去给别人进行同样的感谢仪式，然后观察所产生的结果，一个星期后回到班级报告。她想看看这样的行动会对一个"社区"造成什么样的冲击。

　　班上一个男孩子到邻近的公司去找一位年轻的主管，因那位主管曾经指导他完成了生活规划。男孩子将一条蓝色缎带别在主管的衬衫上，并且又多给了他两个别针，他解释道："我们正在作一项研究，我们必须出去把蓝色缎带送给应该感谢尊敬的人，然后再给他们一些多余的别针，让他们也能向别人进行相同的感谢仪式。下次请告诉我，您这么做产生的结果。"

　　过了几天，这位年轻主管去看他的老板。他的老板是个易怒、不易相处的同事，但极富才华。他向老板表示十分仰慕他的创作天分，老板听了十分惊讶。这个年轻主管接着要求老板接受蓝色缎带，并允许帮他别上。一脸吃惊的老板爽快地答应了。年轻人将缎带别在老板外套、心脏正上方的位置，并将所剩的别针送给他，然后问："您是否能帮我个忙？把这缎带也送给您想感谢的人。这是一个男孩子送我的，他正在进行一项研究。我们想让这个感谢的仪式延续下去，看看对大家会产生什么样的效果。"

　　那天晚上，那位老板回到家中，坐在 14 岁的儿子身旁，告诉他："今天发生了一件不可思议的事。在办公室，有一个年轻的同事告诉我，他十分仰慕我的创作天分，还送我一条蓝色缎带。想想看，他认为我的创造天分如此值得尊敬，甚至将印有'我很重要'的缎带别在我的夹克上，还多送我一个别针，让我能送给自己感谢尊敬的人，当我今晚开车回家时，就开始思索：应该把别针送给谁呢？我想到了你，你就是我要感谢的人。这些日子以来，我回到家里并没有花许多精力来照顾你、陪你，我真是感到惭愧。有时我会因你的学习成绩不够好、房间太脏乱而对你大吼大叫。但今晚，我只想坐在这儿，让你知道你对我有多重要，除了你妈妈之外，你是我一生中最重要的人。好孩子，我爱你。"

他的孩子听了十分惊讶，他开始呜咽啜泣，最后哭得无法自制，身体一直颤抖。他看着父亲，泪流满面地说："爸，我原本计划明天要自杀，我以为你根本不爱我，现在我想已经没有必要了。"

# 新汉语水平考试
# HSK（六级）
# 模拟试卷 第3套

## 注　意

一、HSK（六级）分三部分：

　　1. 听力（50题，约35分钟）

　　2. 阅读（50题，50分钟）

　　3. 书写（1题，45分钟）

二、听力结束后，有5分钟填写答题卡。

三、全部考试约140分钟（含考生填写个人信息时间5分钟）。

|  | 答对题数 | 成　绩 |
|---|---|---|
| 听　力 |  | 2分× ＝ 分 |
| 阅　读 |  | 2分× ＝ 分 |
| 书　写 | （1题，100分） | 分 |
| 总成绩 |  | 分 |

# 一、听 力

## 第 一 部 分

第1—15题：请选出与所听内容一致的一项。

1. A 只有婴儿才有好睡眠
   B 医治失眠只能看医生
   C 活得简单才能睡得好
   D 大人要像婴儿般简单

2. A 电视机属于白色家电
   B 电冰箱属于黑色家电
   C DVD属于米色家电
   D 网络家电是新型家电

3. A 不要给自己找借口
   B 工作后要学会守时
   C 要及时回短信邮件
   D 答应的事情要做到

4. A 当护士需要特殊才能
   B 护士的准入门槛很高
   C 护士的收入比医生还高
   D 发达国家很少有人愿做护士

5. A 添加剂有一定好处
   B 添加剂对身体有害
   C 添加剂使酱油变鲜
   D 添加剂即将被淘汰

6. A 丈夫不小心踩了妻子的脚
   B 丈夫觉得妻子的鞋很漂亮
   C 妻子当着众人让丈夫难堪
   D 妻子想让别人注意自己的鞋

7. A 要多与老板进行沟通
   B "我"没遇到糟糕的老板
   C 要努力争取老板信任
   D 老板经常给"我"打电话

8. A 塑料袋耗费更多能源
   B 纸袋会耗费更多能源
   C 塑料袋填埋地下占用更多空间
   D 在地下纸袋比塑料袋更易降解

9. A 北极熊的毛颜色会变
   B 北极熊的皮是白色的
   C 北极熊的皮是透明的
   D 北极熊适合温湿环境

10. A 男的缺少医学知识
    B 男的病情非常严重
    C 医生不知是什么病
    D 男的其实没有生病

11. A 购物是一个坏习惯
    B 买东西就是浪费钱
    C 人们买的大部分东西都没用
    D 无目的购物会影响资产收入

12. A 与车流接触最易诱发心脏病
    B 与车流接触会引发多种疾病
    C 一般空气污染不会引起心脏病
    D 锻炼对心脏病的诱发作用不大

13. A 儿科医生越来越少

B 儿科医生赚钱很多

C 儿科是医院的"老大难"

D 对儿科医生学历要求过高

14. A 白领返乡是一种好现象

B 中小城市的生活更美好

C 白领返乡会使城市化变慢

D 大城市的房价逼走年轻人

15. A 自尊自信让钟南山走向成功

B 体育让钟南山身体更加健康

D 北医大是培养运动员的学校

C 钟南山考上大学是因为体育好

# 第 二 部 分

第 16—30 题：请选出正确答案。

16. **A** 买一副眼镜
    **B** 去矫正视力
    **C** 去户外活动
    **D** 去医院检查

17. **A** 多做运动
    **B** 注重营养
    **C** 经常清洗
    **D** 避免偏食

18. **A** 视力下降
    **B** 眼睛疲劳
    **C** 角膜受损
    **D** 眼睛缺氧

19. **A** 不戴眼镜
    **B** 戴普通眼镜
    **C** 戴隐形眼镜
    **D** 做激光手术

20. **A** 会有很大危险
    **B** 应去大医院做
    **C** 效果不一定好
    **D** 每个人都能做

21. **A** 网站 CEO
    **B** 大学教授
    **C** 卖猪肉的
    **D** 网络达人

22. **A** 技术
    **B** 资本
    **C** 耐心
    **D** 场地

23. **A** 收费很低
    **B** 完全公益
    **C** 害怕竞争
    **D** 以后可能收费

24. **A** 主推名人
    **B** 主推达人
    **C** 比网易更火
    **D** 没有网易火

25. **A** 网民
    **B** 名人
    **C** 喜欢公开课的人
    **D** 来自不同行业的人

26. **A** 平静
    **B** 狂喜
    **C** 想哭
    **D** 很累

27. **A** 所有人都喜欢的
    **B** 像西施那么漂亮的
    **C** 善良、纯粹、真实的
    **D** 像武则天那么有权势的

28. A 累得不能够承受

    B 身体累但心不累

    C 努力享受这种生活

    D 是个虚伪的名利场

29. A 自信

    B 担心

    C 害怕

    D 后悔

30. A 旅游

    B 度假

    C 交友

    D 做慈善

# 第 三 部 分

第 31—50 题：请选出正确答案。

31. A 流浪汉
    B 金融家
    C 银行职员
    D 图书管理员

32. A 极端
    B 可笑
    C 震惊
    D 矛盾

33. A 别人不理解他的选择
    B 他炒股是想赚很多钱
    C 捡垃圾是他的业余爱好
    D 他自己觉得矛盾而痛苦

34. A 一直是好友
    B 不再是朋友
    C 很讨厌对方
    D 没机会见面

35. A 热烈
    B 开心
    C 尴尬
    D 伤感

36. A 他下错站了
    B 他想要"我"的电话
    C 他想再跟"我"聊一会儿
    D 他不想跟"我"一起下车

37. A 喜欢自己的工作
    B 对工作过于投入
    C 忘记了下班时间
    D 给别人留下好印象

38. A 值得鼓励
    B 由来已久
    C 是新出现的
    D 是偶然现象

39. A 坚持上班
    B 马上请假
    C 工作投入
    D 效率很高

40. A 会变得贫穷
    B 会学会节俭
    C 会更加富有
    D 常忘带钱包

41. A 有很多财富
    B 缺少真朋友
    C 有银行贷款
    D 很喜欢存钱

42. A 1%
    B 75%
    C 80%
    D 50%

43. A 有大量的银行贷款
    B 调整事业满足欲望
    C 不买不需要的东西
    D 把不用的钱存起来

44. A 校长
    B 演员
    C 歌手
    D 篮球明星

45. A 睡不醒
    B 被吓到
    C 很害怕
    D 很兴奋

46. A 监视学生是否起床
    B 督促学生按时起床
    C 监视学生是否按时出门
    D 监视学生是否总是迟到

47. A 身体健康
    B 心态良好
    C 爱好哲学
    D 收入稳定

48. A 育有子女
    B 尚未结婚
    C 收入很低
    D 没有工作

49. A 男性比女性幸福
    B 年轻人比老人幸福
    C 越富有的人越幸福
    D 经济发达地区的人更幸福

50. A 改善环境质量
    B 增加就业机会
    C 组织户外活动
    D 提高人均收入

# 二、阅　读

第51—60题：请选出有语病的一项。

51.　**A** 故宫，顾名思义，就是昔日的皇家宫殿。

　　　**B** 城北立交桥附近的红木街管理混乱，近半数商家无产品标识。

　　　**C** 从丰南区政府向南步行大致 10 分钟，就到了"唐墅壹号"工地。

　　　**D** 春节期间，210 辆消防车、3000 多名消防官兵，放弃休假，坚守在岗位上。

52.　**A** 东北小兴安岭夏天的风景真美好。

　　　**B** 在开营仪式上记者看到，参加夏令营的孩子大多是小学生。

　　　**C** 只有迈出了这一步，责任追究等后续工作，才能进一步展开。

　　　**D** 节日的人民大会堂灯火辉煌，鲜花吐艳，洋溢着一派喜庆气氛。

53.　**A** 经过深入刻苦的学习，大家普遍地觉悟提高了。

　　　**B** 这块地原来是我们村最好的土地，种的是稻谷、玉米和小麦。

　　　**C** 长江干流水质污染严重的问题，至今没有引起有关部门的重视。

　　　**D** 在目前国内部分高校实行的自主招生中，绝大部分是公开透明的。

54.　**A** 现实中，大多数官员是清廉公道、勤政为民的。

　　　**B** 副校长、校长和其他学校领导出席了这届迎新会。

　　　**C** 在院治疗的 106 人中，有危重患者 6 人、重症患者 20 人。

　　　**D** 当记者再次来到这里时，一座宏伟的新城已经矗立在人们面前。

55.　**A** 我们要积极培养自己的写作兴趣和水平。

　　　**B** 预计到 2015 年，中国电动汽车保有量将达到 50 万辆。

　　　**C** 截至去年年底，中国宽带网民共计 4.5 亿，占全球网民总数的 23.2%。

　　　**D** 与近年同期均值相比，2011 年 7 月份风雹灾害造成的死亡人数增加了
　　　　 26.1%。

56.　**A** 孙杨夺得男子 1500 米自由泳决赛冠军并打破世界纪录。

　　　**B** 在家人的帮助下，我端正了学习态度和方法，学习成绩也有了提高。

　　　**C** 妈妈评审团自成立以来，这是首次组织成员带着子女一起参与活动。

　　　**D** 这家电子公司将增加生产线上的机器人数量，以完成简单重复的工作。

57. **A** 各反对派勾结在一起，继续在一些省市组织大规模游行抗议活动。

   **B** 为抑制猪肉价格，国家连夜签订购进合同，将平价肉投放市场。

   **C** 原来只是在电视上见到过明星，没想到今天能这么近距离地跟明星接触。

   **D** 一开学，我们就设定了目标，明确了努力方向，争取到期末实现自己的目标。

58. **A** 难得一次小故障，或许是个偶然。

   **B** 今年 6 月份，近五成省市鸡蛋价格同比涨幅超过 20%。

   **C** 近日，英国媒体曝光科学家秘密试验，制造人兽胚胎，在全球引发关注。

   **D** 那些考古学家的死，让人们想起了神秘的法老的咒语，但科学家并不相信。

59. **A** 看到孩子们活泼健康地成长，我从内心里由衷地高兴。

   **B** 都市里有很多已婚男女隐瞒自己的婚姻状况，他们被叫做"隐婚族"。

   **C** 当今世界，和平发展的时代潮流没有变，但和平与发展面临诸多挑战。

   **D** "蛟龙号"在北京时间 26 日 6 时 12 分首次下潜至 5038.5 米，顺利完成本次 5000 米级海试主要任务。

60. **A** 对于这家公司的新闻发言人的说法，公众将信将疑。

   **B** "双色球" 5.65 亿元巨奖降临浙江新昌，引起了轰动。

   **C** 如果不对科学家实施道德约束，地球恐将变成人猿星球。

   **D** 大学期间要刻苦学习，不然就有可能找不着工作，还有可能毕不了业。

# 第二部分

第61—70题：选词填空。

61. 长江流域，无疑也是中华民族文化的＿＿＿＿＿之一。考古发现＿＿＿＿＿，旧石器时代，处于长江上游今云南境内的元谋人与黄河流域今陕西境内的蓝田人＿＿＿＿＿。这个结论具有划时代的意义。

A 发现地　　表示　　存在　　　　B 管辖地　　证明　　俱在
C 发源地　　证实　　并存　　　　D 发祥地　　表明　　共存

62. 一个人只顾眼前的＿＿＿＿＿，得到的终将是＿＿＿＿＿的欢愉；一个人目标高远，但也要面对现实的生活。只有把理想和现实有机＿＿＿＿＿起来，才能成功。

A 利益　　短暂　　结合　　　　B 利润　　暂且　　连接
C 有利　　暂时　　结算　　　　D 权利　　短促　　合算

63. 很多人都知道，冬季是心脏病患者一道"难关"。＿＿＿＿＿上，夏季也是心脏病的高发季节，也应当引起足够＿＿＿＿＿。科学家们发现，心血管系统疾病在冬、夏两季常出现"双＿＿＿＿＿"。

A 实际　　重视　　高峰　　　　B 其实　　慎重　　高潮
C 真实　　重要　　高发　　　　D 实在　　看重　　高涨

64. 进入数学的＿＿＿＿＿，需要的一定是＿＿＿＿＿的逻辑、合理的推论及＿＿＿＿＿的求证；来到文学的天地，凭借的却是美好的人性、动人的＿＿＿＿＿和意外而圆满的结局。

A 领地　　严厉　　确实　　事情
B 领域　　严密　　精确　　情节
C 领土　　严格　　正确　　评论
D 区域　　周密　　确定　　细节

65. 推销是一种组织性质的生意，我们不时听到是非难辨的话，如某公司＿＿＿＿＿另一家公司，往往令人＿＿＿＿＿是非，影响信心。因此应该找出事情的＿＿＿＿＿，不要轻易相信＿＿＿＿＿。

A 包庇　　浑浊　　情况　　诽谤
B 揭发　　混合　　经纬　　谎言
C 操纵　　混乱　　疙瘩　　骗子
D 攻击　　混淆　　真相　　谣言

66. 我们今天的选择将会_____我们今后的生活。所以，我们要_____最新的信息，了解最新的_____，从而_____更好的未来。

   A 影响　　知道　　地势　　创立
   B 规定　　接受　　局势　　创作
   C 决定　　接触　　趋势　　创造
   D 决策　　衔接　　形势　　创新

67. 管理者平时最好用简单的语言、易懂的言辞来_____讯息，而且对于说话的_____和时机要有所_____，有时，过分的_____反而达不到想要完成的目的。

   A 传达　　对象　　掌握　　修饰
   B 传递　　对手　　控制　　装饰
   C 转达　　对方　　把握　　客气
   D 传授　　印象　　调和　　掩饰

68. 一味地_____心中不快，并不能解决问题。在生活步调紧凑_____的现今社会中，人人都应学习如何_____自己的精神压力，如此才能活出_____豁达的人生！

   A 剥削　　忙碌　　减少　　自然
   B 压抑　　繁忙　　缓解　　健康
   C 压迫　　繁华　　解决　　谅解
   D 抑制　　繁荣　　减低　　幸福

69. 企业的发展始终_____着风险。有很多企业，最终惨遭_____，这些企业有一点是共同的，即缺少一种忧患意识和_____意识。有的只看到企业发展的有利因素，而_____了潜在的风险；有的只看到对手的_____，却没看到自身的不足。

   A 跟随　　动荡　　忧虑　　忽略　　缺点
   B 伴随　　淘汰　　危机　　忽视　　弱点
   C 陪伴　　破产　　危险　　疏忽　　脆弱
   D 平行　　竞争　　风险　　生疏　　薄弱

70. _____科技水平的提高，医学模式逐渐从_____的生物医学模式转变为"生物—心理—社会"医学模式，人们越来越多地认识到心理、社会_____对疾病发生、发展及预后有着_____的影响。

   A 由于　　以前　　问题　　深沉
   B 因为　　过去　　模式　　沉重
   C 根据　　统一　　状况　　重要
   D 随着　　传统　　因素　　深刻

# 第三部分

第71—80题：选句填空。

71—75.

　　有人纳闷儿：新加坡人喜欢穿拖鞋。其实，这和天气有一定的关系。（71）_____
_____，拖鞋就成了新加坡人穿着随意的象征了。和香港、台北、北京、上海等大城市相比，新加坡人的穿着显得非常随意。从最豪华的莱佛士酒店，到最高级的购物中心，从国家图书馆，到博览会会展中心，从地铁到机场，你都可以穿拖鞋和短裤，（72）_____。新加坡不是满大街都是拖鞋，但是有一定数量，（73）_____。而在其他国家很多地方是不能穿拖鞋的，否则就会出洋相。值得一提的是，新加坡人在正式场合的穿着是很严谨的，绅士都会穿西装，这与新加坡人有条不紊的做事态度是一致的。

　　新加坡大学图书馆是禁止穿拖鞋的，但并非"严禁"，所以看到大学生，特别是女孩穿着各式各样的彩色和斑纹的拖鞋，神态悠闲地看书，也不要觉得奇怪，因为法不责众。还有一些西方教授带头穿拖鞋进图书馆，没有人指责他们，想来也是有道理的。学术要的就是创新，不能教条。

　　在中国南方也有很多人穿拖鞋，（74）_____。在北京，（75）_____，很少见到有人穿拖鞋上街。

　　　A　而且社会也可以接受

　　　B　除了零星看到一些大学生

　　　C　但是远没有新加坡这么普遍

　　　D　于是久而久之

　　　E　只要你不是工作人员

76—80.

　　珍稀动物大熊猫有着祖先独居的习性。它从小离开母亲开始崭新的生活后，（76）＿＿＿＿＿＿＿＿＿＿＿，自力更生，也不常与其他大熊猫联络，因此人们雅称它为"竹林隐士"。大熊猫走到哪里就在哪里休息，食不分昼夜，睡不择场合。它吃了睡，醒了又吃，到处游乐，无忧无虑，可谓"乐天派"。

　　大熊猫饮水很有讲究。不清洁的臭水它连闻都不闻一下，只有那清洁甘甜的潺潺流水它才喝。（77）＿＿＿＿＿＿＿＿＿＿＿，它们也不就近以冰雪解渴，仍然要到溪流、泉水或者瀑布边去饮流动的水。

　　虽然大熊猫长期在光线暗淡的密林中生活，视力不太好，（78）＿＿＿＿＿＿＿＿＿＿＿＿＿＿。每只大熊猫都有自己管辖的"领地"，这领地就是它们的"独立王国"。大熊猫在占据大块地盘后，就会在树上留下爪痕，或排出粪团尿液，留下气味，别的大熊猫不能侵犯。而且即使外出游荡寻食，它也会做好气味标记，所以它是不会因迷失方向而迷路的。

　　到了冬季，（79）＿＿＿＿＿＿＿＿＿＿＿，许多动物进入冬眠状态。可是大熊猫仍然在被白雪压得很厚的竹林中徘徊，这是因为它的毛粗，里面充满髓质，好像一个个缩小了的保温瓶，（80）＿＿＿＿＿＿＿＿＿＿＿，加强了保温性能。就是这身厚实的"皮袄"，保暖"装备"齐全，使得大熊猫能抵抗寒气、湿气的侵袭。

　　A　为躲避严寒饥荒

　　B　就成天在竹林中独来独往

　　C　即使到了冬季

　　D　而且它的毛层又厚

　　E　但长途游荡也不会迷路

- 55 -

# 第 四 部 分

第 81—100 题：请选出正确答案。

81—84.

英国华威大学的安德鲁·奥斯瓦德教授与美国达特茅思学院的大卫·布兰奇弗劳尔教授，在对 80 个国家 200 万人的抑郁感与幸福度进行分析后发现，在全球大部分国家，人们的心理健康状况是沿着一条 U 形曲线发展的，即童年和老年时期比较快乐，44 岁左右时情绪最为低落，最容易忧郁。而美国人情况则特殊些——男性 50 岁左右最不开心，女性情绪低潮期出现在 40 岁左右。

调查显示，一些外在的因素，包括不同国家和民族背景、社会经济地位、工作、婚姻和生育状况，对情绪影响并不大。奥斯瓦德表示，"中年危机"发生在每个人身上，无论男女、婚否、贫富。当然，这和各国社会竞争的普遍加剧也有一定关系。

据推测，导致"中年危机"的主要原因是：此时人们必须接受现实，承认自己年轻时的一些理想成为泡沫，可能永远不会实现；同时，人们往往在中年开始意识到生命的短暂和脆弱，对一些事情感到无能为力，担心晚景凄凉。但这和自身性格也有关系。乐观的人更懂得知足常乐，并知道如何调整自己的情绪；悲观的人则往往喜欢攀比，急于出人头地，总想争一口气，对胜负看得很重，而且时常压抑情绪。研究者建议，如果能交一些比自己稍微穷点儿的朋友，就很容易产生幸福感。

奥斯瓦德进一步指出，到 50 来岁时，大多数人就能苦尽甘来，走出低谷了。更令人鼓舞的是，如果你到 70 岁时身体依然健康，那甚至会像 20 岁时一样开心。因为此时人生已经没有什么悬念了。此前，美国密歇根大学医学院也发现，随着年龄增长，人们会更正自己的态度，变得更务实，更擅于应对各种波折，并随年华老去逐渐改变对年龄的态度，有更多人生领悟。因此，老年人往往比年轻人活得更开心。

81. 根据第一段，大部分国家男性什么时候最不开心？
 A 50 岁左右　　　B 40 岁左右　　C 44 岁左右　　　D 童年和老年

82. 根据调查，情绪会受什么因素影响？
 A 性别　　　　　B 民族　　　　C 贫富　　　　　D 压力

83. 关于悲观的人，下面说法正确的是：
 A 知足常乐　　　B 喜欢攀比　　C 擅于调整情绪　D 擅于表达情绪

84. 根据上文，老人容易更开心的原因是：
 A 知道生命短暂　　　　　　　B 擅于应对波折
 C 朋友比自己穷　　　　　　　D 年华已经老去

85—88.

我们的世界面临很多问题，需要大量聪明、扎实、受过良好教育的人来解决，所以看起来越来越多的人获得科技或工程专业的博士学位，博士阵容扩大似乎是件好事。有研究博士教育趋势的专业人士甚至称，可以"像种蘑菇一样培养博士"。

然而，种植蘑菇取决于在何处种植，如何培育。全球博士教育膨胀确实使得相关研究取得累累硕果，在很多国家和地区，多数持博士文凭的人也能找到不错的工作。但值得我们警惕的是，博士人数无节制地增长，必然会导致博士学位含金量下降。在美国和日本，博士就多得令人犯愁。为谋得学术铁饭碗，许多聪明绝顶的博士延期毕业，或者滞留在大学，苦熬 5 至 10 年攻读博士后，最终却发现，自己的梦想再次破灭，照样找不到现成的工作，因为博士数量增加了，社会能提供的学术岗位和职务数量却并没有膨胀。问题在于，美、日两国都拨了大量研究经费，促进博士和博士后教育的发展，却并没有细细考虑博士培养与就业市场需求相适应这一问题。博士培养系统的动力来源于研究经费，而不是就业市场的需求，这导致不少博士生毕业后转行：在狭窄领域辛苦研究多年，最终却去当银行家或是教师、助理。

要想改变这一状况，各国政府一方面应该让博士教育和就业需求更好地衔接起来；另一方面，也要改革博士课程本身，也就是说要为学生提供机会，让他们能够更深入了解各学科、跨学科的面貌以及未来就业情况，然后再让他们决定投身到何种领域。

终究不是所有的蘑菇都能在暗处茁壮成长。

85. 第一段中画横线的句子"像种蘑菇一样培养博士"意思是：

    **A** 培养博士很困难        **B** 博士都非常聪明

    **C** 蘑菇在暗处生长        **D** 大批量培养博士

86. 根据上文，博士数量增长会导致：

    **A** 研究成果减少        **B** 博士难找工作

    **C** 学术岗位膨胀        **D** 研究经费降低

87. 本文中关于美、日两国的博士培养，正确的说法是：

    **A** 研究经费充足        **B** 毕业很难转行

    **C** 缺少国家拨款        **D** 符合就业需求

88. 作者认为博士培养需要改革的是哪个方面？

    **A** 减少博士数量        **B** 与就业相衔接

    **C** 提高入学门槛        **D** 吸收更多人才

89—92.

金融危机以来，随着失业率的增加，人们纷纷把目光投向了以前不屑一顾的兼职，而这也催生了一个新的行业：职业遛狗人。

据英国《每日邮报》报道，最近两年，在英国各大城市的大街上或者公园里，常会看到一个人手中牵了七八只甚至十多只狗，好像巡逻一样。与其说遛狗不如说是"牧犬"，但狗可没有畜牧行业中的羊那么听话，遛狗者往往被四处乱窜的狗狗拽得东倒西歪，狼狈不堪。

之所以会出现这样的场景，一方面是因为最近几年英国的宠物狗数量大增，达到 800 万只之多。许多人养了狗却没有时间去遛，只好求助于他人。另一方面，经济不景气，想做兼职的人增多，也催生了众多的职业遛狗人。

据悉，目前在英国，仅经过注册的遛狗者就超过上万人，大家都是冲着这个行业赚钱容易又不太累而来的。

据统计，遛狗一小时的收费在 10 到 30 英镑之间，如果按一名遛狗人一次可遛狗六只计算，遛狗者一小时的收益最高可达 180 英镑。

遛狗的收入这么高，很多人甚至成立了专门的遛狗公司，为客户提供更专业、更细致的服务。他们声称，可以提供遛狗、喂食、替狗沐浴等一条龙服务。并且为保障顾客权益，他们还会向客户的狗提供保险，遛狗期间发生意外，或者狗不慎咬伤了行人，全由保险公司买单。

而对于那些有钱的顾客，遛狗公司更是为他们的狗推出了一对一的服务，每月费用高达 650 英镑。

虽然这个行业看似门槛很低也很赚钱，但也并非一点儿风险没有。英国法律规定，如果遛狗者一味追求利润，没有给狗提供良好的服务，就很可能触犯动物福利法，涉嫌虐待动物，不但要满足客户的索赔，还将面临高达两万英镑的罚款和 51 周的拘留。同时，专家也建议，为了狗和他人的安全，应把一次遛狗的数量限制在四只以下。

89. 关于"职业遛狗人"这一行业，可以知道：
   **A** 门槛很高　　　　　　　　**B** 利润很低
   **C** 没有风险　　　　　　　　**D** 收入较高

90. 根据第二段，"牧犬"的意思是说：
   **A** 遛狗人很累　　　　　　　**B** 狗四处乱窜
   **C** 狗和羊一样　　　　　　　**D** 同时遛很多狗

91. 职业遛狗公司的业务范围不包括：
   **A** 给狗看病　　　　　　　　**B** 给狗喂食
   **C** 带狗散步　　　　　　　　**D** 给狗上保险

92. 在英国，下面哪种情况可能会被判监禁？
   **A** 收费过高　　　　　　　　**B** 一次遛三只狗
   **C** 狗咬伤行人　　　　　　　**D** 虐待动物

93—96.

　　妈妈的乳汁是保证宝宝健康的最佳食品，它可以增强免疫力，并有极丰富的营养。据最新研究，母亲哺乳甚至可以提高宝宝智商。研究发现母乳中含有对脑发育有特别作用的牛磺酸——一种宝宝必需的氨基酸，其含量是牛奶的10—30倍。因此再也没有比母乳更好的天然智力食品了。

　　同时母亲哺乳过程本身也是对宝宝大脑的良性刺激，母子肌肤相亲的交流是用奶瓶人工喂养难以比拟的。实际上母乳喂养是开发宝宝感知、激发其人类独有的感情和高级神经中枢的综合活动，对促进宝宝智力发育的作用不可替代。

　　研究表明，母乳喂养可以使孩子的智商提高8分。例如，MIT在1992年对早产儿作了一个前瞻性测验，结果发现用奶瓶喂母乳的一组孩子的智商得分高于喂奶粉组的孩子。美国儿科学会认为最好坚持母乳喂养6—12月，并认为婴儿4—6个月后才能开始添加辅食。奶粉制造商也不得不承认奶粉无法替代母乳。伟斯国际营养组织格登高博士说："母乳会给你一些我们甚至还不知道是什么的好东西。"

　　随着越来越多的人认识到母乳喂养的重要性，母乳喂养率在发达国家中有所升高。但在第三世界，母乳喂养的比率却在逐年下降。这在很大程度上可能是由于教育水平低下和奶粉强占市场的缘故。更令人担心的是，由于经济条件的限制，很多妈妈不知道如何正确使用奶粉，如过分稀释和不消毒等问题都可能引起健康方面的问题。早在1989年，世界卫生组织就建立了"母乳替代品市场国际规范"，市场运行虽然得到了完善，但随机调查表明仍有许多人喜欢用奶粉，认为奶粉更现代、更洋气、更保险。实际上，对于母乳喂养有益的宣传和社会支持，都需要进一步加强。

93. 关于"牛磺酸"，可以知道：
　　A 母乳比牛奶含量高　　　　　　B 能增强宝宝免疫力
　　C 是宝宝的最佳食品　　　　　　D 可促进宝宝身高发育

94. 关于母乳喂养，可以知道什么？
　　A 需要建立国际规范　　　　　　B 好处我们尚不知道
　　C 也会引起健康问题　　　　　　D 能促进宝宝智力发育

95. 根据本文，第三世界国家母乳喂养率下降的原因是：
　　A 教育水平提高　　　　　　　　B 奶粉过度稀释
　　C 国际规范出现　　　　　　　　D 奶粉强占市场

96. 根据上文，用奶粉喂养宝宝：
　　A 更健康　　　　　　　　　　　B 更保险
　　C 有风险　　　　　　　　　　　D 更洋气

97—100.

初到日本东京，给我留下最深印象的，不是精美的寿司、旖旎壮丽的大都市风光，而是日本主妇的勤俭之风、崇尚低碳生活的精神。

房东太太是个漂亮的主妇，低碳节俭是她的生活准则，她不仅自己走低碳路线，还不时提醒我加入低碳行列。她家的冰箱门上有一张纸，上面写着冰箱内所有食物的名称和数量，每吃掉一样就用笔画掉。她说，这样可以减少开冰箱的次数，而每多开一次冰箱门就多浪费 0.01 度电，坚持下来每年可以节省至少 60 度电。

心灵手巧的房东太太还会变废为宝。空的牛奶盒，一部分洗干净、修剪好，包上漂亮的包装纸，用来做插花的底座，点缀美化房间；另一部分剪截下来，做蛋糕模子。被剪掉的部分垫在菜板上，切东西的时候可以减少对菜板的磨损。旧的长筒袜里装上喝过的茶叶或者咖啡渣，再扎上一个漂亮的蝴蝶结，一个靴子除臭袋就做好了。至于厨房产生的食物垃圾，放进专用的密封桶里，她家阳台上的花花草草就靠这些肥料供应养分。总之绝不糟蹋东西，哪怕小到一颗螺丝钉，一颗纽扣这样的小物品，也都收起来备用。

房东太太家的灯全是节能型的，而且尽量不用多个灯头的灯，力图省电。洗衣服时，她不用洗衣机甩干衣服或者熨干，而是晾在住宅前的空地上，让其自然风干。她说这样可以减少两公斤的二氧化碳排放量。尽量烧开炉灶，用微波炉加工食品时，她会在食品上蒙上保鲜膜，扎几个小孔透气，这样食品的水分不易蒸发，味道好又省电。她家里的水是循环利用的，洗完脸、洗完菜后用来冲厕所。

出门前，房东太太会将房间里的所有电源关闭，包括冰箱。她说，冰箱在冬天时可以相应减少使用量。我惭愧地想，我家的冰箱向来是四季插着电的。

日本主妇的低碳生活让我大开眼界，现在的我，也成了低碳一族。

97. 东京给"我"留下印象最深刻的是：
    **A** 美丽的风光　　　　　　　**B** 精美的食品
    **C** 主妇的节俭　　　　　　　**D** 房东的漂亮

98. 房东太太在冰箱上贴纸条是为了：
    **A** 记住食物数量　　　　　　**B** 减少开门次数
    **C** 记住食物名称　　　　　　**D** 防止食品变坏

99. 关于废牛奶盒子的用处，下列说法不正确的是哪一个？
    **A** 做除臭的兜　　　　　　　**B** 保护切菜板
    **C** 当插花底座　　　　　　　**D** 做蛋糕模子

100. 关于房东太太的低碳生活方式，正确的是哪一项？
    **A** 在食品上扎孔　　　　　　**B** 扔掉厨房垃圾
    **C** 自己动手洗衣服　　　　　**D** 只用节能型灯泡

# 三、书 写

第 101 题：缩写。

（1）仔细阅读下面这篇文章，时间为 10 分钟，阅读时不能抄写、记录。
（2）10 分钟后，监考收回阅读材料，请你将这篇文章缩写成一篇短文，时间
为 35 分钟。
（3）标题自拟。只需复述文章内容，不需加入自己的观点。
（4）字数为 400 左右。
（5）请把作文直接写在答题卡上。

因为生意的原因，我经常去泰国曼谷。有天清晨，我在走廊里遇到一位漂亮的酒店服务员。她微笑着和我打招呼："早上好，余先生。""你怎么知道我姓余？"我觉得很奇怪。我不认识她啊。"余先生，我们每一层的当班小姐都要记住每一个房间客人的名字。"我心中觉得很高兴，也有一种很受尊重的感觉。

乘电梯到了一楼，门一开，又一名酒店服务员站在那儿，"早上好，余先生。""啊，你也知道我姓余，你也背了上面的名字，怎么可能呢？""余先生，我上面的同事打电话说您下楼了。"我仔细一看，原来她们腰上都挂着对讲机呢。

这位服务员带我去吃早餐，餐厅的服务人员替我上菜，都尽量称呼我余先生。这时，来了一盘椭圆型的点心，点心的样子有点儿奇怪，我以前没有吃过，我就问服务员："中间这个红红的是什么？"这时我注意到一个细节，那个小姐靠拢过来看了一下，就后退一步说那个红红的是什么。"那么旁边这一圈黑黑的呢？"她上前又看了一眼，又后退一步说那黑黑的是什么。我一开始不明白，后来明白了，她这个后退一步的动作就是为了防止她的唾沫溅到饭菜里。她想得真周到。

我的生意谈完了，要离开曼谷了，我去前台办退房手续。刷完卡后，前台的服务员把信用卡还给我，然后再把我的收据折好放在信封里，还给我的时候说："谢谢您，余先生，真希望第七次再看到您。"第七次再看到？我一想，原来那次我是第六次去。

三年过去了，我再没去过泰国。有一天我收到一张像请柬一样的卡片，发现是他们酒店寄来的："亲爱的余先生，三年前的 4 月 16 号您离开以后，我们就没有再看到您，公司全体上下都很思念您。下次经过泰国请一定要来看看我们。我们非常珍惜您的深情厚谊。"下面写的是"祝您生日快乐"原来写信的那天是我的生日。当时我就决定假期修养的时候再去那家酒店。

看了上面的故事你有何感想？这是我在泰国一家酒店的真实经历，做到如此服务，怎能不赢得顾客的心？

我认识的一位美容院老板也曾说过她的成功"秘诀"，就是为每一位顾客营造一种氛围。当顾客走进美容院的时候，迎面而来的每个人都会微笑着和顾客打招呼问好，不管是前台还是美容师或者清洁工，都能清楚地记得顾客的姓名。这位老板说，对于细节来说，100-1=0，如果你有一个员工做得不到位，不理睬客人或没有很好地与顾客互动，没有为顾客提供好的服务，其他员工的努力就都被抹杀了，因为再怎么努力也无法弥补了。

# 新汉语水平考试
# HSK（六级）
# 模拟试卷 第 4 套

## 注 意

一、HSK（六级）分三部分：

　　1. 听力（50 题，约 35 分钟）

　　2. 阅读（50 题，50 分钟）

　　3. 书写（1 题，45 分钟）

**二、听力结束后，有 5 分钟填写答题卡。**

三、全部考试约 140 分钟（含考生填写个人信息时间 5 分钟）。

|  | 答对题数 | 成 绩 |
|---|---|---|
| 听 力 |  | 2 分 × ＝ 分 |
| 阅 读 |  | 2 分 × ＝ 分 |
| 书 写 | （1 题，100 分） | 分 |
| 总成绩 |  | 分 |

# 一、听力

## 第一部分

第1—15题：请选出与所听内容一致的一项。

1. A 妻子认为来早了
   B 丈夫认为来早了
   C 妻子对火车不满
   D 丈夫对火车不满

2. A 颜色的功与过
   B 颜色对人的影响
   C 颜色对健康的影响
   D 颜色对心理的影响

3. A 沙漠化正在减少
   B 沙漠化引起严重问题
   C 水土流失导致沙漠化
   D 土地贫瘠导致沙漠化

4. A 四大发明的历史
   B 四大发明的意义
   C 四大发明的未来
   D 四大发明的起源

5. A 想象很重要
   B 选举票数很重要
   C 说明问题需要数字
   D 地球上物种消失的数字

6. A 生物之间没有关系
   B 人类保持地球健康
   C 物种消失与人类无关
   D 物种消失会影响到人类

7. A "驴友"一词来源于网络
   B "驴友"就是去旅游的人
   C "驴友"指骑着驴的人
   D 说别人是"驴友"不够尊敬

8. A 中国汽车购买市场小
   B 人口数量增长速度快
   C 汽车工业发展前景好
   D 汽车工业发展前景差

9. A 男朋友的脚大
   B 男朋友乱花钱
   C 男朋友乱打电话
   D 男朋友是业务员

10. A 风力发电成本低
    B 风力发电量很高
    C 风力发电刚起步
    D 风力发电用在大城市

11. A 爸爸不给客人面子
    B 妈妈对客人不热情
    C 小强不听爸爸的话
    D 爸爸觉得小强可爱

12. A 中高端自行车发展快
    B 中国缺乏自行车文化
    C 中国人骑车都是为了运动
    D 中国自行车休闲运动很普及

13. **A** 清明节在 6 月

    **B** 清明节是运动的节日

    **C** 清明节是旅游的节日

    **D** 清明节是民间传统节日

14. **A** 境内游比出境游贵

    **B** 境内游比出境游便宜

    **C** 游客减少导致价格上涨

    **D** 人民币贬值导致机票价格上涨

15. **A** "慢生活"是偷懒

    **B** "慢生活"节奏快

    **C** "慢生活"是浪费时间

    **D** "慢生活"是一种生活方式

# 第二部分

第 16—30 题：请选出正确答案。

16. A 情感经历
    B 创业生活
    C 十年间的大事
    D 十年间的小事

17. A 很迷茫
    B 朋友很多
    C 清苦寂寞
    D 生活丰富多彩

18. A 关于北漂生活
    B 关于父母那段
    C 刚到北京的时候
    D 读者打电话那段

19. A 挣稿费
    B 想当作家
    C 吸引观众
    D 送自己一个礼物

20. A 写的是反思和感悟
    B 写的是事情的过程
    C 写的是轰动的事
    D 写的是如何出名

21. A 工人
    B 演员
    C 导演
    D 教师

22. A 影响很大
    B 想当明星
    C 童年爱表演
    D 跟电影没什么关系

23. A 拍过电影
    B 写过剧本
    C 考上电影学院
    D 家人热爱文艺

24. A 得了很多奖
    B 是个奇怪的人
    C 经常去河边游泳
    D 在大学学习了七年

25. A 电影的启蒙
    B 获得了成功
    C 获得了奖励
    D 没有什么收获

26. A 歧视
    B 冷漠
    C 接纳宽容
    D 不了解艾滋病

27. A 零发生率
    B 只发生一例
    C 局部低流行
    D 总体低流行

28. **A** 防范意识差
    **B** 药物的副作用
    **C** 没有防疫宣传
    **D** 没有医院治疗

29. **A** 有潜伏期
    **B** 已可治愈
    **C** 医治无效
    **D** 有预防性疫苗

30. **A** 看医生
    **B** 注意预防
    **C** 远离艾滋病人
    **D** 不要歧视艾滋病人

# 第三部分

第 31—50 题：请选出正确答案。

31. A 太累了
    B 受伤了
    C 丢了自行车
    D 被压在自行车下面

32. A 幸灾乐祸
    B "我"躺在地上
    C "我"的脸很脏
    D 发现了一只猫

33. A 学一次就成功了
    B 从来没摔倒过
    C 父亲一直扶着
    D 通过多种方式

34. A 生活
    B 上台阶
    C 抬东西
    D 选择和舍弃

35. A 患得患失
    B 犹豫不决
    C 请朋友代替
    D 根据自己的情况决定

36. A 选择就会有得有失
    B 选择就会患得患失
    C 勇敢才能面对人生
    D 犹豫会自寻烦恼

37. A 老人没穿鞋
    B 老人不辞而别
    C 老人俯仰着睡觉
    D 老人故意为难他

38. A 张良后来成为了军事家
    B 老人是个卑鄙的流浪汉
    C 张良跟人约会时总迟到
    D 老人喜欢跟张良开玩笑

39. A 张良求学
    B 老人的来历
    C 张良的老师
    D 张良的善良

40. A 孩子没什么出息
    B 孩子不关心别人
    C 给孩子的爱太少
    D 孩子学习进步慢

41. A 孩子太小
    B 独生子女
    C 家长的溺爱
    D 缺少父母的爱

42. A 广博的知识
    B 良好的人格
    C 良好的相貌
    D 良好的社会适应性

43. **A** 锻炼身体

    **B** 学会感激

    **C** 以孩子为中心

    **D** 以父母为中心

44. **A** 失眠

    **B** 天气冷

    **C** 身体累

    **D** 大脑缺氧

45. **A** 多睡觉

    **B** 早睡早起

    **C** 加强锻炼

    **D** 注意饮食

46. **A** 是一种疾病

    **B** 喝酒能缓解

    **C** 是生理现象

    **D** 会导致昏迷

47. **A** 春困的危害

    **B** 如何缓解春困

    **C** 春困的注意事项

    **D** 春困的起因与缓解

48. **A** 竞争不激烈

    **B** 面试方式特殊

    **C** 总经理没去面试

    **D** 公司取消了面试

49. **A** 学历不够

    **B** 没有找经理

    **C** 在办公室抽烟

    **D** 乱翻别人的东西

50. **A** 机会决定命运

    **B** 习惯决定命运

    **C** 时间决定命运

    **D** 面试决定命运

# 二、阅 读

## 第 一 部 分

第 51—60 题：请选出有语病的一项。

51. **A** 我们学校体育课对大多数同学是有兴趣的。
    **B** 军港是专供舰艇停泊、提供物资供应以及修理的港口。
    **C** 写对联、贴春联，作为炎黄子孙根深蒂固的传统，早已融入民族的血脉中。
    **D** 高速铁路不仅优化了铁路运输结构，而且形成铁路运输与其他交通方式互补的优势。

52. **A** 人口迅猛增加给世界自然资源和生态环境带来压力。
    **B** 我国首条穿越长江的地铁——武汉地铁 2 号线 26 日全线贯通。
    **C** 在他们的辛勤工作下，使这些外商消除了思想顾虑，积极投资于当地的开发建设。
    **D** 北京卢沟桥两边的石栏上雕刻着数以百计的石狮，这些雕塑的石狮已经有七百多年了。

53. **A** 内容正确与否是衡量文章好坏的重要标准。
    **B** 光线太强还是太弱，都容易使眼睛感到疲劳。
    **C** 糖和盐是每天每个人都必须摄取的，但摄入过多时却又是健康的大敌。
    **D** 21 日 18 时 30 分，俄罗斯"联盟"运载火箭携欧洲伽利略导航卫星发射升空。

54. **A** 农业生产不能违反客观规律，否则就会受到惩罚。
    **B** 我不但信任他，而且以前反对过他的人，现在也信任他了。
    **C** 孩子的教育是一个复杂的过程，它远不是一两句话就能奏效的。
    **D** 地震发生之后，当地政府全力救助，为防备余震造成伤害，目前灾区群众已住进了临时帐篷。

55. **A** 成语之所以长期受到人们的喜爱是因为它独特的文化内涵。
    **B** 人类社会发展到今天，谁也不会否认地球不是绕着太阳运转的。
    **C** 据预测，北京市的降水将比常年偏少，不排除出现较长时段没有明显有效降水的可能性。
    **D** 她把积攒起来的 400 元零花钱，资助给贫困地区的失学儿童赵长波，确保他能够支付读完小学的学费。

56. **A** 在这次活动中，他们表现得十分出众。
    **B** 全球气候异常，暴雪侵袭和洪水泛滥导致数百人丧生。
    **C** 葡萄是世界上栽培历史悠久、经济价值较高的速生树种之一。
    **D** 最近的一项社会调查显示，不少网络游戏带有暴力情节和色情内容，这无疑会严重影响青少年的身心健康。

57. A 随着各国环境保护运动的深入，环境问题已成为重大社会问题。

　　B 如果说漂亮的衣饰装点了人们的外表，那么是书籍开启了我们的灵魂。

　　C 北京人口管理部门表示，大量外来人口不仅造成了资源压力，而且给社会稳定带来了巨大压力。

　　D 目前，电子计算机已经广泛应用到各行各业，这就要求我们必须尽快提高和造就一批专业技术人员。

58. A 中国服饰是我国艺术文化的一部分，是体现我国特有民族文化的重要标志。

　　B 没有人不需要一个朋友，没有人没有一个朋友，除非他是自我封闭，与世隔绝。

　　C 一些房产中介表示了同样的担心，为建议购房者一定要考虑房屋的地理位置和房源条件，不可盲目跟风。

　　D 当你觉得别人对你不够好的时候，当你觉得受到轻视的时候，看一下自己，是否是自己让别人如此待你呢？

59. A 趁总经理不在，他背着总经理和副总经理偷偷地把这笔钱分别存入了两家银行。

　　B 一个人对世界要永远保持孩童般的好奇心，那他就会永远感到人生的充实与欣喜。

　　C 人的思想会随着人与社会的接触而变化。接触得越深，对社会看得越多，变化就越大。

　　D 爱尔兰南部山脉在海拔 700—1000 米之间，山中多洞穴；而西南沿海却是悬崖陡峭。

60. A 中国画在世界美术领域中自成体系，既有悠久的历史，还有优良的传统。

　　B 由于计算机技术的普及与提高，为各学校开展多媒体教学工作提供了良好的条件。

　　C 最近，英国研究发现，银杏叶和人参具有加速人的反应能力、提高记忆力和集中精力的功效。

　　D 只有当劳动与兴趣、爱好与理想结合在一起的时候，潜藏在每个人身上的想象力和创造力才能够最大程度地发挥出来。

# 第二部分

第61—70题：选词填空。

61. 吃饭是每个人必须要做的事，但却不是每个人都会吃饭。这话听起来_____，其实不是玩笑，因为现在很多人就是不知道怎么摄取食物中的营养成分，_____身体很多隐性疾病的_____。

 A 玩笑　　引起　　出现　　　　　　 B 好笑　　造成　　爆发
 C 好玩　　引发　　发生　　　　　　 D 嘲笑　　导致　　产生

62. _____一种文明的发展都是与其他文明碰撞、交流融合的过程，完全封闭、_____不可能带来文明的进步，只会_____文明的衰落。

 A 每　　自我封闭　　带来　　　　　 B 某　　固步自封　　使
 C 有　　闭门谢客　　引发　　　　　 D 任何　关门自守　　导致

63. 世界卫生组织最近_____全世界的噪音污染情况进行了调查，认为全球噪音污染已经成为影响人们身体健康和生活质量的严重问题，呼吁世界各国积极_____有效措施_____控制减少。

 A 就　　采取　　予以　　　　　　　 B 对　　依靠　　以
 C 把　　使用　　给予　　　　　　　 D 对于　采用　　进行

64. 土白蚁是群栖性昆虫，巨大的巢穴修筑在地下，但从外表看依然_____。历史上_____有白蚁造成长堤溃决的后果，所以我们必须进行科学、_____的观察和研究，才能防患于未然，任何麻痹和对细节的_____都会带来难以想象的后果。

 A 完璧归赵　　的确　　精致　　大意
 B 完美无缺　　确定　　细腻　　轻视
 C 完好无损　　确实　　细致　　忽视
 D 十全十美　　实在　　仔细　　忽略

65. 守时，理应是现代人所必备的_____之一。但是，不守时的情况经常在我们的身边发生。如果只是_____一次，似乎也_____，然而你仔细观察一下，就会发现，在某些人身上，不守时的事是经常发生的。信息经济时代，时间的_____已远非自然经济和工业经济时代可比。不守时，既浪费了自己的时间，也浪费了别人的生命。

 A 素质　　偶尔　　情有可原　　价值
 B 元素　　偶遇　　事出有因　　价格
 C 品质　　偶然　　强人所难　　观点
 D 成分　　突然　　强加于人　　观念

66. 欧债危机迟迟不能从_____上得以解决，欧洲经济面临下行_____，也给美国经济蒙上了阴影。美国联邦储备委员会日前_____声明说，全球经济有_____放缓迹象，全球金融市场压力给美国经济前景带来严峻挑战。

A 完全　　　危险　　　宣传　　　显明
B 根本　　　风险　　　发布　　　明显
C 根源　　　惊险　　　公布　　　明明
D 基础　　　险情　　　发表　　　显然

67. 一日三餐中，很多人最容易_____的是早餐和午餐。由于现在的年轻人夜生活比较多也频繁，当然也包括加班，经常_____很晚才能睡觉，可是第二天一早还得起床上班，为了多睡一小会儿，往往只能_____吃早饭的时间了，所以没时间吃早饭是_____的问题。

A 遗忘　　　不在乎　　　挤出　　　经常
B 轻视　　　不得已　　　拥挤　　　普通
C 忽略　　　不得不　　　挤占　　　普遍
D 省略　　　忍不住　　　挪用　　　普及

68. 人_____缺乏活动，肌肉就会开始_____、减少，基础代谢也会跟着变差，使得人越来越胖。如果此时再加上压力的话，就很容易想大吃特吃来_____压力，换句话说，就会变成压力性肥胖。最后的结果就是_____空腹的空腹力变差，造成最糟糕的恶性循环。

A 一旦　　　衰退　　　缓解　　　忍受
B 如果　　　衰竭　　　减少　　　遭受
C 假设　　　衰落　　　降低　　　忍耐
D 若　　　衰败　　　释放　　　忍让

69. 中国是算盘的故乡。在计算机已被普遍_____的今天，古老的算盘不仅没有被_____，反而因它的灵便、准确等优点，在许多国家方兴未艾。_____，人们往往把算盘的发明与中国古代四大发明_____，珠算盘也是中国人发明创造的一种_____的计算工具。

A 采用　　　放弃　　　所以　　　不相上下　　　便捷
B 普及　　　抛弃　　　于是　　　旗鼓相当　　　简洁
C 应用　　　作废　　　但是　　　平起平坐　　　简单
D 使用　　　废弃　　　因此　　　相提并论　　　简便

70. 父母要_____，帮助孩子养成健身的好习惯。家长要了解孩子在学校是否有_____的体育锻炼时间，如果没有，就要_____校外锻炼进行弥补。如果学校离家不远，可以_____孩子步行或骑车上下学。

A 以身试法　　　充足　　　经过　　　鼓动
B 以身作则　　　足够　　　通过　　　鼓励
C 言传身教　　　富裕　　　依靠　　　鼓舞
D 无怨无悔　　　富有　　　根据　　　激励

# 第 三 部 分

71—75.

有一天，一个农夫的驴子，（71）_____，农夫绞尽脑汁想
办法要救出驴子，但几个小时过去了，驴子还在井里痛苦地哀
嚎着。最后，（72）_____，他想，这头驴子
年纪大了，不值得大费周折去把它救出来，不过无论如
何，这口井还是得填起来。于是农夫便请来左邻右舍帮忙
将井中的驴子埋了，（73）_____。农夫的邻
居们人手一把铲子，开始将泥土铲进枯井中。当这头驴子了
解到自己的处境时，刚开始叫得很凄惨。（74）_____
_____，一会儿之后这头驴子就安静下来了。农夫好奇地探
头往井底一看，出现在眼前的景象令他大吃一惊：当铲进井里的泥土落在驴子的背
部时，（75）_____，然后站到铲进的泥土堆上面！

就这样，驴子将大家铲倒在它身上的泥土抖落在井底，很快地，这只驴子便
得意地上升到井口。

A 但出人意料的是

B 以免除它的痛苦

C 它将泥土抖落在一旁

D 不小心掉进一口枯井里

E 这位农夫决定放弃

76—80.

　　《禅海珍言》中有这样的故事：京都南禅寺以前住着一位绰号"哭婆"的老太太。她雨天哭，晴天也哭，成年累月神情懊丧，面容愁苦，不停叹气，（76）＿＿＿＿＿＿＿＿＿＿。有一天，南禅寺的和尚问她："你怎么总是哭呢？"她边哭边回答："我有两个女儿，大女儿嫁给了一个卖鞋的，（77）＿＿＿＿＿＿＿＿＿＿。天晴的日子，（78）＿＿＿＿＿＿＿＿＿＿，下雨的天气，我又想到大女儿的鞋一定没人去买。我怎能不伤心落泪呢？"和尚劝她："天晴时，你去想大女儿的鞋一定生意兴隆；下雨时，你想小女儿的伞一定卖得很多"。老太太当即"顿悟"，破涕为笑。此后，她的生活内容虽然未变，（79）＿＿＿＿＿＿＿＿＿＿，便由"哭婆"变成了"笑婆"。

　　现实生活中，类似的事例可以说不胜枚举。同样一件事，由于观察它的角度不同，（80）＿＿＿＿＿＿＿＿＿＿，这足以说明观察生活的角度是多么重要。

　　A 小的嫁给了一个卖雨伞的
　　B 我想到小女儿的雨伞一定卖不出去
　　C 人就有乐观与悲观之分
　　D 眼睛都快哭瞎了
　　E 但由于观察生活的角度变了

# 第四部分

第81—100题：请选出正确答案。

81—84.

假如，天空中突然不见了月亮，世界将会怎样？

几米写的《月亮忘记了》是这样描述没有月亮出现的情形：一个黄昏过后，大家焦虑地等待，却再也没有等到月亮升起。潮水慢慢平静下来，海洋凝固成一面漆黑的水镜，没有月亮的夜晚，世界变的清冷幽寂。正要登陆月球的太空船，在星海中漫无目标地航行，没有人知道他们现在在哪里。电视不断重复播报月亮失踪的消息，世界末日的恐慌瞬间弥漫全球……

有一句被广泛引用的名言，叫"存在的，就是合理的"。但是，已经存在了46亿年的月亮，其存在的合理性却遭到了质疑：一二十年来，相继有美国和俄罗斯天文学家经过多年的研究，提出和宣扬月亮是引发地球许多自然灾害的罪魁祸首的说法，乃至建议摧毁月球。

1991年，美国爱荷华州立大学数学教授亚历山大·阿比安曾发表过这样的言论："我现在无法预测人类何时会摧毁月球，但这件事似乎是不可避免的。"据说，美国政府的确曾经有过在月球表面引爆原子弹以摧毁月球的计划。但是，经过权衡，空军高层人士认为，这一计划的风险远远超过从中获得的好处，使得该计划流产。

10年之后，又有五名俄罗斯科学家称月球实质上是一只体格庞大的寄生虫，月球强大的引力将地球拉歪了，使得地球在自转的同时，以一种笨拙的倾斜姿势绕着太阳转，使得地球上的气候变化无常，导致地球自然灾害不断。而如果将月球摧毁，地球也就不再倾斜。如果地球的倾角变成0度，季节变化就将从地球上消失，整个地球就会拥有适宜的气候，沙漠会变成绿洲，农作物会茁壮成长。全世界的孩子们都无须再挨饿受冻。因此，这五名科学家把他们的建议郑重其事地提交给了俄罗斯政府。俄罗斯政府向这些科学家承诺，将对这一建议的可行性进行认真的研究。

显然，月亮不但受到科学家的批判，还面临生死存亡的威胁。

81. 根据短文，没有月亮，世界将会怎样？
    A 海洋凝固　　　　　　　　　B 电视信号消失
    C 季节变化消失　　　　　　　D 地球变成沙漠

82. 美国为何放弃摧毁月球的计划？
    A 利大于弊　　　　　　　B 月球太大
    C 没有武器　　　　　　　D 风险超过收益

83. 第四段文中的"流产"一词在本文中是什么意思？
    A 推迟　　　　B 放弃　　　　C 做手术　　　　D 终止怀孕

84. 科学家认为是什么造成了地球倾斜？
    A 太阳　　　　　　　　　　B 月亮的引力
    C 地球的自转　　　　　　　D 地球的海洋

85—88.

大熊猫的祖先是始熊猫，大熊猫的学名其实叫"猫熊"，意即"像猫一样的熊"，也就是"本质类似于熊，而外貌相似于猫"。严格地说，"熊猫"是错误的名词。这一"错案"是这么造成的：新中国成立前，四川重庆北碚博物馆曾经展出猫熊标本，说明牌上自左往右横写着"猫熊"两字。可是，当时报刊的横标题习惯于自右向左认读，于是记者们便在报道中把"猫熊"误写为"熊猫"。"熊猫"一词经媒体广为传播，说惯了，也就很难纠正。于是，人们只得将错就错，称"猫熊"为"熊猫"。

大熊猫生活在中国西南青藏高原东部边缘的温带森林中，竹子是这里主要的林下植物。大熊猫喜欢独自生活，除了交配期会和伴侣生活 1 个多月外，都是单独行动。不会冬眠。

有些人认为大熊猫一直是食草动物，其实这是一种由拟熊类演变而成的以食肉为主的最早的熊猫。大熊猫的食谱非常特殊，几乎包括了在高山地区可以找到的各种竹子，也偶尔食肉。大熊猫为什么喜欢吃竹子呢？科学家推测，随着古时候人口数量的急剧膨胀，大熊猫被迫迁徙到一些高山地区生存。它们为了避免和一些肉食动物比如亚洲黑熊等进行竞争，最终逐渐习惯以竹子为食。在野外，除了睡眠或短距离活动，大熊猫每天取食的时间长达 14 个小时。

85. 大熊猫的学名是什么？

    **A** 熊        **B** 熊猫        **C** 猫熊        **D** 竹熊

86. 人们读错熊猫的名字是因为：

    **A** 人们读错了        **B** 记者写错了

    **C** 博物馆写错了        **D** 人们习惯从左向右认读

87. 第三段主要谈的是：

    **A** 熊猫的习性        **B** 熊猫的特征

    **C** 熊猫的食性        **D** 熊猫的起源

88. 关于熊猫，下面哪一项正确？

    **A** 冬眠        **B** 不食肉

    **C** 生活在温带        **D** 每天睡觉 14 小时

89—92.

传说很久以前龙井的山中有个荒凉的小村，村中有个老婆婆，住在破旧的茅屋里，靠采摘屋后所种的茶树的嫩叶为生。老婆婆心地善良，看到进山采茶的人很辛苦，就常煮茶水在门口任人取饮。

一天，村中来了一位白胡子老翁，在门口喝茶时看见她屋角弃置着一个破石臼，认出它是宝贝，便要购买。婆婆道："破旧石臼，是无用之物，喜欢，搬去就是。"

老者自己搬不动大石臼，便下山找人来搬。老婆婆看石臼很脏，不能这样送人，便将石臼洗刷得干干净净，把臼中弄出来的腐朽的细土，埋在屋后茶树下。老者顾不得山路颠簸，带着找来的人回来抬臼，只见石臼已被洗干净，大惊失色，石臼也不要了，叹息着下山而去。

原来石臼本身并非宝物，它里面堆积的腐土才是无价之宝。老太太屋后的茶树，自得腐土为肥后，生长茂盛起来；而用这些树的嫩芽所制的茶叶也有奇特的清香，成为茶之冠。这些树便是龙井茶的始祖。

有一次，乾隆皇帝下江南时来到杭州龙井狮峰山下，看见几个乡女正在十多棵绿荫荫的茶蓬前采茶，心中一乐，也学着采了起来。刚采了一把，忽然有人来报告："皇太后有病，请皇上急速回京。"乾隆皇帝听说太后有病，随手将一把茶叶向身上的袋内一放，日夜兼程赶回京城。其实太后只因山珍海味吃多了，胃里不适，并没有大病。乾隆皇帝来到太后身边时，太后只觉一股清香传来，便问捎来什么好东西。皇帝也觉得奇怪，身上哪来的清香。他随手往袋里一摸，啊，原来是杭州龙井狮峰山的一把茶叶，几天过后已经干了，浓郁的香气就是它散出来的。太后便想尝尝茶叶的味道，宫女将茶泡好，送到太后面前，果然清香扑鼻。太后喝了茶，顿时胃不胀了，身体也舒适多了。太后高兴地说："杭州龙井的茶叶，真是灵丹妙药。"乾隆皇帝见太后这么高兴，立即传令下去，将杭州龙井狮峰山下十八棵茶树封为御茶，每年采摘新茶，专门进贡太后。至今，杭州龙井村胡公庙前还保存着这十八棵御茶。

89. 老翁为什么不要石臼了？

　　A 太沉了　　　　B 太脏了　　　　C 害怕了　　　　D 洗干净了

90. 老婆婆家的茶为什么清香？

　　A 茶水免费　　　　　　　　B 老婆婆心善良
　　C 老婆婆爱干净　　　　　　D 有腐土做肥料

91. 皇帝身上为什么有香味？

　　A 洒了香水　　　　　　　　B 带了礼物
　　C 带了茶叶　　　　　　　　D 带了鲜花

92. 太后的病是怎么好的？

　　A 吃了药　　　　　　　　　B 看了医生
　　C 喝了老婆婆的茶　　　　　D 喝了乾隆皇帝带回的茶

93—96.

长期以来，我国流动人口的主要聚集在东部沿海一些大城市，南方珠三角地区尤为密集。近两年，流动人口在全国流向呈现三个新趋势，一是开始由东部沿海向中西部欠发达地省分散；二是东部沿海地区向北方地区流动；三是流动人口开始由大城市向中小城市分散。

据中国社会科学院研究员李成贵分析，目前，我国流动人口的主体仍是农民工，而制造业和建筑业仍然是农民工的主要就业领域，这种流动人口的构成格局，决定了流动人口大的流向受产业布局影响很大。

记者采访时发现，越来越多的流动人口观念更新，与以前一心想着"打工"、"流动"心态不同，现今许多流动人口已经不再频繁流动，而是追求与现居住地的文化融合，他们打工所得不再一味寄回家。很多打工者表示"不会拿挣的钱到老家盖房"，而是准备在当地买便宜的房子。他们手里的钱有更多的选择：一是置业，二是做生意。

93. 下面哪一项符合流动人口流向的新趋势？

　　A 向大城市聚集　　　　　　　　B 向中西部分散
　　C 向南方地区延伸　　　　　　　D 向东部沿海地区聚集

94. 中国流动人口的主体是：

　　A 无业者　　　B 流浪者　　　C 农民工　　　D 大学生

95. 影响人口流动流向的是：

　　A 人口数量　　　B 产业布局　　　C 城市规模　　　D 生态环境

96. 关于打工者，下面哪一项正确？

　　A 想做生意　　　　　　　　　　B 一心打工
　　C 回家乡盖房子　　　　　　　　D 把钱都寄回家

97—100.

　　旗袍是满族的传统服饰，20世纪上半叶由民国服饰设计师参考满族女性传统旗服和西洋文化的基础上设计的一种时装。旗袍带有中国特色，体现西式审美并采用西式剪裁，是一种东西方文化糅合具象。在现时部分西方人的眼中，旗袍具有中国女性服饰文化的象征意义。

　　经过20世纪上半叶的演变，旗袍的各种基本特征和组成元素慢慢稳定下来，成为中国妇女一种经典的传统时装。

　　海派旗袍是民国旗袍的典型。上海这个中西文化杂处的大都市是最具条件的诞生地。海派风格以吸收西方艺术风格为特点，标新且灵活多样，商业气息浓厚；而京派风格则带有官派作风，显得矜持凝练。旗袍的京派与海派，代表着艺术、文化上的两种风格。近代旗袍进入了立体造型时代，衣片上出现了省道，配上了西式的装袖，旗袍的衣长、袖长大大缩短，腰身也更为合体。

　　现代旗袍的外观特征一般要求全部或部分具有以下特征：右衽大襟是开襟或半开襟形式，立领盘纽，摆侧开衩，单片衣料，收腰，无袖或短袖等。开衩只是旗袍的很多特征之一，不是唯一的，也不是必要的。受欧美短裙影响，原来长短适中的旗袍开始变短，下摆上缩至膝盖，袖口变短变小。

　　旗袍是近代兴起的中国妇女的传统时装，而并非正式的传统民族服装。它既有沧桑变幻的往昔，更拥有焕然一新的现在。旗袍本身就具有一定的历史意义，加之可欣赏度比较高，因而富有一定的收藏价值。

97. 关于旗袍，下面哪一项正确？
　　A 中国妇女的传统时装
　　B 体现西方审美的服饰
　　C 采用东方剪裁的服饰
　　D 中国正式的传统民族服装

98. 关于海派旗袍，下面哪一项正确？
　　A 诞生在北京
　　B 具有官派风格
　　C 独特且灵活多样
　　D 是现代旗袍的典型

99. 根据上文，可以知道旗袍：
　　A 腰身宽松
　　B 必须有开衩
　　C 衣长和袖长不变
　　D 有一定的收藏价值

100. 上文主要介绍了旗袍的哪个方面？
　　A 构成因素
　　B 收藏价值
　　C 形成过程
　　D 性质与特征

# 三、书写

**第 101 题：缩写。**

（1）仔细阅读下面这篇文章，时间为 10 分钟，阅读时不能抄写、记录。
（2）10 分钟后，监考收回阅读材料，请你将这篇文章缩写成一篇短文，时间为 35 分钟。
（3）标题自拟。只需复述文章内容，不需加入自己的观点。
（4）字数为 400 左右。
（5）请把作文直接写在答题卡上。

　　记得七八岁的时候，我写了第一首诗。母亲念完那首诗，眼睛一亮，兴奋地嚷着："巴迪，这是你写的吗？多美的诗啊！精彩极了！"她搂着我，不住地赞扬。我既腼腆又得意扬扬，点头告诉她诗确实是我写的。她高兴得再次拥抱了我。

　　"妈妈，爸爸什么时候回来？"我红着脸问道。我有点儿迫不及待，想立刻让父亲看看我写的诗。"他晚上七点钟回来。"母亲摸摸我的脑袋，笑着说。

　　整个下午我都怀着一种自豪感等待父亲回来。我用漂亮的花体字把诗认认真真誊写了一遍，还用彩色笔在它的周围上画了一圈花边。将近七点钟的时候，我悄悄走进饭厅，满怀信心地把它平平整整地放在餐桌父亲坐的位置上。

　　七点，七点一刻，七点半。父亲还没有回来。我实在等不及了。我敬仰我的父亲。他是一家影片公司的重要人物，写过好多剧本。他一定会比母亲更加赞赏我这首精彩的诗。

　　快到八点钟的时候，父亲终于回来了。他进了饭厅，目光被餐桌上的那首诗吸引住了。我紧张极了。

　　"这是什么？"他伸手拿起了我的诗。

　　"亲爱的，发生了一件美妙的事。巴迪写了一首诗，精彩极了……"母亲上前说道。"对不起，我自己会判断的。"父亲开始读诗。我把头埋得低低的。诗只有十行，可我觉得他读了很长的时间。"我看这首诗糟糕透了。"父亲把诗放回原处。我的眼睛湿润了，头也沉重得抬不起来。"亲爱的，我真不懂你这是什么意思！"母亲嚷道，"这不是在你的公司里。巴迪还是个孩子，这是他写的第一首诗。他需要鼓励。""我不明白，"父亲并不退让，"难道世界上糟糕的诗还不够多么？哪条法律规定巴迪一定要成为诗人？"我再也受不了了。我冲出饭厅，跑进自己的房间，扑到床上痛哭起来。饭厅里，父母还在为那首诗争吵着。

几年后，当我再拿出那首诗看时，不得不承认父亲是对的。那的确是一首糟糕的诗。不过母亲还是一如既往地鼓励我，因此我一直在写作。有一次我鼓起勇气给父亲看一篇我写的短篇小说。"写得不怎么样，但还不是毫无希望。"根据父亲的批语，我学着进行修改，那时我还不满 12 岁。

　　现在，我已经写了很多作品，出版、发行了一部部小说、戏剧和电影剧本。我越来越体会到我当初是多么幸运。我有个慈祥的母亲，她常常对我说："巴迪，这是你写的吗？精彩极了。"我还有个严肃的父亲，他总是皱着眉头，说："这个糟糕透了。"一个作家，应该说生活中的每一个人，都需要来自母亲的力量，这种爱的力量是灵感和创作源泉。但是仅仅有这个是不全面的，它可能会把人引入歧途。所以还需要警告的力量来平衡，需要有人时常提醒你："小心，注意，总结，提高。"

　　这些年来，我少年时代听到的这两种声音一直交织在我的耳际："精彩极了"，"糟糕透了"；"精彩极了"，"糟糕透了"……它们像两股风不断地向我吹来。我谨慎地把握住生活的小船，使它不被哪一股风刮倒。我从心底里知道，"精彩极了"也好，"糟糕透了"也好，这两个极端的断言有一个共同的出发点——那就是爱。在爱的照耀下，我努力地向前驶去。

# 新汉语水平考试
# HSK（六级）
# 模拟试卷 第5套

## 注　意

一、HSK（六级）分三部分：

　　1. 听力（50题，约35分钟）

　　2. 阅读（50题，50分钟）

　　3. 书写（1题，45分钟）

二、**听力结束后，有5分钟填写答题卡。**

三、**全部考试约140分钟（含考生填写个人信息时间5分钟）。**

| | 答对题数 | 成　绩 |
|---|---|---|
| 听　力 | | 2分 × ＝ 分 |
| 阅　读 | | 2分 × ＝ 分 |
| 书　写 | （1题，100分） | 分 |
| 总成绩 | | 分 |

# 一、听 力

## 第一部分

第1—15题：请选出与所听内容一致的一项。

1. A 他们在船上
   B 女的害羞了
   C 他们吵架了
   D 男的很幽默

2. A 咖啡味道香甜
   B 咖啡让人麻醉
   C 打盹儿比喝咖啡好
   D 打盹儿只能五分钟

3. A 语言都有目的
   B 语言让人亲近
   C 废话不是沟通工具
   D 废话多的人更亲切

4. A 预制食品能直接吃
   B 预制食品味道不好
   C 预制食品有益健康
   D 预制食品使人发胖

5. A 这个面包师不快乐
   B 这个面包师的声誉不好
   C 这个面包师做的面包不好吃
   D 这个面包师不喜欢自己的工作

6. A 读书必须心情平静
   B 读书应该举止文雅
   C 合适的书就是有趣的书
   D 合适的书让人心态平和

7. A 陆地上才有植物
   B 每株植物颜色不同
   C 动物能够直接生产食物
   D 人从植物那里获取食物

8. A 李时珍童年很悲惨
   B 李时珍年轻时到处奔波
   C 李时珍发明了中国的医药
   D 李时珍编写了《本草纲目》

9. A 女孩长大后会厌恶父亲
   B 女孩会有和父亲一样的性格
   C 女孩对异性的态度受父亲影响
   D 女孩会寻找有父亲缺点的异性

10. A 青岛的夏天很凉快
    B 青岛盛产各种啤酒
    C 9月不适合到青岛旅游
    D 青岛有国际葡萄酒节

11. A 杂技在中国历史不长
    B 杂技是一种歌舞表演
    C 传统杂技已经消失了
    D 杂技很受人们的欢迎

12. A 东北虎体型很小
    B 东北虎感觉灵敏
    C 东北虎肌肉发达
    D 东北虎没有虎爪

13. **A** 小王故意撞倒了行人

 **B** 小王的骑车技术卓越

 **C** 行人不遵守交通规则

 **D** 行人觉得是小王不对

14. **A** 现在很多孩子考不上大学

 **B** 很多家长舍不得孩子出国

 **C** 出国留学的孩子越来越多

 **D** 今年有 100 万学生参加高考

15. **A** 冰箱的冷藏温度太高

 **B** 储存食物需要很低的温度

 **C** 水果蔬菜在冰箱里容易被冻伤

 **D** 巧克力在冰箱里容易发霉腐烂

# 第二部分

第16—30题：请选出正确答案。

16. A 他管理志愿者
    B 他失去了工作
    C 他当过志愿者
    D 他是奥运会运动员

17. A 增加志愿者数量
    B 赋予志愿者权利
    C 宣传志愿者的奉献精神
    D 制定保护志愿者的法律

18. A 社会不认同
    B 家人不理解
    C 志愿者受到了伤害
    D 志愿者供不应求

19. A 激情
    B 经验
    C 奖励
    D 工作

20. A 赞助农民工小学
    B 照顾农民工孩子
    C 找一份理想的工作
    D 参加大型志愿服务活动

21. A 激动
    B 欣慰
    C 平和
    D 悲伤

22. A 文化遗产增多
    B 风俗习惯改变
    C 本土意识增强
    D 文化特色减弱

23. A 功课简单
    B 城市很大
    C 人才很多
    D 方便旅游

24. A 在学校没学过普通话
    B 不会说标准的普通话
    C 听不懂带方言的普通话
    D 不能和朋友用普通话交流

25. A 很害羞
    B 很活泼
    C 急于求成
    D 性格坚韧

26. A 演员
    B 导演
    C 裁缝
    D 武术老师

27. A 电脑特技
    B 演员的名气
    C 武打的设计
    D 动作的真实性

28.　**A**　动作敏捷

　　**B**　语言幽默

　　**C**　有真功夫

　　**D**　结合中西文化

29.　**A**　懂得饶恕

　　**B**　主动的心态

　　**C**　有男子汉气概

　　**D**　把敌人打倒在地上

30.　**A**　自学武术

　　**B**　威望很高

　　**C**　崇拜李小龙

　　**D**　讲究武术实战性

# 第 三 部 分

第 31—50 题：请选出正确答案。

31. **A** 找食物
    **B** 荡秋千
    **C** 掩护自己
    **D** 加快逃跑速度

32. **A** 变得更长
    **B** 挂在树上
    **C** 被拉断了
    **D** 被狼吃了

33. **A** 猴子的尾巴很短
    **B** 要注意身边的环境
    **C** 不要和别人作比较
    **D** 优点有时会变成缺点

34. **A** 辅助交流沟通
    **B** 增加身体活动
    **C** 减少语言差异
    **D** 澄清误会冲突

35. **A** 不说话能够打败说话
    **B** 说不出话比交谈更好
    **C** 不用语言表达效果更好
    **D** 没有音乐比有音乐更好

36. **A** 引起误会和冲突
    **B** 放大语言的不足
    **C** 不能正确使用语言
    **D** 忘记手势语的作用

37. **A** 手的优点
    **B** 手势的作用
    **C** 语言的不足
    **D** 各种语言符号

38. **A** 鬼神也有生命
    **B** 生命的鉴别方式很多
    **C** 不同环境有不同生命
    **D** 地球上的生命才是生命

39. **A** 生命的重要性
    **B** 是否有外星人
    **C** 保护地球环境
    **D** 要戒备外星人

40. **A** 父母收入增加
    **B** 家长教育开明
    **C** 可以自己打工赚钱
    **D** 改革开放经济发展

41. **A** 有兄弟姐妹
    **B** 性格冷酷麻木
    **C** 擅长与人交流
    **D** 电脑技术熟练

42. **A** 喜欢标新立异
    **B** 任性没有上进心
    **C** 容易有心理问题
    **D** 热衷消费和依赖网络

43. A 守护子女

   B 召集同伴

   C 寻觅伴侣

   D 受到月亮的影响

44. A 非常团结

   B 喜欢挑衅

   C 一般单独行动

   D 害怕强大的敌人

45. A 逃跑

   B 装死

   C 一起攻击

   D 让幼狼先跑

46. A 狼是忠诚的动物

   B 要保护野生动物

   C 要独立面对困难

   D 要重视集体的力量

47. A 应该看的书

   B 受欢迎的书

   C 父母喜欢的书

   D 孩子喜欢的书

48. A 去图书馆

   B 不大声说话

   C 有单独的书房

   D 和孩子一起看书

49. A 减少和孩子的分歧

   B 和孩子交流读书感受

   C 知道孩子在看什么书

   D 一起回忆以前的生活

50. A 要有好的阅读环境

   B 父母应鉴别孩子读的书

   C 阅读习惯对孩子很重要

   D 如何培养孩子的阅读习惯

# 二、阅 读

## 第一部分

第51—60题：请选出有语病的一项。

51. **A** 你不认真学习，怎么可能有好成绩？

    **B** 到中国以后，他无时无刻忘记努力学习汉语。

    **C** 事实表明，90% 的长期吸烟者记忆力明显减退。

    **D** 通过自得其乐的游戏，儿童紧张的情绪得到了缓解。

52. **A** 我不但信任他，而且也信任他的朋友。

    **B** 通过了解他的学习经历，我明白了许多道理。

    **C** 近期出现的异常天气主要是为全球气候变暖引起的。

    **D** 大学毕业生就业难的问题，引起了全社会的极大关注。

53. **A** 我的故乡是一个美丽而迷人的地方。

    **B** 这最后一天的聚会是同学们最愉快的一天。

    **C** 这姑娘虽不是出身于名门贵族，却也算得上小家碧玉。

    **D** 看到这张夫妻漫画，我就想起了我们当年新婚磨合期的情景。

54. **A** 他们认真听取和讨论了大家的意见。

    **B** 这个小区在多处新建了许多垃圾回收点。

    **C** 大陆居民办理港澳旅游签证手续，要到公安局盖章。

    **D** 婚前财产公证是指夫妻或者是未婚夫妻对双方婚前的个人财产或者是婚后
    共同财产的界定。

55. **A** 能否克服眼前的困难，是取得这次比赛胜利的关键。

    **B** 我生长在一个京剧之家，所以我对京剧一点儿也不陌生。

    **C** 家中只有年迈的父母，担心他们寂寞，孩子们隔三差五地去看望他们。

    **D** 假如我是一家公司的法人代表，如果犯罪入狱，是否会被取消法人资格？

56. **A** 家猫会把死老鼠叼回家来，并且放在显眼的位置。

    **B** 平时听惯了他啰唆，现在人不在倒显得太寂静了。

    **C** 地球上恐龙的灭绝，是由外界环境的各种变化造成的。

    **D** 他不但琴棋书画样样都精通，就是不太善于和人交流。

57. A 严禁在景区打猎、乱砍乱伐等破坏生态环境行为。

B 广东队与北京队今晚 7 点将在北京奥运体育馆再决雌雄。

C 只有在科学的道路上不怕艰难，才有希望达到最高顶点。

D 不管计算机技术多么发达，人们都应该理智地开发和利用它。

58. A 世博园里，众多国家的场馆就像一张张国家名片，彰显着各自的特色。

B 在杭州市举行的第六届中国城市论坛上，山东省威海市被授予"国家森林城市"称号，成为山东省唯一获此殊荣的城市。

C 为引进各类人才，提高自主创新能力，我市举办了信息技术人才专场招聘会。

D 在这次比赛中，经过运动员的努力拼搏，再次赢得了比赛的冠军。

59. A 有人认为科学家终日埋头科研，不问家事，有点儿不近人情，其实事实并非如此。

B 与作家不同，摄影家们把自己对山川、草木、城市、乡野的感受没有倾注于笔下，而是直接聚焦于镜头。

C 黄昏时，站在山顶远远望去，只见水天相接处一片灯光闪烁，那里就是闻名中外的旅游胜地——皖南古村落。

D 想象不仅对诗人的创作是一种必要，而且对于读者的欣赏也是一种必要。

60. A 词有情感色彩。如说一个人有"风度"，"风度"含褒义色彩；说一个人"风流"，"风流"却含有贬义色彩。

B 你知道每斤蜂蜜中包含蜜蜂的多少劳动吗？据科学家统计，蜜蜂每酿造一斤蜜，大约要采集 50 万朵的花粉。

C 针对特殊情况，他马上召集人员进行研究，机动安排了讲座的出席人员与程序，并且说明了答辩中应注意的问题。

D 当前和今后一个相当长的时间内，每年进入劳动年龄的人口数很大，安排城镇青年劳动力就业是一项相当繁重的任务。

# 第二部分

第61—70题：选词填空。

61. 养植物就跟养宠物一样，既然你对它承担了_____，就要爱护它，_____对它说些亲切问候的话，让它觉得受到照顾，它也会报答你，让你_____愉快。

   A 职责　　往往　　心里　　　　B 义务　　频繁　　情绪
   C 任务　　不断　　头脑　　　　D 责任　　经常　　心情

62. 太阳能开发成本_____，前景广阔。近十年来，中国的太阳能利用产业得到_____发展。特别是太阳能热水器，已初步形成较为_____的产业体系。

   A 便宜　　超速　　完全　　　　B 昂贵　　特别　　完整
   C 低廉　　快速　　完善　　　　D 高昂　　低效　　完结

63. 在人的成长道路上，对手是_____存在的。对手是个_____的参照物，对手的存在证明你本人存在的_____。

   A 一直　　必要　　判断　　　　B 始终　　重要　　价值
   C 总是　　必须　　评价　　　　D 常常　　重点　　意义

64. 湖泊是人类赖以生存的宝贵的淡水_____，可是随着人类的生产活动和无_____的生活污水的排放，湖泊受到了严重的_____。因此，各国政府和科学家高度重视，采取了各种_____。

   A 财富　　控制　　损害　　方法
   B 资料　　限制　　伤害　　策略
   C 财产　　管制　　传染　　限制
   D 资源　　节制　　污染　　措施

65. 端午节，是中国人两千多年来的传统_____，由于地域广大，民族_____，加上许多故事传说，于是不仅产生了众多相异的节名，_____各地也有着不尽相同的_____。

   A 节日　　众多　　而且　　习俗
   B 日程　　宽阔　　甚至　　方式
   C 节目　　高大　　可是　　习惯
   D 安排　　复杂　　尽管　　打算

66. 人生的_____是丰富多彩的，有欢乐也有痛苦。在欢乐时我们应感谢生命，在痛苦时我们_____应感谢生命，欢乐和痛苦是相生相成的，这_____地揭示了生命丰富的_____。

   A 经验　　还　　明白　　内容
   B 经过　　更　　明显　　意义
   C 经历　　也　　深刻　　内涵
   D 经典　　仍　　鲜明　　资源

67. 人们总是很_____对别人的欣赏。其实欣赏别人有什么不好呢？几_____掌声，几句赞誉，或者一个眼神、一个微笑也可以。别人会从你的欣赏里，得到对自己的_____，得到了_____、欢乐、信心和力量。

   A 小气　　手　　表扬　　开心
   B 吝啬　　下　　认同　　鼓励
   C 不舍　　次　　肯定　　愉快
   D 珍惜　　声　　确定　　加油

68. 风筝_____于中国，相传最早的风筝是由古代哲学家墨翟在山东制造的。_____国际风筝交流的逐渐频繁，风筝这一古老的民间工艺，在新_____下蓬勃发展，已经成为一种重要的_____。

   A 产生　　伴随　　情况　　工艺品
   B 诞生　　跟随　　背景　　日用品
   C 起源　　随着　　形势　　艺术品
   D 发生　　伴着　　情景　　奢侈品

69. 睡觉打呼噜对于很多人来说是常事，_____在不少人眼中更是"睡得好"的证明。但_____上，睡觉打呼噜对于患有高血压、冠心病等疾病的人来说，却是一个危险的_____，不仅会_____高血压和冠心病，还有生命危险，它很可能使睡眠呼吸暂停，因此我们要提高_____。

   A 而且　　事实　　预兆　　加重　　警惕
   B 甚至　　确实　　预想　　加强　　认识
   C 但是　　真实　　前提　　加大　　警觉
   D 所以　　证实　　前兆　　加速　　准备

70. 结婚纪念日是婚姻的_____，因为婚姻里有太多的_____，有太多的跌宕起伏，这婚姻的常青树，使婚姻充满_____的绿意，因此请不要轻易_____这个重要的日子。

   A 避风港　　锅碗瓢盆　　红光满面　　抛弃
   B 纪念塔　　悲欢离合　　春意盎然　　失去
   C 里程碑　　酸甜苦辣　　生机勃勃　　遗忘
   D 中转站　　油盐酱醋　　栩栩如生　　遗失

# 第三部分

第71—80题：选句填空。

71—75.

有位太太请了个油漆匠到家里粉刷墙壁。

油漆匠一走进门，看到她的丈夫双目失明，（71）_____
_____。可是男主人一向开朗乐观，所以油漆匠在那里
工作了几天，（72）_____，油漆匠也从未提起
男主人的缺憾。

工作完毕，油漆匠取出账单，那位太太发现比谈妥的价钱
打了一个很大的折扣。

她问油漆匠："怎么少算这么多呢？"

油漆匠回答说："（73）_____，他对人生的态度，使我觉得
自己的境况还不算最坏。所以减去的那一部分，算是我对他表示一点儿谢意，因
为他使我不会把工作看得太苦！"

油漆匠对她丈夫的推崇，使她落泪，因为这位慷慨的油漆匠，自己只有一只
手。

态度就像磁铁，不论（74）_____，我们都受到它的牵引。
虽然我们无法改变人生，但我们可以改变人生观。虽然我们无法改变环境，但我
们可以改变心境。我们无法（75）_____，但可以调整态度来适
应一切的环境。

       A 他们谈得很投机

       B 我们的思想是正面抑或是负面的

       C 我跟你先生在一起觉得很快乐

       D 调整环境来完全适应自己的生活

       E 顿时流露出怜悯的眼光

76—80.

（76）_____，而人们在日常生活中的资源浪费制造了大量不必要的温室气体。其实，普通人只要在生活中稍微加以注意，算上一笔"节能账"，就能节约不少能源，减少温室气体的产生。

比如，冬天时将空调温度调低 2 摄氏度，夏天调高 2 摄氏度，（77）_____。使用电器时，尽量别让它处于待机状态，多使用电器上的开关按钮直接关闭，（78）_____。因为如果电器处于待机模式，就要白白耗费 40% 的电量。

喜欢驾车出行的朋友只要略微改变一下自己的习惯，也可以节约不少能源。例如，缩减开车次数，或是给轮胎打足气，及时清理车中杂物减轻车子载重等，（79）_____。

其实，只要有了算一笔"节能账"的心思，人们还可以从生活的细枝末节处找到更多节能的高招，比如重复使用购物袋，多选择利用风能、太阳能等清洁能源等。全球变暖与每个人息息相关，（80）_____。

A 都可以减少油耗

B 就可以减少二氧化碳的产生

C 而不要只用遥控器一关了事

D 全球变暖的直接诱因是温室气体排放量居高不下

E 个人的小行动也能改变世界的大气候

# 第四部分

第81—100题：请选出正确答案。

81—84.

长久以来，人们都认为鸵鸟受到惊吓会把头埋在沙子里以逃避危险。也由此引申出"鸵鸟政策"这个俗语，用来比喻遇到问题不积极面对，而是消极逃避、自欺欺人的做法。人们嘲笑鸵鸟的愚蠢，久而久之，鸵鸟就被用来代指愚蠢的人。

但是科学家研究发现，鸵鸟"把头埋进沙子里"的情形是完全不可能出现的，因为如果这样的话，鸵鸟会被活活憋死的。大家都知道，鸟的鼻孔多半生在嘴的基部，而像鸵鸟这样只能靠嗅觉寻找食物，不得不把鼻孔生在嘴前端的鸟儿，插进泥里寻找食物之后就得用力喷一喷鼻孔，以除掉妨碍呼吸的杂物。如此，又怎么会出现鸵鸟冒着憋死的危险，把头埋进沙子里好半天的事情呢？那是由于鸵鸟的头和身子相比显得很小，所以只要鸵鸟的头贴近地面，就可能被误以为头埋进了沙子里。

既然"将头埋进沙里躲避危险"是误解，那当鸵鸟遇到危险时，它会怎么办呢？鸵鸟的翅膀已经退化，无法形成完整的一片有飞行功能的羽毛，但能在奔跑时协助改变前进方向。凭借一双强有力的双足，鸵鸟奔跑的时速可以达到70公里。此外，鸵鸟所独有的只有两只脚趾的脚掌，也让它们更适应奔跑。若是没有成功跑掉，鸵鸟还能施展它们的拳脚功夫与敌人搏斗——不要小看这对强壮的足，它们的力量足以杀死一头成年雄狮。与此同时，不能飞的翅膀也可以辅助攻击。

81. 根据本文，科学家的发现说明鸵鸟：

    **A** 非常愚蠢            **B** 解决问题不积极

    **C** 总是充满戒备         **D** 不会把头埋在沙里

82. 鸵鸟被人们误解，主要与什么有关？

    **A** 鼻孔大     **B** 有翅膀     **C** 头很小     **D** 胆子小

83. 如果遇到危险，鸵鸟会怎么做？

    **A** 用力喷鼻孔          **B** 头贴近地面

    **C** 张开翅膀飞          **D** 用双脚奔跑

84. 下面哪一项最适合做上文的标题？

    **A** 胆小的鸵鸟          **B** 鸵鸟的羽毛

    **C** 强壮的鸵鸟          **D** 鸵鸟的脚趾

85—88.

1978 年，天安门的国庆典礼迎来了一位特别的客人：他戴着标志性的黑框眼镜，穿着不甚合体的中山装，与国家领导人邓小平合照时表现得小心翼翼。在阔别故土近 40 年后，李嘉诚打造的商业传奇，书写了中国政府与港资共同创造的一部市场改革史。

首先是在 1984 年，李嘉诚的百佳在内地的第一家门店在深圳蛇口开业，成为首家登陆中国内地的外资零售商。然后到 1989 年 4 月，李嘉诚和黄集团旗下的屈臣氏在北京开设了内地第一家店。因此，李嘉诚不单首次引入"超市"、"连锁店"这些新名词，也成为外资摸索中国零售市场的急先锋。

进入 90 年代后，李嘉诚将眼光投注到内地正处于襁褓期的地产业之上，向这个刚刚起步的新产业注入了大量资本。其中最重要的标志是 1992 年通过北京长安街王府井东方广场项目高调进入内地地产界。这块地距天安门仅 1200 米，门牌号是长安街 1 号，经济与政治地位彰显无遗。现在，70 多岁高龄的李嘉诚还带着 TOM 集团试水了内地的传媒、娱乐产业，同时开始大举涉足内地的药业。

因地制宜，正是港商一直以来的成功之道。对于如何平衡社会责任与获取商业利益，李嘉诚曾表示："如果个人没有原则，不正当地去发展，你可以侥幸赚一笔大钱，但是来得容易，去得也容易，同时后患无穷。"

85. 李嘉诚是哪里人？
  A 上海人 　　　　　　　　B 北京人
  C 香港人 　　　　　　　　D 四川人

86. 第三段中"襁褓期"一词的意思最可能是：
  A 婴儿期 　　B 少年期 　　C 成年期 　　D 老年期

87. 李嘉诚投资的领域不包括哪个行业？
  A 零售业 　　　　　　　　B 传媒业
  C 房地产 　　　　　　　　D 皮革业

88. 关于商业利益和社会责任，李嘉诚的观点是：
  A 要多做慈善 　　　　　　B 做生意要有原则
  C 要兢兢业业 　　　　　　D 只要赚钱就可以

89—92.

中国人喝茶最是讲究，且不说各式茶道，仅喝茶时吃
的东西种类就足以令人眼花缭乱。文人雅士常谈茶和酒，
我曾看过许多南北茶文化的典故，其中常提到佐茶食品，
茶干便是其中一种。最常见的茶干是圆形的，周围较厚，
中间较薄，嚼起来有咬劲儿，越嚼越香，是佐茶的上品，
所以叫做"茶干"。

我在徽州学习时常在店铺称些茶干，用手捏着一点儿一点儿地品着吃来解
馋。它看上去颜色是深褐色的，好像与市场上的豆腐干没什么区别，却又略薄一
些，有股清爽的豆香味。据说徽州茶干始于南宋，兴于元代，盛于明清，经十二
道严密工序精工细作，咀嚼后口齿留香。相传清朝乾隆皇帝尝过徽州茶干后赞不
绝口，于是随手用一枚印石在圆饼似的茶干上按下了深深的一个方形印，这个方
形就是口的意思，寓意徽州茶干"有口皆碑"。从此徽州人便将一直是圆形的茶
干按照皇帝的印章形状压成正方形。徽州盛产茶干由此声名鹊起，流传至今。

茶干制作讲究，先将黄豆浆液过滤之后，再用传统方法紧压，配以八角、甘
草、冰糖、食盐、桂皮、丁香等小火熬煮，遂制成古朴又小巧别致的茶干。如今
的徽州茶干口味更为丰富，有了桂花、海鲜、麻辣、香菇和鸡汁等新口味，包装
也越发讲究起来。

泡一杯清茶，青花瓷碟中盛几片酱色的茶干，喝一口茶，回味悠远，品一
片茶干，劲道十足，余香四溢。这犹如浓缩过的人生，有甘苦，有清香，种种滋
味，谁能说得清呢！

89. 茶干是一种：
　　A 茶叶　　　　B 茶具　　　　C 糕点　　　　D 豆制品

90. "我"买徽州茶干是为了：
　　A 送朋友　　　B 自己吃　　　C 做比较　　　D 学历史

91. 和其他茶干相比，徽州茶干的特点是：
　　A 有嚼劲儿　　B 有香味　　C 颜色更深　　D 有方形印

92. 关于现在的徽州茶干，下面哪一项正确？
　　A 有商标　　　　　　　B 包装更精美
　　C 销售量增长　　　　　D 图案花色更多

93—96.

面对环境的恶化，科学家都鼓励人们过低碳生活。那么，什么是低碳生活呢？

低碳生活和碳足迹有关。碳足迹表示一个人或者一个团体的碳耗费量，是测量某个国家和地区的人口因每日消耗能源而产生的二氧化碳排放对环境影响的一种指标。第一碳足迹是因使用化石能源而直接排放的二氧化碳，比如一个经常坐飞机出行的人会有较多的第一碳足迹，因为飞机飞行会消耗大量燃油，排放出大量的二氧化碳。第二碳足迹是因使用各种产品而间接排放的二氧化碳，比如消费一瓶普通的瓶装水，会因它的生产和运输过程中产生的碳排放而带来第二碳足迹。碳足迹越大，说明你对全球变暖所要负的责任越大；碳足迹越小，说明你对环境保护作出的贡献越大。

就个人而言，每个人可以从自我做起，从生活中的细节做起，尽量减低碳足迹，选择低碳生活。例如，少开一天车，少用一次性筷子，少开一盏灯，等等，都可以减少碳足迹。甚至用餐做菜时选择烹饪方式也可以减少碳足迹。以土豆为例，用烤箱烘烤土豆产生的二氧化碳比用锅煮的要多，而用锅煮产生的二氧化碳又比用微波炉做产生的多。

尽管低碳生活值得提倡，但是，由于工作需要或其他原因，人们不时会进入高碳生活。倘若如此，应当对自己的高碳生活进行补偿。这种补偿就是所谓的碳中和，它指的是，人们可以计算自己日常活动（生产）直接或间接制造的二氧化碳排放量，如果过高，则可以通过植树等方式把这些排放量吸收掉，或者计算抵消这些二氧化碳所需的经济成本，然后个人付款给专门企业或机构，由他们通过植树或其他环保项目抵消大气中相应的二氧化碳量，以达到降低温室效应的目的。可以说，碳中和就是人们对自己高碳生活的补偿。

因此，人类的低碳生活处处可为。

93. 关于"碳足迹"，下面哪一项说法正确？
   A 碳足迹和全球变暖没有关系
   B 常开车的人第二碳足迹较多
   C 碳足迹越多，排放二氧化碳越多
   D 女性使用化妆品会增加第一碳足迹

94. 下列选项中，最低碳的烹饪方式是：
   A 用锅      B 用电烤箱      C 用微波炉      D 用电磁炉

95. 如果进入高碳生活，应该怎么做？
   A 种植树木      B 减低室温      C 减少外出      D 增加碳足迹

96. 上文主要介绍的是：
   A 二氧化碳的产生                B 什么是碳足迹
   C 地球变暖的原因                D 怎样低碳生活

97—100.

人的一生，几乎有三分之一是在睡眠中度过的，而入睡做梦，是人人都有的经验。

梦究竟是怎么回事？"日有所思，夜有所梦"是一种通俗而较为科学的解释。无论多么光怪陆离的梦境，都是大脑活动的反映，总是和人的经历、想象和心理特点有所关联的。现代科学研究证明，梦是人类正常的生理、心理活动，是大脑处理信息的一种特殊形式。更确切地讲，是感觉敏锐、情感丰富而擅长形象思维的右脑，在摆脱了善于归纳、判断等逻辑思维的左脑作用时，独立处理信息的结果。在白天清醒时，由于左、右大脑交互制约、补充作用，使我们的思维、工作和生命合"情"合"理"；而夜晚做梦时，左脑休息抑制，右脑就"不受干扰而自由地"处理资讯，往往就会有"情"无"理"，出现许多稀奇古怪，甚至离经叛道的梦境。

这种非正常逻辑的信息编辑处理，对于一般人来说，可能只是一个或令人惊喜意外、或紧张恐惧、或兴奋激动、或悲戚哀伤的梦而已。而对于艺术家和科学家，则可能会是重要的启示，因此流传着许多<u>梦笔生花</u>的传说，可以列举出很多著名的例子，如庄周化蝶、杜甫梦乡、李贺梦月；莫扎特作曲、梵高作画也都有梦中命笔的传说。

艺术创作本以形象思维见长，右脑"独创"而命笔，应不算离奇，但以逻辑思维为主的科学家，也因梦而得"科学启示"，似乎有点儿奇怪。其实深思一下也可明白，科学的发展和突破，很多时候就是要对原有的"科学"要有新的认识，甚至要否定，不太循规蹈矩的右脑往往比左脑更敢于创新、突破。笛卡尔、爱因斯坦等著名科学家都做过"科学的梦"。

97. "梦是大脑处理信息的特殊方式"，是因为：
   A 和人的经历有关联　　　　B 日有所思，夜有所梦
   C 由右脑独立处理信息　　　D 有许多稀奇古怪的梦

98. 第三段中"梦笔生花"的意思最可能是：
   A 才能有很大进步　　　　　B 梦想变成了现实
   C 梦见用笔画出了花　　　　D 做梦的时候有花开放

99. "科学的梦"是指：
   A 荒唐和反常的梦　　　　　B 白天不睡觉时做的梦
   C 用左脑处理信息的梦　　　D 在梦中取得科学突破的梦

100. 上文主要谈了什么？
   A 人为什么会做梦　　　　　B 回顾梦的由来
   C 梦的科学和科学的梦　　　D 总结划分不同梦的标准

# 三、书　写

第 101 题：缩写。

（1）仔细阅读下面这篇文章，时间为 10 分钟，阅读时不能抄写、记录。

（2）10 分钟后，监考收回阅读材料，请你将这篇文章缩写成一篇短文，时间为 35 分钟。

（3）标题自拟。只需复述文章内容，不需加入自己的观点。

（4）字数为 400 左右。

（5）请把作文直接写在答题卡上。

　　老赵是一家餐厅的经理，他总是有好心情，当别人问他最近过得如何，他总是有好消息可以说，他总是回答："如果我再过得好一些，我就比双胞胎还幸运啦！"

　　当他换工作的时候，许多服务员都跟着他从这家餐厅换到另一家，为什么呢？因为老赵是个天生的激励者，如果有某位员工今天运气不好，老赵总是适时地告诉那位员工往好的方面想。

　　看到这样的情境真的让我很好奇，所以有一天我问他："我不懂，没有人能够老是那样的积极乐观，你是怎么办到的？"

　　老赵回答："每天早上我起来告诉自己：我今天有两种选择，我可以选择好心情，或者我可以选择坏心情，我总是选择有好心情，即使有不好的事发生。我可以选择做个受害者，或是选择从中学习，我总是选择从中学习。每当有人跑来跟我抱怨，我可以选择接受抱怨，或者指出生命的光明面，我总是选择生命的光明面。"

　　"但并不是每件事都那么容易啊！"我抗议地说。

　　"的确如此。"老赵说，"生命就是一连串的选择，每个状况都是一个选择，你选择如何响应，你选择人们如何影响你的心情，你选择处于好心情或是坏心情。你选择如何过你的生活。"

　　数年后，我听到老赵意外地做了一件你绝想不到的事：有一天，他忘记关上餐厅的后门，结果早上三个持枪歹徒闯入抢劫，他们要挟老赵打开保险箱，由于过度紧张，老赵弄错了一个号码，造成抢匪的惊慌，开枪射击老赵。幸运的是，老赵很快被邻居发现，紧急送到医院抢救，经过 18 小时的外科手术以及悉心的照顾，老赵终于出院了，现在还有一块子弹的碎片留在他的身上……

事件发生六个月之后，我遇到老赵，我问他最近怎么样，他回答："如果我再过得好一些，我就比双胞胎还幸运了。要看看我的伤痕吗？"

　　我婉拒了，但我问他当抢匪闯入的时候他的心路历程，老赵答道："我第一件想到的事情是我应该锁后门的。当他们击中我之后，我躺在地板上，还记得我有两个选择：我可以选择生，或选死。我选择活下去。"

　　"你不害怕吗？"我问他。

　　老赵继续说："医护人员真了不起，他们一直告诉我没事，放心。但是当他们将我推入紧急手术间的路上，我看到医生跟护士脸上忧虑的神情，我真的被吓到了，他们的眼里好像写着：他已经是个死人了。我知道我需要采取行动。"

　　"当时你做了什么？"我问。

　　老赵说："嗯！当时有个护士用吼叫的音量问我一个问题，她问我是否会对什么东西过敏。我回答：'有。'这时医生跟护士都停下来等待我的回答。我深深地吸了一口气，喊道：'子弹！'听他们笑完之后，我告诉他们：'我现在选择活下去，请把我当做一个活生生的人来开刀，而不是一个活死人。'"

　　老赵能活下去当然要归功于医生的精湛医术，但同时也由于他令人惊异的态度。我从他身上学到，每天你都能选择享受你的生命，或是憎恨它。这是唯一一件真正属于你的权利，没有人能够控制或夺去的东西，就是你的态度。如果你能时时注意这件事实，你生命中的其他事情都会变得容易许多。

# 新汉语水平考试
# HSK（六级）
# 模拟试卷　第6套

## 注　意

一、HSK（六级）分三部分：

　　1. 听力（50题，约35分钟）

　　2. 阅读（50题，50分钟）

　　3. 书写（1题，45分钟）

二、听力结束后，有5分钟填写答题卡。

三、全部考试约140分钟（含考生填写个人信息时间5分钟）。

| | 答对题数 | 成　绩 |
|---|---|---|
| 听　力 | | 2分 × 　 = 　 分 |
| 阅　读 | | 2分 × 　 = 　 分 |
| 书　写 | （1题，100分） | 　 分 |
| 总成绩 | | 　 分 |

# 一、听 力

## 第 一 部 分

第1—15题：请选出与所听内容一致的一项。

1. A 两种工作报酬一样
   B 工作相同报酬不同
   C 心脏手术比修理引擎难度大
   D 修理时发动机不能停止工作

2. A 因补习厌倦假期
   B 因假期喜欢补习
   C 假期放假很快乐
   D 上补习课很快乐

3. A 旗袍是戏服
   B 旗袍是一种时装
   C 旗袍是中国国服
   D 旗袍是女接待员用服

4. A 人比树木长寿
   B 树木比人长寿
   C 树木成长很慢
   D 人的成长很快

5. A 人体可以合成维生素
   B 人体需要大量维生素
   C 维生素可供给人热量
   D 维生素从食物中摄取

6. A 西安是古城
   B 西安是旅游城市
   C 西安是历史博物馆
   D 西安是世界文明古都

7. A 豆浆是大豆做的
   B 豆浆是牛奶做的
   C 豆浆是豆子加奶做的
   D 豆浆不太好消化吸收

8. A 孩子的绘画很难懂
   B 绘画是孩子的语言
   C 孩子绘画时很担心
   D 孩子绘画时不安全

9. A 个性决定命运
   B 环境决定命运
   C 个性和环境决定命运
   D 个性、环境和命运互相影响

10. A 有错必改
    B 机不可失
    C 致命错误
    D 错失良机

11. A 裸婚压力很大
    B 裸婚需要买戒指
    C 裸婚不需要结婚证
    D 裸婚既新潮又简朴

12. A 脸谱来源于舞台
    B 脸谱来源于瓷器
    C 脸谱来源于建筑物
    D 脸谱来源于商品的包装

13. A 人们盼望买车

    B 人们不喜欢车

    C 车辆使人烦恼

    D 堵车使人烦恼

14. A 打呼噜很正常

    B 打呼噜睡得香

    C 打呼噜危害健康

    D 打呼噜影响别人

15. A 地震还不能预报

    B 所有地震都能预告

    C 人们对地震已完全了解

    D 人们对地震有一定的了解

# 第二部分

第16—30题：请选出正确答案。

16. **A** 显得太过浮躁
    **B** 应该给予鼓励
    **C** 应该等待时机
    **D** 应该先有好的定位

17. **A** 创业需要团队合作
    **B** 创业只需要一个人
    **C** 创业就是找一份工作
    **D** 创业不需要准备什么

18. **A** 控制情绪
    **B** 心胸开阔
    **C** 人的全面发展
    **D** 处理问题的技巧

19. **A** 30岁以后
    **B** 等待年龄增加
    **C** 每天静心思考
    **D** 需要时间和个人努力

20. **A** 犹豫不决
    **B** 说做就做
    **C** 三思而后行
    **D** 只要做就不计后果

21. **A** 一线城市工资高
    **B** 二线城市生活好
    **C** 北京人住房紧张
    **D** 热点问题能引起共鸣

22. **A** 讨论的机会
    **B** 选择的机会
    **C** 想要的生活
    **D** 一些建议

23. **A** 充满了悲壮的情绪
    **B** 充满了失败的情绪
    **C** 是一种主动的选择
    **D** 是一种被动的选择

24. **A** 网络
    **B** 期刊
    **C** 课本
    **D** 报纸

25. **A** 地点最重要
    **B** 生活最重要
    **C** 一线城市最好
    **D** 二线城市不好

26. **A** 网友
    **B** 艺术家
    **C** 总经理
    **D** 报社总编

27. **A** 读书必定成才
    **B** 不读书必定成才
    **C** 读书是成才的基础
    **D** 读书与成才没有关系

28. **A** 成才就一定成功

　　**B** 成才不一定成功

　　**C** 成功一定有失败

　　**D** 成功不需要社会认可

29. **A** 很成熟

　　**B** 成为经典

　　**C** 没有好作品

　　**D** 粗糙不太成熟

30. **A** 不确定

　　**B** 没有空间

　　**C** 作品太多

　　**D** 在发展中成熟

# 第 三 部 分

第 31—50 题：请选出正确答案。

31. A 学校放假
    B 那天没有课
    C 他去郊外读书
    D 他逃学没去学校

32. A 他是名人
    B 铁棒太粗
    C 他自己能做到
    D 老人年纪太大

33. A 梦想成真
    B 有志者事竟成
    C 冰冻三尺，非一日之寒
    D 不听老人言，吃亏在眼前

34. A 要学会独处
    B 大学生活很寂寞
    C 大学生活不美好
    D 不要和别人来往

35. A 很奇怪
    B 很新鲜
    C 很幸福
    D 心烦意乱

36. A 写作业
    B 找人倾诉
    C 独自学习思考
    D 找到一座新房子

37. A 自己在成长
    B 自己很争气
    C 越来越寂寞
    D 越来越孤独

38. A 宋代
    B 春秋时期
    C 南北朝时期
    D 隋唐时期

39. A 风筝的功能
    B 风筝的历史
    C 风筝的种类
    D 怎样做风筝

40. A 受到欺负
    B 心生恐惧
    C 心里很快乐
    D 心里很不是滋味

41. A 王一老了
    B 井水污染了
    C 张三很生气
    D 是私人的水井

42. A 好事多磨
    B 分享的道理
    C 有得就有失
    D 要照应邻居

43. **A** 酸度增加

    **B** 酸度降低

    **C** 可烧伤人的皮肤

    **D** 使海洋生物死亡

44. **A** 海水变暖

    **B** 全球变暖

    **C** 火山活动

    **D** 海水吸收二氧化碳

45. **A** 火山频繁爆发

    **B** 海洋物种灭绝

    **C** 海洋物种丰富

    **D** 海水温度增加

46. **A** 减少海洋生物

    **B** 减少二氧化碳排放量

    **C** 增加海洋生物种类

    **D** 增加二氧化碳排放量

47. **A** 听众会作出评价

    **B** 听众不喜欢陌生人

    **C** 说话人不了解听众

    **D** 听众不了解说话人

48. **A** 问答式交流

    **B** 单向交流

    **C** 双向交流

    **D** 一对一交流

49. **A** 飞镖有问题

    **B** 看不到飞镖

    **C** 挑战者水平比他高

    **D** 看不到飞镖掷出的结果

50. **A** 对听众要有热情

    **B** 演讲紧张的原因

    **C** 信息反馈很重要

    **D** 如何消除紧张情绪

# 二、阅 读

## 第一部分

第51—60题：请选出有语病的一项。

51. **A** 毒品腐蚀灵魂，使人走向堕落。

    **B** 中国使用简体字，并没有废除繁体字。

    **C** 追求梦想，与其下一百次决心，不如付诸一次行动。

    **D** 据统计，地球上的森林大约已有三分之一左右被采伐或毁掉。

52. **A** 山东济南市举行首届教育艺术节。

    **B** 拜年时老人给孩子红包，里面的钞票叫做压岁钱。

    **C** 幸福的家庭都是相似的，不幸的家庭各有各的不幸。

    **D** 1988年4月，经国家教委批准，北京航空学院改名为北京航空航天大学。

53. **A** 通过这次《汉语桥》比赛，使她的自信心增强了。

    **B** 你忘记上次的悲惨教训了吗？真是"好了伤疤忘了痛"。

    **C** 微笑是一曲动人的音乐，它让我们的生活充满了温馨。

    **D** 人类学会用火围猎和保护自己，使之成为一种生存的手段。

54. **A** 好福气！我买彩票中奖了！

    **B** 我们只要相信自己的能力，才能在各种考验面前充满信心。

    **C** 我这款手机只有备份通讯录的功能，没法备份短信、备忘录。

    **D** 世博园开园以来，无论是风和日丽还是刮风下雨，参观的人流络绎不绝。

55. **A** 网络作为传媒，必须承担社会教育责任。

    **B** 不论你在什么时候开始，重要的是开始之后就不要停止。

    **C** 打官司并不是解决纠纷的好方法，大部分民间纠纷都是通过调解得到解决。

    **D** 情绪的直接变化能影响人体内的各种生理活动，不良的情绪状态，会给身体健康带来不良的后果。

56. **A** 中华人民共和国国务院是最高国家行政机关。

    **B** 现在很痛苦，等过阵子回头看看，会发现其实那都不算事。

    **C** 为了防止流感病毒不再蔓延，我国政府采取了强有力的应对措施。

    **D** 他又埋头写起作业来，屋里静悄悄的，只听到钢笔在纸上沙沙写字的声音。

57. A 夏日的大明湖，真是我们纳凉避暑、休闲娱乐的好季节。

   B 两国不断的武装冲突使人们认识到，没有国防捍卫的边疆边境就没有和平与昌盛。

   C 美国执政党近日宣布，由于数额巨大的财政赤字，政府将在新年过后大幅度裁员。

   D 世人总是希望这个世界给自己带来回报，却忽略了自己到底为这个世界付出了多少。

58. A 失败虽然是人人不愿得到的结果，但有时却能激发人们坚忍的毅力。

   B 农民工返乡和大学毕业生就业难的问题，广泛引起了全社会的极大关注。

   C 到饭店吃饭的市民不再像以前一样讲排场，点菜更加经济实惠，打包的情况也少了许多。

   D 望着面前的山山水水，在我眼前展现的仿佛不是奇妙的山水，而是一幅绚丽多彩的图画。

59. A 你将你的对手变成了朋友。难道世界上还有比这更完美的胜利吗？

   B 上网的诱惑令现代人无法拒绝，但是昂贵的网上消费又使网迷们心痛不已。

   C 因为有了幽默感，他们更善于与其他人沟通，即便表达了反对意见，别人也不会反感。

   D《哈利·波特》中文版一经出版，便深受广大中学生所欢迎，短短九个月时间里，便重印了九次。

60. A 现代人的友谊既坚固又很脆弱。它是人间的宝藏，需要我们珍爱。

   B 目前，全球用水增长速度超过人口增长速度的两倍以上，由此导致水资源短缺状况加剧。

   C 伟人之所以伟大，是因为他与别人共处逆境时，别人失去了信心，他却下决心实现自己的目标。

   D 爱丁堡城堡是英国最古老的王室建筑标志，里面陈列着一些古董，如古炮、王冠、宝剑等。

# 第二部分

第61—70题：选词填空。

61. 环境_____是指人类_____解决现实的或潜在的环境问题，协调人类与环境的关系，保障经济社会的持续发展而_____的各种行动的总称。

    **A** 保护    为    采取        **B** 保存    以    开采
    **C** 保管    为了    采纳       **D** 保持    要    采集

62. 随着生活水平的提高，人们都注意了"食"的质量，而_____了"水"的健康_____。从人的生命_____、身体健康来讲，除了"氧"，"水"比"食"更为重要。人可以几天不吃饭，也可以几天不睡觉，但不能几天不喝水。

    **A** 重视    意义    保持       **B** 轻视    价格    维护
    **C** 忽视    价值    维持       **D** 遗忘    作用    维修

63. 遇到问题和矛盾时保持理智和冷静，而不要小题大做，家人之间更能珍惜_____的良苦用心。此外，如果家庭遇到较大的挫折，一家人也要_____，共同渡过难关，这种合作的默契，会大大_____感情。

    **A** 对方    一心一意    增长       **B** 互相    万众一心    加大
    **C** 彼此    同心协力    加深       **D** 双方    风雨同舟    减少

64. 驯鹿是生活在北半球_____北部的寒带动物，_____分布在北极圈内。我国大兴安岭西北部也有分布。野生驯鹿的_____习性就是集体迁移。每年入冬，_____头驯鹿汇集成巨大的鹿群，从北向南，向森林冻土带的边缘地带转移。

    **A** 很        重要       特别       人山人海
    **B** 最        主要       特殊       成千上万
    **C** 更        重点       专门       层出不穷
    **D** 有点儿    集中       奇特       千千万万

65. 每个模特都会有难忘的_____。我最难忘的是第一次上台，我_____着猫步，被五彩缤纷的灯光笼罩着，在所有目光的注视下，我几乎紧张得_____了呼吸，但意识却异常活跃，我_____地对自己说：别紧张，放松。

    **A** 经历    迈    停止    不停       **B** 学历    跳    制止    继续
    **C** 阶段    走    没有    不断       **D** 经过    蹦    阻止    经常

66. 世界性环境污染威胁着人类的安全。在解决环境污染问题上，在相当长的一_____时间里，人们的着眼点局限在一个工厂、一个行业、一条河流、一个地区。后来，人们_____认识到，_____人类生存的不仅仅是局部地区，而是更大的_____甚至是全球环境污染。

A 场　　渐渐　　恐吓　　方向　　　　B 次　　慢慢　　危害　　范畴
C 个　　逐步　　胁迫　　目标　　　　D 段　　逐渐　　威胁　　范围

67. 成功有时候也并非_____中的那么困难，每天都养成一个好习惯，并坚持下去，也许成功就指日可待了。每天养成一个好习惯很_____，难就难在要坚持_____。这是信念和毅力的结合，所以成功的人那么少，也就_____了。

A 联想　　困难　　上来　　习以为常
B 假象　　轻易　　上去　　司空见惯
C 想象　　容易　　下去　　不足为奇
D 设想　　简单　　下来　　见多识广

68. 赛龙舟，是端午节的主要_____。相传_____于古时楚国人因舍不得屈原投江死去，便划船追赶拯救。他们_____，追至洞庭湖时不见屈原踪迹。_____每年五月五日划龙舟来表示纪念。

A 习俗　　起源　　争先恐后　　之后
B 风俗　　来源　　一马当先　　往后
C 规矩　　发源　　见义勇为　　以后
D 兴趣　　根源　　跃跃欲试　　然后

69. 我将来不一定非要走红歌坛，这种_____对我来说从来就没有过特别_____的时候，我只喜欢做自己喜欢的事，并且_____把它做好，能否得到别人的_____、能否成为著名歌手并不重要。即使只能像现在这样坐在地铁口抱着一把吉他自弹自唱，我也_____。

A 期望　　剧烈　　发奋　　确定　　悔恨交加
B 盼望　　激烈　　极力　　承认　　怨天尤人
C 希望　　强大　　尽力　　一定　　心甘情愿
D 愿望　　强烈　　努力　　肯定　　无怨无悔

70. 故宫位于北京市中心，也称"紫禁城"。这里_____居住过24位皇帝，是明清两代的皇宫，现为"故宫博物院"。故宫的建筑_____其布局与功用分为"外朝"与"内廷"两大_____。故宫外朝、内廷的建筑气氛_____。

A 以往　　按说　　局部　　大同小异
B 以前　　根据　　成分　　格格不入
C 曾经　　依据　　部分　　迥然不同
D 原来　　按照　　构成　　千篇一律

# 第三部分

第71—80题：选句填空。

71—75.

　　从前，有一户人家的菜园摆着一块大石头，宽度大约有 40 公分，高度有 10
公分。到菜园的人，（71）＿＿＿＿＿＿＿＿＿＿＿，不

是跌倒就是擦伤。儿子问："爸爸，那块讨厌的石头，
为什么不把它挖走？"

　　　爸爸这么回答："你说那块石头啊，从你爷
爷时代，就一直放到现在了，它的体积那么大，
（72）＿＿＿＿＿＿＿＿＿＿＿，没事无聊挖石头，不
如走路小心一点儿，（73）＿＿＿＿＿＿＿＿＿＿＿。"过了几年，这块大石头留到
下一代，当时的儿子娶了媳妇，当了爸爸。

　　有一天，媳妇气愤地说："孩子他爸，菜园那块大石头，我越看越不顺眼，改
天请人搬走好了。"丈夫回答说："算了吧！那块大石头很重的，（74）＿＿＿＿＿
＿＿＿＿＿，哪会让它留到现在啊？"媳妇心底非常不是滋味，那块大石头不知
道让她跌倒多少次了，她发誓一定把它处置掉。

　　有一天早上，媳妇带着锄头和锤子来到菜园。她从池塘里打来一桶水，倒在
大石头的四周，用锄头松动大石头四周的泥土，用锤子起劲儿地砸。

　　媳妇打量着石头，早有了心理准备：可能要挖一天吧。谁都没想到，几分钟
就把石头挖了出来。其实，（75）＿＿＿＿＿＿＿＿＿，人们都是被那巨大的外
表蒙骗住了。

　　　A 不知道要挖到到什么时候

　　　B 可以搬走的话在我小时候就搬走了

　　　C 不小心就会踢到那块大石头

　　　D 这块石头没有想象的那么重

　　　E 还可以训练你的反应能力

76—80.

扁鹊是春秋时期的神医。他云游各国，（76）_____
_____，也为百姓除疾，名扬天下。他的技术十
分全面，无所不通。但一般人不知道，扁鹊兄弟三人的医
术都挺高明。有一天，魏文王问名医扁鹊说："你们家兄弟三
人，（77）_____，到底哪一位最好呢？"
扁鹊答："长兄最好，中兄次之，（78）_____。"
文王又问："那么为什么你最出名呢？"扁鹊答："长兄治病，是治病于病情发作之
前。由于一般人不知道他事先能铲除病因，（79）_____。中兄
治病，是治病于病情初起时。一般人以为他只能治轻微的小病，所以他的名气只
及本乡里。而我是治病于病情严重之时。一般人都看到我在经脉上穿针管放血、
（80）_____，所以以为我的医术高明，因此名气传遍全国。"

A 个个都精于医术

B 所以他的名气无法传出去

C 为君侯看病

D 在皮肤上敷药等大手术

E 我最差

# 第四部分

第81—100题：请选出正确答案。

81—84.

在我们眼里，扎根于土壤的植物是平静的。但科学家们却发现，植物体内却是动态的，充满了纷繁复杂的运动。

科学家正在试图描述植物体内的一场田径比赛。这是一场被冠名为光合作用的

接力赛。光信号是接力棒，它首先被植物体内的光线接受体接收，"接力棒"随后通过下面的蛋白质"接力手"层层传递，最终到达植物细胞的信息处理中心。

到目前为止，科学家们已经发现了传递蓝光信号的一号和二号"接力手"，但都是哪些蛋白质接力手参与了比赛？每一位"接力手"承担了什么功能？目前还不清楚。如果能找到所有的光信号传导

的"接力手"，那么就能构建起一个植物体内的光信号传导网络。那时，人类将能通过调节网络中光信号的传递，按照植物育种的各种需要来改良农作物。

花儿的绽放依靠的是植物生长细胞的分裂，这场比赛的裁判是阳光和温度，只有适宜的光照和温度才能保证细胞分裂正常进行。但究竟阳光和温度怎样影响着这场比赛，一直是生物学研究的一大挑战。

今天计算机模拟技术帮助生物学家了解了这个过程。在对植物开花过程的研究中，科学家们对控制开花时间的基因做标志，并通过阳光照射强度控制它的活跃程度。通过计算机的模拟，这个基因在整个开花过程中发挥的功效就一清二楚了。

科学家们相信，通过调控这类基因，可以改良某些经济作物。在那些日照时间短的地方，可以缩短开花期，保证农业的丰收。那时，细胞分裂赛事的裁判不再是阳光、温度，而是人类了。

81. 科学家认为植物的内部：
   A 是静止的　　　　　　　　B 是动态的
   C 有一场田径比赛　　　　　D 正在进行接力赛

82. 第二段中"接力手"一词是指：
   A 运动员　　　　　　　　　B 送东西的人
   C 接东西的手　　　　　　　D 传递信息的蛋白质

83. 构建植物光信号传导网络有什么意义？
   A 找到信息处理中心　　　　B 找到光信息传递者
   C 调节光信号的传递　　　　D 按照植物育种需要改良作物

84. 人类控制花儿开放最主要的条件是什么？
   A 细胞分裂　　　　　　　　B 水和土壤
   C 阳光和温度　　　　　　　D 改善植物基因

85—88.

他是个单亲父亲，独自抚养一个七岁的小男孩。每当
看到孩子玩耍受伤回来，就会更加想念过世的妻子，心底
不免阵阵悲凉。一天，因出差要赶火车，没时间陪孩子吃
早餐，他便匆匆离开了家门。一路上心老是放不下孩子，
所以不时打电话回家。可孩子总是很懂事地要他不要担心。
因为心里牵挂不安，父亲便草草处理完事情，踏上归途。
回到家时孩子已经熟睡了，他这才松了一口气。旅途上的
疲惫，让他全身无力。正准备就寝时，突然大吃一惊：棉
被下面，竟然有一碗打翻了的泡面！

"这孩子！"他盛怒之下，朝熟睡中儿子的屁股一阵狠打。"你为什么这么调
皮捣蛋，惹爸爸生气？你这样不把棉被弄脏了？谁给洗？"这是夫人过世之后，
他第一次体罚孩子。"我没有……"孩子抽抽咽咽地辩解着，"我没有调皮，这……
这是给爸爸吃的晚餐。"

原来孩子为了迎接父亲，特地泡了两碗方便面，一碗自己吃，另一碗给爸
爸。因为怕爸爸回来晚，那碗面凉掉，所以放进了棉被底下保温。

爸爸听了，心里像打翻了五味瓶，一语不发地紧紧抱住孩子。看着碗里剩下
那一半已经泡涨的方便面，爸爸说："啊！孩子，这是世上最……最美味的泡面
啊！"

85. 父亲出差期间：
    A 妻子去世了　　　　　　　　B 孩子一直睡觉
    C 孩子玩耍受伤回来　　　　　D 父亲不断给孩子打电话

86. 孩子为什么把泡面放在棉被里？
    A 他很调皮　　　　　　　　　B 他在床上吃饭
    C 他担心泡面凉了　　　　　　D 孩子的智力有问题

87. 为什么父亲"一语不发"？
    A 生气　　　　　　　　　　　B 高兴
    C 泡面难吃　　　　　　　　　D 心情很复杂

88. 最适合做上文标题的是哪一项？
    A 父爱　　　　　　　　　　　B 父与子
    C 可怜的孩子　　　　　　　　D 泡面的故事

89—92.

朋友赵新最近相当烦躁，原因却是一个在外人看上去很美的工作。赵新在一家跨国服装品牌巨头公司做产品，坐飞机就像打的，经常成为世界各大时装周的

座上宾。拿现在时尚圈很流行的词来讲，他的工作就是"买手"。每年公司的服装会出成千上万的新款，他负责从中挑选出若干适合于中国市场的货品。

与传统的采购方式不同，以前的采购模式通常只是简单地发现需要什么，就根据需要去组织货源，然后坐在办公室里等厂家来找，接着把货品放到商场里卖给消费者。这种方式对市场需求的敏感度不强。而建立在"买手制度"上的采购模式则是百货公司根据消费者的实际需要来进货品，它必须敏感地去捕捉消费者的需求、市场的需求。"买手"们必须先去了解消费者，了解市场，而不是被动地等着厂家上门。

对于一个时尚买手来说，每天都会遇到新情况。他的工作较为繁杂，工作量大大超过其被作为魅力职业所带给人的光鲜感受。不过，赵新烦躁的原因却是：到美国总部，公司负责提供住处和车，但工资每个月只有 3000 美元。在公司看来，派你去总部是对你能力的认可，也意味着提拔的可能性，但在赵新自己看来，3000 美元的收入比他在上海也多不了多少，而去总部他所能掌管的事情肯定比上海少，而且离开上海本身就是巨大的冒险：谁知道两三年里在上海会有什么样的机会？更何况，今年年初赵新刚刚结婚，如果去美国工作，要么和新婚妻子白天黑夜相隔，要么妻子就得放弃在上海也算是典范白领的工作和收入，跟他一起去美国，一切从头开始。

89. 外人认为赵新的工作很美是因为：
    A 工资很高　　　　　　　　B 工作时尚体面
    C 在跨国公司工作　　　　　D 公司总部在美国

90. "买手制度"有什么特点？
    A 在商场销售　　　　　　　B 等厂家推销
    C 根据销售需要组织货源　　D 根据市场、消费者需求选择产品

91. 根据上文，赵新烦恼的原因是：
    A 工作量大　　　　　　　　B 工作繁忙
    C 职位不高　　　　　　　　D 工资和生活不满意

92. 关于赵新，下面哪一项正确？
    A 经常出差　　　　　　　　B 在美国要自己找房子
    C 在上海比在美国机会多　　D 白天和晚上都见不到妻子的面

93—96.

相传在远古的黄帝时代，风调雨顺，连年丰收。一个叫杜康的人把吃不完的粮食储存在树洞里，久而久之，这些粮食就发酵成一种特别芳香的液体。杜康把它献给黄帝，黄帝饮后但觉精神爽朗，心气开阔，就命仓颉为之命名。仓颉说：此水香而淳厚，饮而得神，可起名叫"酒"。

这则关于酒的起源的传说，揭示了中华先民对酒的理解和原始的酒文化观。"香而淳厚"，指的是酒性，"得神"指的是饮酒后心理和精神上的感受。

在我国古代，酒被视为神圣的物质，酒的使用，更是庄严之事，非祀天地、祭宗庙、奉佳宾而不用，形成远古酒事活动的俗尚和风格。随酿酒业的普遍兴起，酒逐渐成为人们日常生活的用物，酒事活动也随之广泛，并经人们思想文化意识的观照，变得程式化，形成较为系统的酒风俗习惯。

饮酒作为一种食的文化，在远古时代就形成了一个大家必须遵守的礼节。我国古代饮酒有以下一些礼节：

主人和宾客一起饮酒时，要相互跪拜。晚辈在长辈面前饮酒，叫侍饮，通常要先行跪拜礼，然后坐入次席。长辈命晚辈饮酒，晚辈才可举杯；长辈酒杯中的酒尚未饮完，晚辈也不能先饮尽。

古代饮酒的礼仪约有四步：拜、祭、啐、卒爵。就是先作出拜的动作，表示敬意，接着把酒倒出一点儿在地上，祭谢大地生养之德；然后尝尝酒味，并加以赞扬令主人高兴；最后仰杯而尽。

在酒宴上，主人要向客人敬酒，客人要回敬主人，敬酒时还有说上几句敬酒辞。客人之间相互也可敬酒。有时还要依次向人敬酒。敬酒时，敬酒的人和被敬酒的人都要"避席"，起立。普通敬酒以三杯为度。

中华民族大家庭中的五十六个民族中，除了信奉伊斯兰教的回族不饮酒外，其他民族都是饮酒的。饮酒的习俗各民族都有独特的风格。

93. 中华先民对酒的认识涉及哪个方面？
    A 酒有香气　　　　　　　　B 粮食可以酿酒
    C 饮酒使人兴奋　　　　　　D 酒性及饮酒的心理感受

94. 酒在中国最早出现时被用于：
    A 中药　　　B 普通饮料　　C 日常生活　　D 重要的大事

95. 在古代，长辈和晚辈饮酒时有什么礼仪要求？
    A 一起喝酒　　　　　　　　B 不需要跪拜
    C 长辈先，晚辈后　　　　　D 相互跪拜敬酒

96. 关于饮酒，下面哪一项正确？
    A 全民族都饮酒　　　　　　B 自古有传统礼仪
    C 想喝几杯就喝几杯　　　　D 主人敬酒，客人不须回敬

97—100.

中国是个有着史学传统的国家，从夏商周三代时期开始，我国历代都对历史十分重视，《尚书》、《国语》、《春秋》、《左传》、《战国策》等著作保留了大量珍贵的历史资料，使得我们能够对先秦之前祖先的生活有所了解。此后从西汉司马迁太史公写下不朽名作《史记》后，我国历代的历史沿革都有史书记载，并且逐渐从私人著述转为国家组织人员编写前朝历史。因为资金有了保障，这使得史料的完整性得到了很大的提高。

流传至今的史料以《二十四史》最为著名，也就是所说的"正史"，这些史料记录了中国从三代时起，较完整的历史沿革情况，一直记录到明代为止。

很多人忽视了历史的重要作用，常常会发出"了解历史有什么用？""能解决什么实际问题？"的感叹。然而，不了解历史又怎么能很好地把握现在、展望未来呢？一个忘记历史的民族是没有希望的。

历史的意义何在？首先，历史可以使人明智，通过对历史的了解，我们常常会发现身边遇到的很多问题，都可以从祖先的事迹中找到答案，这无疑有助于我们对事物的判断。其次，虽然因为史学素养的欠缺，很多问题我无法真正去体会和深入地了解，但学习历史对于一个人增强民族自豪感以及对于整个民族增强凝聚力的作用是其他学科所无法代替的。没有民族认同感的国家是没有希望的，而民族认同感的获得最为重要的方式就是从对本民族历史的了解来逐步建立起来。中华民族内的各兄弟民族之所以能如此和睦相处，最主要的原因就是大家对共同创造的几千年历史的认同。

历史的另一个重要作用就是为当代人的生活提供借鉴，从而有助于我们对国家关系、民族发展、社会习俗等各个方面的理解。历史实际上是与我们的生活密切相关的。

97. 中国有史书记载的历史是从何时开始的？

    **A** 夏        **B** 西汉        **C** 秦朝        **D** 明朝

98. 阅读下列哪部著作能够了解明代的生活历史？

    **A**《史记》        **B**《国语》        **C**《尚书》    **D**《二十四史》

99. 关于历史的作用，不包括下面哪一项？

    **A** 使人明智                **B** 增强民族认同感

    **C** 为现代人提供借鉴        **D** 可以解决生活中每一个问题

100. 上文主要谈的是：

    **A** 历史的奥秘                **B** 对历史的认识

    **C** 历史的秘密                **D** 中国史的发展

# 三、书　写

第 101 题：缩写。

（1）仔细阅读下面这篇文章，时间为 10 分钟，阅读时不能抄写、记录。

（2）10 分钟后，监考收回阅读材料，请你将这篇文章缩写成一篇短文，时间为 35 分钟。

（3）标题自拟。只需复述文章内容，不需加入自己的观点。

（4）字数为 400 左右。

（5）请把作文直接写在答题卡上。

　　老人在街上卖苹果，他的苹果又红又大，味道香甜香甜的，而且他的苹果卖的价钱低。他这种压价的做法自然引起了同行的不满，他们都说他是一个坏老头儿，用比成本还低的价钱卖苹果怎么会有钱赚？但是小孩子们却非常喜欢这个老人，因为他的苹果永远最便宜。

　　老人家里有一块地，他在这地上种蔬菜，多的他就拿到街上去用非常低的价格卖了，补贴家用。在田地边他种着两棵高高的苹果树。每到苹果成熟的时候，他总会把这些质量非常好的苹果拿到街上以比市场价低很多的价格卖掉。老人第一次将他的又大又红的苹果拿到街上卖的时候，人们觉得，这么好的苹果怎么会卖这么低的价钱？这些苹果肯定有毛病。他们只是匆匆地望两眼，又到其他卖苹果的地方去了。大人们的心思很多，小孩子可是没那么多的想法。当一个小孩儿用零花钱买了一个红红的大大的甜甜的苹果后，又有一大群的小孩儿到老人的面前来买苹果。于是越来越多的小孩来买他的苹果，他开心地笑了。他非常喜欢小孩儿，他的儿子也非常争气，在前几年的时候给他生了一个胖乎乎的孙子。可是一年四季，他的儿子只是在过年的时候才带着孙子来看看自己，有时待七天，有时来两天，有的时候甚至不回来。看到别的孩子吃他的苹果，他仿佛看到了自己的孙子在吃苹果的样子。

　　一年又一年过去了，老人的苹果卖得很好，小孩子们给老人带来的欢笑也让他开心了一阵子。可是好的心情永远不会长久。去年过年，他的儿子没有回来，因为工作太忙了，没有时间，他的儿子就是这么说的。那一段时间，老人每天望着苹果树，希望今年的苹果能快点儿成熟。但春天，他病了，躺在床上，发着高烧。邻居家一位好心的姑娘用温热的开水替老人擦洗带着泪痕的脸颊。因修路，老人的两棵苹果树被人砍了。望着田地上碎得不成样子的苹果树，老人的身体也如那苹果树一般倒下了。

老人的儿子抱着孙子到老人的墓碑前来看望爷爷。孙子望着墓碑上爷爷的照片，幼小的脑袋里还是不认得这个老头儿是谁，他睁着大眼睛，呆呆地望着。他的爸爸哭得很伤心，妈妈只是望着，和他一样呆呆地望着。

晚上，爸爸收拾着老人的遗物，妈妈带着儿子在老人睡觉的地方坐着。儿子突然望见爷爷床边的柜子里放着一个小小的玩具火车，便哭喊着要那玩具。妈妈将玩具递给了儿子，儿子拿着玩具开心地笑着。爸爸望着柜子，突然把柜子底下的一个抽屉打开。一股浓浓的腐臭的霉味传了出来。

原来抽屉里什么宝藏都没有，只有一个发霉的苹果。

# 新汉语水平考试
# HSK（六级）
# 模拟试卷 第7套

## 注 意

一、HSK（六级）分三部分：

1. 听力（50题，约35分钟）

2. 阅读（50题，50分钟）

3. 书写（1题，45分钟）

二、听力结束后，有5分钟填写答题卡。

三、全部考试约140分钟（含考生填写个人信息时间5分钟）。

| | 答对题数 | 成 绩 |
|---|---|---|
| 听力 | | 2分× ＝ 分 |
| 阅读 | | 2分× ＝ 分 |
| 书 写 | （1题，100分） | 分 |
| 总成绩 | | 分 |

# 一、听 力

## 第一部分

第1—15题：请选出与所听内容一致的一项。

1. A 夏季生活方式变化小
   B 夏季是颈椎病高发期
   C 开空调容易得颈椎病
   D 预防颈椎病要多外出

2. A 录取通知书变成了存折
   B 大学通知书形式很新颖
   C 大学录取通知书发错了
   D 学校给新生很多奖学金

3. A 港式粤菜的价格更高
   B 传统粤菜更精致精美
   C 港式粤菜也是一种川菜
   D 港式粤菜提升了粤菜的档次

4. A "宅男"是一个汉语新词
   B "宅男"是玩电脑的怪人
   C 中日对"宅男"的理解不同
   D "宅男"在日本是时尚的态度

5. A 他小时候很贫穷
   B 他一直不会游泳
   C 他小时候不自信
   D 他总让母亲失望

6. A 任月丽长得很难看
   B 任月丽不喜欢跳舞
   C 任月丽感到很自卑
   D 任月丽不同于别的女孩

7. A 90后学生都不重视现实
   B 中国的90后多是独生子
   C 年轻人总是充满梦想和希望
   D 中国学生缺少实践沟通能力

8. A 北京"剩女"数量增高
   B "剩男"的社会压力更大
   C "剩女"现象已成社会问题
   D "剩男剩女"都有心理危机

9. A 李开复是最年轻的副教授
   B 李开复希望能够改变世界
   C 李开复希望成为著名学者
   D 李开复热爱大学里的生活

10. A 养鱼人捕鱼从不费心
    B 好处中常常藏着危险
    C 别人不知道捕鱼的窍门
    D 每天喂鱼才能抓到大鱼

11. A 做生意更容易成功
    B 创业有多种方式
    C 公益创业也能赚钱
    D 经商需要社会关系

12. A 网络搜索都是免费的
    B 谷歌有巨大的搜索引擎
    C 网络搜索消耗巨大能量
    D 谷歌每天产生无数搜索结果

13. A 政府刁难开采者

    B 油砂回填可以赚钱

    C 政府注意保护生态

    D 开采者想要带走沙子

14. A 马的警惕性很高

    B 马更喜欢躺着睡觉

    C 马更喜欢站着睡觉

    D 马不喜欢同时躺着睡

15. A 牛津大学重视导师制

    B 牛津大学辅导教师减少

    C 牛津大学导师课程是一对一的

    D 本科期间每人需选 2—4 门辅导课

# 第 二 部 分

第 16—30 题：请选出正确答案。

16. A 土得掉渣
    B 不爱历史
    C 喜欢上网
    D 爱听评书

17. A 失败的英雄
    B 成功的英雄
    C 性格鲜明的人
    D 注定失败的人

18. A 宋代
    B 辽代
    C 现代
    D 乱世

19. A 1972 年
    B 1977 年
    C 1978 年
    D 1947 年

20. A 很风趣幽默
    B 内容很丰富
    C 学生常走神
    D 学生很喜欢

21. A 顶级厨师比赛
    B 民间高手比赛
    C 只重视娱乐性
    D 专业性下降了

22. A 有名的厨师
    B 民间的高手
    C 知名主持人
    D 著名美食家

23. A 随口一说
    B 说不知道
    C 开个小玩笑
    D 推荐上海饭馆

24. A 对胃的健康不好
    B 大都是 10 人一桌
    C 有利于营养吸收
    D 有利于交流感情

25. A 每顿都尽量吃饱
    B 感到饿了再吃饭
    C 多参加朋友聚餐
    D 一定每天吃早饭

26. A 幼儿教师
    B 爱心天使
    C 演艺明星
    D 网络红人

27. A 更有爱心
    B 更有时间
    D 捐款给病童
    C 建立捐款网站

28. **A** 照顾病童

    **B** 建捐款网站

    **C** 为病童捐款

    **D** 为病童募捐

29. **A** 和孩子做朋友

    **B** 保护孩子安全

    **C** 教给孩子知识

    **D** 让孩子遵守规则

30. **A** 是孩子的长辈

    **B** 是孩子的保姆

    **C** 是孩子的老师

    **D** 是孩子的朋友

# 第三部分

第31—50题：请选出正确答案。

31. A 5个
    B 9个
    C 14个
    D 30个

32. A 多是男生
    B 多是女生
    C 年龄较小
    D 收入较低

33. A 800元以上
    B 1000元左右
    C 500元以上
    D 500元以下

34. A 正单身
    B 不开心
    C 很不幸
    D 很倒霉

35. A 夺走他的一切
    B 给他更多才华
    C 给他美貌妻子
    D 给他更多幸福

36. A 珍惜眼前的幸福
    B 一个幸福的诗人
    C 有才华就是幸福
    D 有爱人就能幸福

37. A 反对禁烟
    B 在家门口抽烟
    C 遭受二手烟危害
    D 在清华大学工作

38. A 有9亿多
    B 也是二手烟受害者
    C 比1996年增加了两倍
    D 很多人在公共场合抽烟

39. A 女性更多
    B 连续增长
    C 缺少法律保护
    D 少年儿童更多

40. A 10米
    B 20米
    C 30米
    D 50米

41. A 检查笼子
    B 增高笼子
    C 开会讨论
    D 抓住袋鼠

42. A 跳得高
    B 笼子矮
    C 门没关
    D 笼子坏了

43. A 太粗心
    B 比袋鼠笨
    C 不了解袋鼠
    D 只会加高笼子

44. A 改变商品包装
    B 加入更多营养成分
    C 做更多产品的广告
    D 让顾客知道酒里有维生素

45. A 口感更好
    B 有益健康
    C 比果汁好喝
    D 跟普通啤酒差不多

46. A 需要补充维生素
    B 这样的饮料更好喝
    C 这样对健康有好处
    D 想给自己找个喝饮料的借口

47. A 很瘦的人
    B 经常游泳的人
    C 喜欢锻炼的人
    D 患呼吸道感染的人

48. A 花粉
    B 吸烟
    C 遗传
    D 空气污染

49. A 减肥
    B 降血压
    C 减轻神经系统疾病
    D 提高呼吸系统功能

50. A 多养花草
    B 平时多锻炼
    C 多养小动物
    D 发病期间多游泳

# 二、阅　读

## 第一部分

第51—60题：请选出有语病的一项。

51. **A** 五铢钱是目前我国历史上流通时间最长的货币。
　　**B** 走私是一种扰乱经济秩序、影响全局的投机犯罪行为，必须受到严厉制裁。
　　**C** 勘探队的足迹遍布山脉、盆地、峡谷，终于在辽阔的草原上探测到了铜矿和天然气。
　　**D** 高原上气压较低，即使路面平坦，行走时间长了也会出现恶心呕吐、吞咽困难等反应，严重的需要注射药物治疗。

52. **A** 经过几轮的讨价还价后，双方谈判代表在各自请示上级后分别作出了让步。
　　**B** 虽然他自小就学习绘画和音乐，但是我一直从来都认为他没有什么艺术天分。
　　**C** 虽然旅居海外多年，她仍念念不忘春节团圆时的糖葫芦、压岁钱和烟花爆竹。
　　**D** 为填补资金缺口，王老板旗下的水泥厂、饲养场都转让出去了，连那辆棕色奥迪也被租赁出去了。

53. **A** 三家塑料颗粒加工厂因为严重污染环境，已经被依法取缔了。
　　**B** 虽然成名后她一直生活居住在北京，但她的家乡是山东省济南市人。
　　**C** 这起明星被杀案尚在审理中，司法机关尚未作出判决，但多家媒体都试图通过各种渠道来挖掘所谓的内幕消息。
　　**D** 自从我被任命为公司总经理以来，一直有人攻击我贪污、伪造学历，这都是阴谋，希望大家放弃派别之争，努力振兴企业。

54. **A** 在这幅体现老北京市井生活的画儿中，有几个人在悠闲地喝了茶。
　　**B** 他年轻时上过两年师范学校，肚子里有点墨水儿，一说起来就滔滔不绝，好像什么都不是外行。
　　**C** 各国国家元首的职权由各国宪法规定，对外代表国家，在国际交往中享有礼仪上的特殊待遇。
　　**D** 这是在旧金山的中国领事馆，在异乡看到祖国的旗帜飘扬在空中，在场的同胞无不感到亲切温暖。

55. **A** 司令派遣地面部队袭击了驻扎在对岸的敌军，取得了战役的胜利。
　　**B** 我们每一个学生会成员都应详细了解学生会的章程和职能。
　　**C** 自从他汉语学成归国后，很少没有机会再来中国。
　　**D** 正月里我们去游乐场，体验了各种新鲜玩意儿，特别是那个云霄飞车，在上面觉得天地都在旋转摇晃。

56. **A** 袁隆平在谈成功经验时指出，"杂交水稻"是失败中孕育的成果。
　　**B** 很多人喜欢喝茶，然而很少有人知道茶叶采摘是一项极很辛苦的工作。
　　**C** 根据相关规定，业务科对留样室里保存期满的检验样品进行了集中销毁处理。
　　**D** 有关原告李维诉被告王红名誉侵权一案，由于法院尚未审判，我对此无可奉告。

57. A 我这次去杭州的主要目的不是观光，却是看龙舟。

　　 B 交通的便利，加上城市的美景，让越来越多的人想在这里居住或者养老。

　　 C "汉语桥"大学生中文比赛，旨在激发各国青年学生学习汉语的积极性。

　　 D 我就是对儿子太仁慈，结果他不断惹祸，喝酒上瘾，酒后还砸人家车窗玻璃，我只好狠揍了他一顿。

58. A 这次展览给广东油画带来的巨大冲击和促进作用。

　　 B 世界在减少极端贫困人口等方面取得了较大进展，但进展并不均衡。

　　 C 他们因为无知愚昧而做出这种不人道、不合情理的事情来，真是让人痛心。

　　 D 大厦通过验收后的落成典礼规模真是空前绝后，有名望的人都收到了请帖，实力雄厚的主办方还请来了明星致辞。

59. A 泰国首都曼谷被命令为"2013 年世界图书之都"。

　　 B 在大家的盛情邀请下，这位硬气功的泰斗为大家表演了掌劈砖瓦的绝活。

　　 C 他向来是一个喜欢散布谣言、歪曲事实、污蔑他人、玩弄权术的无耻之徒。

　　 D 武昌起义因为事先走漏风声，遭到清政府镇压，但后来各地纷纷支援，最终埋葬了清政府。

60. A 这些凶恶的流氓无赖竟敢冒充警察在码头殴打装卸工人。

　　 B 继丁博士之前，在学术界一共有两位学者出版了有关香港墓地的著作。

　　 C 我们产品商标下面都会有"清真"或"素食"的识别标志，以帮助消费者选择合适的馅儿。

　　 D 刘明同志作风廉洁，一身正气，在群众中威信很高，他住院期间，很多人来探望，但都被婉言谢绝了。

# 第 二 部 分

第 61—70 题：选词填空。

61. 个人恩怨可以_____，但对_____着民族大义的酸甜苦辣，不能集体失忆。尤其对后人不能只给锦衣玉食，不给精神滋养。须知，"一个民族，最_____的莫过于不知道自己的历史"。

A 忘记　　记载　　危险　　　　B 忘却　　承载　　悲哀

C 遗忘　　倾注　　痛苦　　　　D 忘怀　　饱含　　可怜

62. 当前，各国政治、经济和社会_____不同，历史文化_____不同，发展_____也不尽一致。

A 传统　　制度　　高速　　　　B 情况　　水平　　速度

C 制度　　传统　　水平　　　　D 水平　　条件　　进度

63. 海南三亚以其_____的旅游环境、_____的生活环境和_____的自然环境，一直受到各界人士的青睐。

A 独特　　舒适　　优美　　　　B 特别　　优美　　舒适

C 舒适　　独特　　美丽　　　　D 优美　　特别　　舒服

64. _____都说"盛世收藏，乱世藏金"，_____，如果对黄金投资品种及其特点真正了解的话，_____会发现黄金在任何时候都不失为一种很好的理财产品。

A 因为　　所以　　才　　　　　B 虽然　　但是　　就

C 尽管　　可是　　也　　　　　D 由于　　因此　　又

65. 儒学最大的缺陷是过分强调个人的内心_____而轻视_____建设。它既没有宗教的精神约束，也没有_____的配套法律。因此，它不仅不能约束帝王的行为，也不能约束官员的行为，否则不能解释为何历史上出了这么多的昏君和贪官。

A 修养　　制度　　世俗　　　　B 素养　　法制　　现实

C 修为　　规则　　有效　　　　D 修行　　机制　　可行

66. 我从来没有想过要做一个北京人，只是觉得这里是我_____栖息的一个地方。所以，在北京待了六年，还经常搬来搬去。后来，我努力经营的一段恋情_____了，心情很低落。在过 30 岁生日的_____，我给自己买了个生日礼物——一套两室两厅的房子。

A 短暂　　完成　　之后　　　　　B 暂时　　结束　　前夕
C 长期　　成功　　之前　　　　　D 短期　　失败　　附近

67. 深化医药卫生体制_____，加快医药卫生事业_____，适应人民群众不断增长的医药卫生_____，不断提高人民群众的健康_____，是时代发展的必然要求。

A 发展　　改革　　素质　　情况　　B 改革　　发展　　需求　　素质
C 需求　　进展　　改革　　水平　　D 改变　　需求　　要求　　改革

68. 如果民营企业发展受阻，将会产生以下后果：中国经济模式的_____难以实现；中国的就业_____必然会走下坡路；不利于产业结构的_____；中国的民主法治进程_____。

A 转型　　增长　　调整　　停滞不前
B 转化　　形势　　提高　　严重倒退
C 转变　　情况　　改变　　保持不变
D 变化　　数据　　改革　　进展飞快

69. 拍纪实作品就像熬中药一样，需要慢火，需要工夫。我常常觉得，纪实作品就像齿轮一样，少了哪一个环节也转动不起来——少了哪个阶段的作品，都无法很好地反映整个时代的_____。只有把每个时期的东西都_____记录下来，才可以好好地进行总结和_____。我始终觉得，我要追求的，就是_____的效果。

A 变迁　　连续　　比照　　滴水穿石
B 面貌　　完整　　归纳　　一鸣惊人
C 联系　　分别　　分析　　细入毫芒
D 轨迹　　真实　　反省　　积少成多

70. 恪守新闻真实性，是新闻界共同的法则，新闻的生命也正在于此。任何细节上的_____，都是新闻工作的_____，都是新闻工作者的_____。

A 谬误　　幸运　　失误　　　　　B 失真　　倒霉　　失信
C 失实　　失误　　耻辱　　　　　D 失误　　耻辱　　悲哀

# 第 三 部 分

第71—80题：选句填空。

71—75.

2011年6月4日，中国网球运动员李娜获得法国网球公开赛女子单打冠军，夺得苏珊·朗格朗杯。（71）＿＿＿＿＿＿＿＿＿＿＿＿，她成为1896年以来第一位获得大满贯单打冠军的亚洲选手。

李娜的父亲李盛鹏曾是湖北省羽毛球队的业余选手，李娜5岁时，被父亲送去学打羽毛球。练了几年，她在训练中便表现出很大优势。当时的教练认定这个徒弟是个网球运动的好种子。从1989年起，李娜便在少儿网球队开始了艰苦训练。她从小身上就有着一股拼劲，从不骄傲自满，（72）＿＿＿＿＿＿＿＿＿＿＿＿，她很快成长为一名优秀的少年网球运动员。1993年，湖北体工大队余教练来武汉选苗子。面对眼前的五六个孩子，（73）＿＿＿＿＿＿＿＿＿＿＿＿。余教练认为她值得悉心培养。

14岁那年，父亲病逝，李娜似乎一夜之间成熟了，她训练得更刻苦，一天训练的运动量可能是别人几天的总和。第二年，她获得全国网球总决赛冠军。同年，耐克公司送她到美国训练7个月。她深深懂得要把握住难得的机会，对自己要求非常严格。

21岁的李娜选择了退役。随后，她进入华中科技大学就读，吃住在校园，除了学习和调养身体外，她还打乒乓球、羽毛球，（74）＿＿＿＿＿＿＿＿＿＿＿＿，就是不碰网球。

2004年，李娜的丈夫姜山说服她重返网坛，李娜重新开始纵横赛场，成为大满贯比赛的常客，（75）＿＿＿＿＿＿＿＿＿＿＿＿。

**A** 加上教练的精心指导

**B** 终于从菜鸟成为一流球星

**C** 凭借这次胜利

**D** 她一眼就看中了李娜

**E** 甚至跳体育舞蹈和现代舞

76—80.

人在心情郁闷时，常常会一个人在角落里发呆，静静地不想动弹，越是冥思苦想，思绪越是钻牛角尖，（76）_____。这时候，应该用最快的速度让身体动起来。任意做点儿什么，写字也好，画画儿也好，（77）_____；或走出户外，散步也好，骑车也好，到河畔投掷石子也好，看天上漂浮的白云也好；或找人闲谈也好，辩论也好，争吵也好……只要你略微动起来了——做事情、与人打交道或是锻炼身体，你就会惊讶地发现，郁闷似乎并没有那么可怕，郁闷也能被轻易地驱逐。

（78）_____？原来，郁闷说到底是一种心理上的困境，一动不动地闷着，只会沉溺于其中。身体一动，心情往往就要跟着发生变化，（79）_____，尤其是从事需要全神贯注投入的体育运动，烦恼更会被完全抛在脑后；其次，动起来后环境发生了变化，那种滋长郁闷的特定情境，突然不存在了，这种外在环境的转移，由沉寂压抑到生机勃勃；最后，（80）_____，而心理压力和不良情绪也会随之得到一定程度的消解释放。因此，有的人在极其苦闷的时候，干脆不去管它，而是选择某种剧烈的运动，脉搏加快，再出一身大汗，洗个热水澡，沉沉睡一觉，第二天醒来，精神就会好得多。

A 为什么会有这么大的功效

B 做做家务活也好

C 动起来需要消耗一定的能量

D 人的注意力也发生转移

E 结果长久地陷入郁闷无法自拔

# 第四部分

第81—100题：请选出正确答案。

81—84.

最近，美国一家网站调查了1000位成功人士。这些成功人士中，有99%说不清自己为什么能成功，在成功之前，也没有一套完整的走向成功的计划书。

接着，这家网站又向公众征集1000份最完美的成功计划书。其中包括：如何成为一位伟大的科学家或作家，如何成为一位成功的企业家或商人，如何成为一位超级体育明星或影视明星等。经过层层筛选，1000份最完美的成功计划书经过专家们的反复讨论后终于评选出来了。

之所以说这些计划书完美，不仅因为它们极具有诱惑力，描绘出了灿烂的前景，而且很有条理并具有很强的可操作性。它们详尽列出了每小时应该做的事情，每天应该做的事情，每年应该做的事情，具体到每天休息多少小时，工作多少小时，还列出了启动资金和最终所需的费用。

这1000份完美的成功计划书，让人看后就像在温室中培育了实现梦想的萌芽，使人按耐不住地跃跃欲试，并且坚信自己能够成功。

随后网站又对这1000份完美计划书的拟定者进行了采访。结果发现，在现实中，这1000个人全是未成功人士，或者说正在努力追求实现美好的梦想，但还未成功的人。

最后，网站得出结论：＿＿＿＿＿＿＿＿＿＿＿＿＿＿＿＿＿。

81. 关于网站调查的1000个人，可以知道：
    **A** 都是成功人士        **B** 99%没有成功
    **C** 有成功计划书        **D** 都一定会成功

82. 这1000份完美计划书，让人看了感觉：
    **A** 知道该如何休息      **B** 坚信自己能成功
    **C** 能成为伟大的科学家    **D** 能成为成功的企业家

83. 1000份完美计划书的拟定者有什么特点？
    **A** 都是成功人士        **B** 99%没有成功
    **C** 都还没有成功        **D** 都一定会成功

84. 最后一段中加横线的部分，放下面哪一句话最合适？
    **A** 很多人迷信完美计划书    **B** 成功不在能知而在能行
    **C** 有完美计划书的都很幼稚    **D** 完美计划书是成功的向导

85—88.

　　一位在企业主持工作的常务经理，邀请我们一帮朋友去联欢。饭桌上他说最近要上一个新项目，请大家帮他出出主意。听了朋友的介绍，大家只是跟着附和，说一些祝贺的话。大家心里都清楚，这么大一个项目，实施计划和框架都出来了，预算也做好了，就差落实了，他心里一定早拿定主意了，嘴上说让我们帮忙出主意，只不过是客套而已。

　　没想到，我们中的小王还当了真，在详细询问了项目情况后，他连连摇头，认为这是一个被淘汰的夕阳项目，没有什么前景，最关键的问题是，还是一个重污染的项目，如果上马的话，会对周边的环境构成很大的威胁。最后，他豪迈并斩钉截铁地对企业家说，这个项目绝对不能上，否则你一定会后悔的。

　　企业家的脸色，由红而白，由白而青。餐桌上的气氛，也一下子变得紧张了。大家的心都吊了起来，一个劲儿给小王使眼色，可他依然坚持。这个小王，朋友难得聚会一次，大家吃好喝好，高高兴兴，说那么多干什么？还弄得气氛这么尴尬。

　　聚会结束后，企业家把我们送到楼下，一一握手告别。企业家重重地拍拍小王的肩膀，说：你的意见我会认真考虑，谢谢你的坦诚和忠告。

　　后来，那个项目真的没上。一个重要原因，就是小王说的那番话。企业家说，这些年，随着生意越做越大，身边的人都习惯了捧着自己，很少有人敢否定他的决定，很少会有人对他说"不"。这其实是一个危险的信号。

　　企业家的感慨和担忧不无道理，当一个人处于一片附和声中时，很可能会丧失正确的判断，变成"聋哑人"。有时候，我们缺少的不是说"是"的朋友，而是敢于和乐于说"不"的朋友。对你说"不"的人，并非只是对手和敌人，恰恰可能是你最难得的朋友。他的每一个"不"，都值得你深思，反省，并好好珍惜。

85. 企业家请大家聚餐的目的是什么？
　　A 显示他的地位　　　　　　B 交流一下感情
　　C 听取大家的意见　　　　　D 博取大家的赞赏

86. 关于企业家的新项目，可以知道什么？
　　A 有发展前景　　　　　　　B 大家都反对
　　C 会污染环境　　　　　　　D 一定很赚钱

87. 企业家很难听到"不"的原因是：
　　A 朋友不真诚　　　　　　　B 他的地位高
　　C 他的朋友少　　　　　　　D 他的脾气大

88. 根据本文，一个听不到"不"的人：
　　A 缺少对手和敌人　　　　　B 需要深思和反省
　　C 应该感到危险　　　　　　D 容易找到方向

89—92.

时尚动感的音响、宽敞明亮的训练房、身材健美的教练……现代社会，越来越多的人选择去健身俱乐部锻炼身体。但是，对那些更需要锻炼的胖人来说，如此时尚流行的健身俱乐部反倒成了他们参加锻炼的障碍。

美国最近的一项调查报告显示，害羞情绪最终击败了胖人们坚持锻炼的决心，成为影响他们规律健身的一大障碍。

调查发现，超重人群比正常体重的人群更能意识到体育锻炼的好处，也更清楚超重给自己带来的负面影响。但在运动时，尤其是当着年轻人、身材好的人以及俱乐部的工作人员时，他们却常常感到害羞和忧虑，总试图遮挡自己的肥胖。这种害羞情绪或者隐约的羞耻心对女性影响更大，特别是当她们面对复杂的体育器械，或在异性面前运动时。

现在有超重或肥胖问题的人越来越多，但这些肥胖人群中只有少数能达到一周保证 5 个小时适度有氧运动的要求。研究认为，对健身俱乐部环境及其工作人员的"负面感觉"使很多人放弃了俱乐部健身这一运动途径。一位专家指出，与加入健身俱乐部相比，胖人更适合一些小的有氧运动，比如爬楼梯、每天多走几步，或是到附近的公园里边散步边享受新鲜空气。"毕竟，运动并不是健身俱乐部的专利。"他强调。

89. 下面哪一项可能是胖人们健身的障碍？
  A 专家          B 音乐
  C 教练          D 灯光

90. 根据文章内容，下面哪种人最容易有害羞情绪？
  A 年轻的男性      B 超重的女性
  C 身材好的人      D 俱乐部员工

91. 关于超重人群，可以知道他们：
  A 无忧无虑        B 易放弃健身运动
  C 未意识到超重的坏处  D 不清楚锻炼的重要性

92. 关于给胖人的健身建议，下面说法正确的是哪一项？
  A 不要惧怕异性      B 多做有氧运动
  C 加入健身俱乐部    D 须解决害羞障碍

93—96.

不少准妈妈都喜欢音乐胎教。研究人员发现，胎儿的确对听到的音乐旋律有记忆。但他们同时指出，就音乐胎教而言，并非多多益善。

巴黎笛卡尔大学心理学家卡罗琳和她的研究团队找来 50 名孕妇，在她们怀孕第 35、36 和 37 周时，每天给她们播放两次 9 音符降调钢琴演奏曲，钢琴曲长 3.6 秒。待孩子出生一个月后，研究人员给他们播放同样的钢琴曲以及一首 9 音符升调钢琴曲。为减少外界干扰，研究人员选择在婴儿睡觉时播放音乐。

统计数据显示，当所播钢琴曲是胎儿时期听过的乐谱旋律时，新生儿的心跳明显减缓，比正常时平均每分钟少跳 12 下。升调钢琴曲则让新生儿平均每分钟心跳减少五六下。

英国《每日邮报》9 日援引卡罗琳的话报道，这说明 "新生儿对类似来自母体的声音的关注远远高于其他声音"。

但卡罗琳也说，胎儿对音乐有记忆并不意味着孕妇应该给发育中的孩子播放音乐。"当胎儿发育成熟到拥有足够听力时，即出生前 4 至 5 周，他们会面临所有的母体环境声音，没有更多声音刺激的生理需要。多并不总意味着好，尤其是发育期间。如果母亲想提高孩子的音乐鉴赏力，可以在孩子出生后，那时孩子可以看、可以感受什么是自己喜欢或讨厌的事物，而在胎儿时期母亲是无从知道的。" 她说。

此外，卡罗琳还说，音乐胎教时直接接触皮肤的音乐播放器或许有害胎儿健康，"这类刺激如果像摇滚那样声音太大或持续时间过长，会对胎儿耳朵构成损伤。不过，妈妈唱歌给胎儿听是一种非常自然的声音环境。"

93. 在上文的实验中，能让新生儿心跳明显减缓的是哪种方法？
    A 睡梦中听的音乐　　　　　B 9 音符降调钢琴曲
    C 9 音符升调钢琴曲　　　　D 婴儿未听过的音乐

94. 专家认为不必给胎儿播放音乐的原因是什么？
    A 胎儿尚无足够听力　　　　B 胎儿尚无音乐记忆
    C 胎儿心脏发育受影响　　　D 胎儿无需更多声音刺激

95. 如果母亲想提高孩子的音乐鉴赏力，最好在什么时候？
    A 孩子出生以后　　　　　　B 出生前 4 到 5 周
    C 胎儿 35 周以前　　　　　　D 胎儿 37 周以后

96. 根据上文，对胎儿有益的做法是：
    A 妈妈多唱歌　　　　　　　B 多听钢琴曲
    C 用播放器放音乐　　　　　D 一怀孕就开始音乐胎教

97—100.

手机正日益成为许多读者的"口袋图书馆"。在北京或上海的地铁里，坐在你对面的人看起来正盯着手机发愣，但没准是在全神贯注地阅读一部恐怖小说或者优美的散文。

许多中国人抛下传统图书，爱上了手机小说。随着智能手机日益普及，手机小说越来越流行并开始与传统书籍争夺读者群。这类小说生动活泼，阅读过程不乏互动，改变着中国人的阅读习惯。中文是一种以汉字为单位的语言，每一个字就是一个简洁的象形图。与英文等字母文字相比，汉字更适合手机小说创作，因为能在相对狭小的空间容纳很多字。

大多数作者的读者群规模都很小，但也有人拥有数千甚至数十万读者。一旦手机小说读者众多，出版商就会表现出兴趣。中国最大的手机图书出版商之一盛大公司网站每天点击量多达几亿。

手机小说《鬼吹灯》广受欢迎，其电影版权就卖了数百万元。数据显示，近一半的中国成年人有读书的习惯，其中大约 25% 通过电子媒体阅读。这些人当中有 1.2 亿人有用手机阅读的习惯，而只通过手机阅读的接近 2500 万人。

手机图书在中国分为两类。一类是平时以纸质形式出版发行的图书，但在生活节奏越来越快的现代社会，人们喜欢通过手机阅读这类书，比如值班无聊的时候或者在坐车的时候。另一类是真正的手机小说，是专为手机创作的作品。

手机小说该多长？传统派认为，手机小说应该更长而不是更短。也有人认为，手机小说的特点就是简短。篇幅较长的手机小说，如 10 万至 20 万字的中篇小说，可能不适合通过移动媒体阅读。

据中国互联网信息中心统计，38.7% 的手机用户希望通过手机获得的是新内容，而不是图书的手机版。盛大文学研究中心主任夏烈表示："阅读环境嘈杂，阅读时间支离破碎，意味着阅读手机书跟阅读纸质书是不一样的。"

97. 根据上文，在中国大约有多少人只通过手机阅读？
    A 38.7%              B 2500 万
    C 数百万             D 10—20 万

98. 关于中国一些人爱手机阅读的原因，正确的是哪一项？
    A 智能手机普及        B 纸质图书太贵
    C 传统书籍无趣        D 阅读时间很长

99. 关于《鬼吹灯》，下面哪种说法正确？
    A 约有 1.2 亿读者      B 深受读者欢迎
    C 是盛大公司出版的     D 是传统图书的手机版

100. 关于手机阅读的特点，下列说法正确的是：
     A 小说篇幅很长        B 一般在地铁上
     C 阅读时间完整        D 阅读环境嘈杂

# 三、书　写

第101题：缩写。

（1）仔细阅读下面这篇文章，时间为10分钟，阅读时不能抄写、记录。
（2）10分钟后，监考收回阅读材料，请你将这篇文章缩写成一篇短文，时间
　　　为35分钟。
（3）标题自拟。只需复述文章内容，不需加入自己的观点。
（4）字数为400左右。
（5）请把作文直接写在答题卡上。

　　英子是一家医学院的学生，五年来，她在学习上名次一直很靠前。很快她就要毕业了。在毕业前的这一年里，英子和五位医学院的同学来到了同一家医院实习。让大家兴奋的是，这是一家非常有名的医院，如果在实习期间表现优秀，就有机会成为这里的正式医生。

　　因为他们学习的专业相同，所以他们都被安排在妇产科实习。但没多久，一个残酷的问题摆在了他们面前，这家医院最后只能留用其中一个人。

　　能留在这家医院是这六个同学的共同渴望，临近毕业的日子越来越近，他们之间的较量也越来越激烈。医院为了确定哪一名被留用，举行了一次考试。结果出来了，面对同样出色的六个毕业生，院方一时也不知道该如何取舍。

　　一天夜里，快到黎明的时候，他们都突然接到一个紧急通知：一名待产妇就要生孩子了，医院需要立刻到她家中救治。他们急匆匆地上了救护车。院长为首，一名主任医生、六名实习医生、两名护士同时去抢救一名待产妇，如此声势浩大的场面让这六个实习生都感觉到了一种前所未有的紧张。

　　有人悄悄地问院长，是什么样的人，需要这样兴师动众？院长简单地解释道："这名产妇的身份有些特殊，让你们都来，也是想让你们都不要错过这个机会。别啰唆了，你们可都要认真观察学习。"车内一片安静。

　　待产妇家很远也很偏僻，急救车好不容易到达时，待产妇已经满头汗水，不住地呻吟，情况已经是万分危急。医护人员把待产妇抬上急救车后，发现了一个问题：车上已经人挤人，待产妇的丈夫上不来了。人们知道，待产妇到达医院进行抢救，是不能没有亲属在身边办理一些相关手续的。

　　人们都看着院长，院长正低头为待产妇检查着，头也没抬地说："快开车！"所有人都不知道该如何是好。这时候，英子突然跳下车，让待产妇的丈夫上了车。

急救车飞快地开往医院。等英子气喘吁吁赶回医院的时候，已经是半小时以后了。在医院门口，她被参加完急救的院长拦住了，院长问她："这么难得的学习机会，你为什么跳下了车？"英子擦着额头的汗水回答道："车上有那么多医生、护士，缺少我不会影响抢救的。但没有病人家属，肯定会给抢救带来影响。"

　　三天后，院方的留用结果出来了，英子成为幸运者。在欢迎英子正式就职的时候，院长说出了理由："三天前的那场急救是一场意外的测试。而这次测试，只有英子一个人通过了。"

# 新汉语水平考试
# HSK（六级）
# 模拟试卷 第 8 套

## 注 意

一、HSK（六级）分三部分：

1. 听力（50题，约35分钟）

2. 阅读（50题，50分钟）

3. 书写（1题，45分钟）

二、听力结束后，有5分钟填写答题卡。

三、全部考试约140分钟（含考生填写个人信息时间5分钟）。

|  | 答对题数 | 成 绩 |
|---|---|---|
| 听 力 |  | 2分 × ＝ 分 |
| 阅 读 |  | 2分 × ＝ 分 |
| 书 写 | （1题，100分） | 分 |
| 总成绩 |  | 分 |

# 一、听　力

## 第一部分

第1—15题：请选出与所听内容一致的一项。

1. **A** 小伙子没说话
   **B** 小伙子说个不停
   **C** 小伙子边看边说
   **D** 老太太不喜欢听小伙子说话

2. **A** 应该每天吃水果
   **B** 水果不能和饭食一起吃
   **C** 饭后吃水果对身体有益
   **D** 饭前吃水果对身体有益

3. **A** 飞机起飞怕雨
   **B** 有雾时跑道滑
   **C** 有雾时能见度低
   **D** 有雾时驾驶员眼睛不好

4. **A** 教室里音乐声太大
   **B** 她担心同桌听不见
   **C** 老师没听见她说话
   **D** 她不担心被老师听见

5. **A** 睡觉总会做梦
   **B** 有梦想才会成功
   **C** 只有梦想是不够的
   **D** 有行动才会有成功

6. **A** 他人不可理解
   **B** 理解矛盾很重要
   **C** 理解对方很重要
   **D** 生活中可以避免矛盾

7. **A** 找工作很容易
   **B** 时光不能倒流
   **C** 投资有时会失败
   **D** 黄金比一切都珍贵

8. **A** 男孩的爸爸不在家
   **B** 男孩在自家门口玩儿
   **C** 中年男子认错了门
   **D** 中年男子认错了人

9. **A** 客人喝得多，主人有面子
   **B** 客人不喝酒，主人有面子
   **C** 主人让客人一个人喝酒
   **D** 主人不需要给客人敬酒

10. **A** 成都的历史不长
    **B** 成都经济比较落后
    **C** 成都在中国的中南部
    **D** 成都是一个旅游城市

11. **A** 工资多少不再是个人隐私
    **B** 越来越多的人在网上购物
    **C** 有人在网上公布自己的收入
    **D** 网络上人的名字都比较真实

12. **A** 流行音乐流行一时
    **B** 流行音乐只有歌曲
    **C** 流行音乐只有乐曲
    **D** 流行音乐离不开大众生活

13. A 太阳能释放有害气体

B 开发太阳能成本过高

C 太阳能是一种可再生能源

D 很多国家放弃开发太阳能

14. A《三国演义》没有想象力

B 人们不喜欢读《三国演义》

C《三国演义》是武侠小说

D《三国演义》是历史演义小说

15. A 寿面是过生日吃的面条

B 中国各地都流行吃寿面

C 只有长寿的人才能吃寿面

D 吃寿面可以使人生命长寿

# 第二部分

第16—30题：请选出正确答案。

16. **A** 游戏项目
    **B** 电影场景
    **C** 自然风景
    **D** 人造旅游资源

17. **A** 交通太便捷
    **B** 决策盲目随意
    **C** 专业人才竞争
    **D** 公园之间互相竞争

18. **A** 国家投资
    **B** 民营资本
    **C** 外资和民营资本
    **D** 国资和民营资本

19. **A** 资源和市场容量
    **B** 客源、投资和品质
    **C** 地点、交通和资金
    **D** 品质、特色和创新

20. **A** 休闲与度假
    **B** 文化、休闲与科技
    **C** 机械性的游乐项目
    **D** 知识性、趣味性和参与性

21. **A** 周赛、季赛和年赛
    **B** 周赛、月赛和年赛
    **C** 周赛、月赛和年度总决赛
    **D** 周赛、月赛、年度分赛和年度决赛

22. **A** 找不到老师
    **B** 无专业学习经历
    **C** 唱歌不能挣钱养家
    **D** 没有时间练习唱歌

23. **A** 工厂工人
    **B** 酒店服务员
    **C** 酒店歌手
    **D** 服务员兼歌手

24. **A** 自学
    **B** 跟朋友学
    **C** 只跟电视学
    **D** 只跟教材学

25. **A** 他很烦恼
    **B** 他没有信心
    **C** 歌曲难度很大
    **D** 他精力不集中

26. **A** 放弃手术
    **B** 在国外疗伤
    **C** 放弃职业比赛
    **D** 继续职业生涯

27. **A** 腿伤严重
    **B** 伤痛复发
    **C** 妻子反对
    **D** 父母中立

28. A 国家队教练
   B 国家队球员
   C 上海队老板
   D 上海队球员

29. A 个人的努力
   B 国家的培养
   C 团队的支持
   D 各种综合因素

30. A 篮球是生活的一部分
   B 篮球是生活的全部
   C 退出后就放弃篮球
   D 他要继续参加比赛

# 第三部分

第31—50题：请选出正确答案。

31. A 快跑回家
    B 快跑到田边
    C 在田边生气
    D 围着房子和土地跑

32. A 他每天都生气
    B 人们都很同情他
    C 他一直保留着他的习惯
    D 人们知道他这样跑的原因

33. A 说出了他的秘密
    B 一点儿也跑不动了
    C 他的土地比别人少
    D 他的房子比别人小

34. A 他越跑越富有
    B 他没有必要生气
    C 他没有资格生气
    D 他没有时间生气

35. A 越国的气候跟鲁国不一样
    B 越国人的习惯跟鲁国不一样
    C 丈夫不会武功
    D 妻子没有才能

36. A 穿鞋
    B 不穿鞋
    C 戴帽子
    D 剪短发

37. A 每个国家有不同的习惯
    B 每个国家需要不同的人
    C 根据自然环境发挥专长
    D 根据社会需要决定自己的行动

38. A 胃病
    B 感冒
    C 癌症
    D 治不好的病

39. A 他吃了药片
    B 他喝了药水
    C 他喝了井里的水
    D 他喝了村民给他的水

40. A 神水
    B 芒硝
    C 水的神奇作用
    D 芒硝的药用价值

41. A 她关心自己
    B 她有些糊涂
    C 人们不喜欢她
    D 她过分担心了

42. A 很生气
    B 很失望
    C 不相信
    D 远离高墙

43. A 自己倒的
    B 有人推倒的
    C 第三天倒了
    D 老太太推倒的

44. A 提醒别人很难
    B 提醒自己很容易
    C 提醒自己很难
    D 提醒带来危险

45. A 机会难得
    B 有很多机会
    C 失去了还能得到
    D 失去了就很难再来

46. A 计算和音乐
    B 语言和计数
    C 音乐和外语
    D 独立性和数概念

47. A 口语
    B 数概念
    C 书面言语
    D 学习外语

48. A 家长关心孩子
    B 儿童好奇心强
    C 儿童听家长的话
    D 儿童不关心别的事

49. A 通俗流行
    B 内在价值
    C 深厚积累
    D 快速疯狂

50. A 快餐文化一无是处
    B 快餐文化有利有弊
    C 快餐文化应该成为时尚
    D 传统文化不代表主流文化

# 二、阅 读

## 第 一 部 分

第 51—60 题：请选出有语病的一项。

51. **A** 这种烤肉是用什么调料浸泡的？
    **B** 老师讲的昨天那个外国笑话真有意思。
    **C** 虽然他们是多年的好友，但因为有人从中挑拨，最后绝交了。
    **D** 一位穿着红裙子的短头发女青年走过来买了一杯饮料。

52. **A** 对酒后开车的人，绝对不能宽容。
    **B** 我怀孕后，公婆对我格外关心，什么事都亲自过问。
    **C** 天气不管发生怎样的变化，但他还是坚持去锻炼身体。
    **D** 平遥县是目前我国唯一以整座古城申报世界文化遗产获得成功的古县城。

53. **A** 很多娱乐新闻都喜欢报道明星们的隐私。
    **B** 因为和女朋友吹了，最近他的情绪很沮丧。
    **C** 如果趁现在不赶快检查一下答案，就可能会有问题。
    **D** 作为东道主，中国女足有着绝对的主场优势，球迷们把希望寄托在了她们身上。

54. **A** 老师看上去年纪近 30 岁上下。
    **B** 生命的价值不在于活了多少天，而在于我们如何使用这些日子。
    **C** 实践证明，一个人知识的多寡，成就的大小，关键在于他勤奋的程度。
    **D** 三峡水库蓄水后，形成 100 多平方公里的水面，港湾、岛屿比比皆是，这在全国都是独一无二的。

55. **A** 即使跌倒一百次，也要一百次地站起来。
    **B** 手机作为科技进步带给人类的新工具，本身并不无利弊对错。
    **C** 由于技术水平太低，这家纺织公司生产的床单不是残品就是次品，工厂也要解散了。
    **D** 昆明一年四季都雨量充沛、气候宜人，被誉为"春城"，每年都能吸引大批来自全国各地的游客。

56. **A** 太阳以电磁波的形式向四周放射能量就称为太阳辐射。
    **B** 只要我们领会了书中的精华，才能体会到读书的乐趣。
    **C** 桨船，又称划桨船，是用桨来推进的船舶，它是一种历史悠久、应用广泛的船舶装置。
    **D** 能否考出好的成绩，除了平时的学习方法和态度，还取决于考试时的心理状态和身体状况。

57. A 和平与发展是全世界人民的共同愿望和迫切要求。

B 欧洲杯足球赛上，俄罗斯队表现神奇，得到了足协的巨额奖赏。

C 记者在此次贸易洽谈会上了解到，由于西部大开发，使中国西部的生态环境有了明显改善。

D 我们平时所用的调味品醋，含有氨基酸、钙、磷、铁和维生素 B 等成分，被皮肤吸收后可以改善面部皮肤营养状况。

58. A 你知道网上交易成交后，如何缴纳税款吗？

B 许多少女为了保持美好身材，过度节食，骨骼缺乏所需的基本营养，导致骨质疏松。

C 学习方法可能因人而异，但良好的学习态度和合理的时间安排却是每个想取得成功的学生所必须具备的。

D 中国皮影戏曾经征服了无数热爱它的人，它的传播对中国近代电影艺术的发展也有着不可忽视的影响。

59. A 为了缓和夫妻矛盾、减少离婚，不少国家都有关于"和解"的规定和调解的法定程序。

B 要从源头上限制劣质塑料袋的生产，加强审查，但要真正减少塑料袋污染，还需消费者从自身做起。

C 如果艺术没有震撼人们心灵的力量，引起人们感情深处共鸣的内在感染力，那么就没有生命力了。

D 只有当劳动与兴趣、爱好乃至理想有机地结合在一起的时候，潜藏在每个人身上的想象力和创造力，才能够最大程度地发挥出来。

60. A 据《纽约时报》报道，美共和党削减赤字计划在参议院遭民主党否决。

B 航班刚起飞几分钟，乘务员在巡视客舱时，发现一名旅客面色苍白并伴有头晕恶心的症状。

C 由于龙年春运早、客流相对集中，根据顾客订票情况，铁路部门将采取加开专门列车措施，以满足顾客乘车需求。

D 3 月 17 日，6 名委员因贿赂丑闻被驱逐出国际奥委会。第二天，世界各大报纸关于这起震惊国际体坛的事件都作了详细的报道。

# 第二部分

第61—70题：选词填空。

61. 随着中国逐步兑现对世界贸易组织的＿＿＿，在华的外资银行也因为＿＿＿环境的＿＿＿而日渐走上健康发展的轨道。

    A 保证    经济    变化        B 承诺    经营    改善
    C 诺言    经管    改变        D 保重    经历    改良

62. 有的人在业余时间还＿＿＿着工作中的难题，在该工作的时候又由于疲惫而不能产生高＿＿＿，整个生活没有一个良性的、有弹性的节奏，＿＿＿未老先衰。

    A 焦虑    节奏    结果        B 惦记    频率    出现
    C 琢磨    效果    导致        D 考虑    效率    以致

63. 中国社会以越来越规范的＿＿＿与世界接轨，时代要求人们必须用最快捷的思维方式＿＿＿现代化的、世界性的社会＿＿＿。

    A 方式    参与    竞争        B 格式    参考    比赛
    C 样式    干预    较量        D 形式    加入    竞选

64. 在＿＿＿快节奏的生活中，具有讽刺＿＿＿的一件事情是，现代科技不断地为人们＿＿＿时间，人们却用这些时间来干越来越多的事情，使得生活节奏＿＿＿比以前更快。

    A 现在    意思    节制    而且
    B 当今    意味    节省    反而
    C 当前    意义    节约    相反
    D 当下    意念    减少    反倒

65. 专家＿＿＿大量人群调查和研究，＿＿＿近视眼是一种与遗传有密切关系的眼病，＿＿＿环境因素可影响眼的屈光变化已＿＿＿动物试验和临床工作所证实。

    A 利用    发现    但是    凭        B 通过    证明    而    为
    C 运用    认为    然而    被        D 越过    感觉    而且    由

66. 传统文化影响下的中国家庭历来强调长者的＿＿＿，孩子在家庭权力结构中一直是弱势群体的代表。而20世纪70年代末期开始＿＿＿的计划生育国策从＿＿＿上改变了原有的家庭结构。子女在家庭中的地位也因此得以迅速＿＿＿。

    A 权力    推销    基础    提高        B 威力    推广    根源    降低
    C 尊严    进行    根基    减少        D 权威    推行    根本    提升

67. 在餐桌上与人谈话时，谈话_____最好是坐在你身旁的客人，隔着餐桌与坐_____较远的客人交谈是不礼貌的。谈话时要放下筷子，决不可用筷子_____手势，这是粗鲁和_____教养的表现。

A 对手　　的　　搓　　缺少　　　　B 对方　　地　　搁　　短缺
C 对头　　在　　打　　匮乏　　　　D 对象　　得　　做　　缺乏

68. 杨柳青年画_____了宋、元绘画的传统，_____了明代木刻版画、工艺美术、戏剧舞台的形式，采用木版套印和手工彩绘相结合的方法，_____了鲜明活泼、喜气吉祥、富有感人题材的_____风格。

A 继承　　吸收　　创立　　独特
B 歌颂　　复兴　　建立　　特别
C 传承　　复活　　创建　　尤其
D 发扬　　借鉴　　创作　　特地

69. 当你_____地完成了某一项工作时，你是否会_____地发现时间_____过得这么快？研究发现，当人们全身心_____某一件事情或正在享受某种快乐时，_____会感觉时间就像箭一样飞逝。

A 集中精力　　奇怪　　然而　　进入　　就
B 全神贯注　　惊讶　　竟然　　投入　　便
C 全心全意　　吃惊　　居然　　投进　　还
D 全力以赴　　惊奇　　突然　　介入　　并

70. 寓言是文学作品的一_____体裁，多_____动物为主人公，利用它们的活动及相互关系投进一种教训或喻意，达到讽喻的_____。中国民间寓言极为_____，反映了人民健康、朴实的思想，闪耀着人民无穷的智慧和高尚的道德光芒。

A 个　　用　　目标　　丰盛　　　　B 种　　以　　目的　　丰富
C 面　　使　　标准　　丰满　　　　D 幅　　让　　想法　　富有

# 第三部分

第71—80题：选句填空。

71—75.

　　从前，有两个饥饿的人得到了一位长者的恩赐：一根鱼杆和一篓鲜活硕大的鱼。其中，一个人要了一篓鱼，另一个要了一根鱼杆，于是，（71）_____。得到鱼的人原地用干柴搭起篝火煮起了鱼，他狼吞虎咽，（72）_____，转瞬间，连鱼带汤就被他吃了个精光，不久，他便饿死在空空的鱼篓旁。另一个人则提着鱼杆继续忍饥挨饿，一步步艰难地向海边走去，可当他已经看到不远处那蔚蓝色的海洋时，（73）_____，他也只能眼巴巴地带着无尽的遗憾撒手人间。

　　又有两个饥饿的人，他们同样得到了长者恩赐的一根鱼杆和一篓鱼。只是他们并没有各奔东西，（74）_____。他俩每次只煮一条鱼。经过遥远的跋涉，他们来到了海边，从此，两人开始了捕鱼为生的日子。几年后，他们盖起了房子，有了各自的家庭、子女，有了自己建造的渔船，安居乐业，过上了幸福安康的生活。

　　一个人只顾眼前现实利益，（75）_____；一个人有远大理想，但也要面对现实的生活。只有把理想和现实有机结合起来，才有可能成为成功之人。

　　　　A 他们分道扬镳了

　　　　B 而是商定共同去找寻大海

　　　　C 得到的将是暂时的欢乐

　　　　D 还没有品出鲜鱼的肉香

　　　　E 他浑身的最后一点儿力气也使完了

76—80.

指南针的发明是中国劳动人民在长期的实践中对物体磁性认识的结果。

（76）＿＿＿＿＿＿＿＿＿＿＿＿，人们接触了磁铁矿，开始了对磁性质的了解。人们首先发现了磁石吸引铁的性质，后来又发现了磁石的指向性。（77）＿＿＿＿＿＿＿＿＿＿＿＿，终于发明了实用的指南针。最早的指南针是用天然磁铁做成的，这说明中国劳动人民很早就发现了天然磁铁及其吸铁性。

据古书记载，（78）＿＿＿＿＿＿＿＿＿＿＿＿，由于正处在奴隶制社会向封建社会过渡的大变革时期，生产力有了很大的发展，特别是农业生产更是兴盛发达，因而促使了采矿业、冶炼业的发展。在长期的生产实践中，人们从铁矿石中认识了磁石。《水经注》里记载了秦国阿房宫前面，把磁石镶嵌在大门里，防备有人进宫谋刺暗杀，如坏人暗披盔甲、暗藏兵器入宫，（79）＿＿＿＿＿＿＿＿＿＿＿＿，这说明人们很早就发现了磁石的吸铁性，（80）＿＿＿＿＿＿＿＿＿＿＿＿。在长期的生产活动中，人们进一步利用磁体的指极性，制成指示方向的机械，这就是指南针。

A 就会被门吸住而被发现

B 经过多方面的试验和研究

C 由于生产劳动

D 并加以利用了

E 远在春秋战国时期

# 第四部分

第81—100题：请选出正确答案。

81—84.

单位里调来一位新主管，据说是个能人，曾经在别的企业做顾问，专门被派来整顿业务。可是日子一天天过去，新主管每天彬彬有礼，却毫无作为。进办公室，便躲在里面难得出门。有人议论道："这人真反常啊！他哪里是个能人嘛！根本是个老好人，比以前的主管更容易糊弄。"

四个月过去，就在一些人对新上任的主管感到失望时，他却发威了。坏分子一律给予开除的处分，能人则获得晋升。与以前表现保守的他相比，前后简直判若两人。

年终聚餐时，新主管说："听我说个故事。我有位朋友，是从美国归来的华侨。他买了栋带着大院的房子，他一搬进去，就将那院子全面整顿，杂草、树一律清除，改种自己新买的花卉。某日，原先的屋主来访，进门大吃一惊地问：'那最名贵的粉色牡丹哪里去了？'我这位朋友才发现，他竟然把牡丹当草给铲了。"

"后来他又买了一栋房子，虽然院子更杂乱，他却按兵不动，果然冬天以为是杂树的植物，春天里开了繁花；春天以为是野草的，夏天里成了锦簇；半年都没有动静的小树，秋天居然红了叶。直到暮秋，他才真正认清哪些是无用的植物而大力铲除，并使所有珍贵的草木得以保存。"说到这儿，主管举起杯来："让我敬在座的每一位，因为如果这办公室是个花园，你们就是其间的珍木，珍木不可能一年到头开花结果，只有经过长期的观察才认得出啊！"

81. 根据第一段，人们觉得新主管怎么样？
    A 没有礼貌　　　　　　　　B 太善良了
    C 年纪太大了　　　　　　　D 没做什么事情

82. 第二段中，"发威"是什么意思？
    A 发脾气　　　　　　　　　B 努力做事
    C 显示威风　　　　　　　　D 很有名气

83. 原来的房主为什么感到吃惊？
    A 朋友种了新花卉　　　　　B 朋友铲除了名贵的花儿
    C 朋友铲除了院中的草　　　D 朋友种了棵名贵的花儿

84. 新主管给大家敬酒，主要是因为：
    A 办公室是花园　　　　　　B 新主管是个好心人
    C 办公室有珍贵的花　　　　D 新主管认为他们很优秀

85—88.

中国古时候春秋时代，越国有一位美女名叫西施。她的美貌简直到了倾国倾城的程度。无论是她的举手、投足，还是她的音容笑貌，样样都惹人喜爱。西施略用淡妆，衣着朴素，走到哪里，哪里就有很多人向她行"注目礼"，没有人不惊叹她的美丽。

西施患有心口疼的毛病。有一天，她的病又犯了，只见她手捂心窝，双眉皱起，流露出一种娇媚柔弱的女性美。当她从乡间走过的时候，乡里人无不睁大眼睛注视她。

乡下有另一个女子，名叫东施，不仅相貌难看，而且没有修养。她平时动作粗俗，说话大声大气，却一天到晚做着当美女的梦。今天穿这样的衣服，明天梳那样的发式，一会儿辫这样的辫子，一会儿梳那样的垂直长发。脸蛋抹得白白的，嘴唇涂得红红的，却仍然没有一个人说她漂亮。

这一天，她看到西施捂着心窝、皱着双眉的样子竟博得这么多人的青睐，于是回去以后，她扮演成西施的样子，手捂心窝、紧皱眉头，在村里走来走去。哪知这丑女的矫揉造作使她原本就丑陋的样子更难看了。结果，贵族们看见丑女的怪模样，马上把大门紧紧关上；乡间的穷人看见她走过来，赶紧拉着妻子、带着孩子远远地躲开。人们见到这个怪模怪样模仿西施心口疼在村里走来走去的丑女人，简直像见了瘟神一般。

这个丑女人只知道西施皱眉的样子很美，却不知道她为什么美，而去简单模仿她的样子，结果反被人讥笑。看来，盲目模仿别人的做法是愚蠢的。

85. 根据前两段可以知道，西施：

    **A** 身体有病            **B** 很会化妆

    **C** 穿得很华丽         **D** 漂亮又健康

86. 关于东施，下面哪一项是正确的？

    **A** 不喜欢打扮        **B** 一心想当美女

    **C** 大家夸她漂亮      **D** 美丽却没修养

87. 东施是怎么学西施的？

    **A** 换衣服              **B** 换发型

    **C** 在村里到处走      **D** 装出病痛的样子

88. 人们笑话东施的原因是什么？

    **A** 东施皱眉           **B** 她盲目模仿

    **C** 东施长得丑        **D** 东施没有病

89—92.

平遥古城位于中国北部山西省的中部，始建于西周宣王时期（公元前827—公元前782年），明代洪武三年（公元1370年）扩建，距今已有2700多年的历史。迄今为止，它还较为完好地保留着明、清时期县城的基本风貌，堪称中国汉民族地区现存最为完整的古城。

民间有句俗语说"平遥古城十大怪"。这十大怪其中一条是"房子半边盖"。平遥民居之所以大多为<u>单坡内落水</u>，流传最广的说法称之为"四水归堂"或"肥水不流外人田"。山西地域干旱，且风沙较大，将房屋的屋顶建成单坡，能增加房屋临街外墙的高度，而临街又不开窗户，则能够有效地抵御风沙并提高安全系数。

清朝时，随着商业经济的发展，晋商一些大商号逐步形成了在山西设总号，在外地设分号，跨地区经营的商业系统。在此种情形下，大宗的批发、运销带来额外的巨额现银（即"现金"）的保安和运送业务。于是一种新的解款方式"票号汇兑"便应运而生。

清代道光四年（公元1824年），中国第一家现代银行的雏形"日升昌"票号在平遥诞生。三年之后，"日升昌"在中国很多省份先后设立分支附属机构代理业务。19世纪40年代，它的业务更进一步扩展到日本、新加坡、俄罗斯等国家。当时，在"日升昌"票号的带动下，平遥的票号业发展迅猛，鼎盛时期这里的票号竟多达22家，一度成为当时中国金融业的中心。可见，在中国近代金融史上，平遥占有很重要的地位。

89. 第二段中的"单坡内落水"是说平遥的房屋：

    A 建在山坡上     B 房子的一半漏雨

    C 房子没盖完，里面有水     D 房顶上的水向内流到院子里

90. 根据上文，票号汇兑产生的原因是什么？

    A 批发商品     B 销售产品

    C 托运货物     D 跨地区经营

91. 关于平遥古城，下面哪一项正确？

    A 现存最完整的古城之一     B 那里经常刮风下雨

    C 是中国现在的金融中心     D 建立了中国第一个古代银行

92. 上文主要讲了平遥古城的：

    A 建筑特点     B 历史价值

    C 经济优势     D 文化内涵

93—96.

北京的豆汁儿是一种极富于地方风味的特别饮料。其他地方，没听说过有豆汁儿。近如天津，有些小吃大同小异，至少我没见过豆汁儿。老北京人，几乎人人嗜饮豆汁儿。只要在北京常住几年的人，都会对豆汁儿发生好感。

豆汁儿是一种饮料，喜欢喝它的人，视同珍味，不喜欢喝它的人，担保你闻闻都受不了。实际上，豆汁儿虽不是什么美味，但在一饮之后，它有一股微酸回甘的鲜味，和吃橄榄一样，颇诱人。豆汁儿是粉房做绿豆淀粉的下脚料。北京各处街道大都有粉房。制团粉时把绿豆磨成浆，加一定量的白玉米粉，放置大桶内沉淀。沉淀到一定时间，大桶内的粉浆上层是清水，倾出倒掉。中层是灰绿色的薄浆，就是生豆汁儿。底层才是洁白的淀粉，是做团粉的原料。生豆汁儿批发给卖豆汁儿的小贩，居民也能买到，买回自己烧沸腾，制成熟豆汁儿，可当粥吃。

小贩批来生豆汁儿，要经过细致的加工。讲究的还要二次沉淀，去其杂质污物，下锅加适量水煮熟。熟豆汁儿颜色也呈灰绿，很暗淡。由于已发酵，所以带酸味。小贩每天下午三四点钟，挑着担子走街串巷，口中喊着："豆汁儿来！开——锅——"声音响亮而拉长尾音。豆汁儿所以备受欢迎，不只因它别有风味，还在于经营方法。小贩卖豆汁儿传统的规矩是，只要喝他卖的豆汁儿，便奉送咸菜。自制的咸菜不过是萝卜丝配上芹菜、碎辣椒等腌成的，毫不足奇，但它的辣味极重，与酸豆汁很合适。买一个烧饼，喝一碗豆汁儿，佐以辣咸菜，亦是其乐无穷。

如果一个人头一次尝试豆汁儿的滋味，虽不能说作三日呕，但也不会立即产生好感。可是一尝再尝之后，常被它那特有的回甘之味所征服。

93. 关于北京的豆汁，下面哪种说法正确？
    A 很难买到　　　　　　　　B 得每天早晨买
    C 味道十分新鲜　　　　　　D 经过细致的加工

94. 根据上文，下列说法正确的是哪一项？
    A 豆汁是绿豆加工的副产品　B 喝豆汁时必须买点儿咸菜
    C 豆汁不必煮熟就可以喝　　D 一般人对豆汁一见钟情

95. 豆汁受欢迎的原因是：
    A 它有酸味　　　　　　　　B 可以当粥吃
    C 便宜又有赠品　　　　　　D 味道和经营方式独特

96. 最适合做上文标题的是哪一项？
    A 豆汁的历史　　　　　　　B 喝豆汁的乐趣
    C 豆汁的制作过程　　　　　D 北京的美味豆汁儿

97—100.

据《新唐书》和《唐才子传》记载，陆羽因其相貌丑陋而成为弃儿，不知其父母是何人，后被智积禅师在水边发现并收养。

禅师对他管教非常严格，不让他接触社会，为的是让他内心清净，能更好地学习佛法。他小的时候，师父教他抄经念佛，他总是敷衍了事，甚至会反驳说："没有兄弟，也没有后代，这算是孝吗？"师父大怒，让他清扫寺舍，养牛，苦其筋骨。他偷偷在牛背上写字。后来无意中得到了张衡《南都赋》，可是不会读，便正襟危坐，效仿其他孩子那样嘴里嘟嘟囔囔，做读书的样子。师父知道了，就惩罚他，还派人看管。禅师为了给陆羽出难题，同时也是为了更好地教育他，便叫他学习冲茶，而他对茶艺渐渐着了迷。

在钻研茶艺的过程中，陆羽碰到了一位对茶艺有很深研究的好心老婆婆。从此他不仅学会了鉴别各类茶叶以及复杂的冲茶技巧，更学会了不少做人的道理，做起事来一丝不苟，精益求精。当陆羽最终将一杯热气腾腾的茗茶端到禅师面前时，禅师终于答应了他下山读书的要求。

后来，陆羽撰写了世界上最早的一卷茶叶专著——《茶经》。

传说在唐代宗时，赴湖州任刺史的李季卿带着队伍经过扬州时与茶圣陆羽不期而遇。李季卿早已听说陆羽的大名，与陆羽一见如故，言谈甚欢。李季卿在吃饭前就恳切提议："陆君善于品茶，天下闻名。现在我们又能取到名闻天下的南泠水，这真是千载难逢，不可错失良机！"于是李季卿就派一名士兵，划着船，拿着一个瓶子，去扬子江的江心取南泠水。不一会儿，水取回来了。陆羽用勺子舀动瓶口的水，鉴定后说："这虽是江水，但不是南泠水，好像是岸边的水。"取水的士兵说："我亲自划船取来的南泠水，有好几百人亲眼看见，不敢欺骗大人。"陆羽听罢，一声不吭，只是将瓶里水往盘中倒出，剩下半瓶时，陆羽停下了，说："拜托，别跟我耍把戏了。从这儿开始才是南泠的水啊！"取水的士兵听了此话后大惊失色，跪地求饶说："我取了南泠水划船回来，不想波浪打来，船来回摇动，水溢出瓶口。见水太少，就舀了一些岸边水把瓶装满。我的过失先生居然能够一目了然，简直像神仙一样啊！"

97. 禅师为什么不让陆羽接触社会？
　　A 陆羽是个弃婴　　　　　　　B 让陆羽清扫寺舍
　　C 让陆羽学习佛法　　　　　　D 社会上不安全

98. 陆羽能撰写出《茶经》是由于：
　　A 他很有名　　　　　　　　　B 他善于钻研
　　C 他遇到了好心人　　　　　　D 冲茶的水质量好

99. 根据上文，下面哪一项正确？
　　A 陆羽自幼丧母　　　　　　　B 陆羽不喜欢学习
　　C 陆羽自幼学习茶艺　　　　　D 李季卿与陆羽是老朋友

100. 士兵划船取来的是哪里的水？
　　A 岸边的水　　　　　　　　　B 江心的水
　　C 南泠村的水　　　　　　　　D 一半是岸边的水，一半是江心的水

# 三、书 写

第 101 题：缩写。

（1）仔细阅读下面这篇文章，时间为 10 分钟，阅读时不能抄写、记录。
（2）10 分钟后，监考收回阅读材料，请你将这篇文章缩写成一篇短文，时间
　　　为 35 分钟。
（3）标题自拟。只需复述文章内容，不需加入自己的观点。
（4）字数为 400 左右。
（5）请把作文直接写在答题卡上。

　　那是学校最有名的一位教授开设的讲座，所以去听的人特别多。等到我赶到大讲堂的时候，大讲堂里靠近讲台和过道两边的座位都已经被别人占去了，而中间和后面那些出入不方便的座位却还空着。我挑了一个位置坐了下来，然后向讲台看去，只见教授早已经坐在那里了。

　　8 点钟的时候，讲座准时开始。教授从坐着的椅子上站起来，径直走下讲台，来到大讲堂最后面一排的座位旁，教授指着整排座位中间的一个同学说："同学们，在开始今天的讲座之前，请允许我向这位同学致敬。"说着，教授向那位同学深深地鞠了一躬。

　　教授鞠完躬，站起来，缓缓说道："我之所以向这位同学鞠躬，是因为他选择坐里面位置的行动，让我充满敬意。"

　　听到教授的这句话，讲堂里一下子变得有些骚动，大家低声议论起来。教授没有反驳同学们的话，依然用不高的语调说道："我今天是第一个来大讲堂的，在你们入场的时候，我特别注意观察了。我发现，许多先到的同学，一进来就抢占了靠近讲台和过道两边的座位，在他们看来，那一定是最好的位置了，好进好出，而且离讲台也近，听得也最清楚了。只有这位同学来的时候，我注意看到了，当时靠前和两边的位置还有很多，可是他却径直走到大讲堂的最后面，而且是坐在最中间，进出都不方便的位置。这位同学把好的位置留给了别人，自己却宁愿坐最差的位置。他的这种思想，难道不值得我们充满敬意吗？"

　　教授接着说道："我继续观察后发现：先前那些抢占了他们认为是好位置的同学，其实备受其苦，因为座位前排与后排之间的距离小，每一个后来者往里面进时，靠边的同学都不得不起立一次，这样才能让后来者进去。我统计了一下，在半个小时之内，那些抢占了'好位置'的同学，竟然为他们只想着自己的行为，

付出了起立十多次的代价。而那位坐在后排中间的同学，却一直安详地看着自己的书，没人打扰。"

　　说到这里，教授停顿了一下，向大讲堂四周看了一遍，然后望着大家，缓缓地，但却很有力地说道："同学们，请记住吧：当你心中只有你自己的时候，你把麻烦其实也留给了自己；当你心中想着他人的时候，其实他人也在不知不觉中方便了你……"

# 新汉语水平考试
# HSK（六级）
# 模拟试卷  第9套

## 注　意

一、HSK（六级）分三部分：

　　1. 听力（50题，约35分钟）

　　2. 阅读（50题，50分钟）

　　3. 书写（1题，45分钟）

二、听力结束后，有5分钟填写答题卡。

三、全部考试约140分钟（含考生填写个人信息时间5分钟）。

|  | 答对题数 | 成　绩 |
|---|---|---|
| 听　力 |  | 2分 × ＝ 分 |
| 阅　读 |  | 2分 × ＝ 分 |
| 书　写 | （1题，100分） | 分 |
| 总成绩 |  | 分 |

# 一、听 力

## 第 一 部 分

第1—15题：请选出与所听内容一致的一项。

1. A 兔子和乌龟的特点是不同的
   B 想让兔子学会游泳是不可能的
   C 教育要让每个人争取摘金夺银
   D 教育的目的在于让每个人找到自己

2. A 很多人不相信星座
   B 自信的女孩才会美
   C 星座可以决定人的性格
   D 心理暗示会改变人的性格和命运

3. A 小鸡想宝宝的妈妈
   B 小鸡很喜欢新环境
   C 宝宝理解错了爸爸的话
   D 宝宝想让小鸡喜欢自己

4. A 儿童常为了玩具而打架
   C 大部分儿童都非常自私
   B 儿童总是扔掉不喜欢的玩具
   D 儿童抢玩具是一种地盘和安全感意识

5. A 哲学家很爱钱
   B 年轻人的演说才能很高
   C 哲学家讨厌爱说话的人
   D 哲学家认为学会闭嘴很重要

6. A 相信自我感觉的消费者更自恋
   B 商品名称会影响消费者的选择
   C 人们在就业、购房时很难决定
   D 自恋的人更容易有购物的倾向

7. A 找借口可能会带来更大的麻烦
   B 有些人的借口就像及时雨一样
   C 给自己编织完美的借口很重要
   D 能编织借口的人常感觉很得意

8. A 电视台以貌取人
   B 女主持人不要太漂亮
   C 男观众不喜欢女主持人
   B 女观众嫉妒漂亮的女主持人

9. A 有趣的人懂得享受生命
   B 无趣的人都缺乏幽默感
   C 很难成为一个有趣的人
   D 有趣的人都是理性的人

10. A 市场经济下不能用熟人
    B 用熟人管企业成本太高
    C 用熟人不一定带来效益
    D 中国人很重视人情面子

11. A 人们传播流言是为了增强社会关系
    B 人类社会比狒狒们进化得更加完善
    C 流言有时候是为了揭露真相是什么
    D 传播流言总会牺牲一部分人的利益

12. A 每个人天生都是赌徒
    B 赌博获胜能够刺激大脑使人生病
    C 赌博心理导致赌博现象大量存在
    D 通过心理治疗才能摆脱对赌博的依赖

13. **A** 年轻人成长过程中离不开苹果的营养

    **B** 现在年轻人思想情感发生了很大变化

    **C** "苹果"体现了年轻人的电子消费文化

    **D** 70后和90后都很喜欢"苹果"公司的产品

14. **A** 西装和领带很搭配

    **B** 年轻人不必注重礼仪

    **C** 上班第一天穿正装很重要

    **D** 上班第一天应该引人注意

15. **A** 学会赞扬别人很重要

    **B** 人们都希望受到赞扬

    **C** 人们总是习惯于赞同

    **D** 反对别人会引起众怒

# 第 二 部 分

第 16—30 题：请选出正确答案。

16. **A** 演员
    **B** 画家
    **C** 发言人
    **D** 设计师

17. **A** 自认没天分
    **B** 没有好机会
    **C** 缝纫机坏了
    **D** 想结婚生子

18. **A** 北京太冷了
    **B** 怕人认出来
    **C** 怕传染疾病
    **D** 不习惯天气

19. **A** 重拍太多次
    **B** 父母生病了
    **C** 被导演批评
    **D** 假想母亲出事

20. **A** 人生是一个传奇
    **B** 背景差异非常大
    **C** 与自己性格相同
    **D** 是一个真实的人

21. **A** 医生
    **B** 作家
    **C** 军人
    **D** 老师

22. **A** 悲伤
    **B** 同情
    **C** 痛苦
    **D** 好奇

23. **A** 作者认识她
    **B** 有从医经历
    **C** 后来出国了
    **D** 是作者影子

24. **A** 主要是虚构的
    **B** 是作者的回忆
    **C** 是真实的故事
    **D** 是女主角的回忆

25. **A** 这是常规写法
    **B** 拉开时空距离
    **C** 要直接讲故事
    **D** 是一个老故事

26. **A** 90%
    **B** 25%
    **C** 30%
    **D** 1.6 亿

27. **A** 成年男性的体重超过 25%
    **B** 成年男性的体脂超过 25%
    **C** 成年女性的体脂超过 25%
    **D** 成年女性的体重超过 30%

28. **A** 梨形肥胖
    **B** 苹果形肥胖
    **C** 周围型肥胖
    **D** 普通型肥胖

29. **A** 控制饮食
    **B** 增加运动
    **C** 服用药物
    **D** 实施手术

30. **A** 跑步
    **B** 走路
    **C** 跳跃
    **D** 打乒乓球

# 第三部分

第31—50题：请选出正确答案。

31. **A** 地毯
    **B** 烟头
    **C** 鲜花
    **D** 垃圾

32. **A** 画家
    **B** 建筑师
    **C** 清洁工
    **D** 园艺师

33. **A** 出租车上放了个垃圾桶
    **B** 司机要求他们保持整洁
    **C** 这辆车保持得非常整洁
    **D** 人们都很尊敬这位司机

34. **A** 邻居
    **B** 同事
    **C** 丈夫
    **D** 儿子

35. **A** 平静
    **B** 舒缓
    **C** 艰难
    **D** 自然

36. **A** 父亲
    **B** 母亲
    **C** 儿子
    **D** 丈夫

37. **A** 不买车
    **B** 不买房
    **C** 不领证
    **D** 不办婚礼

38. **A** 强调自由独立
    **B** 对婚姻不重视
    **C** 大部分是白领
    **D** 占年轻人的六成

39. **A** 80 年代
    **B** 60 年代
    **C** 2008 年
    **D** 20—35 年前

40. **A** 互联网上
    **B** 生物课本里
    **C** 爸爸告诉我的
    **D** 妈妈告诉我的

41. **A** 眼睛近视
    **B** 没有眼皮
    **C** 正在睡觉
    **D** 躲避危险

42. **A** 浮在水面上
    **B** 眼睛睁得大
    **C** 在水底不动
    **D** 鳃盖不动了

43. A 预防感冒
B 保养皮肤
C 治疗腹泻
D 延缓衰老

44. A 果糖
B 热量
C 葡萄糖
D 维生素 C

45. A 饭前一小时
B 饭后两小时
C 睡前一小时
D 睡后一小时

46. A 60%
B 75%
C 80%
D 85%

47. A 心脏位于人体的右侧
B 大脑功能是交叉作用
C 左眼血液循环更平稳
D 感情神经中枢在右脑

48. A 母亲左臂更有力量
B 能听到母亲的心跳
C 母亲更容易保护他
D 这样不易遇到危险

49. A 成为杰出运动员
B 跑得比一般人快
C 在学习上有优势
D 成为一个敏感的人

50. A 左脸比右脸美丽
B 左手比右手敏感
C 左眼比右眼有神
D 左脑比右脑聪明

# 二、阅 读

第一部分

第51—60题：请选出有语病的一项。

51. A 校园里开满了白的、红的、黄的五颜六色的花儿。
   B 举世瞩目的京沪高铁日均发送旅客超过 17 万人。
   C 国家体育总局将于今年 8 月 8 日正式发布第九套广播体操。
   D 自 7 月 25 日清晨 4 时至 26 日凌晨 1 时，乳山市最大降水量 359 毫米。

52. A 今天 16 点 40 分左右，一场大暴雨突袭长沙。
   B 在下午的小组讨论会上，大家的发言很猛烈。
   C 农业部下半年将认定一批国家现代农业示范区。
   D 越来越多的困难群体通过网络微博得到了救助。

53. A 据气象台消息，7 月下旬我省平均降水量 12.5 毫米。
   B 我们星期六一大早就来到颐和园，观赏美丽的情景。
   C 济南市年内有望通过试点，成为"中国软件名城"。
   D 一名活泼开朗的 6 岁小男孩，不慎在大火中被烧伤。

54. A 我的脑海中浮现了两年多前刚刚发生的事情。
   B 广州将进一步推进停车收费标准差别化政策。
   C 据营养专家介绍，山梨糖醇是一种食品防腐剂。
   D 由于她的父母非常贫困，所以无力支付她的手术费用。

55. A 虽然现在看来天气晴朗，但我敢肯定今天要下大雨。
   B 临时委员会以 29 票对 11 票表决通过了这一项协议。
   C 看到你们为我加油和祝福，我心里真的感到很暖和。
   D 五角大楼官员 14 日透露，美军将用特制的舰对空导弹击落一颗预计在今年
   3 月上旬坠落地面的失控间谍卫星。

56. A 国家图书馆里珍藏着五百年前新出土的古籍。
   B 第 26 届世界大学生夏季运动会今晚将在深圳开幕。
   C 记者调查发现，不少路内、商场的停车场早已私自提价。
   D 一些公众人物成立了专门的组织和团队，推广公益事业。

57.  **A** 月球终于不再是地球的唯一伴侣了。

  **B** 大量的虚假求助信息充斥网络中，让人难辨真伪。

  **C** 公安部门发布了刑事案件嫌疑人画像，请市民提供线索。

  **D** 今天是周末，家里人都去郊游了。我把家里打扫得干干净净、整整齐齐。

58.  **A** 最新研究发现，睡眠质量对婚姻质量的影响非常大。

  **B** 有媒体报道，本次拍卖会开始时间原定在 7 月中下旬。

  **C** 这个年轻人奋不顾身舍己救人的动作，感动了周围所有的人。

  **C** 该案件实际是凶手借推销红酒的名义，到居民家中实施抢劫。

59.  **A** 广州 14 岁的少年小俊被父亲送到医院强制戒除网瘾。

  **B** 感染马流感的牲畜有发热、感冒、 愿意吃草等症状。

  **C** 演出的铃声终于响了，一张张笑脸 着舞台。

  **D** 据业内人士透露，国内演员片酬最 一集。

60.  **A** 乱闯红灯的人，是一种非常不文明

  **B** 科学家一度认为地球周围不可能存在

  **C** 人们一般所说的气温，是指在不受太 件下测得的空气温度。

  **D** 今年特别干旱，平原上的农田因为缺水 裂，最大裂口超过 5 厘米。

# 第二部分

第61—70题：选词填空。

61. 服饰搭配是一门_____。搭配的原则是从色彩开始。服饰色彩可以改变一个人的_____形象，学会合理地搭配，能给人留下最好的第一_____，使人心情舒畅。

    **A** 学问    整体    印象        **B** 学说    整个    象征

    **C** 题目    完整    形象        **D** 话题    整整    外貌

62. 自从新浪微博实名认证以后，爱玩微博的毕业生开始热衷于微博"_____"求职，指望直接在微博上联系企业老总或_____领导。不过调查发现，这种求职方式_____一般。

    **A** 经历    中心    结果        **B** 经验    重心    效率

    **C** 简历    核心    效果        **D** 简介    衷心    生效

63. 黑猩猩是和人类最_____的哺乳动物，也是距离人类最近的祖先。关于黑猩猩的行为学研究一直是社会学研究领域的_____，从黑猩猩的身上可以看到人类_____的很多复杂属性都是如何一步步进化出来的。

    **A** 相像    热门    没有        **B** 相似    热点    特有

    **C** 类似    关心    独有        **D** 一样    流行    难有

64. 波兰一项研究_____，如父母在同一个城市出生，则他们下一代的_____身高要低于父母不在同一个城市出生的小孩的平均身高。分析称，父母出生地对男孩身高_____有 20% 的影响，对女孩的影响为 14%，父母出生地_____越远，孩子的身高越高。

    **A** 暗示    均匀    异常    差距        **B** 显明    普通    不同    隔离

    **C** 启示    一般    差别    脱离        **D** 显示    平均    差异    距离

65. 市政府近日发布橙色_____警报：重阳节期间，台风"梅花"将给本市带来明显影响，雨量可达暴雨或大暴雨，_____特大暴雨，市区风力预计可达 9—11 级，是自 2005 年"麦莎"以来影响最_____的台风。市政府提醒渔民务必做好防范措施，市民减少外出，要求_____安排好中小学生生活。

    **A** 紧密    部分    严厉    妥当        **B** 紧急    局部    严重    妥善

    **C** 紧迫    全部    严格    妥协        **D** 急切    局限    严肃    完善

66. 我发现，凡事做了一半时，面临的阻挠极具挑战，也极具诱惑。以＿＿＿而论，半途而废肯定＿＿＿，令人惋惜，所以千万不能屈服、泄气，一定要咬牙坚持下去。我的座右铭就是：行百里者半九十。意思很明确，90% 也仅能算一半，＿＿＿50% 呢？

A 成本　　　得不偿失　　　何况　　　　B 根本　　　不言而喻　　　何必
C 基本　　　不屑一顾　　　况且　　　　D 资本　　　不择手段　　　如何

67. 互联网问世以来，虽然给人们生活带来了＿＿＿，但也会加快一些语言的"灭绝"，使语言的多样性遭到＿＿＿。由于目前弱势或濒危语言能够进入互联网的＿＿＿性很小，而越是不能利用互联网，那么在信息化时代中被边缘化、加快＿＿＿的可能性就越大，于是就形成了恶性＿＿＿。保护濒危语言刻不容缓。

A 顺利　　败坏　　认可　　脆弱　　膨胀
B 便宜　　破例　　可观　　衰老　　后果
C 方便　　破败　　可靠　　衰退　　影响
D 便利　　破坏　　可能　　衰弱　　循环

68. 单独进餐是很多上班族的生活＿＿＿。专家说，如果经常一个人吃饭，即使营养＿＿＿，也往＿＿会觉得健康＿＿＿不理想。单独进食容易紧张，所以最好与家人朋友在＿＿＿的气氛中进行，尽量使自己放松、快活。

A 模式　　充分　　况　　融洽　　B 模范　　充足　　情况　　和谐
C 形式　　丰盛　　态　　愉快　　D 模型　　过剩　　情形　　自然

69. 今年暑假，三名大学生启程踏上了漫长的"搭车走中国"的＿＿＿之旅，"身无分文"的他们遇到了多意想不到的＿＿＿：荒无人烟的茫茫戈壁、丘陵，几小时见不到一辆车；＿＿过小偷，＿＿＿过饥饿……最后终于齐心协力地坚持了下来。他们是名其实的勇敢者，他们锲而不舍的精神赢得了大家的钦佩。

A 危险　　意外　　遭受　　忍耐　　B 冒险　　困难　　遭遇　　忍受
C 风险　　事情　　遭殃　　承受　　D 保险　　经历　　糟糕　　感受

70. 我对时尚的观点是宁可＿＿＿也好过"用力"过猛。有些明星穿衣太过"用力"，反而适得其反，让人觉得缺乏品位。＿＿＿还是看气场，有些人气场强大，即使红配绿的衣裳在她那儿也依旧会是＿＿＿十足，非常耀眼、性感。普通人还是从大众的角度出发，在常规＿＿＿之外加一点东西，让自己变得卓尔不凡比较好。总而言之，要找到合适自己的。

A 保守　　关键　　个性　　审美　　B 保险　　重点　　性格　　美观
C 保养　　重要　　特别　　美丽　　D 落后　　主要　　特色　　优美

# 第三部分

第71—80题：选句填空。

71—75.

　　清晨的山路上，没有别的车辆，（71）_____
_____沙沙地飞驰着，在这崎岖的山路上盘旋、攀登。这时我忽然看到，山路的两旁，簇拥着雨后盛开的几百棵樱花！这樱花，一堆堆，一层层，好像云海似的，在朝霞的映照下溢彩流光，美丽动人。曲折的山路好像被壮观的花海遮盖了。

　　我回过头来，问正在聚精会神欣赏樱花的日本朋友："所有人都觉得樱花是美丽的，（72）_____，樱花在日本文化里也一贯有着举足轻重的作用，那在你们看来，樱花到底美在哪里？"他搔了搔头，笑着说："世界上没有不美的花朵……（73）_____，却是由于各人心中不同的感触。日本文人从美丽而易落的樱花里，感受到了人生的短暂和永恒的关系。至于普通人，他们喜欢樱花，就是因为它在寒冷的冬天之后，（74）_____。樱花确实开遍了日本，是日本人最爱的花，她带给人们春天的兴奋与鼓舞，这种喜爱已经潜移默化到了日本人的灵魂深处，成为日本人世界观的一部分。很多人专程来日本看樱花，好像觉得日本的樱花特别美，其实这里的樱花并不比别处的更加美丽，（75）_____，造成了对某些花卉的特别喜爱。"

　　在日本，樱花就是多！山上、水边、街旁、院里，到处都是。积雪还没有消融，冬服还没有去身，幽暗的房间里还是春寒料峭，只要远远地一丝东风吹来，天上露出了阳光，这樱花就漫山遍地地盛开了！樱花向人们报告了春天的振奋蓬勃的消息。

　　　A 首先给人们带来了春天欣欣向荣的消息

　　　B 至于对某一种花的喜爱

　　　C 只有我们这 11 辆汽车

　　　D 只是看花人的心理活动

　　　E 但是日本人尤其热爱樱花

76—80.

在低迷的经济背景下，零售业销售业绩十分惨淡（76）_____。帕尼拉面包公司不久前推出了一家"慷慨"到由顾客决定价格的"罗宾汉慈善面包店"。与其他面包店相同，顾客在这家位于密歇根州迪尔伯恩市的面包店里能购买到三明治、热汤和沙拉。但不同的是，这里的所有商品都没有明确标价，（77）_____。收银员在结账时会告知顾客所购买商品的"建议零售价"，顾客可以根据自己的情况和意愿随意支付费用。

帕尼拉面包公司区域经理李·卡摩纳介绍说："罗宾汉慈善面包店"是在帕尼拉慈善基金会的支持下建立的。（78）_____，顾客可以根据自己的意愿多付、少付或者不付餐费。无力支付餐费的顾客也可以选择在面包店的咖啡厅做一小时义工来"换取"自己的食物，而不是来自救济。"据统计，60%的顾客会按照'建议零售价'付款，20%的顾客会多付一些，（79）_____。"卡摩纳说，"所以我们店的生意一直很兴旺，并没有像外人想象的那样亏损。我们的顾客都是值得信赖的，很少有人会故意占便宜或者作弊。我们会将一定数额的盈利捐赠给一个专门帮助'问题少年'的公益项目，让他们学习一些职业技能，以便更早地回归社会。"

该公司表示，（80）_____，他们还会考虑在其他地区推广建立新的门店。

A 其余的顾客会少付一些

B 如果经营情况良好

C 顾客愿意付多少钱都可以

D 许多商家不得不想出各种"奇招"吸引顾客

E 他们采用的是一种全新的经营理念

# 第四部分

第81—100题：请选出正确答案。

81—84.

一项研究发现，夫妻之间如果一方说话的声音很古怪，话刚出口，伴侣就会轻而易举地知觉到事有蹊跷，很少有人会对对方声音的变化毫不在意，无动于衷。

该研究由加拿大麦克马斯特大学主导。研究人员发现，女性确信，伴侣声音越低，越有可能在撒谎；相反，男性认为女性说话声音太高，则代表她可能不忠。

其实这并没有什么深奥的道理，据该校新闻网站介绍，这项研究的论文已发表在美国《进化心理学》杂志上。该论文主要作者说："在两性相处的策略上，男性和女性会把对方的音调作为一种警告标志或背叛的信号。越具吸引力的声音，越有机会背叛对方，例如音调较高的女性和音调较低的男性。"实验中要求受试者听两种版本的录音，分为男性和女性。之后他们用电子仪器来调整音高，同时问每组受试者哪一种声音与伴侣欺骗他（她）时的音调最相近。

参与该研究的法伯格教授说："之所以能通过音调察觉欺骗，是由于说谎和荷尔蒙有密切的关系。雄性荷尔蒙较高的男性，他们的声音通常较低；反之，雌性荷尔蒙较高的女性则拥有较高的声音。"他认为，荷尔蒙较高通常与外遇行为有关，早有研究结果表明了它们之间的联系。下次如果你想使另一半相信你的话，改变语调或许更具说服力，因为声音会泄露你内心试图掩盖的秘密。

81. 该项研究成果是在哪国发表的？
    A 法国　　　　　　　　　　B 美国
    C 中国　　　　　　　　　　D 加拿大

82. 根据上文，哪种情况会被伴侣怀疑？
    A 男性声音变高　　　　　　B 女性声音变高
    C 女性声音变低　　　　　　D 女性声音变大

83. 根据文中的研究，越有吸引力的声音：
    A 音调越高　　　　　　　　B 越容易坦白
    C 越能使人信任　　　　　　D 越有机会背叛对方

84. 根据上文，雄性荷尔蒙较高的话会出现什么情况？
    A 男性声音较高　　　　　　B 男性已有外遇
    C 男性声音较低　　　　　　D 女性声音变高

85—88.

佳能和尼康，是目前世界上最著名的两个相机品牌。这两个品牌的摄影器材配备的卡口的方向完全相反，所以它们的镜头根本不能通用。一旦你成为了尼康的用户，等于被强迫放弃了佳能。佳能和尼康最明显的区别是，佳能一向以白色镜头为主，而尼康则以黑色镜头为标志。在高中低端领域，这两个品牌的相机全都涉及了，特别是在体育领域，它们的竞赛尤为激烈。

1959 年，这两家公司同时推出了自己的第一款单反相机。当时大家都认为尼康相机在技术上会略胜一筹，此后的二十多年时间里，尼康相机成为热门，也是体育记者的首选。

1984 年，在洛杉矶奥运会的赛场上，当时顶级的尼康 F3 机型旁边，开始出现了一款佳能新型相机的身影。这是佳能公司推出的新机型——佳能新 F–1。这款新机型的相机被推出以后，以绝对的优势打破了尼康的垄断地位。

这款新机型的相机之所以能够打败尼康，除了本身的优秀性能之外，不可思议的是因为一个小毛病——这款相机表面的油漆极容易被磨掉！每个顾客买到新相机之后，没用几天，机身就会露出铜色，好像生锈一样。按理说，表面掉漆对于精密仪器来说，势必是不能容忍的。但是原本挑剔的消费者却唯独非常乐意接受佳能的这个小毛病，为什么呢？"扛着掉色的佳能相机，显得更有男人味！"这是许多消费者的肺腑之言。

其实，很多人不知道，这个小毛病是佳能的"有意而为"，尼康 F3 的机型很精美，就像一件艺术品。就是像因为"艺术品"，所以人们在拿起这个相机的时候，总会小心翼翼地使用，很拘束，生怕掉了摔了。而掉漆的佳能在消费者看来，很让人过瘾。在使用过程中完全不用担心会磕碰到，因为它本身就容易掉色！

正是这种看似缺点的小毛病，新的佳能 F–1 被认为是更耐用、不易损坏的相机，佳能终于扭转了局面，挽回了市场，成为了新的相机王者，占领了更多的阵地。

85. 六七十年代在体育摄影领域占垄断地位的相机品牌是哪一个？
    **A** 佳能               **B** 尼康
    **C** 单反               **D** 勋章

86. 两大相机品牌最明显的区别在于：
    **A** 卡口方向相反          **B** 镜头不能换用
    **C** 镜头颜色不一          **D** 佳能容易掉漆

87. 关于佳能新 F–1 机型容易掉色，下面哪种说法正确？
    **A** 看起来更美观          **B** 是设计的失误
    **C** 像一件艺术品          **D** 是故意设计的

88. 佳能打败尼康的原因主要在于：
    **A** 佳能相机的质量更过硬     **B** 佳能相机用起来更过瘾
    **C** 佳能相机外观有男人味     **D** 佳能相机像艺术品一样

89—92.

作为人们最常用的通信工具，手机到底会不会引发健康问题，已经是老生常谈了，正反方都没有足够的证据压倒对方。最近一项研究表明，较长时间连续使用手机所产生的电磁辐射，会加强靠近天线区域的脑部活动。好消息是，目前还不能确定这种刺激对人体健康是否有害。

最近 20 年来，民间曾流行"手机脑癌说"，这一观点在科学界也出现了较大争议。大部分证据表明，使用手机与脑癌没有直接联系，权威医学组织也认为手机是安全的。但仍有一些学者持反对态度。

美国国立卫生研究院国家药物滥用研究所主任沃尔科带领的团队，直接对大脑扫描来测量电磁辐射带来的影响。他们在 2009 年完成了主要实验工作，共有 47 名志愿者接受实验志愿者们将手机放到耳边接听 50 分钟，结果发现手机被放在耳边时，志愿者大脑接近手机天线区的葡萄糖代谢提高了 7%。沃尔科表示，这项研究的重要性在于，它忠实呈现了人体大脑对手机电磁辐射的敏感性，虽然短时间的效应还说不清楚，但如果放在一个更长的时间尺度下，例如为期 10 年或是 20 年，情况或许就不一样了，科学界需对此利害关系连同其会引发的后果引起重视。

这一结果引发了关于手机对大脑不利影响的种种猜测，一些担心健康问题的人选择了耳机，认为这样就安全了。可惜英国消费者协会最近发布的一份报告可不是这么说的。报告论证说，与不使用耳机相比，接听电话时使用耳机令头部接收的辐射是前者的 3 倍。这份报告引起了英国贸易与工业部的重视，该部门随即重新测试，结果英国消费者协会的结论又被推翻了。测试结果显示，使用耳机不仅不会增加头部吸收的辐射量，还会减少接收的手机辐射量达 65% 至 70%。该研究表明，大部分辐射是通过手机的背面发射，而话筒与听筒一般在手机正面，所以头部理应是安全的。

可见致力于关于手机与健康关系的研究，还任重而道远，科学家们还要再接再厉。作为手机使用者的我们，索性就先随其自然吧。

89. 根据第一段，科学研究发现电磁辐射会：
    A 损害人体健康　　　　　　　　　B 伤害天线区域
    C 对健康无损害　　　　　　　　　D 加强脑部活动

90. 关于手机与脑癌的关系，下列说法中正确的是哪一个？
    A 有直接联系　　　　　　　　　　B 无直接联系
    C 尚没有定论　　　　　　　　　　D 有一定关系

91. 关于沃尔科的实验，下列说法中正确的是哪一个？
    A 呈现了大脑对电磁辐射的敏感
    B 每一位志愿者打了 47 分钟电话
    C 可以预测 10 年或 20 年后的效应
    D 研究电磁辐射对大脑手术的影响

92. 根据英国贸易与工业部的测试，下面说法中正确的是：
    A 使用手机会增加头部辐射量　　　B 使用手机会减少头部辐射量
    C 大部分辐射是通过手机正面　　　D 使用耳机会对人体造成伤害

93—96.

一位年轻的创业者张怡芳开辟了一种新的健身中心模式，她称为"健身合约"。

如果你想健身，可以免费加入"健身合约"，免费使用健身设施。签约时，不必交一毛钱押金，但要先留下你的信用卡账号，将合约与信用卡账号捆绑起来。按照合约条款，如果你今天明明该来健身，却没有出现在健身房里，那么，你就要付钱了。失约一次，收25美元。如果以后彻底投降不去了，收75美元。

换句话说，你看到在健身房运动的那些人，他们并没有付钱，反而是"没看到"的那些人在支付费用，让这间健身房继续经营下去！

首先，"健身合约"是要来帮助大家约束自己。我们都只会说要每周健身三次，但大部分人都无法说话算数，履行约定。因此，"健身合约"说服大家，来吧，免费的健身房！如果你没按时来，违背合约，才需要付钱。

这是创业者从经济学教授那边学到的：人们对于哪种事情最容易有动力？虽然未来的"梦想"会很有动力，但人们对"立刻的好处"更有动力。免费健身无疑是最具诱惑的"立刻能得到的好处"，所以用户几乎是想都不想，就兴致勃勃地踊跃参加了。

虽然他们到健身房办月卡无非30美元，而对"健身合约"违约会被罚款25美元甚至更多，可是大部分人都相信自己一定不会被罚款，即使被罚一次，也不会有下次，还是能继续享受这个美好的免费方式健身。

客户群清楚了，那么健身房哪儿来呢？要自己开吗？不，张怡芳只需要去和一些健身房谈，让她以优惠价大量地购买10个、20个甚至上百个的健身房会员卡。你说，哪一家健身房会反对这笔没风险的大生意呢？

于是我们看到，一人一月罚一次的钱基本上就能抵消掉"健身合约"向健身房购买一个健身名额的成本了。何况"健身合约"拿到的价格会更优惠，而且它还不用维护健身设备、没有房租等压力，利润绝对比开健身房更丰厚。而失约的人总是比想象的更多，积少成多的罚金源源不绝地进入了"健身合约"的账户。

"健身合约"就是这样以免费为"诱饵"，利用客户的贪婪和懒惰从而获利的。看起来是个圈套，是诈骗，可是客户被罚绝对无话可说，即使恼火、发牢骚也没辙——谁叫你太相信自己的决心呢？只要人性永远都是这样，那么，"健身合约"永远都是赚钱的，也不会有经济纠纷。

93. 是谁在交费维持"健身合约"的运营？
   A 张怡芳　　　　B 健身房　　　　C 运动的人　　　　D 不去运动的人

94. 一个连续两次没按约定去锻炼的人会被罚多少钱？
   A 25 美元　　　　B 30 美元　　　　C 50 美元　　　　D 75 美元

95. "健身合约"利润丰厚的原因不包括哪一项？
   A 无需维护设备　　　　　　　　B 失约的人很多
   C 没有房租压力　　　　　　　　D 能给顾客诱惑

96. 关于这种健身中心模式，可以知道：
   A 经营者建了健身房　　　　　　B 对所有的顾客免费
   C 给健身者很大优惠　　　　　　D 利用了人性的弱点

97—100.

随着近十几年经济的迅猛发展，中国的城市化进程不断加快，数以亿计的农村青年自发离开世代居住的乡村，涌入大城市，为自己的"城市梦"打拼。然而在有些国家，却掀起了一股相反的人口流动潮流——人们纷纷搬离大城市，到乡村生活，这样的趋势被称为"逆城市化"。近日，澳大利亚一项人口调查就证实了这一点。

研究报告显示，澳大利亚州府城市的人口数目在 1981 年以前一直在增加，此后州府人口保持稳定；现在人口从郊区迁移到州府城市已不再是潮流，而流行的是从州府城市返回郊区和乡村，所以海滨地区和次发达地区人口增长明显。第一大城市悉尼的地位已下降，很多人喜欢选择墨尔本或其他地区定居，这些地方更容易买到物美价廉的商品。

据说每年有 2.2 万人离开悉尼，搬到相对小一些的城市，或者干脆搬到生活相对单调枯燥的乡村生活。在外迁的人群里，既包括退休的老人，也有学生和单身年轻人。最大的原因是悉尼的生活成本太高，生存压力太大，让人身心疲倦。研究发现，悉尼居民需要多赚 25% 至 35% 才能维持与小城市同样的生活水准。

类似的情况在美国第一大城市纽约也同样存在。《华尔街日报》曾报道说，从 2000 到 2008 年间，有 150 万人搬离了纽约州，且"逃离"者多为富有的中上阶层人士。据统计，离开纽约的美国人平均年薪达 93264 美元。为什么有钱人也转身离开纽约呢？原因很简单，纽约的税收负担太重了。

其实，逆城市化也是城市化进程的必经之路，是国家经济达到一定程度后才会出现的正常现象。不可否认，逆城市化在一定程度上缓解了大城市人口过密带来的种种问题和压力，有助于让资源向中小城市以及乡村扩散，但也存在着一些问题。大量的就业岗位迁到郊区，会导致中心城市财政危机、失业、种族骚乱、治安恶化、贫困等问题雪上加霜，带来巨大的社会压力。

97. 中国的城市化进程导致：
    **A** 农民涌入城市        **B** 人们搬到郊区
    **C** 人们搬离城市        **D** 人们搬到乡村

98. 关于澳大利亚州府城市的人口，可以知道什么？
    **A** 近年来增长明显        **B** 1981 年前一直稳定
    **C** 很多人移往郊区乡村    **D** 1981 年以来一直在增加

99. 关于人们离开大城市的原因，文中没有提到什么？
    **A** 税收负担太重        **B** 就业机会太少
    **C** 生活成本太高        **D** 生存压力太大

100. 关于逆城市化的影响，下面说法中正确的是哪一项？
    **A** 解决财政危机        **B** 增加城市就业岗位
    **C** 缓解大城市压力     **D** 导致农村失业严重

# 三、书 写

第 101 题：缩写。

（1）仔细阅读下面这篇文章，时间为 10 分钟，阅读时不能抄写、记录。
（2）10 分钟后，监考收回阅读材料，请你将这篇文章缩写成一篇短文，时间为 35 分钟。
（3）标题自拟。只需复述文章内容，不需加入自己的观点。
（4）字数为 400 左右。
（5）请把作文直接写在答题卡上。

 

 

去年，我们家换了一套新房子，搬到了一幢离公司更近的居民楼，离开在一起住了多年的老邻居，还挺舍不得的。至于新小区的邻居们怎么样，好不好相处，会不会很冷淡，我和妻子心里都没有底。

费了九牛二虎之力，我们终于搬进了新家。送走了最后一批前来祝贺的朋友后，我与妻子便重重地躺在沙发上准备休息。忽然，门铃响了。咦，这么晚了还有客人？我连忙起身开门，发现门外站着两位不认识的中年男女，看上去是一对夫妻。在疑惑中，那位看上去很斯文的男子自我介绍他们是一楼的住户，特地上来祝贺我们搬到新家。哦，原来是邻居啊！我赶紧请他们到屋里坐，示意妻子去端水果和茶款待新邻居。李先生连忙摆手："不麻烦了，不麻烦了，我还有一件事请你们帮忙。"我说："千万别客气，有什么事情需要我们效劳？"李先生道："以后你们每天出入单元防盗门的时候，能不能轻点儿关门，我岳父心脏不太好，受不了重响。真的是给你们添麻烦了！"李先生身材挺拔，说话带有南方口音，不紧不慢的，让人觉得他是一个值得信赖的人。他说完以后，静静地看着我们，神色中流露出一股真挚的歉意。

我沉吟了片刻："当然没问题，只是怕有时候急了顾不上。既然你父亲受不了惊吓，为什么还要住在一楼呢？"李太太解释道："其实我们也不喜欢住一楼，既潮湿又容易脏，但是老父亲腿脚不太方便，而且心脏病人还要有适度的活动。"李太太说话的时候经常用柔和的目光看着她的丈夫，一看就知道她是一个贤惠的妻子，他们有一个美满的家庭。听完后，我和妻子心里顿时一阵感动，赶紧答应以后尽量小心。两口子千恩万谢，好像我们帮了他们多大的忙一样，弄得我和妻子倒觉得挺不好意思的。

在接下来的日子里，我发现我们的单元门与别的单元门的确不太一样，大伙儿开关铁防盗门时，都是轻手轻脚的，绝没有其他单元时不时"咣当"的一声巨响。一问，果然都是因为李先生的拜托。听别的邻居说，老爷子瘫痪在床多年了，李先生一家一直非常细心地照料老人，伺候得无微不至，什么都迁就老人的意思。老人能和这样的女儿女婿一起尽享天伦之乐，真是有福气。

时间过得很快，转眼一年过去了。有天晚上，李先生夫妻又摁响了我们家的门铃，一见到我们，二话没说，先给我和妻子深深地鞠了个躬，半晌，头也没抬起来。

我急忙扶起询问。李先生的眼睛红红的，原来老爷子病故了。明天开追悼会。临终前，老爷子一再对女儿女婿交代，非常感谢邻居们这些年对自己的照顾，麻烦各位了，要他们去给邻居们鞠一躬，以表示自己对大家的感激。

等到送走了李先生夫妻，我不禁感慨："轻点儿关门只是举手之劳，居然换来了别人如此大的感激，真是想不到也担不起啊。"生活就是这样，当你在为别人行善时，也在为自己储蓄幸福。

# 新汉语水平考试
# HSK（六级）
# 模拟试卷　第10套

## 注　意

一、HSK（六级）分三部分：

　　1. 听力（50题，约35分钟）

　　2. 阅读（50题，50分钟）

　　3. 书写（1题，45分钟）

二、听力结束后，有5分钟填写答题卡。

三、全部考试约140分钟（含考生填写个人信息时间5分钟）。

|  | 答对题数 | 成　绩 |
|---|---|---|
| 听　力 |  | 2分× ＝ 分 |
| 阅　读 |  | 2分× ＝ 分 |
| 书　写 | （1题，100分） | 分 |
| 总成绩 |  | 分 |

# 一、听 力

## 第一部分

第1—15题：请选出与所听内容一致的一项。

1. A 每天只吃早餐
   B 吃好早餐很重要
   C 不必每天吃早餐
   D 他们正在吃早餐

2. A 雨季都在4月开始
   B 南方雨季比北方时间短
   C 北方雨季比南方时间短
   D 雨季开始南北方相差20天

3. A 母亲不了解社会
   B 父亲总是不回家
   C 父亲不了解孩子的心理
   D 孩子通过父亲了解社会

4. A "我"属于悲观主义者
   B "我"属于乐观主义者
   C "我"属于悲观的现实主义者
   D "我"属于乐观的现实主义者

5. A 王明不想早起床
   B 妻子大声叫王明起床
   C 妻子写纸条叫他起床
   D 妻子最后跟王明说话了

6. A 身体差的孩子开口较晚
   B 孩子开口晚要考虑原因
   C 孩子开口晚是智力原因
   D 开口晚对孩子成长不利

7. A 生物钟会摔坏
   B 身体状况影响生物钟
   C 生物钟状况影响身体健康
   D 生物钟不稳定时身体状况良好

8. A 李明不在家
   B 李明不接电话
   C 王刚不喜欢李明
   D 李明生王刚的气了

9. A 氧自由基使人体老化
   B 氧气能够使人体老化
   C 氧自由基本身会老化
   D 氧化就是机体变成氧气

10. A 登山可以兴奋大脑
    B 登山可以抑制大脑
    C 登山时可以喝镇静剂
    D 登山对失眠有治疗作用

11. A 金钱跟快乐相关
    B 心态决定生存的状态
    C 有好的心态就会有金钱
    D 有金钱就会有好的心态

12. A 烧烤品种多样
    B 烧烤只有烤肉
    C 烧烤只在新疆流行
    D 烧烤就是烤羊肉串

13. A 昆明是一个省

    B 昆明夏天很热

    C 昆明又叫"春城"

    D 昆明在中国南部

14. A 火电是新能源

    B 水电是新能源

    C 核电是新能源

    D 人类在找新能源

15. A 小偷找到了钱

    B 丈夫找到了钱

    C 谁也不知道钱和存折在哪里

    D 只有妻子知道钱和存折在哪里

# 第二部分

第16—30题：请选出正确答案。

16. A 不想毕业
    B 正面临就业
    C 正是考研的关键期
    D 正面临就业和考研两种选择

17. A 在学术方面深造
    B 就业时起点更高
    C 较早地找到用人单位
    D 不能发挥自己的能量

18. A 个人简历
    B 考试成绩单
    C 大学毕业证书
    D 对自己作个基本判断

19. A 盲目跟从
    B 能够安心学习
    C 希望继续深造
    D 是因人而异的问题

20. A 就业越早越好
    B 找不到工作就考研
    C 别人怎么做你就怎么做
    D 根据自己能力和情况作出选择

21. A 错失良机
    B 大学失恋
    C 挣钱太少
    D 工作繁忙

22. A 羡慕
    B 矛盾
    C 接受
    D 拒绝

23. A 认识太多人
    B 双方不信任
    C 双方了解不够
    D 只能看长相如何

24. A 在聚会上
    B 家人介绍
    C 朋友介绍
    D 同学介绍

25. A 不想找女友
    B 想在大学里找女友
    C 希望家人介绍女友
    D 希望通过自己找到女友

26. A 考试合格
    B 经熟人介绍
    C 找了个新报社
    D 去实习过的报社应聘

27. A 能够等待你成长
    B 不需要人际关系
    C 没有太多的专业限制
    D 必须是新闻媒体专业

28. **A** 价值观
    **B** 一专多能
    **C** 毕业证书
    **D** 人际关系

29. **A** 面对自己的要求
    **B** 面对他人的要求
    **C** 面对亲友的要求
    **D** 面对报社的要求

30. **A** 永远做记者
    **B** 跳槽去新报社
    **C** 永远在这个报社
    **D** 几年后深造或创业

# 第 三 部 分

第 31—50 题：请选出正确答案。

31. A 烦恼消失了
    B 烦恼交给了别人
    C 只有十分之一的烦恼发生
    D 十分之一的烦恼没有发生

32. A 烦恼是自己找的
    B 自己很难解决烦恼
    C 三个星期可以减少烦恼
    D 六个星期可以没有烦恼

33. A 有烦恼很麻烦
    B 要正确面对烦恼
    C 烦恼会自己消失
    D 烦恼和现实有差距

34. A 替孩子说
    B 大声喊着说
    C 在纸上写字
    D 鼓励孩子自己说

35. A 孩子说话晚
    B 孩子不学母语
    C 孩子听不懂语言
    D 孩子能很好地理解语言

36. A 儿童的语言环境
    B 儿童的语言发展
    C 儿童与语言环境
    D 语言环境与语言发展

37. A 高血压
    B 短期疲劳
    C 慢性疲劳
    D 发生病变

38. A 不可以恢复
    B 人群中发生率很低
    C 40 岁以下发生率较低
    D 处于健康和有病的中间状态

39. A 亚健康的危害
    B 亚健康的表现
    C 亚健康的治疗
    D 亚健康的防治

40. A 氢氧作用减弱
    B 受到外界诱惑
    C 多巴胺水平降低
    D 大脑被某些化学物质刺激

41. A 早睡早起
    B 睡眠充足
    C 按时起床
    D 睡觉睡不着

42. A 有氧运动
    B 保证睡眠
    C 安静地思考
    D 吃苹果等零食

43. A 消除你的苦恼

    B 赢回你的注意力

    C 培养你的好习惯

    D 提高你的工作效率


44. A 工人

    B 学生

    C 旅行家

    D 运动员


45. A 旅游时间短

    B 可以省去不少钱

    C 能省去一些麻烦

    D 可以随时锻炼身体


46. A 想强壮身体

    B 不习惯坐车

    C 没坐车的路费

    D 路程不太遥远


47. A 疲劳

    B 道路不好走

    C 受时间限制

    D 天气太冷或者太热


48. A 肌肉紧张

    B 肌肉松弛

    C 用指甲掐

    D 主动地抓


49. A 人类和鸟类睡眠方式相反

    B 人类和鸟类睡眠方式一样

    C 人类和鸟类肌肉工作方式相反

    D 人类和鸟类肌肉工作方式一样


50. A 睡的时间短

    B 睡的时间长

    C 只有深度睡眠

    D 没有深度睡眠

# 二、阅 读

## 第一部分

第51—60题：请选出有语病的一项。

51. A 在市场经济条件下，了解和把握市场是企业发展的重要环节。
    B 每一行都有旺季淡季之分，每年的2月、6月是服装店的淡季。
    C 如果你们把这些材料不能在两天内整理出来，就会影响整个计划。
    D 当人们感到气愤而想发脾气时，如果能够及时宣泄出来，会有利于身体健康。

52. A 你这样做未免太过分了。
    B 由于采用不恰当的操练方式，教练的训练计划受到球员们的抵制。
    C 据悉，公安出入境管理部门从今年起采取措施，简化出入境手续。
    D 对于凡是在科学研究上做出成果的科学家、技术人员都应受到全社会的尊重。

53. A 火药是中国人早在1000多年前发明的。
    B 人的体温是恒定的，一般保持在37℃左右。
    C 这本书已经出版好几年了，所以作者最近作了较大的修改。
    D 桂林位于我国广西壮族自治区的东北部，是世界著名的风景区。

54. A 要认真学习历史，无论是中国的和外国的。
    B 生命科学领域专家预测人类寿命有望达到150岁。
    C 今天我们到天安门广场瞻仰人民英雄纪念碑，怀念这些为祖国壮烈牺牲的英雄。
    D 国家情报部21日通过当地媒体发布声明，宣布破获一个涉嫌为他国窃取情报的间谍网络，并逮捕了至少30人。

55. A 要不是没有钱，他早就买房子了。
    B 书不只是阅读的文本，而是人类进步的阶梯。
    C 为保证食品安全，天津市定期监督跟踪检验不合格产品及生产企业。
    D 美国的总统选举每四年举行一次，主要包括预选、党代表大会、总统候选人竞选和全国选民投票4个阶段。

56. A 交通事故的主要原因是司机违反交通规则或操作不当造成的。
    B 你要从学校开证明来办理报到手续，你可以拨打电话8511310咨询。
    C 专家认为，减少烟害，特别是劝阻青少年戒烟，对预防肺癌有重要意义。
    D 网上购买衣服不合身时，因为嫌退货麻烦，有的人选择了凑合，而有人将衣物拿到裁缝店去修改。

57. **A** 这次演出的成功显示了他的艺术才能。

 **B** 社会竞争日益激烈，很多年轻人不得不选择离乡工作。

 **C** 这个事故造成的经济损失严重，据有关人士保守估计，直接损失至少在六千万元以上。

 **D** 被烟火围困，暂时没有办法逃离的人员，要尽可能避到阳台、窗口等易被发现或能躲避烟火处。

58. **A** 指纹是由遗传基因决定的，是一个人终生不变的一种标志。

 **B** 目前医学界对狗是否真的具有嗅出癌细胞的能力，仍没有定论。

 **C** 今年以来肉食价格延续去年下半年上涨态势，目前价格仍处于历史高位。

 **D** 我们平时使用的化妆品，含有丰富的成分，被皮肤吸收后可以改善面部皮肤营养缺乏。

59. **A** 因为没有考上大学，他还在沮丧中，需要朋友的帮助。

 **B** 要提高教学质量，必须不断地提高师资水平和教学设备。

 **C** 第三季度地方经济数据已经出炉。西部中心城市重庆首次与天津并列全国第一，增速为 16.5%。

 **D** 全球人口将在 2050 年前超过 50 亿，如果生育率保持在目前水平，则将于本世纪末超过 100 亿大关。

60. **A** 目前国际金融危机的影响仍在持续，但中国旅游业繁荣与发展的基本面貌并未改变。

 **B** 征婚广告是现代社会的一种择偶方式，短短百余字，却蕴涵了丰富的个人与社会信息。

 **C** 老年人发生心力衰竭的主要原因是由劳累、用脑过度、精神紧张、食盐过多、感冒等诱发的。

 **D** 随着信息时代的来临，网络的日益普及，新词新语大量涌现，而校园是这些新词新语流行的重要场所。

# 第二部分

第61—70题：选词填空。

61. 改革开放以来中国汽车产量呈_____上升的趋势。入世以后，更多的外国汽车企业进军中国汽车市场，并_____很大的优势占领大部分市场，中国汽车企业_____着极大的挑战。

    A 陆续    凭    面前       B 持续    以    面临

    C 连续    用    面对       D 继续    借    遇到

62. 晕机病医学上_____运动病，发病随年龄段不同而变化。儿童在两岁以下，一般不会发病。青春发育期发病率_____上升，并达到高峰。50岁的人_____很少见发病了。

    A 叫成    显著    而       B 称为    明显    则

    C 称作    显然    却       D 叫做    明明    就

63. 据研究，人们的睡眠是由正相睡眠和异相睡眠两种_____交替进行的。人能记住的梦多在快进入觉醒时，而刚入睡的梦早就消逝得_____了，这也是人们感觉梦多或少的_____一原因。

    A 形式    无影无踪    另       B 样式    不见踪影    另外

    C 方法    不留痕迹    别的       D 方式    不见痕迹    别

64. 84%人觉得要教育好孩子，_____的轻微体罚是必要的。但要教育好孩子并不能单单_____体罚。_____研究报告中来看，经常体罚孩子会对孩子的成长造成不良影响，但_____的轻微体罚对孩子造成的影响并不大。

    A 适应    靠    对    一时    B 适当    依靠    从    偶尔

    C 合适    依从    在    偶然    D 适合    凭    就    忽然

65. _____熬夜的人越来越多，有些人_____把熬夜作为一种生活方式。人若经常熬夜_____有很多害处的。对身体所造成的最严重的伤害就是疲劳、精神不振；_____，人体的免疫力也会跟着下降。

    A 经常    过分    仍就    坚持到底

    B 熟悉    还    仍旧    持之以恒

    C 适应    而且    仍然    长此以往

    D 习惯    甚至    还是    久而久之

66. 医生们用深层海水治疗先天过敏性皮炎，只要在患处涂上深层海水，患者的症状就会得到缓解。据统计，使用深层海水进行治疗的患者，约有 60% 收到了良好的_____。_____，医生们尚不清楚_____是深层海水中的什么成分在治疗中_____了作用。

    A 结果    但是    简直    发展      B 疗效    不过    究竟    发挥
    C 后果    可是    到底    发扬      D 效果    只是    根本    施展

67. 姜振祥本是一家饭店的厨师。整天跟厨房打_____。他和妻子商量："与其给别人打工，工资又少还要受人管，_____自己当老板。我自己又有_____，连厨师都不用请了，开饭店肯定错不了。"妻子看丈夫主意已_____，就同意了。

    A 工    不必    工艺    有      B 饭    宁愿    技术    决
    C 菜    没有    艺术    拿      D 交道    不如    手艺    定

68. 戒指_____比耳环更具有强烈的象征意义，因此它的戴法很有讲究。_____中国的习惯，订婚戒指一般戴在左手的中指，结婚戒指戴在左手的无名指；_____未婚的姑娘，应戴在右手的中指或无名指，_____，就会令许多追求者望而却步了。

    A 从古以来    按照    假若    要不
    B 自古以来    按    若是    否则
    C 从古至今    根据    如果    不然
    D 自古至今    照    假如    那样

69. 随着世界工业经济的发展、人口数量的饱和、人类的_____无限上升和生产生活方式的无节制，世界气候面临越来越_____的问题，地球臭氧层正_____前所未有的危机，全球灾难性气候变化_____出现，已经严重危害_____人类的生存环境和健康安全。

    A 愿望    严格    受    纷纷    过
    B 希望    严厉    遭    多次    了
    C 渴望    严肃    遭遇    屡次    着
    D 欲望    严重    遭受    屡屡    到

70. 对刘翔来说，亚运会似乎还_____是他最重视的目标，"如果只是为了参加亚运会，我没有必要去美国接受_____训练治疗。_____的水平就可以参加亚运会。"刘翔说。_____，就算没有彻底康复，对卫冕亚运会冠军他也是自信满满。

    A 算不上    这些    以前    话外之意
    B 谈不上    什么    原来    言下之意
    C 说不上    哪里    过去    言外之意
    D 算不了    那些    现在    所言之意

# 第三部分

第71—80题：选句填空。

71—75.

西汉时著名的经学家匡衡，幼年时期家里贫穷，买不起蜡烛，他常常读书读到黄昏日暮，才遗憾地收起书本。有一天晚上，他突然感到什么地方有微弱的光亮射来。东张西望到处搜寻，发现原来是自家墙破了，（71）＿＿＿＿＿＿＿＿＿＿。于是他找来凿子，把墙上的缝隙凿大，果然有了一束亮光。他拿书就着光束去看，（72）＿＿＿＿＿＿＿＿＿＿。

匡衡读完这些书，（73）＿＿＿＿＿＿＿＿＿＿，他想继续多看一些书的愿望更加迫切了。

附近有个大户人家，有很多藏书。一天，匡衡卷着铺盖出现在大户人家门前。他对主人说："请您收留我，我给您家里白干活，不要报酬，（74）＿＿＿＿＿＿＿＿＿＿。"主人被他的精神所感动，答应了他的要求。

由于勤学苦读，（75）＿＿＿＿＿＿＿＿＿＿，后来他做了汉元帝的丞相，成为西汉时期有名的学者。

A 直读到邻家熄灯之后

B 匡衡的学问长进很快

C 只让我阅读您家的全部书籍就可以

D 邻家烛光由墙的缝隙中透出

E 深感自己所掌握的知识是远远不够的

76—80.

从心理学角度讲，面试时第一印象在主考官心目中非常重要。因为，同陌生人第一次见面，对方的仪表、言谈、举止、气质、反应力等等，（76）＿＿＿＿＿＿＿＿＿＿＿＿。由于是"最初的"，所以新鲜、深刻、引人注目，容易记住。（77）＿＿＿＿＿＿＿＿＿，所以很容易引起人们情绪上的反应——喜欢或不喜欢。在喜欢或不喜欢的第一印象支配下，对应试者的进一步认识，也常常不自觉地受第一印象的影响。（78）＿＿＿＿＿＿＿＿＿＿＿，但要克服和剔除却绝非易事。在主考官面前，应试者应建立什么样的第一印象呢？自卑怯懦，狂妄自大，自我封闭，计较多疑，虚伪势利，（79）＿＿＿＿＿＿＿＿＿＿。应试者的形象应该是诚实而不虚伪，自信而不自负，热情而不孤僻。

（80）＿＿＿＿＿＿＿＿＿＿＿，不卑不亢，实事求是地和主考官面谈。唯有以真诚的态度与主考官沟通信息，交流感情，一个良好的第一印象，才会自然而然地出现在主考官的脑海里。

A 这种影响有时虽然是错误的

B 都是不可取的

C 往往给人们留下一种最初的感觉印象

D 根据自身条件

E 又由于是以观察的感觉形象为主

# 第四部分

第81—100题：请选出正确答案。

81—84.

鞭炮又名爆竹，逢年过节或喜庆日子里燃放鞭炮，可以增添喜庆的气氛。剥开一个小鞭炮，我们可以看到：最外头缠绕着一层红纸，那是装饰用的；里面是一层厚厚的草纸；在最里面的黑色粉末，就是黑色火药，它的主要成分是木炭、硫磺与硝酸钾。

火药是中国人早在1000多年前发明的。那时，火药被看做是一种黑色的能发出火焰的药材。这是因为我国炼丹家在很早就接触到硝石、硫磺和木炭等物质，并认识到把它们粉碎相互混合摩擦或撞击时，常会发生爆炸性燃烧。唐朝末年，黑火药开始用于军事，火药的成分、配比也更为精确。

燃放鞭炮时，用火柴点燃鞭炮的药线，药线把里面的黑色火药烧着了，瞬间，鞭炮里发生了一个剧烈的化学反应：木炭、硫磺与硝酸钾作用，放出大量的热，还生成大量的浑浊气体——二氧化硫、二氧化碳等。气体的体积急剧膨胀，可增至原来鞭炮的1000多倍。当外面那层紧裹着的草纸层被撑破时，"啪"的一声鞭炮炸响了，同时迸发出灿烂的火光。放鞭炮有不少弊端：它会产生噪声，放出刺激性气体，甚至引起火灾和炸伤行人。为此，我国不少城市都制定了在一定范围内禁止燃放鞭炮的法规。

81. 中国人为什么喜欢燃放鞭炮？
   **A** 鞭炮能发出火焰　　　　　　**B** 鞭炮是中国人很早发明的
   **C** 鞭炮是红色的　　　　　　　**D** 鞭炮能营造出欢庆的氛围

82. 关于火药，下面哪种说法正确？
   **A** 是在唐朝时发明的　　　　　**B** 最初被当做药材
   **C** 自己就会发生爆炸　　　　　**D** 一千年前配比就很精确

83. 关于鞭炮，以下正确的是哪一项？
   **A** 主要成分是草纸　　　　　　**B** 主要成分是黑色火药
   **C** 燃放时要把火药点燃　　　　**D** 燃放时产生大量的火

84. 中国为什么部分城市限制燃放鞭炮？
   **A** 减少噪音　　　　　　　　　**B** 节约火药
   **C** 节约用纸　　　　　　　　　**D** 减少对环境和人的危害

85—88.

地球陆地上遍布着沙漠。一般以为沙漠荒凉无生命，有"荒沙"之称。沙漠中生命并不多，但是沙漠中藏着很多动植物，尤其是晚上才出来的动物。沙漠地域大多是沙滩或沙丘，沙下也经常出现坚硬的岩石。泥土很稀薄，植物也很少。有些沙漠是盐滩，完全没有草木。沙漠里有时会有珍贵矿床，近代也发现了很多石油储藏。沙漠少有居民，资源开发也比较容易。沙漠气候干燥，它也是考古学家的乐园，可以找到很多人类的文物和更早的化石。

沙漠地区，气候干燥，雨量稀少，但是偶尔也有突然而来的大雨。沙漠地区的水蒸发量很大，远远超过当地的降水量。气候变化颇大，日温差变化极为显著，夏秋午间近地表温度可达 60 度至 80 度，夜间却可降至 10 度以下。

热带沙漠主要受到副热带高压笼罩，空气多下沉增温，抑止地表对流作用，难以形成降雨。若为高山阻隔，位处内陆或热带西岸，均可以形成干涸的荒漠。

大多沙漠按照每年降雨量天数、降雨量总额、温度、湿度来分类。1953 年，Peveril Meigs 把地球上的干燥地区分为三类：特干地区是完全没有植物的地带，年降水量 100 毫米以下，全年无降雨，或降雨无周期性。干燥地区是指季节性地长草，但不生长树木的地带，蒸发量比降水量大，年降水量在 250 毫米以下。半干地区每年有 250—500 毫米雨水，是可生长草和低矮树木的地带。特干和干燥区称为沙漠，半干区命名为干草原。

85. 在沙漠可以找到文物和化石是因为：
   A 沙漠人少　　　　　　　　B 沙漠泥土稀少
   C 沙漠没有草木　　　　　　D 沙漠气候干燥

86. 根据上文，下面哪一项正确？
   A 沙漠荒凉无生命　　　　　B 沙漠气温变化小
   C 沙漠里有水利工程　　　　D 沙漠中藏着一些动植物

87. 第三段主要谈的是沙漠哪个方面的特点？
   A 气候　　　　B 位置　　　　C 成因　　　　D 降雨

88. 属于沙漠地带特点的是下面哪一项？
   A 不生长树木　　　　　　　B 生长低矮树木
   C 降雨量比蒸发量大　　　　D 年降雨量 250 毫米以上

89—92.

　　动物吃动物，让人不由得会觉得残忍，那么吃植物就是天经地义的了。反过来，说到植物吃动物则显得有些不可思议，甚至荒谬。可是世界上真是无奇

不有，并不是所有的植物都是素食主义者，的确存在着"吃荤"的植物。食肉植物多数能进行光合作用，又能消化动物蛋白质，能适应极端的环境。世界上能吃动物的植物并不罕见，据统计约有 500 多种。有些食肉植物几乎遍及全世界。这种植物的诱捕工具多为叶的变态，其特点是花瓣两侧对称。能借助特别的结构捕捉昆虫或其他小动物，并靠消化酶、细菌或两者合并的作用将小虫分解，然后吸收其养分。食肉植物分解动物类似动物的消化过程。分解的最终产物，尤其是氮的化合物及盐类被吸收，用以帮助植物生长。

　　一种生长在美洲的捕蝇草"捕虫"本领很是惊人。它的捕虫叶由团扇状的叶片和扁平的叶柄或茎构成，叶片边缘有 20—30 根细毛，叶面侧面各有 3 根长刺。这种长刺感觉非常敏锐，当机智的苍蝇等小虫飞翔着停留在它的叶上时，会碰到它的长刺，敞开的叶片自发地向中央折合起来，苍蝇立刻成了它的俘虏，然后由叶腺毛分泌消化液，把苍蝇慢慢消化掉。这种捕虫叶的内侧呈红色或棕色，对昆虫具有诱惑力，尤其是蝇类对红颜色特别敏感，美丽的捕蝇草成了它们的坟墓。

　　曾有一位叫鲍拉格尔的生物学家，攻克难关，用特殊方法培育出一米多高的捕蝇草。这种草能一下子咬断人的胳膊或吞吃整条狗。这位科学家将这些捕蝇草部署在他的别墅旁边，以阻拦盗贼闯入，保卫自己的家园。鲍拉格尔说："我所住地区盗窃活动很猖狂，我家曾五次被盗。这些匪徒常以巧妙的方法来"拜访"，他们偷盗技能高超，总能避开我家的看门狗和报警器。可自从种上这种卓越的捕蝇草后，贼再也没有上门作案，因为他们看到这庞大纵横的捕蝇草就已胆怯，不敢轻举妄动了。这种草是我防御盗贼的得力助手，解除了我的后顾之忧。"曾有一次，鲍拉格尔自己不小心碰了一下捕蝇草，捕蝇草坚韧的大嘴立即合拢，锋利的短毛儿当场擦破他肩上的皮肤，幸好没有给他造成更大的伤害。

89. 与第一段中"吃荤"意思最接近的是：
　　**A** 吃菜　　　　　　　　　　**B** 食肉
　　**C** 不吃肉　　　　　　　　　**D** 吃植物蛋白

90. 关于食肉植物，下面哪一项正确？
　　**A** 对环境要求很高　　　　　**B** 只能消化植物蛋白
　　**C** 都能进行光合作用　　　　**D** 世界各地都能发现

91. 捕蝇草为什么能捕到蝇类？
　　**A** 叶面有细毛　　　　　　　**B** 叶面有长刺
　　**C** 花的两侧一样　　　　　　**D** 叶内红色的诱惑作用

92. 这位科学家为什么将捕蝇草种在自己的房屋旁边？
　　**A** 捕食动物　　　　　　　　**B** 驱赶盗贼
　　**C** 要做试验　　　　　　　　**D** 用它报警

93—96.

如果有一天你突然发现嘴里莫名其妙地长了小泡、溃疡、牙齿疼痛出血、喉咙干痛、身体感到燥热、大便干燥……甭担心，这个中国人大体上都知道，你"上火"了。

这是一个很富有中国特色的问题。并不是说中国人的身体比较特殊，只有中国人才会"上火"，而是因为"上火"是中医对许多症状的一个笼统、模糊的说法，因素很多，在现代医学中难找到对应的称呼。例如口腔"上火"症状，有的可能是因为缺乏维生素 B2 导致的唇炎、口角发炎，有的可能是缺乏维生素 C 导致的牙龈、粘膜出血，更常见的可能是细菌、病毒感染引起的部位炎症，有的可能还与新陈代谢、内分泌变化有关。

许多人对病毒是什么东西一无所知，有的望文生义，以为那是疾病产生的毒素，有的则以为病毒是和病菌一样的，可以注射抗菌素杀死。其实病毒是与病菌非常不同，也无法用抗菌素杀死的病原体。在微观世界中，它们比病菌小得多，结构也简单得多，一般就是一个蛋白质外壳，里面裹着遗传物质。它们是一类介于生物与非生物之间的东西，必须驻扎在细菌或其他生物的细胞中才能生存。在感染的时候，病毒的蛋白质外壳黏到细胞表面，然后把病毒遗传物质注入到细胞当中，利用细胞中的各种"设备"大肆复制病毒遗传物质，制造病毒外壳，再组装成一个个新的病毒。新病毒的数量多到一定程度后，细胞这个病毒的仓库就会死亡、破裂、解体，新病毒就被释放出来，去感染其他细胞。如果所有的细胞都被感染、死亡，病毒自己也就跟着死去了。所以这种凶狠的感染方式的结果可能是两败俱伤。

总而言之，目前没有任何药物可以用以去除在细胞染色体中潜伏的病毒，以后也不太可能，所以"上火"是不可能根除的。最先进的药物只能做到抑制住病毒的复制，起防守、反抗作用，不让它爆发。

93. "上火"在中医里是指：
   A 很多症状　　　　　　　　　B 咽喉干痛
   C 嘴上长泡　　　　　　　　　D 分泌失调

94. 根据上文可以知道：
   A 病毒结构复杂　　　　　　　B 抗菌素可以杀死病毒
   C 病毒不是独立生存的　　　　D 病毒是疾病的毒素

95. 第三段主要谈的什么？
   A 上火的危害　　　　　　　　B 病毒的危害
   C 病毒的生存与传播　　　　　D 人们对病毒的错误认识

96. 对于病毒，目前人们能够做什么？
   A 无可奈何　　　　　　　　　B 用药物抑制
   C 用药物消除　　　　　　　　D 病毒自己灭亡

97—100.

"狗不理"创始于 1858 年。清咸丰年间，河北武清县杨村，有个聪明机灵的年轻人，名叫高贵友，因其父四十得子，为求平安养子，故取乳名"狗子"，期望他能像小狗一样好养活。

狗子十四岁来天津学艺，在天津南运河边上的包子摊儿做小伙计。狗子是个朝气蓬勃有志气的孩子，心灵手巧又勤学好问，加上师傅们的精心指点，做包子的手艺不断长进，练就了一手好活，很快就小有名气了。

三年满师后，高贵友已经精通了做包子的各种手艺，有了本钱和才干，于是就独立出来，自己承包开办了一家专营包子的小吃铺——"德聚号"。

由于狗子手艺好，做事兢兢业业，从不掺假，制作的包子口感柔软，鲜香不腻，形似菊花，色香味形都独具特色，引得十里百里的人都来吃包子，包子供不应求，生意十分兴隆，名声很快就响了起来。由于来吃他包子的人越来越多，狗子忙得顾不上跟顾客说话，这样一来，吃包子的人都当面戏称他"狗子卖包子，不理人"。久而久之，人们喊顺了嘴，都叫他"狗不理"，把他所经营的包子称做"狗不理包子"。"狗不理"家喻户晓，而原店铺字号却渐渐被人们淡忘了。按照北方习俗，此名饱含著淳朴挚爱的亲情。

据说，清朝袁世凯任直隶总督在天津编练新军时，派人把狗不理包子作为贡品进京献给慈禧太后。慈禧太后尝后非常高兴，说："山中走兽云中雁，陆地牛羊海底鲜，不及狗不理香矣，食之长寿也。"从此，狗不理包子名声大振，陆陆续续在许多地方开设了分号。

狗不理包子以其味道鲜美而誉满全国，名扬中外。狗不理包子备受欢迎，关键在于用料精细，制作讲究，在选料、配方、搅拌以至揉面、擀面方面都有一定的绝招儿，做工上更是有明确的规格标准，特别是包子看上去如含苞秋菊，爽眼舒心，咬一口，油水汪汪，香而不腻，因此一直深得大众百姓和各国友人的青睐。

97. 狗不理包子铺诞生之前是家什么店？
   A 一家商铺　　　　　　　　B 一个小药铺
   C 一家小吃铺　　　　　　　D 天津知名大饭店

98. 让狗不理包子出名的人是谁？
   A 康熙皇帝　　B 咸丰皇帝　　C 袁世凯　　D 慈禧太后

99. 作者认为，狗不理包子受欢迎靠的是：
   A 口感柔软　　　　　　　　B 用料与制作
   C 包子像花一样漂亮　　　　D 色香味形都独具特色

100. 最适合做上文标题的是：
   A 百年老店的传统　　　　　B 中华老字号的历史
   C 狗不理包子的传奇故事　　D 传统商业品牌的创新与发展

# 三、书　写

第 101 题：缩写。

（1）仔细阅读下面这篇文章，时间为 10 分钟，阅读时不能抄写、记录。

（2）10 分钟后，监考收回阅读材料，请你将这篇文章缩写成一篇短文，时间
　　　为 35 分钟。

（3）标题自拟。只需复述文章内容，不需加入自己的观点。

（4）字数为 400 左右。

（5）请把作文直接写在答题卡上。

　　　13 日下午，在一家盲人按摩店里，籍贯西安的盲人按摩师，也是商店的股东——李小飞一边为一位外国青年朋友按摩，一边用英语熟练地与他寒暄交谈着，从西安的名胜古迹、风土人情谈到特色小吃，最后的英文笑话让两人都忍不住哈哈大笑起来。

　　　今年 40 岁的李小飞，小时候就患有高度近视，高考时由于长期熬夜造成眼底出血，后又因手术失败，双眼彻底失明。当时她正值 18 岁，对未来美好的憧憬一下子破灭了。经历了一段痛苦煎熬的日子，她没有在人们的慰问和关怀中消沉，而是很快就振作起来。1995 年她从宝鸡按摩专科学校毕业后，毅然只身来到广州的一家按摩店工作。这一待就是 10 年，现在娴熟的按摩技能和外语技能都是在那个时候不懈的努力点滴积累而成的。

　　　失去光明才会更加珍惜每一个从外界获得知识的机会。从她 31 岁开始，李小飞就开始了长达 10 年的自学英语历程。她每天的按摩工作时间都在十几个小时，同伴都累得不行，回到简陋的宿舍倒头就睡，李小飞却常常逼迫自己学到深夜。她把所有的业余时间都用来学习外语。

　　　万事开头难。回顾往事，李小飞告诉记者，刚刚开始学习英语的那段时间几次都想放弃，但每次在工作中能与外国朋友进行简单对话，尤其是看到外国朋友能很快理解自己表达的意思时，又增强了自己学习的信心和干劲。

　　　把那些生疏的单词和句子转化成盲文不如直观地查字典来得快，触摸式的学习方式远没有常人想象的那样简单。李小飞抽空就用双手在点字书上游走，手经常会因为时间过长而僵硬或者抽搐。她没有被这些困难吓倒，凭着顽强的毅力坚持下来，同时通过反复地听 MP3 里的对话并背诵来练习听力和口语。

　　　在 2005 年她拿到了盲人学校的毕业证书和按摩医师资格证。2007 年李小飞

从广州又来到了上海，在那里一直工作到今年 2 月。在此期间，李小飞经常遇到一些日本朋友，有心的她经过聆听和模仿，加上自学，还掌握了基本的日语。加上在南方学会的方言，她的语言交流能力飞跃发展。自信的李小飞遇到说英语的顾客，还不忘用英语介绍一下自己的家乡西安古城的文化古迹和特色小吃，与外宾交流他们在中国的见闻。

按摩店的老板告诉记者，每个月店里都会接待 20 多名外国游客，李小飞自然也成了店里的翻译，交流沟通方便了，店里的生意也越来越好。

现在李小飞并没有停止学习的脚步，在音频软件的帮助下，李小飞还学会了上网查找资料，收发邮件。"我已经把键盘印在了脑海中，每个键位的顺序能倒背如流，拼音打字对我来说也不是问题。"她自豪地说。

"李小飞不但按摩技术过硬，而且精通英语，日语也说得非常好，难能可贵，背后付出的汗水可想而知，她是非常难得的人才。"大家都这样评价她。

听力文本·答案·答案说明

模拟试卷　第 *1* 套

# 听力文本

（音乐，30 秒，渐弱）*

大家好！欢迎参加 HSK（六级）考试。

大家好！欢迎参加 HSK（六级）考试。

大家好！欢迎参加 HSK（六级）考试。

HSK（六级）听力考试分三部分，共 50 题。

请大家注意，听力考试现在开始。

## 第一部分

第 1 到 15 题，请选出与所听内容一致的一项。现在开始第 1 题：

1. 有人质疑姚明球技不佳，只是身高出众时，姚明打了个比喻："这就好像你有了一台新电脑以后就不会再用速度慢的旧电脑。我难道不会去利用我的身高？那太浪费了。而且长得高有利于呼吸新鲜空气，不容易得感冒。"

2. 人们在交往中都更关注他人口中说出的话，但事实上人类信息交流中的 93% 却是通过肢体语言来传递的，很多看起来平常的肢体动作都有复杂的意义，比如拍别人的背，是"表现权力"的一种方式。

3. 一项新的心理学研究显示：年龄增长会造成某些记忆力和推理能力的退化，因此老年人更不容易听懂笑话。

4. 传统品牌发展中，从产品到服务，往往是一对一的单项模式。而"凡客"发展过程中最大的经验，是让人人都是设计师，是品牌的管理者和传播者，用户既是"凡客"的购买者，也是"凡客"的参与者。

5. 老张和小李一起喝酒，结果都喝多了。老张口齿不清地说："现在我看所有的东西都是两层的。"小李赶紧从口袋里掏出一张 100 元钱，对他说："这是我上周借你的 200 块钱！"

---

* 以下各套听力文本开场白文字略。

6. 极限运动，是指那些看起来具有高度危险性或者难度的运动项目。这些运动往往意味着急速、高度、高强度的体能付出，以及高度专业的设备。极限运动有风险是肯定的，但人们喜欢这种刺激的感觉。

7. 一个老人在高速列车上，刚买的新鞋不小心从窗口掉了一只，周围的人都替他惋惜。不料老人立即把第二只鞋也从窗口丢了出去。这一举动，让人们大吃一惊。老人解释说："这只鞋无论多昂贵，对我已经没用了；如果有谁捡到一双鞋，说不定他还能穿。"

8. 一般的灯泡，能用上三四年就算"长寿"了。但美国加州的一个小灯泡，自 1901 年点亮之后，一直亮到现在，期间只熄灭过 22 分钟。这只灯泡已被确认是"全球最长寿灯泡"，不过，它的"长寿秘诀"目前仍是一个谜。

9. 晚上 9 点，10 岁的小伟拎着书包，坐上公交车，自顾自地玩着手机游戏。刚从补习班下课的他已经习惯自己解决一日三餐。因为爸妈每天都忙着加班。对他来说，回家上网找网友聊天儿，是每天读书之外最大的消遣。

10. 为了引起社会各界对肠道健康的关注，普及有关乳酸菌的科普知识，中国食品科学技术协会将于 5 月 28 日在中国科技馆举办"肠道健康科普活动"，让大家在科技馆知识的海洋中畅游之余，了解更多关于肠道健康的知识。

11. 手表的款式千变万化，而作为附件的表带却简单得多，其材料一般分为皮质和金属两大类，其中又细化为不同品种，比如，皮质表带类别中有牛皮、蜥蜴皮、鳄鱼皮等，金属类表带中有精钢、黄金、间金等。

12. 电子商务现在非常火。与传统商务比起来，它的劣势在于建立信誉需要很长时间，优势是一旦信任建立后，扩充商品的类型是没有限制的，只要你把服务做好就行了。

13. 科研人员近期正开展一项针对企业管理者工作时间的调查，想弄清楚工作时间与成功之间的确切关系。结果发现，管理者在工作中投入的时间，与公司的赢利能力确实存在密切关系，同时发现，管理者每周的平均工作时间只有 48 小时。

14. 现在各国生育率都在下滑。2050 年之前，美国每位退休者将由 2.6 个年轻人赡养，而在法国、德国、意大利，这个数字会更低。已有多国政府计划延长退休年龄，美国拟延长到 67 岁，英国目标为 68 岁。

15. 今年 9 月 25 日是鲁迅先生诞辰 130 周年，全国各地举行了大规模的纪念活动。然而，鲁迅在人间最直接、最密切的联系——他的独子周海婴却无法参与其中。顶着"鲁迅之子"名衔活了一辈子的他，走完了他 82 年的人生之路。

第二部分

第16到30题，请选出正确答案。现在开始第16到20题：

第16到20题是根据下面一段采访：

女：大家好！随着百度在美国上市，它的股份从27美元一度飙升到154美元，成为市值最高的中国公司。它的董事长兼CEO李彦宏也是网络界炙手可热的明星。李总，百度上市以后，你的财富暴增，你的幸福指数是上升了还是下降了呢？

男：应该讲幸福指数还是上升了，但是说实话，我从没算过自己的身价是多少。对我个人来说，最看重的不是这些东西。一个人无论多有钱，一天也就只吃三顿饭，睡八个小时的觉。

女：当百度还是一个小公司的时候，它的社会化的角色也比较简单。现在成为某种标志，各种争议也会增加，你做好准备了吗？

男：任何一个创业型的公司，在高速成长的过程中，引来最多的都不是赞誉，而是质疑。比如十年前，美国的主流媒体一直在质疑微软；一两年前，大多数媒体都质疑说：Google凭什么值200亿美金啊？而当现在Google值800多亿美金的时候，好像人们的质疑声音反而少了。

女：你的父母是做什么工作的？

男：我父母都是工人，是一个非常普通的家庭，我上面有三个姐姐、一个妹妹。我从小非常受宠，因为这种受宠，也使我心里有一定压力，大家都这么宠我，那我就想比其他孩子更优秀。当然，小的时候还是很贪玩儿，我妈就说："你啥时候要有你姐姐一半儿优秀就不错了。"

女：你为什么放弃博士学位呢？

男：我发现我的兴趣不在于学术研究。一次暑假实习的机会，我见到了工业界，他们做什么东西，很快可以进入实用阶段，你可以看到它在很短的时间里，影响普通人的生活。我真正觉得这个是我比较喜欢的，所以后来读了两年半的博士研究生之后，就决定退学。

女：你会用一些什么方法来保持百度现在所取得的这样一个领先地位？

男：其实百度做的事情就是一件事情，就是中文的搜索，而这件事情，我认为它的这个重要性会被越来越多的人所认可，所以我们没有必要再花精力去想我们需要做什么，而应当花精力去想：怎么把现在的事情做得更好？我们短信热的时候没做短信，游戏热的时候没做游戏。我们真正的优势在哪儿呢？我认为在于专注。整个在美国上市的所有的公司，没有一个像百度这样，只专注于做中文搜索的。

16. 百度上市以后，男的觉得怎么样？

17. 关于百度，我们可以知道什么？

18. 关于男的的家庭，可以知道什么？

19. 男的为什么放弃博士学位？

20. 关于百度以后的发展，下面哪一项正确？

第 21 到 25 题是根据下面一段采访：

女：别人都说周星驰的电影创立了一种"无厘头"的幽默滑稽的风格，现实生活中的你是一个幽默的人吗？

男：生活中的我既不像在银幕上那样滑稽，也不是很沉闷而内向的人，我很普通，不是特别的人。生活中人们都喜欢笑，也喜欢别人笑，所以我喜欢在电影中用轻松的手法来表现，虽然电影中有喜怒哀乐，但最终还是要让观众开心，让观众感到世界是美好的。

女：你的电影里主人公总是小人物，语言也都是很草根的。

男：我本质是很草根的，父亲是上海人，母亲是广东人，在很典型的草根阶层长大，自然对此比较熟悉。其实无论是贫是富，平民草根意识都能引起广泛的共鸣。因此我拍片选人物，里面的角色都是普通人。

女：你很喜欢李小龙？你的电影里有很多他的影子。

男：对。当时整个房间都是他的书，每一天都研究关于他的东西。

女：你现在回头看他的电影，不觉得很简单吗？

男：李小龙对我来说不止是一个演员，他是我的精神支柱。李小龙的精神我觉得很值得去研究。他从小的时候，就相信中国功夫有一天会变成流行的东西，最后他真的把这个事情做出来，是他最早让世界知道中国功夫。当然我对武术这方面也是非常有兴趣的。

女：很多人都认为《大话西游》是你表演最上乘的，而且故事也有意思，但在香港的票房就不如那些单纯一点儿的喜剧那么高，所以说电影的品位和票房之间总是有矛盾，你怎么看待？

男：我们拍电影都面对很多不同类型的观众，我当然希望每一种类型的观众我都可以令他们满意，但是这非常困难。喜欢《大话西游》的观众，不一定喜欢《少林足球》，喜欢《少林足球》的观众也不一定会喜欢《大话西游》。我们常常都在取舍，尽量找到一个位置，是大部分人都会喜欢的一个中间位置。这也很困难，但是现在我还在努力。

21. 生活中男的是一个什么样的人？

22. 男的为什么喜欢拍小人物的故事？

23. 男的为什么喜欢李小龙？

24. 关于《大话西游》，我们可以知道什么？

25. 男的想拍什么样的电影？

第 26 到 30 题是根据下面一段采访：

女：大家好！今天有幸请到央视白岩松跟大家交流。白岩松，您好！能不能给大家介绍一下，您现在在忙什么？

男：我们曾做过一个比喻，说如果中央电视台新闻频道开播，我们就是拴在磨上的驴。新闻频道 24 小时不间断播出，对于我们做新闻频道的人来说，这段时间全部都投身在新闻频道一步一步耕耘的过程中，一直忙节目的事。

女：能不能介绍一下《新闻会客厅》这个新节目？

男：《新闻会客厅》每天晚上 8 点半播出，以新闻人物为主要特征，强调现场性表达，追求的

是比较新的状态，绝不能用传统的语言方式，要用我们的话来说新闻。每天有客人走进我们的会客厅，解读大家最关心的新闻、最关注的新闻当事人。

女：这跟您原来主持的《东方时空》栏目有什么不同的感受？

男：《东方时空》大家关注的是新闻本身，但是《新闻会客厅》更着重在人和状态，这是不同的。大家看到，做《东方时空》的时候，我更多的是西装领带，那是因为你所做的事情对你产生的职业要求。但是做《新闻会客厅》，我始终穿衬衫，我的笑话也很多，是特别轻松的方式。

女：您上学的时候有没有想过后来会做主持人？

男：没有，那时候我自己照过镜子，而且我跟播音系的一些同学住在一个宿舍里，知道自己的声音条件。我的形象和声音使我不会想象有一天我可以成为主持人。

女：您觉得做一个主持人需要具备什么条件？

男：前提是：第一，不结巴；第二，心理素质要好。做主持人是天天要被别人指指点点、说好说不好的行当；第三，做好长跑的准备，不能以短跑姿态参加到长跑的比赛之中，甚至根本就不是一个比赛，而是一个人的赛跑，必须做好这种准备。当然，更重要的是必须有足够的知识储备和强烈的社会责任感，否则做不好。

女：最大的挑战是做现场直播吗？

男：做现场直播最重要的考验来自于对心理的考验，直播不是对能力的考验和对技术的考验，是对心理的考验。得提醒自己：这可不是演习，要是错了可就立即出去了。可是当过了心理坎儿的时候，直播一点儿也不可怕。对我比较大的挑战是选题比较糟糕而让我去做的时候。好选题不必担心，做得最差的也是 85 分；最差的选题，做好了也就 40 多分，这是对我最大的考验。

26. 男的最近在忙什么？

27. 关于《新闻会客厅》，可以知道什么？

28. 关于男的的大学时代，可以知道什么？

29. 男的认为做好主持人更重要的条件是什么？

30. 对男的来说，最大的挑战是什么？

## 第三部分

第 31 到 50 题，请选出正确答案。现在开始第 31 到 33 题：

第 31 到 33 题是根据下面一段话：

　　杰克和妻子准备睡觉。快要关灯时，杰克透过卧室的窗户看到外面有几个人鬼鬼祟祟地溜进了自己家的车库。杰克立刻拨通了警察局的电话。"有人在你家吗？"警察问。"他们现在还没有进来，还埋伏在车库里。"杰克小声解释。接电话的警察说所有的警察都没空儿，他们都外出执行任务去了，建议杰克锁好门，如果警察回来有空儿的话会赶过去的。

　　"那好吧。"杰克只好无奈地挂掉了电话。5 分钟后，他想到了让警察赶紧来的办法。他又给警察局打电话，接电话的还是刚才的那个警察。杰克说："刚才我打过电话说我家车库

里有小偷。现在你们不用担心了，我有枪，已经把他们全都击毙了。"杰克放下电话，还不到5分钟，3辆警车、一支全副武装的特警队，还有一辆救护车包围了杰克家。警察们很快制伏了小偷。一个警察问杰克："你不是说已经击毙他们了吗？"杰克耸了耸肩说："我不是无理取闹，我以为你们都没空儿呢！"

31. 发现小偷的时候杰克在哪儿？

32. 杰克第一次打电话的时候，警察局里有没有待命的警察？

33. 杰克为什么说自己击毙了小偷？

第 34 到 36 题是根据下面一段话：

端午节是中国人民的传统节日，在每年农历五月初五，又叫端阳节、五月节。端午节本来是夏季的一个驱除瘟疫的节日。到今天，端午节在中国仍是一个十分盛行的隆重节日。这一天必不可少的活动包括吃粽子，赛龙舟，挂菖蒲、蒿草、艾叶，喝雄黄酒。据说，吃粽子和赛龙舟是为了纪念两千年前不甘做亡国奴而英勇殉国的爱国诗人屈原。至于挂菖蒲、艾叶，喝雄黄酒，则是为了避邪，驱除坏运气。自 2008 年开始，端午节正式列入中国国家法定节假日。

34. 关于端午节，下列说法中正确的是哪一个？

35. 关于屈原可以知道什么？

36. 端午节喝雄黄酒的原因是什么？

第 37 到 39 题是根据下面一段话：

时尚界仿佛早就确立了以瘦为美的标准，胖人的声音被淹没了。绝大多数时装设计师都喜欢用"纸片人"当模特，很多精美的设计也都是为瘦人专门设计的。那是不是天生体型胖的人就没有好办法让自己漂亮呢？时尚专家认为胖人可以用衣服来调整。比如国内品牌"哥弟"的裤子穿起来比较显瘦，国际品牌赛琳（Celine）也有这样的特点。很多设计师还会建议穿黑色衣服显瘦，穿硬面料的衣服显瘦。另外，不管高矮胖瘦，女性都不要把自己横向分割太多，比如短上衣、腰带、短裙、短袜配短靴的打扮，看起来人分成了好几层，一定会让你看起来显胖。

37. "纸片人"是什么意思？

38. 关于"哥弟"牌的裤子，可以知道什么？

39. 对胖人着装的建议，下列说法正确的是哪一项？

第 40 到 43 题是根据下面一段话：

随着经济的飞速发展和女性自主意识的提升，北京、上海、广州等大城市都出现了年轻女性主动选择单身的现象，由此出现了独特的"单女经济"。以往观点认为单身女性是"啃老族"，这实在是冤枉了很多人。新的观点认为，"单女经济"是一种新的经济形态，是拉动时尚消费的主力。社会学者陈亚亚调查发现，不少"单女"都独自居住，有自己的工作，多

数人经济状况不错，消费能力也较强，即便是不理性消费，也仅仅是购物，并不会选择酗酒、赌博之类的危险行为。调查还显示，30.35% 的 "单女" 在 "攒钱买房"，其比例甚至超过 "买衣服和美容"。因为房子能给女人带来安全感，而且那种安全感不同于对男朋友或丈夫的依赖。只是很多 "单女" 认为房价过高、小房型过少而难以实现自己的购房梦想。陈亚亚预测，虽然现在很多日常用品、消费场所并不是为单身者量身定做，不过随着大城市 "单女" 人数的增长，商家一旦开始关注这个群体的消费需求，"单女" 的喜好在未来有可能会引领市场。

40. 关于 "单女" 现象出现的原因，下列说法正确的是哪一个？

41. 关于 "单女"，下列说法正确的是哪一个？

42. 说 "单女" 是拉动时尚消费的主力，原因在于什么？

43. 单身女性买房愿望不能实现的原因是什么？

第 44 到 46 题是根据下面一段话：

美国迪士尼公司与中国合建的上海迪士尼乐园 2011 年 4 月 8 日终于开始动工兴建，计划于五年后建成运营，这将是中国大陆首座、亚洲第三座迪士尼乐园。

整个上海迪士尼度假区将占地 3.9 平方公里。除迪士尼乐园外，还有两座主题酒店、大型零售餐饮及娱乐设施、人工湖和相关的停车场。

上海迪士尼的目标市场是距上海三小时火车或自驾车路程内的 3.3 亿人口。上海市政府希望第一年吸引游客数达到 730 万人。

有媒体预计，上海迪士尼乐园间接拉动的投资规模可能要以千亿元计，每年带来的服务业产值将达到 160 亿元，上海当地的旅游、酒店、餐饮、观光和交通产业都将直接受益。

外界认为，上海迪士尼成立会跟 2005 年开放的香港迪士尼形成竞争局面，长期研究上海迪士尼对上海影响的复旦大学教授夏林根认为不可能。他说，香港迪士尼占地仅有 126 公顷，是全球现有迪士尼乐园中最小的一家。上海迪士尼面积远超过香港，相信双方若进一步合作可以解决问题。

44. 游客哪一年可以去参观上海迪士尼？

45. 上海迪士尼带来的服务业产值将达到多少？

46. 关于香港迪士尼，可以知道什么？

第 47 到 50 题是根据下面一段话：

绝大多数人身上都有痣，据医学专家统计，一般人身体上的痣，多者达 50 颗，一般有 15—20 颗，如果浑身上下没有一颗痣，那是极个别人了。

解剖发现，"痣" 其实是人体皮肤上的良性肿瘤，它的存在，一般不会使携带者因此身患癌症。生命科学家研究证实：人体上包括黑痣在内的各种不同颜色的痣，大多数含有能够引起致命皮肤癌的突变基因。所以痣可以说是一个具有癌细胞的基地，不过别担心，这些癌细胞并不能施展它们的魔法与威力，这是为什么呢？

这是因为人体内含有一种特殊的抗癌机制，能够及时而有效地制止这些致癌基因向周边渗透和蔓延。它们就是人体细胞内负责将氨基酸折叠成蛋白质的内质网。内质网能细致地辨认出痣里头的致癌基因，当它们发现这些"坏家伙"后，会立即停止该基因的蛋白质折叠，等于修建了一道屏障，砍断恶毒基因的"手"和"脚"，只留下小生命，把它们终生囚禁在"小包包"的监狱里，从而出不了门去干坏事。

47. 身上一个痣也没有的人怎么样？

48. 关于痣，可以知道什么？

49. 阻止癌细胞施展魔法的是什么？

50. 录音中说的"坏家伙"是指什么？

听力考试现在结束。

# 答　案

## 一、听　力

### 第一部分

| | | | |
|---|---|---|---|
| 1. D | 2. C | 3. D | 4. C |
| 5. A | 6. C | 7. B | 8. A |
| 9. C | 10. D | 11. C | 12. C |
| 13. D | 14. C | 15. B | |

### 第二部分

| | | | |
|---|---|---|---|
| 16. A | 17. A | 18. C | 19. D |
| 20. B | 21. A | 22. D | 23. D |
| 24. C | 25. B | 26. A | 27. C |
| 28. A | 29. D | 30. C | |

### 第三部分

| | | | |
|---|---|---|---|
| 31. B | 32. A | 33. C | 34. B |
| 35. A | 36. C | 37. B | 38. A |
| 39. A | 40. D | 41. C | 42. B |
| 43. C | 44. C | 45. D | 46. C |
| 47. A | 48. A | 49. D | 50. C |

## 二、阅　读

### 第一部分

| | | | |
|---|---|---|---|
| 51. D | 52. A | 53. C | 54. B |
| 55. C | 56. A | 57. D | 58. D |
| 59. C | 60. B | | |

### 第二部分

| | | | |
|---|---|---|---|
| 61. B | 62. A | 63. C | 64. D |
| 65. D | 66. D | 67. A | 68. C |
| 69. B | 70. C | | |

### 第三部分

| | | | |
|---|---|---|---|
| 71. C | 72. D | 73. A | 74. B |
| 75. E | 76. B | 77. E | 78. A |
| 79. D | 80. C | | |

### 第四部分

| | | | |
|---|---|---|---|
| 81. C | 82. B | 83. D | 84. B |
| 85. D | 86. C | 87. D | 88. D |
| 89. D | 90. B | 91. C | 92. D |
| 93. B | 94. A | 95. D | 96. B |
| 97. C | 98. D | 99. D | 100. C |

## 三、书写

101. 缩写

### 一碗牛肉汤饭

　　下午2:30，客人都散了。老板想看会儿报纸。一位老奶奶领着一个小男孩走了进来。两人的衣服都很旧了，但都干干净净，看上去很整洁。

　　"老板，牛肉汤饭多少钱一碗？"老奶奶问。"五块。"老板答道。老奶奶数了数钱，只要了一碗。汤饭端上桌，奶奶把碗推到孙子面前。小男孩问："奶奶，您真的吃午饭了吗？""当然了，奶奶还能骗你吗？"奶奶含着一块萝卜泡菜咀嚼着，看着孙子吃饭。

　　一会儿，小男孩就把饭吃光了。老板对他们说："您是我们店第一百位客人，所以免费。"老奶奶和男孩子高兴极了。

　　一个多月后的一天，小男孩蹲在店对面数着什么，老板明白，他在数客人！他就打电话给他的老顾客们："来吃碗汤饭，今天我请客。"很快就来了很多客人。当男孩数到99时，就拉着奶奶进了小吃店。"奶奶，这次我请客！"小男孩说。奶奶要了一碗牛肉汤饭。小男孩含了块萝卜泡菜在口中咀嚼着，看着奶奶吃。

　　"也送一碗给那男孩吧。"老板娘说。"不，他正在学不吃东西也会饱的道理哩！"老板回答。

# 答案说明

1. D　姚明是国际级著名的篮球运动员，身高2.29米。姚明说："我难道不会去利用我的身高？那太浪费了。"说明他认为身高是优势。

2. C　录音中说，事实上人类信息交流中的93%是通过肢体语言来传递的。所以选C。

3. D　录音中说，年龄增长会造成某些记忆力和推理能力的退化。所以选D。

4. C　"凡客诚品"是中国较有名的一个时尚潮流用品购物网站。录音中说，"凡客"发展的经验是，"用户既是'凡客'的购买者，也是'凡客'的参与者"，也就是重视与用户的互动，所以选C。

5. A　老张喝醉了，看东西是两层的，小李因此想让老张把一张100元钱看成两张，可以少还100，所以说小李是想骗老张，选A。

6. C　录音最后说，极限运动有风险，但人们喜欢这种刺激的感觉。所以选C。

7. B　老人希望别人能捡到"一双鞋"，能穿，而不是无用的一只鞋。而留下那一只对他也没什么用。选B正确。

8. A　录音中说，美国加州的一个小灯泡，自1901年点亮之后一直亮到现在。选A正确。

9. C　录音中说，小伟每天除读书之外只有上网聊天，可见生活很单调。所以选C。

10. D　录音中主要说中国食品科学技术协会在中国科技馆举办"肠道健康科普活动"，所以选D。

11. C　录音中说，手表款式很多，表带材料类型却很少，一般分为皮质和金属两大类。选C正确。

12. C 录音中说，电子商务"劣势在于……优势是……"，所以选 C。

13. D 录音说，调查发现，管理者在工作中投入的时间与公司的赢利能力存在密切关系。选 D 正确。

14. C 录音一开始说明了生育率下滑的现象及后果——老年人需要更多的年轻人赡养，后面说所以各国准备采取应对措施，所以选 C 正确。

15. B 鲁迅是中国现代伟大的文学家、思想家，原名周树人。录音中说"他的独子周海婴……"，可见 B 正确。"独子"是唯一一个儿子的意思。

16. A 被采访人李彦宏是中国著名的中文搜索网站百度（www.baidu.com）的创始人、董事长兼首席执行官，百度上市以后，他的财富暴增。他说，"应该讲幸福指数还是上升了"。

17. A "任何一个创业型的公司，在高速成长的过程中，引来最多的都不是赞誉，而是质疑。"百度也是一个创业型公司，已发展壮大，所以也会有争议。

18. C 从男的妈妈的话"你啥时候要有你姐姐一半儿优秀就不错了"可知，男的的姐姐很优秀，所以选 C。

19. D 男的说他的兴趣不在学术研究，他发现工业界做事情很快可以进入实用阶段并影响普通人的生活，他喜欢这一点，所以退学了。选 D。

20. B 男的反复提到百度做的一件事就是中文搜索，所以选 B。

21. A 被采访人周星驰是中国香港著名喜剧电影演员兼导演。他说："生活中的我既不像在银幕上那样滑稽，也不是很沉闷而内向的人，我很普通，不是特别的人。"选 A 正确。

22. D 男的认为："其实无论是贫是富，平民草根意识都能引起广泛的共鸣。""草根"指平民。选 D 正确。

23. D 男的说李小龙是他的精神支柱，是他最早让世界知道中国功夫。选 D 正确。

24. C 女的在提问中说，很多人都认为《大话西游》是男的表演中最上乘的。所以选 C。

25. B 男的说他尽量找到一个大部分人都会喜欢的中间位置。所以选 B。

26. A 白岩松，中国中央电视台著名新闻评论类节目主持人。他说自己是做新闻频道的人，一直忙节目的事，后面又说他在主持一个新节目《新闻会客厅》。所以选 A。

27. C 男的说他是以特别轻松的方式做《新闻会客厅》节目。选 C 正确。

28. A 他说，"我的形象和声音使我不会想象有一天我可以成为主持人。"所以说他自己感觉声音不好，形象不好。当时他跟播音系的人住一个宿舍，而不是同学。选 A 正确。

29. D 男的说更重要的是"必须有足够的知识储备和强烈的社会责任感"，所以选 D。

30. C 男的说"对我比较大的挑战是选题比较糟糕而让我去做的时候"。选 C。

31. B 杰克透过卧室的窗户看到外面小偷，所以当时杰克在卧室。选 B。

32. A 从后面的情况来看，接电话的警察说的是假话，有人没去执行任务。所以选 A。

33. C 杰克是想吓唬警察，让他们快点儿来。选 C。

34. B 录音中说，到今天，端午节在中国仍是一个十分盛行的隆重节日。选 B。

35. A 录音中说屈原是"爱国诗人"，选 A。

36. C 录音中说，挂菖蒲、艾叶，喝雄黄酒，是为了避邪，驱除坏运气。选 C。

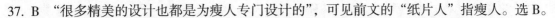

37. B "很多精美的设计也都是为瘦人专门设计的", 可见前文的"纸片人"指瘦人。选 B。

38. A "比如国内品牌'哥弟'的裤子穿起来比较显瘦"。选 A。

39. A "不管高矮胖瘦, 女性都不要把自己横向分割太多", 那样看起来显胖。选 A。

40. D 根据录音, 随着经济的飞速发展和女性自主意识的提升才出现"单女"现象。选 D。

41. C 根据录音, 不少"单女"都独自居住, 有自己的工作。选 C。

42. B 根据录音, "单女"多数人经济状况不错, 消费能力也较强。选 B。

43. C 根据录音, 很多"单女"认为房价过高、小房型过少而难以实现自己的购房梦想。选 C。

44. C "上海迪士尼乐园计划于五年后建成运营", 说话时是 2011 年, 所以选 C。

45. D 录音中说, 上海迪士尼乐园每年带来的服务业产值将达到 160 亿元。选 D。

46. C 夏林根教授说, 香港迪士尼是全球现有迪士尼乐园中最小的一家。选 C。

47. A 录音开头说, 如果浑身上下没有一颗痣, 那是极个别人了。"极个别人"意思是少见。选 A。

48. A 录音中说, 解剖发现, "痣"其实是人体皮肤上的良性肿瘤。选 A。

49. D 录音中回答这个问题时说, 这是因为人体内含有一种特殊的抗癌机制, 能够制止这些致癌基因向周边渗透和蔓延。选 D。

50. C 录音中说:"内质网能细致地辨认出痣里头的致癌基因, 当它们发现这些'坏家伙'后……", 可以看出"坏家伙"是指前面所说的"致癌基因"。选 C。

51. D "不得不"与前文搭配不妥。应该是"……要求……"或"要 / 得 (děi) ……"。

52. A "不时"是副词, 在"被"字句中应在"被"的前边:……不时被……。

53. C 用词不当。"引导"应改为"引起"。"引导"后面一般跟表示抽象的"方向 / 潮流 / 趋势"等。

54. B 后半句两个句子混用在一起了。可以说:可能会影响我们的一生。或:我们的一生都会受其影响。

55. C "甚至"后的结果比前边的严重。应为:饮食不当会导致疾病甚至死亡。

56. A 句子语义模糊不清。没说清楚是谁"去公园里玩儿了"。

57. D 概述表达重复使用。"大约"和"以上"表示概数时, 不能同时使用。

58. D 介词"关于"应改为"由于", 表示因果关系。

59. C "不能"应放在动词"享有"的前边。

60. B 关联词语搭配错误。应是:哪怕……也 / 都……。"能"的前边应加"也"或"都"。

61. B 诗词和中国画中, 仙鹤可以作为"主题", 是作者想要表达的思想。生命存活的时间叫"寿命"。象征:代表着深刻含义的一种标志、符号。

62. A 英文小说被"翻译"成很多语言。"畅销书"指销量特别大、特别受欢迎的书。这件事超出人们的预料, 所以是"奇迹"。

63. C 常见搭配:耗费能量 / 消耗能量;体力变差 / 胃口变差。"作息"包括劳作和休息, 这里用这个词说得更全面。

64. D 常说历史书中"记载"。"所以又称为南胡"与上句有因果关系。二胡声音是"接近"或者"近似"人的声音。最后一句应该表示大众的情感态度——广为接受。

65. D 常见搭配：历史悠久 / 特殊技艺 / 特殊技艺 / 独特技艺。"捕鱼和狩猎"是他们衣食的"来源"。爱吃生鱼，可以说是一种习惯、风俗、习俗。

66. D 常见搭配：超过要求 / 超过规定 / 超过标准。只能说：树立意识 / 开展……活动 / 开展……行动。"遏制"有坚决制止的意思，表现态度坚决。

67. A "意味着"意思是代表某种含义。"知足长乐"是一种乐观的生活态度。整个段落讲的都是快乐与长寿的"关系"。"身体状况"指身体的状态、情况。快乐可以使心脏由疲劳变得不疲劳，所以是"恢复"。

68. C 常见搭配：忍受痛苦 / 承受痛苦。"坚持下来"指忍到了最后。对于治疗而言，手术的结果是"效果"。家人听到亲人"一切顺利"肯定很激动、感动，所以是"热泪盈眶"。

69. B 说"生产过程中"或者"生长过程中"都可以。说"遵守"、"遵循"和"遵照"规律和原理都可以。"可持续发展"是固定搭配。在几种事物中间人们常寻找"平衡"。

70. C 说"得到"或者"遭到"反对都可以。"质疑声"是指反对意见。小顾大学毕业，对开发软件系统很"擅长"。成功人士一般让人们"羡慕"。

71. C 下文说"腰腹"，上文应当是说"胸部"。

72. D "不在于……而在于……"形成对比。

73. A "爱上了跑步的感觉"与下文跑步取代了酒、药物等形成呼应。

74. B "生命不是百米冲刺"是一种领悟，"不是……而是……"形成关联。

75. E "而在于……"表明观点。

76. B "相当于……"进一步解释电动自行车的价格。

77. E 说明电动自行车不普及的原因。

78. A 说明人们住在郊区，是必须开车上下班的另外一个原因。

79. D 举例说明电动车有发展前景。

80. C 校报上刊登着广告和优惠信息。

81. C "女友对此十分不满"一句前是原因。

82. B 水果刀怎么对付得了鲨鱼？所以女的摇头苦笑。

83. D 鲨鱼来时，男友却突然用力将她推进海里，独自扒着木板游走。女的认为是因为男的胆小，只想自己逃命。

84. B 最后船长说明了原因：男的割破了自己手腕，用血腥味吸引鲨鱼，救了女友。

85. D 继母在父亲面前说王祥的坏话，父亲慢慢地对他也不那么关心了。选 D。

86. C 河结冰了，所以很难钓到鱼。

87. D "也许我的体温能融化冰块，那么我就可以抓到鱼了。"王祥是用这个办法钓到鱼的。

88. D 继母一开始对王祥不好，知道了王祥卧冰求鲤的经历后，非常惭愧，是被感动了，所以后来变得对他非常好。

89. D 《全球濒危语言分布图》分为五个等级：不安全的、危险的、濒危的、垂危的、已灭绝的。

90. B 潘金玉是中国台湾最后一个会说巴则海语的人。

91. C 新西兰在幼儿园中传授毛利语，成为抢救濒危语言的典范。"典范"就是做得最好。

92. D "中国 120 余种少数民族语言中，使用人口在 1 万人以下的约占总数的一半"与 D 句意思相同。

93. B 文中说，眼睛开始衰老，随之而来的可能就是白内障、青光眼、黄斑变性等老年性眼疾，没有提到 B "干眼症"。

94. A "另一边却因为很少用到，积攒牙结石，引发牙周疾病。"

95. D "窗前多摆绿植也能起到隔音效果。"

96. B 第一段就点出主题：那如何让五官变年轻呢？

97. C "黑洞"绝不向外界发射或反射任何光线或其他形式的电磁波。没有光，人类自然看不见。

98. D "如果一个天体的逃逸速度达到或超过了光的速度，那么就连光线也不可能逃出去了。这样的天体正是我们所说的黑洞。"

99. D "宇宙飞船要飞出地球，进入行星际空间，至少要达到每秒 11.2 千米的速度，否则就摆脱不了地球吸引力的束缚。""这个速度，……称为地球的'逃逸速度'。"

100. C 文中说，黑洞像是一个"只进不出"的空洞，所以任何东西都跑不出去。

# 模拟试卷　第 2 套

# 听力文本

第一部分

第 1 到 15 题，请选出与所听内容一致的一项。现在开始第 1 题：

1. 甲说："新搬来的邻居好可恶，昨天晚上三更半夜、夜深人静之时突然跑来猛按我家的门铃！""的确可恶。你有没有马上报警？"乙问道。甲回答："没有。我当他们是疯子，继续吹我的小喇叭。"

2. "画蛇添足"这个成语说的是，蛇本来没有脚，先画成蛇的人却将画的蛇添上了脚，结果反而不像蛇。后来，人们常用来比喻那些做了多余的事，结果却徒劳无功，不但没能锦上添花，反而弄巧成拙。

3. 人际关系与沟通彼此影响。人际关系良好，沟通就比较顺畅；沟通良好，也能够促进人

际关系的和谐。反过来说，人际关系不良，就会增加沟通的困难；沟通不良，就会使人际关系变坏。

4. 看电视的好处与坏处，不在于电视本身的影响，而在于看电视者是否拥有自我控制能力。只要加以时间的限制，并能够看一些对自己有利的电视节目，那就可以得到意想不到的收获。

5. 当下，一些中国城市中的家长对中小学教育不满。他们认为目前学校教育不能让孩子真正体会到学习的快乐，不能高速有效地吸收有用的知识，不能掌握适应现代社会生活的学习方法。于是，有些家长用行动表达不满，他们让孩子在家上学或者进入私人办的学校。

6. 成就事业就要有自信，有了自信才能产生勇气、力量和毅力。具备了这些，困难才有可能被战胜，目标才有可能达到。但是自信决非自负。自信建立在自强不息的基础之上才有意义。

7. 一个社会的文明程度的高低，反映了这个社会全体成员综合素质的水平。文明体现在每个人的行为举止上，要养成整个社会讲文明的风气，就要从每个人做起，从自己做起，在日常生活中培养自己的文明行为。

8. 人生中如果缺乏幽默，就如同食物中缺乏糖和盐，会寡淡无味。幽默，是润滑剂，它能化解矛盾，增加和谐。幽默是人类智慧的结晶，是一种语言艺术，它区别于只是逗人发笑的滑稽，蕴藏着深刻的内涵。

9. 日前，记者在采访中遇到一位大学生，当记者问他现在从事的是什么工作时，他竟然沉默了很长时间才十分难为情地说出三个字：业务员。这位大学生的尴尬表现让记者疑惑不解。原来，这位大学生认为，自己是大学毕业生，应该有更好的工作。

10. 空气最新鲜的时间不是早晨。早晨、傍晚和晚上空气污染最为严重，其中晚七点和早七点为最高峰。一年之中，夏、秋季空气最新鲜，春、冬的头一两个月空气污染最重；在一天当中，中午和下午空气较新鲜清洁。

11. "责任"和"责任感"有着本质的区别。责任是人分内应做之事，还需要一定的组织、制度或者机制促使人尽力做好，所以"责任"有被动的属性。而责任感是一种自觉主动地做好分内分外一切有益事情的精神状态。

12. 随着季节变化而迁移的鸟类称之为候鸟，候鸟往返于越冬地和繁殖地之间经过的区域。传统认为，迁徙途径一定是南北走向的，但是研究显示，一些大型鸟类的迁徙途径是东西走向的。

13. 邓亚萍是夺取世界乒乓球比赛冠军次数第三多的女选手。她自身条件并不好，本不是当运动员的上选之材。她的出色成就，改变了乒乓球界只在高个子中选拔运动员的传统观念。

14. 心理学家研究证明，嫉妒心强烈的人易患心脏病，而且死亡率也高；此外，如头痛、胃痛、高血压等病症，也易发生于嫉妒心强的人，并且药物的治疗效果也较差。

15. 老师指着黑板上写着的"扑朔迷离"四个字说："韩为同学，你说说这个成语的意思。"韩为站起来，推了推架在鼻梁上的高度近视眼镜，朝黑板上仔细地望了一会儿，无可奈何地说："看不清楚。"老师说："韩为同学说对了，请坐下。"

# 第二部分

第 16 到 30 题，请选出正确答案。现在开始第 16 到 20 题：

第 16 到 20 题是根据下面一段采访：

女：今天本栏目邀请的嘉宾是中国人事科学研究院副研究员、中国国际人才开发与交流研究会理事李建钟先生。

男：主持人好！大家好！

女：您说过："人才流动不仅是人口在地理空间上的重新分布，更是人力资本在世界范围内的重新配置和组合。"今天我们想了解的首要问题是：近年来，人才资源配置在全球范围内出现了什么新的趋向？

男：有三个新趋势是明显的。一是新兴国家，也就是发展势头在上升阶段的国家和地区，前些年外流的专家及技术人员开始"回归"；二是一些新兴国家和发展中国家，千方百计从全球吸引人才，正在努力从原来的人才"输出国"变为人才"进口国"；三是资本流动对人才流动产生了越来越大的影响。

女：是什么引导了当前的人才流动呢？

男：随着经济全球化的发展，企业都在拓展国外业务，其管理团队就必然会到相应的地区。新的投资地区由此也就成了相应的人才集中地。另外，资本流动也引导了人才流动。这种流动对管理知识等的传播影响深远。

女：这是否说明了人才的流向正在发生彻底的变化？

男：目前大概还不能下这样的结论。人才的全球流动受多种因素的影响。在全球总体经济、政治和收入分配格局没有发生大的变化的前提下，目前人才流动的大趋势并没有发生根本性的变化。

女：人才流总体流向有哪些特点呢？

男：发达国家和地区仍然保持着强大的人才吸引力。从大的趋势来看，人才流向的最终点仍是在美国，而中间站则是欧盟国家。在东亚地区，则是人才由中国流向日本、韩国、新加坡等国家。

女：对目前人才流失的状况，有一些担忧的声音，您怎么看？

男：各国对人才流动都从早期的普遍干涉，发展到后来的放松管制，再到倡导自由流动。"请进来"和"走出去"已经成为世界的潮流。事实上，劳动力的流动率，相对于资本、技术而言，是远远落后的。因此，有必要促进人才流动，对其权利给予保障，实行开放的政策。

16. 新兴国家前些年外流的专家及技术人员近年来有什么新变化？

17. 影响人才流动的主要因素是什么？

18. 目前人才流动的大趋势是什么？

19. 针对目前人才流失的状况，男的认为应该怎么做？

20. 关于当前的全球人才流动，我们可以知道什么？

第 21 到 25 题是根据下面一段采访：

女：访谈开始之前，还是老规矩，请吴健站长作一个自我介绍吧。

男：大家晚上好！我是吴健，今晚很荣幸能来到这里与大家一起交流分享网络营销。在互联网行业里，我还是一个新人，所以希望今晚能与大家亦师亦友，相互学习。

女：呵呵，吴健站长谦虚了。吴健站长，能否介绍一下您以前学生时代的一些经历，比如您的专业、所学的东西呢？

男：好的。我是今年 6 月份毕业的，我在大学的专业是市场营销。整个大学四年忙忙碌碌，我个人感觉比较充实，一是要忙学校的事情，二是，自己在网上开了个女装店。为学校做事如果说是锻炼了我的管理、组织和领导能力，那么两年多的淘宝开店生涯，则给我不仅仅带来了收益，还为我毕业后决定从事电子商务事业打下了基础。

女：那么吴健站长对于市场营销是怎么看的呢？市场营销和网络营销有什么区别吗？

男：市场营销在专业以外的人看来只是做销售的。其实，营销涉及到整个市场的运作、策划、决策等众多内容；而其与网络营销，本质上并没有什么差别，只是形式上稍有变化，以及传播的媒介有所不同，但是其目的都是一样，都是为了销售和利润。

女：那么吴健站长是如何看待网络营销的呢？你认为网络营销是否有可持续发展的未来？

男：如果要说网络营销，那我首先要说说电子商务，因为网络营销和电子商务密不可分，网络营销一定程度上也决定了一个企业电子商务的发展。大家都知道，未来 5 到 10 年都是电子商务的黄金时期，特别是今年年末麦考林和当当网的上市，更加促进了电商行业的发展。现在许多传统企业都在准备进入电子商务的行列，因为他们不想落后。正是由于这么多企业进军电商行业，这也带动了网络营销的发展，因为网络营销是企业发展电子商务的关键。正如我所说的，电子商务的发展必将带动网络营销这一行业的发展，所以，网络营销是一个可持续发展的行业，未来的机会也会很多。

21. 关于男的，我们可以知道什么？

22. 男的认为网上开店给他带来了什么？

23. 市场营销和网络营销区别之处在哪个方面？

24. 为什么传统企业也发展网络营销？

25. 关于网络销售，可以知道什么？

第 26 到 30 题是根据下面一段录音：

女：大家好，欢迎你们来北京！我是你们的导游——王丽娜。大家可以叫我小王或者王导。

男：王导，北京有这么多的名胜古迹，还有这么多的新建筑，真有点儿让人看不过来了。你

先为我们介绍一下我们现在所在的"鸟巢"吧。

女：好！你们知道 2008 年奥运会开幕式和闭幕式是在哪里举行的吗？

男：好像在这里吧。

女：对。"鸟巢"位于北京奥林匹克公园内。奥林匹克公园由鸟巢、水立方、国家体育馆等赛场以及新闻中心和运动员村组成，"鸟巢"是奥运会的主会馆，是北京奥运的核心。2008年奥运会期间，"鸟巢"承担了开幕式、闭幕式、田径比赛、男子足球决赛等赛事活动。

男：这个"鸟巢"可真大啊！

女："鸟巢"能容纳观众 10 万人，其中临时坐席两万座。"鸟巢"可承担特殊重大体育比赛、各类常规赛事以及非竞赛项目，现在已经成为北京市提供市民广泛参与体育活动及享受体育娱乐的大型专业场所，成为全国具有标志性的体育娱乐建筑。

男："鸟巢"是由谁来设计的？

女："鸟巢"2001 年由普利茨克奖获得者赫尔佐格和德梅隆，还有中国建筑师李兴刚等合作完成设计。其形态如同孕育生命的"巢"，它更像一个摇篮，寄托着人类对未来的希望。设计者们对这个国家体育场没有作任何多余的处理，只是坦率地把结构暴露在外，因而自然形成了建筑的外观。

男："鸟巢"的设计理念是什么？

女：场馆设计如同一个巨大的容器，高低起伏变化的外观缓和了建筑的体量感，与周围建筑环境相协调，并赋予了戏剧性和具有震撼力的形体。"鸟巢"形象完美纯净，外观即为建筑的结构，立面与结构达到了完美的统一。结构的组件相互支撑，形成了网络状的构架，就像树枝编织的鸟巢。体育场的空间效果具有前所未有的独创性，又简洁而典雅，为 2008 年奥运会树立了一座独特的历史性的标志性建筑。

男："鸟巢"的设计有什么特别的地方？

女："鸟巢"是为人设计的，设计中充分体现了人文关怀。无论观众坐在哪个位置，和赛场中心点之间的视线距离都在 140 米左右。"鸟巢"采用的吸声材料和电声扩音系统，使"巢"内的语音清晰度指标指数达到 0.6——这个数字保证了坐在任何位置的观众都能清晰地收听到广播。"鸟巢"的相关设计师们还运用流体力学设计，让所有观众都能享有同样的自然光和自然通风。"鸟巢"的观众席里，还为残障人士设置了 200 多个轮椅坐席。这些轮椅坐席比普通坐席稍高，保证残障人士和普通观众有一样的视野。赛时，场内还将提供助听器并设置无线广播系统，为有听力和视力障碍的人提供个性化的服务。另外，"鸟巢"采用太阳能光伏发电系统，设计中渗透着很多环保理念和科技手段。

26. 录音中的"鸟巢"是什么场所？

27. 2008 年北京奥运会期间，"鸟巢"承担了哪些赛事活动？

28. "鸟巢"是由谁来设计的？

29. 为什么取名叫"鸟巢"？

30. 下面哪一项不是"鸟巢"的设计特点？

第三部分

第 31 到 50 题，请选出正确答案。现在开始第 31 到 33 题：

第 31 到 33 题是根据下面一段话：

朋友间请客吃饭实行"AA 制"，这很正常；情侣恋爱阶段实行"AA 制"，也说得过去；可当成了夫妻，婚姻生活中也实行"AA 制"，这样的方式是否妥当？眼下，根据网络小说《AA 制婚姻》改编的电视剧《AA 制生活》正在热播，剧中何琪与韩心、张林与蔡娟这两对年轻人，将"AA 制"延伸到夫妻、家庭这样的亲情空间里，引发观众对"AA 制"这一婚姻话题的探讨。

有人认为，夫妻间实行"AA 制"，可以体验共同生活的快乐、共同赚钱的艰辛；而有人觉得，夫妻间在花钱问题上斤斤计较，太伤感情。你觉得婚姻"AA 制"靠谱吗？

"婚后 AA 制？那何必结婚？"朋友小萍听到这个新名词后不屑地说。她代表着大多数正常人的正常反应。

当初人类之所以要建立婚姻制度，婚后财富共享是最重要的出发点。对于婚姻中的两个当事人，婚后经济一体化，让他们可以完成家庭内部的角色分工，同时获得安全感。近代随着婚姻法的完善，婚姻中经济内涵更为丰富了。试想，有一天婚后 AA 制如果真的流行了，那么结婚证无疑会沦为废纸一张，因为它再也约束不了什么了。夫妻双方一旦发生大的争执，很容易一冲动就散伙了，反正另找一个人去 AA，并没有什么损失。

31. 为什么人们热议"AA 制"？

32. 反对婚姻 AA 制的人的观点是哪一个？

33. 婚姻制度和婚姻法不能给我们带来什么？

第 34 到 37 题是根据下面一段话：

团购就是团体购物，指的是认识的或者不认识的消费者联合起来，来加大与商家的谈判能力，以求得最优价格的一种购物方式。根据薄利多销、量大价优的原理，商家可以给出低于零售价格的团购折扣和单独购买得不到的优质服务。

团购作为一种新兴的电子商务模式，通过消费者自行组团、专业团购网站、商家组织团购等形式，提升用户与商家的议价能力，并极大程度地获得商品让利，引起消费者及业内厂商甚至是资本市场关注。团购的商品价格更为优惠，尽管团购还不是主流消费模式，但它所具有的爆炸力已逐渐显露出来。现在团购的主要方式是网络团购。

据了解，目前网络团购的主力军是年龄 25 岁到 35 岁的年轻群体，在北京、上海、深圳、广州、厦门等大城市十分普遍。

业内人士表示，网络团购改变了传统消费的游戏规则。团购最核心的优势体现在商品价格更为优惠上。根据团购的人数和订购产品的数量，消费者一般能得到从 5% 到 40% 不等的优惠幅度。

34. 人们团购是为了什么？

35. 为什么团购时商家的商品价格低于零售价格？

36. 团购属于什么购物方式？

37. 关于团购，下面哪一项正确？

第 38 到 39 题是根据下面一段话：

节目开始了，孩子跟着电视里哼哼唱唱，你心里一定欢喜不已："真好啊，不用教，孩子就能跟着电视节目唱歌，甚至学英文，下次聚会，在亲朋好友面前，一定要让孩子表演一番。"要是你认为让孩子自己看电视，孩子会越来越聪明，这样想你就大错特错了。

电视对孩子的毒害效果，远远超出你我所能想到的，特别是对孩子的想象力而言，有着毁灭性的杀伤力。人类大脑思考区域至少需要 5 到 10 秒来处理刺激，可电视每秒钟 24 帧画面闪现，让人无暇思考，只能单向接受电视传达的信息。人类的历史是创造的历史，是想象力发展的历史。然而，我们孩子的想象力，正在逐步被电视侵吞。

38. 关于孩子自己看电视，说话人的观点是什么？

39. 这段话主要想说明什么？

第 40 到 42 题是根据下面一段话：

当今社会，与生活方式密切相关的疾病已构成了威胁人们健康的主要问题。在农业型生产为主的国家和社会里，生产水平低，物质生活极为贫乏，人们的健康主要受传染病、寄生虫病和营养缺乏症等的危害；而在工业型生产为主的国家和社会，生产水平高，物质生活富裕，人们的健康则主要受心血管疾病、恶性肿瘤、营养过剩和遗传性疾病等的威胁。这就是"穷有穷病，富有富病"。在这两类不同条件下，疾病的发生，虽然受各种因素的影响，但有一个共同的因素，就是与人们缺乏必要的卫生保健知识以及不健康、不科学的生活方式有很大关系。

根据世界卫生组织的估计，发达国家 75% 的成年人处于患一种以上非传染病的危险之中。而发展中国家既有传染病的威胁，又有非传染病的蔓延，这是源于生活方式的选择，主要是由于食物太咸、脂肪过多、缺乏锻炼和空气污染引起的。

40. 威胁人们身体健康的共同因素是什么？

41. 农业型生产为主的社会主要疾病有什么？

42. 工业型生产为主的社会主要疾病有什么？

第 43 到 46 题是根据下面一段话：

有一个富翁，身体很好，还非常有钱。他觉得他应该是世界上最幸福的人，凡是可以用钱买得到的东西，他都买来拥有享受。然而，他却觉得自己一点儿也不快乐，不幸福，他很困惑。

一天，他突发奇想，将家中所有贵重物品通通装入一个大袋子中，开始去旅行。他决定，只要谁可以告诉他幸福的方法，他就把整个袋子送给谁。他找了又找，问了又问，直到来到一个小村庄，有位村民告诉他：你应该去见一位大师，如果他也没办法，就算你跑到天涯海角，也没有人可以帮你了！

终于见到了大师，富翁非常激动地说："我一生的财富都在这个袋子里，只要你能告诉我幸福的方法，袋子就是你的了。"这时天色已黑，夜已降临。大师什么也没说，夺过富翁手上的袋子就往外跑。富翁急坏了，又哭又叫地追着跑。毕竟是外地人，人生地不熟的，不一会儿就跟丢了。富翁坐在地上嚎啕大哭："我被骗了，我一生的心血啊！"出乎富翁的意料，大师没过多久又跑了回来，还将袋子还给了他。富翁见到失而复得的袋子，立刻将其抱在怀里，一个劲儿地说："太好了！太好了！"

这时，大师端坐在富翁面前，慢慢地说："人对于自己所拥有的一切，都视之为理所当然，所以不觉得幸福。你欠缺的是一个失去的机会。"

43. 录音开头说这个富翁为什么感觉不幸福？
44. 失去袋子对富翁来说意味着什么？
45. 关于大师，下面哪一项正确？
46. 这段话主要谈了什么？

第 47 到 50 题是根据下面一段话：

"黑马"一词并不是股市中的专用术语。"黑马"原来是指在赛马场上本来不被看好的马匹，却能在比赛中成为出乎意料的获胜者。

19 世纪，英国政治家杰明·狄斯雷斯在《年轻的公爵》这部小说中描写了一个精彩的赛马场面。比赛刚开始，两匹夺冠呼声最高的良种马一路领先，眼看其中一匹胜券在握，全场为之狂呼，不料在接近终点时，忽然有一匹不起眼的黑马从后面奋力追赶上来，风驰电掣地把两匹良种马抛在后面，领先抵达终点，夺得了冠军。从此，"黑马"一语不胫而走，由赛马场上的俚语，发展成体坛上的惯用词语，不时出现在新闻报道中。当一个初出茅庐的运动员或运动队出了好成绩，得了冠军，新闻媒体便会以出现"黑马"加以报道赞誉。"黑马"一词渐渐地又扩大到其他领域的报道中。1861 年，原本名气不大的林肯当选为美国第 16 任总统时，有人也把他称为"黑马式"总统。"黑马"在《现代汉语词典》中的解释是：比喻在比赛或选举等活动中出人意料获胜的竞争者。

此后，"黑马"一词也被引入股市中，形容在股市中能够出人意料上涨的个股。

47. 关于"黑马"一词的起源，下面哪一项正确？
48. 体育比赛报道中称出现了"黑马"，"黑马"是指什么？
49. 林肯为什么被称为"黑马式"总统？
50. 这段话主要谈的是什么？

听力考试现在结束。

# 答　案

## 一、听　力

### 第一部分

| | | | |
|---|---|---|---|
| 1. C | 2. A | 3. C | 4. D |
| 5. D | 6. A | 7. C | 8. A |
| 9. D | 10. C | 11. B | 12. A |
| 13. B | 14. A | 15. D | |

### 第二部分

| | | | |
|---|---|---|---|
| 16. D | 17. A | 18. B | 19. C |

| | | | |
|---|---|---|---|
| 20. C | 21. A | 22. D | 23. B |
| 24. D | 25. C | 26. C | 27. D |
| 28. D | 29. B | 30. D | |

### 第三部分

| | | | |
|---|---|---|---|
| 31. D | 32. B | 33. A | 34. D |
| 35. A | 36. C | 37. D | 38. C |
| 39. D | 40. D | 41. A | 42. C |
| 43. C | 44. D | 45. B | 46. D |
| 47. D | 48. D | 49. A | 50. A |

## 二、阅　读

### 第一部分

| | | | |
|---|---|---|---|
| 51. C | 52. A | 53. C | 54. D |
| 55. D | 56. A | 57. C | 58. A |
| 59. A | 60. B | | |

### 第二部分

| | | | |
|---|---|---|---|
| 61. B | 62. A | 63. A | 64. D |
| 65. C | 66. A | 67. D | 68. A |
| 69. C | 70. B | | |

### 第三部分

| | | | |
|---|---|---|---|
| 71. C | 72. D | 73. A | 74. E |
| 75. B | 76. C | 77. E | 78. D |
| 79. B | 80. A | | |

### 第四部分

| | | | |
|---|---|---|---|
| 81. C | 82. B | 83. D | 84. A |
| 85. C | 86. D | 87. D | 88. B |
| 89. D | 90. A | 91. C | 92. D |
| 93. C | 94. A | 95. A | 96. A |
| 97. B | 98. D | 99. D | 100. C |

## 三、书　写

101. 缩写

**感谢的力量**

　　一位老师将每个学生叫到讲台上，告诉大家这位同学对班级和她的重要性，再给每人一条蓝缎带，上面写着："我是重要的。"老师给每个学生三个缎带别针，让他们出去进行同样的感谢仪式，一个星期后回班级报告。

　　其中的一个男孩到公司找到主管，将蓝色缎带别在他的衬衫上，又给了主管两个别针，他解释道："我们在作一项研究，把蓝色缎带送给该感谢的人，再给被感谢的人别针，让他们也进行相同的感谢仪式。下次请告诉我结果。"

　　几天后，这位主管去看他的老板。主管将缎带别在老板的外套上，将剩下的别针送给他，问他："您能不能帮我个忙？把这缎带送给您想感谢的人。让这个感谢的仪式延续下去，看看有什么效果。"

　　晚上，老板回到家中，告诉儿子："你是我要感谢的人。最近我没精力照顾你，我感到很惭愧。有时我还对你大吼大叫。今晚，我只想让你知道你对我多重要，除了妈妈，你是我一生中最重要的人。好孩子，我爱你。"

　　孩子泪流满面地说："爸，我原想明天自杀，我以为你根本不爱我，现在没必要了。"

## 答案说明

1. C　甲在夜里吹喇叭，邻居才来按门铃。

2. A　多此一举：这一举动是多余的。

3. C　这段话主要说人际关系与沟通的关系。

4. D　说话人认为，看电视要加以时间的限制，并看一些对自己有利的电视节目。

5. D 录音中说的是一些家长对中小学教育不满的原因和采取的行动。

6. A 成就事业就要有自信。但自信不是成功的唯一条件。

7. C "文明体现在每个人的行为举止上"。

8. A 粮、盐、润滑剂，都是对幽默作用的比喻。

9. D 沉默、难为情、尴尬，都说明大学生看不起业务员这一工作。

10. C "早晨、傍晚和晚上空气污染最为严重"。

11. B 录音中先说"责任"和"责任感"有本质的区别，然后说"责任是……"，而责任感是……"。

12. A 主要讲候鸟迁徙的传统途径和新发现的途径。

13. B 邓亚萍打乒乓球自身条件不好，但成绩出色。

14. A 录音中讲嫉妒心易引起各种疾病。

15. D 实际上韩为是自言自语，所答非所问。

16. D 男的说第一个新趋势是这些人开始"回归"。

17. A "随着经济全球化的发展"说明了原因。

18. B "从大的趋势来看，人才流向的最终点仍是在美国"，即流向发达国家。

19. C "对其权利给予保障，实行开放的政策。"

20. C 这段对话主要说当前全球人才流动新趋势及其原因——是由于一些新兴国家和发展中国家千方百计从全球吸引人才。

21. A "我在大学的专业是市场营销。"

22. D "（网上开店）给我不仅仅带来了收益，还为我毕业后决定从事电子商务事业打下了基础。"

23. B "本质上并没有什么差别，只是形式上稍有变化，以及传播的媒介有所不同"。

24. D "因为网络营销是企业发展电子商务的关键。"

25. C "网络营销是一个可持续发展的行业，未来的机会也会很多。"

26. C "'鸟巢'是奥运会的主会馆，是北京奥运的核心。"

27. D "2008年奥运会期间，'鸟巢'承担了开幕式、闭幕式、田径比赛、男子足球决赛等赛事活动。"只有D"男子足球决赛"符合。

28. D "'鸟巢'2001年由普利茨克奖获得者赫尔佐格和德梅隆，还有中国建筑师李兴刚等合作完成设计。"

29. B "外观即为建筑的结构"，"结构的组件相互支撑，形成了网络状的构架，就像树枝编织的鸟巢"，所以俗称"鸟巢"。

30. D 录音中说，为残障人士设置轮椅坐席比普通坐席稍高，以保证残障人士和普通观众有一样的视野。

31. D 当前热播的电视剧引发了对"AA制"这一婚姻话题的探讨。

32. B "而有人觉得，夫妻间在花钱问题上斤斤计较，太伤感情。"

33. A B、C、D都是录音中所说婚姻制度和婚姻法所带来的，A没提到。

34. D 团购是"求得最优价格的一种购物方式"。

35. A "根据薄利多销、量大价优的原理，商家可以给出低于零售价格的团购折扣……"。

36. C "团购作为一种新兴的电子商务模式"，可见团购是一种新的电子商务模式。

37. D　团购 "在北京、上海、深圳、广州、厦门等大城市十分普遍"。

38. C　电视 "对孩子的想象力而言，有着毁灭性的杀伤力"。

39. D　这段话主要说明看电视对孩子的危害。

40. D　"……但有一个共同的因素，就是与人们缺乏卫生保健知识以及不健康、不科学的生活方式有很大关系"。

41. A　"人们的健康主要受传染病、寄生虫病和营养缺乏症等的危害"。

42. C　"主要受心血管疾病、恶性肿瘤、营养过剩和遗传性疾病等的威胁"。

43. C　"他很困惑。"意思就是不解，不明其中原因。

44. D　富翁说 "我一生的财富都在这袋子里"，所以失去袋子就是失去了他一生的财富。

45. B　大师是故意抢走了他的袋子，又将袋子还给了他。

46. D　"你欠缺的是一个失去的机会。"大师的话解答了那个富翁感到不幸福的原因，也是这个故事想要说明的。

47. D　"'黑马'原来是指赛马场上……"，所以 D 对。

48. D　"当一个初出茅庐的运动员或运动队出了好成绩，得了冠军，新闻媒体便会以出现'黑马'加以报道赞誉"。

49. A　林肯原本名气不大。

50. A　这段话主要谈的是 "黑马" 这个词的来历。

51. C　成分赘余。"否则……就……"，"如果不……，就……"，二选一。

52. A　搭配不当。"和" 不对，应该用 "还是"："无论……还是……"。

53. C　"中旬" 是一个表示一段时间的词，应删去后边的 "前后"。

54. D　"我国在水墨画的主要成分" 去掉 "在"。

55. D　成分残缺，没有主语。改为 "致使患者在……死亡"。

56. A　"由于" 引出产生结果的理由，位置在结果之前。应改为 "由"。

57. C　成分赘余。"万一"、"若" 都表示假设条件，二选一。

58. A　搭配不当。删去 "所"："受……喜爱"，"为……所喜爱"。

59. A　成分残缺。"全在于" 后加 "是否"。

60. B　"而" 应改成 "而且"，表示递进关系。

61. B　正确搭配：突破障碍 / 在……范围内（或 "里、中"）/ 无论……还是……。

62. A　不起眼：某人、某物或某事情很普通，不引人注目，不值得重视。正确搭配：浪费资源 / 耗费资源 / 禁止使用（＞限制使用）。

63. A　正确搭配：缺乏适应力 / 缺少适应（能）力。误解：错误地理解。看待：从某个角度去理解（事物或人）。

64. D　成果：指长期辛勤劳动后的收获。保存：使某种精神或物质继续存在。享用：使用而得到满足，如：享用晚餐 / 享用劳动成果。关键在于：指出事物的本质、原因之所在。

65. C　观察：仔细观看并发现。"不分伯仲" 等四个成语都表示 "差不多" 的意思。正确搭配：按照情况 / 根据情况。"于是" 承接上文原因，引出下文的行动。

66. A　展现：展示表现。正确搭配：内容涉及（某些方面）。应有尽有：应该有的全都有了。"丰盛" 多形容食品酒菜等多；"丰富" 指物质财富、学识经验等种类多或数量大，如物产、书籍、知识、经验、情感、内容、节目等。

67. D 善于：在某方面具有特长。作为……，……：就事物的某种性质或人的某种身份来说。各有所长／各具千秋／各具风采：有各自的长处和特点。强调：特别着重（某一观点）。

68. A 尝试：探索性地去做以前没做过的，如：尝试新事物／尝试新方法。正确搭配：最好别……，免得／省得／以免……。控制：掌握住不使其超出范围。"想尽办法"可与否定词搭配。

69. C 人们通过体育活动来"锻炼"身体。特征：强调的是"特点"的征象、标志。主张／认为：对人或事物持有某种见解。持之以恒：长久地坚持下去。恒：久。持续：不间断地，长久地。

70. B 代表：表示某种意义或象征某种概念。理想的……：合乎的想象或希望的（状态或情况、人）。正确搭配：数量增长／物价稳定／物价平稳。

71. C 后句是一个结果，前面应该是一个条件句：既然……，那么……。

72. D 前后动作相关联：先……，再……。

73. A 根据情节得出结论。

74. E 前后语义关联：有一小部分留在外面——没有被握住。

75. B 前后语义关联：绝大部分……，还有一部分……。

76. C 涮笔——结果池水被染黑。

77. E 前后有关联词：不仅……而且……。

78. D 前句是"当……的时候"，后面是出现的情况。

79. B 前后语义关联。"随着……也……"指伴随状况。

80. A 感叹句。

81. C "尖锐"意思是（言论、斗争）激烈。

82. B 短文开始时说，孙武的祖父、父亲都是名将，他自己也喜欢研究兵法。

83. D "推崇"的意思尊崇、推重和崇敬。

84. A 孙子写出了《孙子兵法》(能文)，在他的指挥下，吴军击败楚国，成为霸主（能武）。

85. C 笑"使得灵长类化解内部矛盾"。

86. D 第二段说笑鸟在细嚼慢咽品尝蛇肉的同时不断地发出"哈哈"的笑声。第三段说瑞典的一种鸟飞行时发出笑声。

87. D "又因它的叫声像古稀老人在爽朗地笑，所以还被称为'笑老人'。"

88. B 短文主要讲了多种动物会发出似人的"笑"声。

89. D "塑料袋已经成为人类不可忽视的一个环保大问题。"

90. C "在洛杉矶等城市，政府开始发起塑料袋回收活动"。

91. C "人们使用塑料袋时不再像从前那样'奢侈'了"，"奢侈"意思是浪费，无限制地使用。所以选 C。

92. D 第一、二段介绍了塑料袋的危害。第三、四段介绍了塑料袋的使用现状。

93. C 第一段说明了原因。秦武王想了个法子整治甘茂。

94. A 甘茂一开始愁眉苦脸，原来听了孙子甘罗的对策，喜上眉梢，说明是被孙子说服了。

95. A "他觉得眼前这个孩子又聪明又大胆，实在太可爱了。于是就不再提要公鸡蛋的事儿"。

96. A 本文主要讲甘罗的聪明才智。

97. B 从冬至开始白天一天天变长。

98. D 冬至是一个节气，而且"被当做一个较大节日"。

99. D "张仲景在认真学习和总结前人的理论经验基础上，写出中医名著《伤寒杂病论》。""在……基础上"点明了原因。

100. C 最后一段说，冬至吃饺子，是不忘"医圣"张仲景"祛寒娇耳汤"之恩，就是说是为了纪念张仲景。

# 模拟试卷　第 *3* 套

# 听力文本

## 第一部分

第1到15题，请选出与所听内容一致的一项。现在开始第1题：

1. 医治失眠的药方、药物只能缓解症状，真正的药方在我们每个人的心里。我们羡慕婴儿的睡眠，并且把世界上最美好的睡眠称为"婴儿睡"。其实，你也能做到，前提是，你要像婴儿一样活得简单。

2. 白色家电指可以替代人们家务劳动的家用电器，如洗衣机、空调、冰箱等；黑色家电可提供娱乐，像彩电、音响等；米色家电指电脑信息产品。近年来，各类家电产品也出现了相互渗透交融的现象，如网络家电、带液晶电视的冰箱等。

3. 参加工作以后要养成的第一个好习惯是守时。收到的短信邮件，24小时内一定回复，信号不好不是借口。约好了会议，要及时赶到，交通拥堵、闹钟没响、妈妈忘了叫你起床等等都不是借口。

4. 在新西兰，有的护士的收入竟超过部分医生。这同样符合市场原则。在市场经济发达的国家，收入高的行业，要么需要特殊才能、准入门槛高，要么就是危险、苦累的工种。那里的护士收入高，不是因为从事这个职业有多难，而是因为脏、累，很少有人愿意干。

5. 食品添加剂不仅能够改善食品的外观和口感，还有利于食品加工，能更适应生产机械化和自动化，最重要的是，食品添加剂方便食品保存，能防止变质。比如，以前的酱油放久了会长毛，但加入防腐剂以后，这一问题就不存在了。

6. 丈夫对妻子说：我又没踩你的脚，为什么刚才在大庭广众之下，你几次高喊我踩了你的

脚呢？妻子回答：穿着这么漂亮的高跟鞋，我总不能光叫你一个人看呀！

7. 在我看来，老板没有糟糕的，关键在于你怎样去和他进行沟通。我的老板很少主动打电话给我，80%都是我跟他通电话，或者写邮件给他，向他汇报新进展。你越是邀请老板多参与你的工作，他越觉得你是可以被信任的。

8. 大家都觉得纸比塑料环保，其实纸袋的生产过程会比塑料袋消耗更多的能源，纸袋的循环利用也比塑料袋耗能，还有，纸袋在垃圾填埋地里会占用更多的空间。因为填埋地通常在地表下，纸和塑料在封闭状态下都很难进行生物降解。

9. 北极熊是很讨人喜欢的动物。正常情况下，它们的毛是透明的，不是白色的；皮是黑色的，也不是白色的。在温湿的环境下，它们的毛能从透明的变成海藻色，再变成绿色。

10. 一个男子告诉医生，说他如今什么都不想做，跟过去完全不一样了。检查完毕后，他告诉医生："医生，请你不要说什么复杂的医学名词，简单地说我生了什么病就行。"医生回答："简单地说，你生了懒病。"

11. 很多人都会经常买一些自己根本不用的东西：看一看你的房子、壁橱、地下室、阁楼和车库里，是否有很多在过去一年里你从没使用过的东西。如果有，那么你购买这些东西可能只是在浪费本来可以增加你的资产的钱。

12. 心脏病的诱因有很多，其中与车流接触在心脏病发作诱因中比例最高，接下来才是锻炼、一般的空气污染、喝酒或者咖啡以及其他因素。

13. 连日来，关于"中国急缺儿科医生"的传闻流传很广。记者调查发现，儿科医生门槛过高是导致这一局面的重要原因之一，硬性规定要求招硕士及博士学历，如此高学历的招聘成为很多医院的"老大难"。

14. 高昂的房价、激烈的竞争……多重压力下的都市白领中开始出现一股"返乡潮"，越来越多的人丢弃了"一定要进大城市"的就业观念。专家分析认为，不要觉得惊慌，大城市白领纷纷回到中小城市，对白领的个人成长及社会均衡发展都有益处。

15. 钟南山院士曾经是一个成绩很差的调皮孩子。他喜欢运动，并拿了无数体育奖项。体育成绩也唤醒了他自信与自尊的性格，他后来将这个拼劲儿用在了学习上。最终，他由一名调皮的"差生"考取了令人向往的北医大。

第二部分

第 16 到 30 题，请选出正确答案。现在开始第 16 到 20 题：

第 16 到 20 题是根据下面一段采访：

女：大家好！今天是第六届全国爱眼日，我们邀请了眼科专家林丁医生来谈谈有关眼睛的健康话题。林医生，我的孩子有 300 度近视，是否需要配眼镜？

男：300 度通常被认为是低度近视和高度近视的界限，对孩子来说就是上课看不清黑板上的字，这种情况会影响日常的学习和生活，最好还是配戴眼镜。我建议先带孩子到医院进行检查，查明确切的度数以及最佳的矫正视力。平时保护眼睛主要做到用眼卫生，避免过度用眼，每用眼看书一小时左右，就休息 10 到 20 分钟，眨一眨眼睛。我知道这很难做到，坦率地讲，我也很难让我儿子做到这一点，但这样做一定对眼睛有好处。还要注意锻炼身体，多参加户外活动，注重营养，避免偏食。

女：有人喜欢戴隐形眼镜，这会不会对眼角膜有伤害？

男：不会。但需要你生活有规律，注意保护。隐形眼镜它本身不会对角膜造成损害，只有当你不经常清洗或者一次配戴时间过长，才可能引起角膜损伤。注意不能用酒精、水等取代清洗液。还要注意，戴隐形眼镜，光注意卫生是不够的，还要按照隐形眼镜本身的说明来选择连续配戴时间。一般来说，一次配戴时间短一点儿总是安全一些，因为隐形眼镜阻隔了眼睛与空气的接触，尽管它是能透氧的，超时配戴还是会导致缺氧。如果觉得不舒服了，马上摘下来，不要勉强，最好随身携带镜片清洗液。如果有人眼压高的话，建议还是放弃配戴隐形眼镜。

女：现在有不少年轻人近视又不想戴眼镜，考虑做激光手术治疗近视，请问这样有无危险？

男：绝大多数人用激光做手术效果是很好的。一般来讲，危险性极低。但从医师角度建议您，要根据您的工作性质来选择是否做手术，毕竟戴眼镜既安全又简单。如果你决定手术，一定要选择有许可证的医院来做，这样安全性比较好。

    16. 男的认为 300 度近视的人应该先做什么？

    17. 戴隐形眼镜需要注意些什么？

    18. 戴隐形眼镜时间太长的后果是什么？

    19. 对近视眼来说，下面哪种方法既安全又简单？

    20. 关于做激光手术，下面哪一项是男的的观点？

第 21 到 25 题是根据下面一段采访：

女：2009 年，著名网站网易的 CEO 丁磊宣布在浙江开养猪场，要用高科技养 1 万头猪，消息轰动一时。两年过去了，丁氏猪肉还未见踪影。丁先生，先请您谈谈养猪的事情吧，进展到什么程度了？

男：养猪的过程从起草报告、招投标开始，并不是一帆风顺的，受了很多折腾，个中体会也非常深刻。养猪，除了技术、资本和耐心之外，最重要的是要有一个地方能够养猪。一说养猪，不少人觉得是没有文化的人干的事情。但我不管舆论怎么评价，我希望能够通

过网易在农业养殖方面的试验告诉大家，这不是低层次的生产劳动，这里面有很多技术含量，也能得到很不错的、稳定的回报。而且这种试验是可以被复制和推广的，我们愿意把这种技术毫无条件地送给想用我们这个模式生产的人。

女：相比养猪事业，现在网易更火的是不久前推广的"公开课"项目，您怎么看？

男：我认为这是件伟大的事情。公开课项目是网易去年 11 月份推出的一个项目，用户可以在线免费观看来自哈佛、耶鲁、麻省理工学院等世界级名校的公开课课程，内容涵盖人文、社会、艺术、金融等领域。今年的 1 月 18 日，网易宣布正式加入国际开放课件联盟，成为该联盟在中国唯一的企业联盟成员。网易要做的事，主要是找翻译团队把这些课件翻译成中文供网友观看，不征收任何费用。

女：除了网易之外，最近几家门户网站都陆续推出了公开课频道，怎么看彼此的竞争？

男：我恨不得中国几大有影响力的企业一起来推动这件事情，我觉得这里不存在竞争的问题。能够把这些优秀的知识向更多人传播，是一件好事。网易在公开课项目上是完全公益的，不存在收费的问题，现在不会有，以后也不会有。

女：2010 年微博一下子火了起来，网易也加入了微博阵营，微博是网易今年的重点业务之一吗？

男：对，微博是网易 2011 年发展的重点。新浪、搜狐等网站推名人，网易不想跟着起哄，我们要推的是达人。中国需要各行各业热爱生活的达人，能够在某个领域孜孜不倦地追求，他们也许不是名人，但他们身上有很多闪光点。这个达人理念和我们公开课的基本理念又是相同的，我们希望中国的网民能够在自己各自的领域钻研进去，在求知上不要浅尝辄止，而是成为某一个工作领域或生活领域的达人。

21. 男的是做什么工作的？

22. 男的认为养猪最重要的一点是什么？

23. 关于网易公开课，可以知道什么？

24. 关于新浪、搜狐等网站的微博，可以知道什么？

25. 关于达人，男的谈到了什么？

第 26 到 30 题是根据下面一段采访：

男：2005 年，经过多轮预赛、淘汰赛，你最终夺得"超级女声"歌唱比赛冠军。夺冠那一瞬间，是什么样的感觉？

女：当时感觉还挺平静的，没有狂喜，也没有想哭。说实话，经过了那么多轮的比赛，比到最后已经很累了，只想赶快结束，赶快休息休息。

男：你现在也属于一个成功的女人，那么，你觉得，什么样的女人最美丽？

女：从古到今，文人墨客，有很多笔墨来形容一个女人的魅力。有人认为一个漂亮的女人最美丽，比如貂蝉、西施；有人认为有权势的女人最美丽，比如一代女皇武则天；还有人认为有钱的女人最美丽，等等。我认为，这些标准都不准确，从小受我母亲熏陶，在我眼里最美女人的标准是善良、纯粹、真实。

男：你现在也是娱乐圈的知名人士，许多人都说，娱乐圈是一个名利场，充满了钻石美酒，你需要面对各种各样的应酬。那么，这样的娱乐圈会不会让你有比较疲惫的时候？你会

享受这种生活吗？

女：这是一个很大的问题。一开始参加比赛的时候，感到很累，而且是心累。现在也很忙，但是只是身体上的累，能承受得了。一开始的时候，面对这么多的应酬和约束，我也很讨厌。但后来我渐渐明白，因为喜欢唱歌，所以我选择了这样的生活。因此，虽然身心疲惫，但是我要努力享受这样的生活。只要能响亮地唱歌，哪怕前面是悬崖峭壁我也不怕。

男：如果一切从头来，你会感到害怕吗？比如你可能会担心不会取得现在的成绩。

女：我的字典里没有"如果"这两个字。即使是一切从头再来，我也不会害怕，我还是相信我能取得现在这样的成绩，甚至比现在的成绩还要好。

男：除了唱歌，将来你会有其他计划吗？

女：当然，我会有很多计划。比如，如果有时间，我想去旅游，轻轻松松、没有工作压力地去旅游。我还想去交很多知心的朋友。当然，我最想做的是做慈善，用我有限的力量去帮助更需要帮助的人。不管是什么职业的人，都应该在力所能及的情况下去多做慈善。歌手这个身份就会有更大的影响力，去倡导更多的人加入这个行列。

　　26. 女的夺得比赛冠军时的感觉是什么？

　　27. 在女的看来，什么样的女人最美丽？

　　28. 女的如何看待娱乐圈的生活？

　　29. 如果一切重来，女的会觉得怎么样？

　　30. 这个女歌手除了唱歌以外，最想做的是什么事情？

## 第三部分

第31到50题，请选出正确答案。现在开始第31到33题：

第31到33题是根据下面一段话：

　　有一个叫德格曼的乞丐，一年半前突发心脏病离世，亲戚们震惊地发现他竟遗留下了至少110万英镑的财产！

　　在过去40年中，当地人经常看到德格曼骑着一辆破自行车在川流不息的大街上穿行，在街头的垃圾箱中搜寻易拉罐卖钱。在当地人眼中，德格曼是一个性格古怪、外表丑恶的人。他平时常到公共图书馆中去看报纸，并且最喜欢朗读金融类日报。一个流浪汉爱看金融报纸，真是岂有此理！许多人都感觉他很滑稽，要不然就是很虚荣。邻居们做梦都不会想到，德格曼竟是一个"投资专家"，他将自己卖废品的收入用来投资股票债券，一笔一笔的利润分红，聚下了巨额财产！

　　所有人都不理解德格曼到底是个怎样的人：是流浪汉，却具有超凡的金融天赋；有百万英镑的财产，却生活困苦。也许，我们都不必奇怪，这正是他喜欢的生活方式，在他看来，捡垃圾、吃剩菜剩饭是很快乐的，如同看金融报纸一样；而炒股也不是为了赚钱，而是完全出于爱好，仅此而已。每个人都可以根据自己的爱好选择自己喜欢的生活方式，别人无权阻

拦，只不过德格曼的这两个爱好在有偏见的常人看来是极端和矛盾的。

31. 德格曼的职业是什么？

32. 当地人看到德格曼看报纸，都觉得怎么样？

33. 关于德格曼的生活方式，下面的说法中正确的是哪一个？

第 34 到 36 题是根据下面一段话：

没想到今天在公交车上遇到了我的老同学李俊，上学时我们是公认的铁哥们儿。可毕业多年，我们已慢慢失去联系了。

彼此问候，才知道我们都结婚成家了。我竭尽全力寻找和工作、家人有关的话题，回忆过去模糊的片断，可惜，当初在一起旷课、喝酒、打架的我们似乎少了点默契，只是三言两语就结束了，很快就是一片空白。我有点儿尴尬，看看李俊，他也不断地往窗外看，并且努力地向我挤出刻意的笑容。

数了一下，我还有 7 站才到家，但我实在不想待在车上了。我站起来，跟李俊说我已经到了，先下了，以后常联系，下次喝酒我做东。他说好的，以后要多聚聚。我知道他说的也是客套话，我们连电话号码都没留，怎么联系！

虽然下车以后要走很长的路，但我心里轻松，所以情不自禁地哼起了小曲。正走着，突然发现李俊正拎着菜筐从我对面走来！

他竟然往回走！他宁肯再走回来也不愿和我一起下车。他看见我，也呆了。

我知道，他不再是当年的他，可是，我还是当年的我吗？

34. 根据上文，"我"和李俊毕业以后怎么样？

35. "我"和李俊相遇时，气氛怎么样？

36. 后来李俊为什么会从"我"对面走来？

第 37 到 39 题是根据下面一段话：

毕业前，很多人都以为"朝九晚五"就是早晨九点上班，下午五点下班，可是到参加工作才发现完全不是这么回事。虽然说起无穷无尽的加班都"咬牙切齿"，但只要上级或同事还在桌边忙碌，其他人就算是第二天的工作都完成了，也得乖乖地待着，甚至还要装出表情庄重、工作很投入的样子。这就是"出勤主义"。出勤主义这个词的出现虽不是很久，但这种现象却由来已久。很多员工由于担心失去工作，经常超时工作，或者即使没有事情也要拖到很晚才下班，好让同事或老板看到他们的表现。有些下属甚至生病了，宁可自己受罪也不敢缺席，其实工作效率大打折扣。

37. 为什么很多人超时工作？

38. 关于"出勤主义"，下面的说法哪一项正确？

39. 信奉"出勤主义"的人，生病的时候会怎么样？

第 40 到 43 题是根据下面一段话：

仔细观察周围的人，那些从小就大手大脚请人吃饭的人，到现在依然有条件大手大脚地花钱。而那些喜欢沾别人的光，一到付钱就开始拖延，或者"忘带钱包"的人，多少年后，依然过着拮据的生活。似乎越花钱的人越有钱，越节俭的人越穷。

节俭的人很多，80% 的人都在不断地节俭，存入银行的钱，占到自己财富的 75%。而富人呢？银行里的存款占自己财富的 1% 都不到。这些钱只是为了自己近期的开销，其他的钱，不但不放在银行里，反而想方设法从银行贷出来周转。银行是什么？银行就是一个把不喜欢花钱的人的钱聚集起来，给那些喜欢花钱的人花的地方。

节俭的人的思维模式很狭隘和顽固，永远都是：买东西，能便宜就便宜。而富人看到喜欢的东西呢？他们考虑的是：我如何才能赚到能买下它的那么多钱呢？两者之间就有差距了。富人赚钱的方法越来越多，而这些都是伴随着自己的欲望、野心、志气而成长着，从而迅速调整自己的工作，调整自己的事业，统筹兼顾，进而去买到自己喜欢的东西，过别人向往的生活。所以，有时候有主动请客吃饭的气魄才是英明的选择。

40. 根据这段话，那些小时候乱花钱的人长大以后会怎么样？

41. 说话人认为节俭的人会怎么样？

42. 富人的银行存款占自己财富的比例是多少？

43. 说话人认为富人变富的原因是什么？

第 44 到 46 题是根据下面一段话：

有三所中学，学生们很淘气，上课总是迟到。为了解决这个问题，诸位校长真是煞费苦心，决定向酒店学习，为学生提供后勤服务——"叫醒服务"。

第一家中学的校长一大早就把电话打到了 500 名学生家里，严厉地提醒他们："赶紧起床，到学校来！"而第二位校长的态度就温和多了，他担心自己粗鲁的声音会吓到还没睡醒的学生，于是给学生发送指定的名人的叫醒录音。篮球明星和演员歌手都被拉来助阵，帮助叫醒那些懒惰的学生。听到自己的偶像叫自己起床，恐怕再懒的学生也会兴奋地从床上一跃而起。

最厉害的是第三家中学，不但提供叫醒服务，还动用了民用卫星、雷达定位系统，专门用来监视那些多次无故迟到的学生是否真的按时出门。那些妄想蒙混过关的学生现在没辙了。

44. 第一所中学的叫醒电话里是谁的声音？

45. 听到偶像声音的叫醒电话，学生们会怎么做？

46. 使用卫星定位系统可以干什么？

第 47 到 50 题是根据下面一段话：

一家咨询公司近日发布了一份全美幸福感调查报告：一位 65 岁的华裔老先生成了全美国最幸福的人。

这位先生姓王，家住夏威夷州，已婚且育有子女。他和妻子的年收入超过 12 万美元，身

体也都很健康。除了幸福的家庭、稳定的收入和健康的身体这些基本条件以外，微笑是他当选"全美最幸福的人"的关键。王先生脸上总是挂着谦逊和蔼的微笑。他的人生哲学就是，如果你不对自己微笑，人生对你来说将会很可怕。

而全美最不开心的人应该是一位45至64岁之间的女性，她没有稳定工作，收入很低，正和丈夫闹分居并且没有小孩。

值得注意的是，经济相对不发达的地区排名靠前，而经济发达的地区则表现不够理想。这些"幸福州"的共同特点是：风光秀丽，人们的户外活动丰富。调查还显示，老年人比较开心，男性也普遍比女性幸福。

该报告公司还给政府建议：为居民增加找到好工作的机会、提供良好的医疗服务、帮助他们减少肥胖与糖尿病等慢性疾病，能大大提高人们的幸福感。

47. 老王当选全美国最幸福的人最重要的条件是什么？

48. 关于美国最不开心的人，下面的说法中正确的是哪一项？

49. 根据对美国人幸福感的调查，下面的说法中正确的是哪一项？

50. 要想使人民更幸福，政府应该怎么做？

听力考试现在结束。

# 答 案

## 一、听 力

### 第一部分

| | | | |
|---|---|---|---|
| 1. C | 2. D | 3. B | 4. D |
| 5. A | 6. D | 7. A | 8. B |
| 9. A | 10. D | 11. D | 12. A |
| 13. D | 14. A | 15. A | |

### 第二部分

| | | | |
|---|---|---|---|
| 16. D | 17. C | 18. D | 19. B |
| 20. B | 21. A | 22. D | 23. B |
| 24. A | 25. D | 26. A | 27. C |
| 28. C | 29. A | 30. D | |

### 第三部分

| | | | |
|---|---|---|---|
| 31. A | 32. B | 33. A | 34. B |
| 35. C | 36. D | 37. D | 38. B |
| 39. A | 40. C | 41. D | 42. A |

| | | | |
|---|---|---|---|
| 43. B | 44. A | 45. D | 46. C |
| 47. B | 48. C | 49. A | 50. B |

## 二、阅 读

### 第一部分

| | | | |
|---|---|---|---|
| 51. D | 52. A | 53. A | 54. B |
| 55. A | 56. B | 57. D | 58. D |
| 59. A | 60. D | | |

### 第二部分

| | | | |
|---|---|---|---|
| 61. C | 62. A | 63. A | 64. B |
| 65. D | 66. C | 67. C | 68. B |
| 69. B | 70. D | | |

### 第三部分

| | | | |
|---|---|---|---|
| 71. D | 72. A | 73. E | 74. C |
| 75. B | 76. B | 77. C | 78. E |

79. A       80. D

| | | 89. D | 90. D | 91. A | 92. D |
|---|---|---|---|---|---|

第四部分

| | | | | 93. A | 94. D | 95. D | 96. C |
|---|---|---|---|---|---|---|---|

81. C       82. D       83. B       84. B

| | | | | 97. C | 98. B | 99. A | 100. D |
|---|---|---|---|---|---|---|---|

85. D       86. B       87. A       88. B

# 三、书 写

101. 缩写

### 细节决定成功

　　在泰国曼谷，有天清晨，我遇到一位酒店服务员。"早上好，余先生。"她亲切地说。我觉得很奇怪，我不认识她啊。"我们都要记住客人的名字。"她说。

　　到一楼，又一名酒店服务员说："早上好，余先生。""啊，你也知道我姓余？""我的同事打电话说您下楼了。"原来她们腰上挂着对讲机呢。

　　用餐时有一盘我没吃过的点心，于是问服务员是什么，小姐看了一下，后退一步说明是什么。她是为了防止唾沫溅到饭菜里。

　　我办退房手续。刷完卡，服务员把收据放在信封里，说："谢谢您，余先生，希望第七次再看到您。"

　　三年了，我没去过泰国。有一天，我收到一张泰国酒店寄来的卡片。原来那天是我的生日。当时我就决定假期再去那家酒店。

　　如此服务，怎能不赢得顾客的心？

　　我认识的一位老板说，她成功的"秘诀"就是为顾客营造一种氛围，顾客走进美容院的时候，每个人都会微笑着向顾客问好，记得顾客的姓名。老板说，100-1=0，如果一个员工没为顾客提供好的服务，其他员工的努力就都被抹杀了，再努力也无法弥补。

# 答案说明

1. C　婴儿睡得好，是因为婴儿活得简单，所以说"活得简单才能睡得好"。

2. D　录音最后说"近年来，……如网络家电、带液晶电视的冰箱等"，可见网络家电是新型家电。

3. B　"参加工作以后要养成的第一个好习惯是守时。"

4. D　"那里的护士收入高，……而是因为脏、累，很少有人愿意干。"

5. A　录音中讲了食品添加剂多个方面的好处。

6. D　丈夫没有踩妻子的脚，妻子却大叫，主要是想让别人注意到她脚上的鞋。

7. A　以自己与老板的沟通为例，说明与老板多进行沟通的重要性。

8. B　在生产过程中和填埋地里两个方面，纸袋比塑料袋消耗更多的资源。

9. A　不同条件下，北极熊的毛的颜色不同。

10. D 医生告诉他得的是"懒病",可见男的其实没有病,只是因为懒才觉得不舒服。

11. D 买了一些没用的东西就是无目的购物,"在浪费本来可以增加你的资产的钱",实际上就是影响了资产收入。

12. A "……比例最高"说明所说是最重要的原因。

13. D "门槛过高"比喻准入的标准太高。

14. A 专家分析,这一现象对个人和社会都有益处。

15. A "他后来将这个拼劲儿用在了学习上。""这个拼劲儿"指体育上的自尊与自信。

16. D "我建议先带孩子到医院进行检查"。

17. C 男的说戴隐形眼镜"当你不经常清洗……可能引起角膜损伤",可以知道 C 正确。

18. D 男的说"超时配戴还是会导致缺氧",可以知道 D 正确。

19. B 男的说"戴眼镜既安全又简单",可以知道 B 正确。

20. B 男的最后说,"如果你决定手术,一定要选择有许可证的医院来做,这样安全性比较好",可以知道 B 正确。

21. A 女的一开始介绍男的时说"著名网站网易的 CEO 丁磊",可以知道 A 正确。

22. D 男的说"最重要的是要有一个地方能够养猪",可见他认为场地最重要,D 正确。

23. B 男的谈到网易公开课时,说"是完全公益的,不存在收费的问题,现在不会有,以后也不会有",可见是完全公益的,B 正确。

24. A 男的说"新浪、搜狐等网站推名人",可以知道 A 正确。

25. D 男的在最后一段谈到,"中国需要各行各业热爱生活的达人,能够在某个领域孜孜不倦地追求",可见达人来自各行各业,D 正确。

26. A 女的说自己夺冠时"感觉还挺平静的",A 正确。

27. C 女的说"在我眼里最美女人的标准是善良、纯粹、真实",C 正确。

28. C 女的说到娱乐圈的生活时说,"虽然身心疲惫,但是我要努力享受这样的生活",可以知道 C 正确。

29. A 女的说自己不怕一切从头再来,因为"我还是相信我能取得现在这样的成绩,甚至比现在的成绩还要好",可见她很自信。

30. D 女的在最后说到"我最想做的是做慈善",可见 D 正确。

31. A 第一句说"有一个叫德格曼的流浪汉",可见他是个流浪汉。

32. B 录音中说当别人看到他看报纸时,"许多人都感觉很滑稽",所以 B 正确。

33. A 录音中说"所有人都不理解德格曼到底是个怎样的人",可见别人都不理解他。

34. B 根据短文可以知道,"我"和李俊毕业后失去了联系,而且见面后也没有共同话题,可见两人已经不再是朋友了。

35. C 根据"我"和李俊见面无话可说的情景,可以知道气氛很"尴尬"。

36. D 录音中说"他宁肯再走回来也不愿和我一起下车",可见 D 正确。

37. D 根据录音可以知道,很多人超时工作不是因为喜欢工作,或是对工作投入,或是忘记了时间,而是为了给领导和同事留下好印象,D 正确。

38. B 录音中说出勤主义这种现象已经"由来已久",可以知道 B 正确。

39. A 短文最后说有的人甚至生病了也坚持出勤,可见 A 正确。

40. C 根据第一段,可以知道从小乱花钱的人,长大以后"依然有条件大手大脚地花钱",可以知道 C 正确。

41. D 录音中说节俭的人"在不断地节俭,存入银行的钱,占到自己财富的 75%",可以知道 D 正确。

42. A 根据富人"银行里的存款占自己财富的 1% 都不到",可以知道 A 正确。

43. B 短文最后说富人"伴随着自己的欲望、野心……调整自己的工作,调整自己的事业",从而变得更富,可以知道 B 正确。

44. A 根据这段话的内容,可知第一所学校是校长亲自打电话,A 正确。

45. D 根据"听到自己的偶像叫自己起床,恐怕再懒的学生也会兴奋地从床上一跃而起",可以知道学生听到偶像的电话很兴奋。

46. C 这段话最后说卫星定位系统可以"监视那些多次无故迟到的学生是否真的按时出门",可以知道 C 正确。

47. B 根据短文可以知道老王当选的关键是他的"微笑",即他有良好的心态。

48. C 根据短文,可以知道最不开心的人的条件是一个"45 至 64 岁之间的女性,她没有稳定工作,收入很低,正和丈夫闹分居并且没有小孩",只有 C 符合条件。

49. A 根据"男性也普遍比女性幸福",可以知道 A 正确。

50. B 这段话最后一段给政府的建议是"为居民增加找到好工作的机会、提供良好的医疗服务"等,所以 B 正确。

51. D 主语"消防车"与谓语"放弃休假,坚守在岗位上"不搭配。

52. A "风景"可以说"美",不能用"美好"。

53. A 应该是"普遍地提高了觉悟"或"觉悟普遍提高了"。

54. B "校长"应该在"副校长"的前边。

55. A "培养"的宾语可以是"兴趣",但不可以是"水平"。

56. B 可以说"端正态度",但不能说"端正方法"。

57. D 应该先"明确方向",再"设定目标"。

58. D 应该是"法老的神秘的咒语"。

59. A "从内心里"和"由衷地"重复。

60. D "毕不了业"应该在"找不到工作"的前边。

61. C 可以说:文化的发源地 / 文化的发祥地 / 考古发现证实 / 考古发现证明 / 与……并存 / 与……共存。

62. A "眼前的利益"指目前得到的好处。可以说:短暂的欢愉 / 暂时的欢愉 / 把……和……有机结合起来。

63. A "实际上,……"表明说明事实,否定前文的观点。可以说:引起重视。最后一个空儿应该是名词"高峰",表示曲线统计的最高点。

64. B 某个学科的范围内叫"领域"。逻辑的特点是"严密"的。求证要求很"精确"。文学作品打动人的是故事的"情节"或"细节"。

65. D 根据上下文，这里说的是因为恶意竞争，一家公司说另一家公司的坏话，用"揭发"或"攻击"都可以。"混淆是非"意思是故意弄混是非的界限。"谣言"与"真相"相对。

66. C 说"影响今后的生活／决定今后的生活"都可以，"决定"程度更高。可以说：知道信息／接受信息／新局势／新趋势／新形势。"创造"未来，侧重从无到有。

67. C 可以说：传达信息／传递信息／转达信息。说说话的"对象"或"对方"都可以。可以说：掌握时机／控制时机／把握时机。与前文"简单的语言、易懂的语言"相对，后文应该是"过分的客气"。

68. B "压抑"是与心情有关的动词。说步调"紧凑"或者"忙碌"都可以。缓解压力：压力减轻、缓和。这段话是有关心理健康的，所以最后是"健康豁达的人生"。

69. B "伴随着"意思是一直同时存在。"遭"是被的意思，只有"惨遭淘汰"是正确的。说"危机意识"或者"风险意识"都可以。前句是"看到了……"，后文应该是"忽视了……"。看到对手的缺点或弱点，却没看到自身的不足，前后句相对应。

70. D "随着……，……"表示伴随状态的原因或者趋势，一般用在句子开头。说过去一直沿用的方式或风俗用"传统的～"，如"传统的模式／传统的风俗"。因素：决定事情的原因或条件。说影响的程度用"深刻"。

71. D "久而久之"意思是这样时间长了，用来承接上文，引出结果。

72. A 前边描述种种穿拖鞋的状况，"而且"表示递进——这些社会都能接受。

73. E 说明一种例外。

74. C 前句"也有……"表示肯定，"但是……"说明中国穿拖鞋的情况不如新加坡普及。

75. B 说明只有这些大学生是例外。

76. B 因果关系。因独居又离开母亲，所以独来独往。

77. C "即使……"表明让步关系：就是到冬天也不改变习惯。

78. E "视力不好"后跟表示转折关系的"但……"。

79. A "为……"说明动物冬眠的原因。

80. D "而且……"表示递加关系。

81. C "44岁左右时情绪最为低落"。

82. D 第二段最后说，"中年危机"与"各国社会竞争的普遍加剧也有一定关系"，可见情绪受到压力的影响。

83. B 第三段说，悲观的人"往往喜欢攀比"。

84. B 根据最后一段，"随着年龄增长，……人们会……更擅于应对各种波折……因此，老年人往往比年轻人活得更开心"，可以知道B正确。

85. D "像种蘑菇一样培养博士"是一个比喻，种植蘑菇又快又大批量，用来比喻大批量地培养博士。

86. B 第二段说明了博士太多导致博士难找工作的原因。

87. A 第二段中说"美、日两国都拨了大量研究经费"，可以知道A正确。

88. B 在倒数第二段，作者提出了改变这一状况的措施：让博士教育和就业需求更好地衔接起来。

89. D　第四段说这个行业"赚钱容易"，第五段具体谈了该行业的薪酬，可以知道这一行业收入较高。

90. D　"牧狗"是仿照"牧羊"造的一个词，"牧狗"是说牵的狗多，像牧羊一样。

91. A　倒数第三段说，遛狗公司提供的服务包括"遛狗、喂食、替狗沐浴"以及"向客户的狗提供保险"，没有提到给狗看病。

92. D　根据最后一段，如果遛狗者涉嫌虐待动物，他们将"面临高达两万英镑的罚款和51周的监禁"，可以知道 D 正确。

93. A　根据第一段，母乳中牛磺酸的"含量是牛奶的 10–30 倍"，可以知道 A 正确。

94. D　根据第一段说母乳可以"提高宝宝智商"，第二段又说"母乳喂养是开发宝宝感知、激发其人类独有的感情和高级神经中枢的综合活动，对促进宝宝智力发育的作用不可替代"，可以知道 D 正确。

95. D　根据最后一段，第三世界国家母乳喂养率下降的原因是"教育水平低下和奶粉强占市场"，D 正确。

96. C　根据最后一段，使用奶粉可能会带来健康方面的问题，可以知道 C 正确。

97. C　根据第一段，可以知道给"我"留下最深刻印象的是"日本主妇的节俭之风、崇尚低碳生活的精神"，C 正确。

98. B　根据第二段，房东太太在冰箱上贴纸条的原因是，这样做"可以减少开冰箱的次数"，B 正确。

99. A　根据第三段，废牛奶盒子的用处包括做插花的底座、做蛋糕模子、做菜板的垫。做除臭剂袋的是长筒袜加茶叶或咖啡渣。

100. D　第四段说房东太太家的灯"全是节能型的"。


# 模拟试卷　第4套

# 听力文本

第一部分

第 1 到 15 题，请选出与所听内容一致的一项。现在开始第 1 题：

1. 在车站月台上，一对夫妻正在互相埋怨。丈夫望着已经开出的火车对妻子说："都怪你！要不是你一个劲儿地磨蹭，我们满可以坐上这趟车。""怎么怪我！"妻子为自己辩护道："要不是你一个劲儿地催命，我们满可以不用这么久地等下趟火车。"

2. 透过一个人对颜色的喜好可以知道这个人的心理特征。同样的，颜色也反作用于心理。不同的颜色对人会造成不同的心理影响，既有正面的，也有负面的，甚至于它还和人体

- 241 -

的健康息息相关。

3. 随着人类活动的不断扩张，生态环境受到日益严重的破坏。草原和森林以空前的速度退化，沙漠化的趋势正从各个方向向人类生命区推进。由于沙漠化而导致的水土流失、土地贫瘠，已使不少国家遭致连年饥荒。

4. 造纸术的发明为人类提供了经济、便利的书写材料。印刷术的出现加快了文化的传播。指南针的发明为环球航行提供了重要条件，促进了世界贸易的发展。火药武器的发明改变了人类的作战方式。

5. 现代社会的特点就是用数字说明问题。猜想、想象、构思、灵感不再重要，重要的是拿出数据来，数字开始对社会的每一个局部精耕细作，如选举票数、考试分数、工资级别、退休年龄、雨量多少毫米、地球上每天消失 20 个物种等。

6. 大自然生物的多样性是如此美丽，地球上令人叹为观止的不同生物帮助我们的星球保持健康与平衡。当物种的消失导致某一生物链的消失，可能会造成连锁反应，最终会影响到我和你。

7. "驴友"一般指的是徒步或骑自行车出去旅游的爱好者。这个词最初来源于网络。"驴友"特指以以上方式出行的"爱好者"，而非旅游本身。"驴友"也是这些爱好者自称及尊称对方的一个名词，因为驴子能驮能背，吃苦耐劳，所以，也常被"驴友"们作为自豪的资本之一。

8. 近年来，中国宏观经济持续快速增长，居民生活水平稳步提高。由于人口众多，人均汽车保有量仍然很低，巨大的购买潜力陆续变成拉动中国汽车工业快速增长的动力。目前，汽车工业已成为国民经济的重要支柱产业。

9. 我男朋友很会过日子，不是个大手大脚的人。用我的话说，有点儿抠门儿。他精打细算，把日常开支压缩得很小。但只有一样，电话费高。他一个月的电话费超过六百元，没办法，谁让他是搞推销业务的呢!

10. 利用风力发电的尝试，早在上个世纪初就已经开始了。人们成功地研制了一些小型风力发电装置。小型风力发电机广泛地在多风的海岛和偏僻的乡村使用，它所获得的电力成本比小型内燃机的发电成本低得多。不过，发电量较低。

11. 爸爸正在客厅陪客人聊天儿。小强从卧室里跑出来，冲爸爸又打手势又做鬼脸，好像有话要说。爸爸觉得，当着客人的面孩子这样表现不好，没面子，就对小强说："别这么鬼头鬼脑的，有话大声说。"于是，小强大声说："妈妈让我告诉您，别留客人吃饭!"

12. 中国作为"自行车王国"却缺乏自行车文化。因为，在中国骑自行车，给人的感觉是没钱，没钱就没面子，而一般骑车也仅是代步，不是为了休闲运动。正是这种观念的存在，限制了自行车在城市的发展，也限制了中高端自行车在国内市场的发展。

13. 清明节是中国民间重要的传统节日，是祭祖和扫墓的日子。清明节又叫踏青节，按阳历来说，它是在每年的 4 月 4 日至 6 日之间，正是春光明媚、草木吐绿的时节，也正是人们春游的好时候，所以古人有清明踏青并开展一系列体育活动的习俗。

14. 为什么今年黄金周国内游贵过出境游？业内人士分析，人民币的不断升值导致了境外游的价格显得相对便宜。国内游涨价原因则在于国庆期间集中出游，致使各种交通工具票价、景点票价以及酒店价格上涨。

15. "慢生活"不是磨蹭，更不是懒惰，而是让速度的指标"撤退"，让生活变得细致。这是相对于当前社会匆匆忙忙的快节奏生活而言的另一种生活方式，这里的"慢"是一种意境，一种回归自然、轻松和谐的意境。

## 第二部分

第 16 到 30 题，请选出正确答案。现在开始第 16 到 20 题：

第 16 到 20 题是根据下面一段采访：

女：本期节目邀请中央电视台《艺术人生》主持人朱军做客新浪网。中央电视台《艺术人生》的主持人朱军出书了。朱军，是你的传记吗？书的名字是什么？

男：书的名字叫《时刻准备着》。

女：你时刻准备着什么？书的内容是什么？

男：我先澄清一下，这部书并不是我的传记，只是讲述了我进入央视 10 年以来的点滴小事，期间穿插了我的工作、情感经历以及"北漂"、创业的艰难生活。

女：你也曾经是个"北漂"？书中记录了这一段经历吗？

男：记录了。当时刚到北京的时候，生活上确实比较清苦，情感上尤其孤寂，没有亲人没有朋友。虽然在大城市，可是感觉很闭塞。然后你所服务的单位又是一个需要你仰视的单位，那时确实感到艰难。但是我的目的明确，就是想干一点儿事。因为目的明确，所以也很快乐。人有方向的时候总是很快乐，就怕没有方向，就会觉得很迷茫。

女：这本书中最动感情的是哪部分？

男：写父母那一段，写得很快，也是写得最诚挚动情的，有一种说不出的情感在涌动，几乎是掉着眼泪写完的。尤其是现在回过头来看自己成长的过程中父母付出的爱，所以是情感表达最充分的一段。那段时间，不到两年，一年零两个月，父母先后离去，对我的打击很大。

女：你写书的目的是什么？

男：我在《艺术人生》栏目做了两年后，就有读者打电话、写信来建议由观众当主持人，我做嘉宾，想听听我的故事。但是拿我的工作平台讲我的故事，我自己是不能接受的，也不能认同。今年3月份的时候，节目组去了好多观众，依然表达了同样的想法。同时，这一阶段，也看到一些同事的书，我觉得有些情感、有些感悟是镜头无法表现的，还是需要文字来表达。我今年40岁了，所以想送自己一个礼物。恰巧这个时候，出版社来找我，所以一拍即合。

女：名人出书现在已经成了一种时尚，你的这本书和其他的名人出的书有什么不同？

男：我觉得最大的不同在于我自己的感受，我没觉得自己是名人，我的书中也没有什么特别轰动的事，都是一些生活中的小事情，过了许多年之后的一种反思，一种感悟。我这本书不是叙述，不是对过往的事情的叙述，写这些事是为了表达我今天的感受。

16. 书的内容是关于什么的？

17. 刚到北京时男的感觉怎么样？

18. 男的认为书中最动感情的是哪个部分？

19. 男的写书的目的是什么？

20. 他的书和其他名人出的书有什么不同？

第21到25题是根据下面一段采访：

女：各位网友，大家好！今天我们请到著名导演张艺谋。相信在座的各位没有没看过他拍的电影的。可是我们对他本人又了解多少呢？张导演，一个人的成功离不开他成长的背景。你认为你的童年时代对你后来拍电影有着什么样的影响？

男：没什么太大的影响，我的童年时代和文艺没有太大关系。家里也没有出来一个搞文艺的。进入电影界完全是因为我考上了电影学院。如果一定要扯上关系，我觉得我多年来的生活经验对我搞创作、拍电影都有好处。我小时候喜欢画画儿。中学毕业后正赶上"文革"，一家人东奔西散，我插队到了农村，后来又在一家小工厂干了7年。1978年考进北京电影学院时，也没有什么具体计划，觉得能上大学就是以后的生活保障。我认为我们这些人之所以能有现在的成就，除了自己的努力之外，与我们曲折的成长过程有关，这也形成了我们这一代人的鲜明特色。有人称我为"怪杰"、"得奖专业户"，其实是应了中国一句古话，叫"三十年河东，三十年河西"，这是可遇不可求的事。一旦人的能力和机遇碰在一起，就能连续打响，但这种情况不可能永远不变。可我深信自己还能拍出好电影，这一点是肯定的。

女：你觉得你在电影学院四年获得了什么？

男：从两方面说。首先，上大学是个台阶。上大学使我从一个普通的小地方工人一跃而进入了电影这个领域。如果我没上大学，一直在工厂，我纵有天大的本事，也不会到今天。上大学使我的一生发生了转折。所以说上中国的大学并不纯粹是为了受教育，因为中国的大学生就代表着某种阶层，代表着事业的一种成功，所以对于我来说上大学改变了我的命运。至于我在大学里受的教育，还是一句老话：师傅领进门，修行在个人。进大学前我不懂电影，进大学后我了解了电影是什么。我们从不懂电影到拍电影，老师给我们的是电影的启蒙，所以我对学校自然存着一份感情，但要消化，要举一反三，这就全靠自己。

21. 男的的职业是什么？

22. 男的认为他的童年时代对拍电影有什么影响？

23. 男的为什么能进入电影界？

24. 关于男的，可以知道什么？

25. 男的认为在电影学院的四年他获得了什么？

第 26 到 30 题是根据下面一段采访：

男：各位网友好！欢迎收看新华访谈。今天是第 24 个世界艾滋病日，我们特别请到了北京佑安医院感染中心主任医师张彤。张大夫，请您谈谈我国当前艾滋病有什么样的变化。

女：在全世界，到今年发现艾滋病已经 30 年了。我们国家在 1985 年发现第一例，是一个外籍人士到中国。这么多年来，变化还是比较明显的，我们从最早不是很了解，或者大家都不接受艾滋病的状况到现在大家已经慢慢地开始接受，包含了社会的宽容度以及家属对于病人的接纳程度。当然，对于医生来说的专业知识也是与国际接轨的，所以整体来看，提高和进步还是非常快的。

男：我国现在艾滋病呈现一个什么样的特点？

女：从全球来看，我们国家的艾滋病状况是属于低流行的状态，但是在局部地区还是有高流行的。

男：大家对艾滋病的了解和认识也是在逐渐地提高，但为什么还会有患者在感染呢？

女：实际上患者的感染是两方面：一方面是已经感染了，但是以前不知道；另一方面就是尽管国家也一直在宣传，还有文字资料，但是大家对它的危险程度和传播途径还有一个认识的过程。有一部分人自己可能对高危行为没有认识到，这部分人有侥幸心理。

男：艾滋病有一个潜伏期。报告显示说，艾滋病最长的潜伏期有 20 年，是这样吗？

女：在感染艾滋病后平均是 8 到 10 年，比如经过急性期 6 到 8 个月，然后有 8 到 10 年的无症状期，之后进入症状期。总体典型的过程大约是 10 到 12 年。但事实上，在临床上我们也看到一些病人 15 年以上也不发病，免疫功能不错，病毒水平也不高。这种人的潜伏期可能会比较长，这种人是无症状，可长期存活，这种慢性进展的人临床上也不少见。

男：我们知道艾滋病最终会夺去患者的生命，那现在患有艾滋病的患者最长能活多久？

女：以前没有治疗的情况下可能 8 到 10 年就要发病了，两到三年可能就会由于各种各样的原因面临死亡。而现在的情况已经发生了明显的变化，我们的治疗取得了很大的进展，经过抗病毒治疗，尤其是在合适的时机选择合适的方案，尤其患者认真吃药的话，可以多活三四十年。

男：那我们就要早知道，早治疗。这种治疗是免费的吗？

女：目前我们国家对比较困难的人是免费的，实际上国家的投入还是非常大的。

男：患者到不同的医院进行免费诊治还是有固定的医院呢？

女：一般来说，国家有一个定点医院，无论是省里面还是市里面还是县里面，不同的省份都是依据自己原有的条件，有一个定点的管理，包括药品和随访的管理。

男：我们现在有没有防范的疫苗？

女：艾滋病尽管是一个可以治疗的疾病，但是目前还不能治愈，它只能算是一个可以治疗的慢性疾病。因为病毒的变化太快，预防性疫苗还没有。

男：您作为医生，对大家还有什么样的建议？

女：感染了艾滋病之后要适时、积极地和医生取得联系，适当的治疗可以使自己恢复正常的工作生活。而那些没有感染的人，我觉得主要还是自己把关，尽可能地规避风险，减少感染的可能性。同时，要公正地对待病人，不能敌视或歧视他们。

26. 中国当前对艾滋病的态度怎么样？

27. 中国现在艾滋病呈现一个什么样的特点？

28. 为什么还不断有患者感染艾滋病？

29. 关于艾滋病，下面哪一项正确？

30. 下面哪一项不是这位医生的建议？

# 第三部分

第 31 到 50 题，请选出正确答案。现在开始第 31 到 33 题：

第 31 到 33 题是根据下面一段话：

在我成长的过程中，发生过许许多多的事情，让我最难忘的是我学骑自行车。

有一天，家里来了一位客人。趁父亲跟他谈话的时候，我偷偷地把客人的自行车推出来，来到离家不远的篮球场上，开始练习骑自行车。那时我刚七岁，个子不高，站着比自行车仅高出一头。开始还有力气，一只脚踩在车镫上蹬几下，心里得意极了。可不久胳膊渐渐地开始发酸，腿也软了。不知道怎么搞的，人就脸朝下趴在了地上，整个车子重重地压在了身上，人出不来了。这时也顾不得太多了，一着急就放声大哭起来。

听到我的哭声，父亲哪敢怠慢，就和客人一起跑了过来，把我从车子底下拉出来，并没有责怪我。妈妈和哥哥们也闻声跑来了，看到我鼻涕一把，泪一把的样子，泪水和着手上的土把整个脸画成一只小花猫，大家笑个不停，全忘了我的感受。我觉得狼狈极了。我今年已经 49 岁了，至今一提起这事，大家还觉得好笑。

那年过生日那天，我的舅舅送了我一辆自行车。我很开心，于是又去操场学自行车。这次是父亲跟我一起去。我骑在自行车上，父亲在后面扶着。他扶了很长时间，后来偷偷地放开手，我一下子就摔倒了。我的脚碰破了一块皮，可痛了。可是我不放弃，我还要骑车。父亲教我用另一种方法骑，先把一只脚踩在车镫子上，保持平衡，如果要摔倒，就用另一只脚踩在地上。我的平衡能力很好，不久就能骑了。骑着骑着，父亲又把手放开了。我叫了一声"爸爸！"可是父亲没有回答。转弯时我看到他在我前面，我知道我会骑自行车了。

31. 第一次学骑自行车，"我"为什么哭？

32. 看到"我"摔倒，大家为什么不停地笑？

33. 关于"我"学习骑车，可以知道什么？

第 34 到 36 题是根据下面一段话：

　　人生最难的是选择、舍弃，而这种选择和舍弃排满了你人生的每一步阶梯，令人感到非常辛苦，令人生变得特别沉重。尤其是绝大多数情况下，人们总在追求圆满，总想占尽所有优势；不明白任何选择都是有得有失，你只能根据你的情况，作出选择，然后以勇敢的态度直面它的结果，其中包括对某些珍贵事物的舍弃。可是很多人缺少这种决断，也没有这样的豪气，总想西瓜也要抱，芝麻也要捡，犹豫不定，患得患失，结果自然是身心疲惫，痛苦不堪。当然，面对选择举棋不定之时，找一些知心朋友和亲密师长请教探讨自无不可，问题是生活中缺少这样让人有心理依托、可以推心置腹的人，这种情况下，人们需要的其实是人生的科学指导和心理健康服务。

　　34. 根据这段话，是什么令人感到辛苦？

　　35. 根据录音，当一个人面对选择时应该怎样做？

　　36. 这段话主要讲的是什么？

第 37 到 39 题是根据下面一段话：

　　张良常常出游外地，访贤求师。有一天，他散步走到一座桥旁边，看见桥头上坐着一位胡子全白了的老人。

　　老人一条腿搭在另一条腿上，脚尖勾着鞋不停地晃动。张良觉得好笑，就多看了他几眼。老人见张良瞧自己，忽然一抬脚，把鞋甩到桥下面去了。老人对张良说："喂！你去，把我的鞋捡上来！"张良听了，心里很不高兴。可再一看，老人胡子、头发都白了，又挺可怜他，为哄他高兴，就强忍住性子，把鞋捡了上来，归还给老人。谁知那老人又把脚往前一伸，霸道地说："你给我穿上。"张良还是忍住性子，蹲下来，替老人穿上了鞋。老人笑了笑，慢慢地站起来，什么也没说就大摇大摆地告辞了。张良望着老人的背影，觉得很奇怪。他刚转身要走，老人又回来了，对他说："你这个小家伙儿不错，我愿意教你学点儿本事。五天以后的早晨，你在这儿等我。"张良连忙答应了。

　　第五天早晨，他刚上桥，就见老人已经站在桥上了。老人生气地说："你怎么让我老头子等你呀？这样可不行。要想学，再等五天吧！"又过了五天，张良一听鸡叫，就慌忙起身往桥上去，可老人又先到了。他只好认错。老人瞪了他一眼说："你要真想学，过五天再来。"说罢，拂袖而去。盼到第四天，到了晚上，张良连觉也没睡，半夜就到桥上等着。过了一会儿，老人一步一步地走过来了。张良迎上前去，施了见面礼。老人高兴地说："年轻人要学本事，就得这样啊！"老人从怀中取出一卷兵书，递给张良说："你好好读这部书，将来准能成就大事业。"从此，张良专心致志地钻研这部兵书，最终成了一位有名的军事家。

　　37. 第一次见到老人后，张良为什么不高兴？

　　38. 根据这段话，可以知道什么？

　　39. 这段话主要讲的是什么？

第 40 到 43 题是根据下面一段话：

　　经常在各种媒体上看到很多父母抱怨：所有的爱都给了孩子，可孩子就是自私，缺乏亲

情，一味地索取而不知付出，甚至到了情感冷漠的地步。

导致孩子自私冷漠的原因很多，而家长的溺爱是其根源。我们只知一味地爱孩子，满足孩子各种合理及不合理的要求，而忽视了培养孩子爱的能力。爱与被爱一定要有互动性。当孩子只被动地承受爱的时候，他体会不到"去爱"的快乐。久而久之，他会认为，别人爱我，以我为中心理所当然，是否应该心存感激变得不重要了。而感激是一种正面情绪，是幸福感的基础，能让孩子懂得珍惜别人的给予并善待别人。

现代社会对青少年的素质提出了更高的要求，不仅要有健康的身体、广博的知识、聪明的智慧，更要有完备健全的人格、个性品质和很好的社会适应性。因此，我们更有必要教会孩子学会感激、学会关爱他人、学会付出。这是融入群体的必备条件。也只有这样，才会使他的心灵存有真与善，让孩子的内心因此而富足美好。如果你能教孩子将感激和关爱他人养成习惯、融入品行，成为一种能力，那么孩子将胸怀宽广，不再自私冷漠。在尊重他人、关爱他人的同时，也将被他人所尊重和肯定，逐渐养成自尊自爱、自信自强的优良品质。

40. 很多父母抱怨什么？

41. 导致孩子自私冷漠的主要原因是什么？

42. 下面哪一项不是社会对青少年提出的要求？

43. 怎样克服孩子自私冷漠的缺点？

第 44 到 47 题是根据下面一段话：

春困是因为冬季和春季的季节交换给人们带来的生理变化，是自然气候、气温回升而产生的一种暂时的生理现象。人们在寒冷的冬季和初春时，受低温的影响，皮肤汗腺收缩，以减少体内热量的散发，保持体温恒定。进入春季，气温升高，皮肤毛孔舒展，供血量增多，而供给大脑的氧相应减少，大脑工作受到影响，生物钟也不那么准了。在冬季里，因为紫外线及阳光照射不足，机体内缺少足够的维生素 D，使得机体的免疫力和工作能力降低了许多。加上维生素摄入也少，所以当春天来临的时候，身体功能大多处于半昏睡状态。因此，有人把这称为"春天疲劳征"。

有人认为，只要春天多睡就不会发困了。其实不然，成人每天睡 8 小时就可以了，睡太多，会昏昏欲睡，无精打采，结果是越睡越困。克服春困，首先要早睡早起，保证晚间睡眠和午睡；其次要注意室内通风，保持空气新鲜；其三要加强锻炼，清晨信步漫行，做操、跑步、打太极拳对于振奋精神十分有益；其四，饮食要调剂多样，营养平衡。勿多食寒凉、油腻、黏滞的食品，更不可过多饮酒。适当的体力劳动和锻炼有助于血液循环。最好每天多吃些新鲜蔬菜、水果和高纤维的食品。香蕉、菠萝、巧克力、核桃等都有助于减轻春天疲劳征。

44. 人会春困的原因是什么？

45. 根据这段话，下面哪种做法会加重春困？

46. 关于春困，录音中是怎么说的？

47. 这段话主要谈了什么？

第 48 到 50 题是根据下面一段话：

北京有一家著名的外资企业招工，报酬丰厚，要求严格。一些高学历的年轻人过五关斩六将，几乎就要如愿以偿了。但谁都没想到最后一关碰到了麻烦。这一关是什么呢？那就是，总经理要亲自面试。

一见面，总经理就对大家说："很抱歉，年轻人，我今天有点儿急事，要出去10分钟，你们能不能等我呀？"年轻人说："没问题，总经理，你去吧，我们等您。"总经理迈着急促的步伐走了。这些踌躇满志的年轻人围着总经理的大写字台，对上边的东西很感兴趣。写字台上次序井然地放着事务文件、会议纪要、财务资料、计划草案、机密档案等。结果，大家是你看一份，我看一份，没有一个闲着的。看完了还互相交换。

10分钟后，总经理回来了。总经理说："面试已经结束。"年轻人很不服气地说："没有啊，我们在等您，还没开始面试呢。"总经理平静地说："我不在期间，你们的表现就是面试。很遗憾，你们没有一个人被录取，因为本公司不能录取那些乱翻别人东西的人。"

这些年轻人目瞪口呆，全傻了。因为从小到大，就很少听说过不能乱翻别人的东西，所以，在不知不觉之中痛失了这个机会。

习惯决定命运。习惯的力量是巨大的，人一旦养成一个习惯，就会不自觉地在这个轨道上运行。一个坏习惯使你丧失了良机，而如果是好习惯，将会终身受益。

48. 关于这次面试，下面哪一项正确？

49. 应聘者为什么都没被录取？

50. 这段话告诉我们一个什么道理？

听力考试现在结束。

# 答　案

## 一、听　力

### 第一部分

1. A　　2. B　　3. B　　4. B

5. C　　6. D　　7. A　　8. C

9. D　　10. A　　11. B　　12. B

13. D　　14. A　　15. D

### 第二部分

16. D　　17. C　　18. B　　19. D

20. A　　21. C　　22. D　　23. C

24. A　　25. A　　26. C　　27. D

28. A　　29. A　　30. C

### 第三部分

31. D　　32. C　　33. D　　34. D

35. D　　36. A　　37. D　　38. A

39. A　　40. B　　41. C　　42. C

43. B　　44. D　　45. A　　46. C

47. D　　48. B　　49. D　　50. B

## 二、阅　读

### 第一部分

51. A　　52. C　　53. B　　54. B

55. B　　56. A　　57. D　　58. C

59. A　　60. B

### 第二部分

61. B　　62. D　　63. A　　64. C

65. A　　66. B　　67. C　　68. A

69. D　　70. B

| | | 第三部分 | | 85. C | 86. B | 87. C | 88. C |
|---|---|---|---|---|---|---|---|
| 71. D | 72. E | 73. B | 74. A | 89. D | 90. D | 91. C | 92. D |
| 75. C | 76. D | 77. A | 78. B | 93. B | 94. C | 95. B | 96. A |
| 79. E | 80. C | | | 97. A | 98. C | 99. D | 100. D |

第四部分

81. C    82. D    83. B    84. B

## 三、书　写

101. 缩写

### "精彩极了"与"糟糕透了"

七八岁的时候，我写了第一首诗。母亲念完不住地赞扬"好极了！"我期待着父亲看到我写的诗。晚上，父亲回来后看到餐桌上的那首诗。他开始读诗，说："这首诗糟糕透了。"我伤心极了，跑进自己的房间痛哭起来。饭厅里，父母为那首诗争吵着。

几年后，我再看那首诗，不得不承认父亲是对的。不过母亲一如既往地鼓励我，因此我一直在写作。有一次，父亲看我写的短篇小说，说："写得不怎么样，但不是毫无希望。"

现在，我写了很多作品。我很幸运。我有个慈祥的母亲，她常常对我说："巴迪，你写得精彩极了。"我严肃的父亲总是皱着眉头，说："这个糟糕透了。"生活中的每一个人，都需要来自母亲的爱的力量，这是灵感和创作的源泉。但是仅有这个是不全面的，还需要警告的力量，需要有人提醒你："小心，注意，总结，提高。"

这些年，这两种声音一直交织在我的耳际："精彩极了"，"糟糕透了"……我知道，这两个极端的断言有一个共同的出发点，那就是爱。在爱的照耀下，我努力地向前。

## 答案说明

1. A  妻子辩解的意思是说，对于坐下趟车来说，来得太早了。

2. B  主要讲颜色对人的影响，包括心理的、健康的、正面的和负面的。

3. B  这段话说明了环境沙漠化及其危害。

4. B  分别讲了四大发明的意义。

5. C  "现代社会的特点就是用数字说明问题。"

6. D  物种消失"最终会影响到我与你"。"我与你"指地球上每个人。

7. A  "驴友""最初来源于网络"。

8. C  "巨大的购买潜力陆续变成拉动中国汽车工业快速增长的动力。"

9. D  "谁让他是搞推销业务的呢！"说明他是推销业务员。"大手大脚"意思是花钱不节俭。

10. A  风力发电"所获得的电力成本比小型内燃机的发电成本低得多"，说明风力发电成本低。

11. B "妈妈让我告诉您，别留客人吃饭！"说明妈妈对客人不热情。

12. B "中国作为'自行车王国'却缺乏自行车文化。"

13. D "清明节是中国民间重要的传统节日"。

14. A "国内游贵过出境游"意思是国内游比出境游贵。

15. D "'慢生活'不是……更不是……，而是……另一种生活方式"。

16. D 这部书"讲述了我进入央视 10 年以来的点滴小事"。央视：中国中央电视台。

17. C "当时刚到北京的时候，生活上确实比较清苦，情感上尤其孤寂"。

18. B "写父母那一段，写得很快，也是写得最诚挚动情的。"

19. D "我今年 40 岁了，所以想送自己一个礼物。恰巧……。"

20. A "我觉得最大的不同在于我自己的感受……一种反思，一种感悟。"

21. C 主持人说"今天我们请到著名导演张艺谋"，可见男的是导演。

22. D "我的童年时代和文艺没有太大关系。"

23. C "进入电影界完全是因为我考上了电影学院。"

24. A "得奖专业户"是比喻得奖多。"专业户"是指农村中专门从事某种生产的家庭或个人。

25. A "老师给我们的是电影的启蒙"。

26. C "现在大家已经慢慢地开始接受，包含了社会的宽容度以及家属对于病人的接纳程度。"

27. D 全国"属于低流行的状态，但是局部地区还是有高流行的"。

28. A "大家对它的危险程度和传播途径还有一个认识的过程"说明防范意识差。

29. A "艾滋病有一个潜伏期。""艾滋病尽管是一个可以治疗的疾病，但是目前还不能治愈，……预防疫苗还没有"，所以 A 对。

30. C "同时，要公正地对待病人，不能敌视或歧视他们。"

31. D "整个车子重重地压在了身上，人出不来了。……一着急就放声大哭起来。"

32. C 土把整个脸画成了一个小花猫。

33. D 开始自己学习，后来父亲扶着，父亲又教了另一种方法。

34. D "选择和舍弃排满了你人生的每一步阶梯，令人感到非常辛苦"。

35. D "你只能根据你的情况，作出选择"。

36. A 任何选择都是有得有失。

37. D 老人故意让张良捡鞋、给他穿鞋，是为难他。

38. A "张良专心致志地钻研这部兵书，最终成了一位有名的军事家。"

39. A 这段话主要讲张良求兵书的过程。

40. B "自私"、"冷漠"就是对别人不关心。

41. C "导致孩子自私冷漠的原因很多，而家长的溺爱是其根源。"

42. C 社会对青少年的素质要求：有健康的身体、广博的知识、聪明的智慧，更要有良好的人格、个性品质和很好的社会适应性。没提到"相貌"。

43. B　录音最后部分说明，如果你能教孩子感激和关爱，那么孩子将不再自私冷漠。

44. D　录音前半部分说明了原因：进入春季，气温升高，皮肤毛孔舒展，供血量增多，而供给大脑的氧相应减少，身体功能大多处于昏睡状态。

45. A　"睡太多，会昏昏欲睡，无精打采，结果是越睡越困。"

46. C　"春困……是自然气候、气温回升而产生的一种暂时的生理现象。"

47. D　前半部分说的是春困的起因，后半部分说如何缓解春困。

48. B　听完这个故事后可以知道，这是一场不同寻常的面试，面试者不知情。

49. D　"本公司不能录取那些乱翻别人东西的人。"而这些年轻人每个人都翻看了。

50. B　一个坏习惯使这些年轻人丧失了良机，所以可以说习惯决定了他们的命运。

51. A　不是"体育课"对学生感兴趣，而是"学生"对体育课感兴趣。

52. C　主语残缺。"使"应去掉。

53. B　"还是"表示选择，用于疑问句。"或者"用于陈述句，表示选择，"还是"应改为"或者"。

54. B　两个分句的主语不同时，关联词"不但"要放在主语的前面。

55. B　否定副词滥用，应将"不是"改为"是"。

56. A　补语"出众"与其中心语"表现"不搭配，应改为"出色"。

57. D　动词和宾语搭配不当，"提高"不能搭配"人员"。

58. C　介词"为"与其宾语搭配不当，应改为"对购房者建议"。

59. A　语义不清晰，有歧义。可在"背着总经理"后加一个逗号，也可在"副总经理"后加一个逗号，两个句子意思不一样。

60. B　缺少主语。应去掉介词"由于"，让"计算机技术的普及与提高"做主语。

61. B　好笑：引人发笑，可笑。爆发：突然发生。说"引起 / 造成 / 导致……爆发"都可以。

62. D　可以说：每（或"任何"）一种……都……。自我封闭 / 固步自封 / 关门自守：指杜绝与外界交往。前句用"完全封闭"，后句就不能重复用词"自我封闭"。"导致"指带来不好的结果。

63. A　"就……情况 / 问题"表示针对的情况或问题（对象），书面语色彩浓。正确搭配：采取……措施。予以：表示行为的目的，书面语色彩浓。

64. C　完好无损：没有损坏，没有残缺。的确 / 确实：对情况的真实性表示肯定。细致：仔细周密。忽视 / 忽略：不注意，不重视。

65. A　素质：指一个人在各方面表现出来的整体水平。偶尔 / 偶然：副词，出乎意料或发生的频率很低。情有可原：按情理，有可原谅的地方。可以说：时间价值 / 时间观念。根据上下文，这里说的是时间的价值。

66. B　从根本上：从事物的根源或最重要的部分这一方面。可以说：面临……危险 / 面临……风险，"风险"的书面语色彩浓。发布声明 / 发表声明：向集体或社会表达。明显：清楚地显露出来，容易让人看出或感觉到。

67. C　忽略：轻视、省去。不得已 / 不得不：由于某种情况，不能不做某事。可以说：挤占……时间。普遍的问题：发生的频率很高、存在的面很广泛、具有共性的问题。

68. A　一旦 / 如果 / 若……，就……：前句是条件，后句是结果。衰退：衰减、退化。可以说：缓解压力 / 释放压力。忍受 / 忍耐：承受下来，抑制住。

69. D　"普遍使用计算机"指使用计算机的范围很广泛。废弃：（对东西）扔掉不用。因此：表因果关系。把……和……相提并论：把不同的人或不同的事放在一起谈论或看待。简便：既简单又方便快捷。

70. B　以身作则 / 言传身教：既用言语来教导，又用行动做出榜样。充足的时间 / 足够的时间：时间多到能满足需要。通过……（方式）：介绍行为或动作的媒介。鼓励：肯定优点，望继续努力。

71. D　后句是救驴，前句应是驴发生了意外。

72. E　"最后"后面是结果。

73. B　说明埋驴的目的。

74. A　驴的表现前后不一样，让人出乎意料。

75. C　根据前后句可推测出驴的动作：抖落泥土。

76. D　指哭的结果。

77. A　"我有两个女儿，大女儿……"，那下一句应是说小女儿。

78. B　晴天人们不买伞。

79. E　"虽然……，但是……"是表转折的关联词语搭配。

80. C　"由于……"表示原因，后接结果。

81. C　"如果将月球摧毁，地球也就不再倾斜。如果地球的倾角变成 0 度，季节变化就将从地球上消失"。

82. D　"这一计划的风险远远超过从中获得的好处。"

83. B　"流产"的比喻义是比喻事情在计划或进行中失败。

84. B　"如果将月球摧毁，地球也就不再倾斜。"可见是月球引起的地球倾斜。

85. C　"大熊猫的学名其实叫'猫熊'"。学名：学科上的命名。

86. B　"记者们便在报道中把'猫熊'误写为'熊猫'。"

87. C　第三段主要谈的是熊猫吃的什么、为什么及取食时间等吃的方面的特点。

88. C　"大熊猫生活在中国西南青藏高原东部边缘的温带森林中"。

89. D　"只见石臼已被洗干净，大惊失色，石臼也不要了，叹息着下山而去。"

90. D　"自得腐土为肥后，……用这些树的嫩芽所制的茶叶也有奇特的清香"。

91. C　"原来是杭州龙井狮峰山的一把茶叶，……浓郁的香气就是它散出来的。"

92. D　"太后喝了茶，顿时胃不胀了，身体也舒适多了。"可见是因为喝了茶。

93. B　"开始由东部沿海向中西部欠发达地省分散"。

94. C　"目前，我国流动人口的主体仍是农民工"。

95. B　"这种流动人口构成格局，决定了流动人口大的流向受产业布局影响很大。"

96. A　"他们手里的钱有更多的选择：一是置业；二是做生意。"置业：买地买房等购置产业。

97. A "经过 20 世纪上半叶的演变，……成为中国妇女一种经典的传统时装。"

98. C 海派旗袍 "以吸收西方艺术风格为特点，标新且灵活多样"。

99. D 最后一段说，旗袍具有一定的历史意义，欣赏度比较高，因而富有一定的收藏价值。

100. D 主要介绍了旗袍是一种什么服装，具有哪些特点。

# 模拟试卷　第5套

# 听力文本

## 第一部分

第 1 到 15 题，请选出与所听内容一致的一项。现在开始第 1 题：

1. 公共汽车上人多，一位女士无意间踩疼了一位男士的脚，便赶紧红着脸说："对不起，踩着您了。"不料男士笑了笑，风趣地说："不不，应该由我来说对不起，我的脚长得也太不苗条了。"

2. 现在，咖啡已经成了办公室里的必备品，帮助人们提神和消除疲劳。可是无论咖啡多么美好，都没有打盹儿香甜。所以如果条件允许，建议感到疲惫的你还是闭上眼睛休息一会儿，哪怕只有短短五分钟，也足以让你的大脑和全身得到放松。

3. 自从人类创造了语言之后，语言就成了人类最重要的沟通工具。而语言本身却并不一定完全都趋于某种目的，没有目的的语言，更能让人亲近，更能让人信任。生活中，废话多的人总能让人感觉到亲切，感觉他们是开心的、快乐的、幸福的人。

4. 预制食品是指将食物预先制作成半成品，消费者购买后只需用烤箱或微波炉加工一下，一份美味就能上桌供全家分享，省时省力，一举两得。预制食品给千家万户的饮食结构带来了革命性的改变。但许多专家指出，预制食品对人们的身体健康无益，是肥胖者日益增多的原因之一。

5. 有一个快乐的面包师，他做的面包远近闻名。人们问他是否热爱自己的职业，他说不；问他是否是为了成就感而努力工作，他也说不。他说："我把每个面包做好，不过是为了生存，但我是快乐的，因为至少我可以用我擅长的工作去换取金钱。"

6. 认真地阅读，可以让心情平静，而且书籍里暗藏着很大的乐趣，当遇到一本自己感兴趣的书时，会发现心情是愉快的。合适的书，它能够教会人很多哲理，会让你学会以一种平和的心态去迎接生活中的快乐和痛苦。

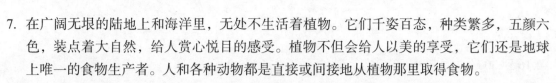

7. 在广阔无垠的陆地上和海洋里，无处不生活着植物。它们千姿百态，种类繁多，五颜六色，装点着大自然，给人赏心悦目的感受。植物不但会给人以美的享受，它们还是地球上唯一的食物生产者。人和各种动物都是直接或间接地从植物那里取得食物。

8. 李时珍是中国古代伟大的医学家、药物学家。他参考中国历代有关医药书籍八百多种，结合自身经验和调查研究，历时 27 年编成的著作《本草纲目》，是中国明代药物学的总结性巨著。

9. 每一个女孩子长大以后的感情生活，都会受到她父亲性格的影响，父亲的性格会在很大程度上左右着她将来对异性的态度。具体地说，女孩子在长大以后，一般都会倾向寻找拥有她父亲性格的优点，而排除了她父亲性格缺点的异性。

10. 青岛市位于山东半岛的南端，是著名的避暑胜地，7 月到 9 月间的气温在 20 度到 28 度左右，是旅游的最佳季节。每年 8 月的第二个周末，这里都会举行国际啤酒节，在这里可以品尝到世界各地的知名啤酒。

11. 中国杂技，是历史悠久、家喻户晓的传统表演艺术之一，古代又称为"杂技乐"。现在的中国杂技艺术以它无与伦比的精湛技艺、绚丽多彩的传统节目、独特鲜明的民族风格，博得了国内外广大观众的赞赏和喜爱。

12. 东北虎又称西伯利亚虎，起源于亚洲东北部，身长体重，强悍凶猛，被称为王中之王。它的身体厚实而完美，背部和前肢上的强劲的肌肉在运动中起伏。它拥有非常锐利的虎爪，使用时伸出，不用时缩回，避免行走时磨擦地面。

13. 小王正在练习骑自行车，前面来了一个行人，小王惊慌地大叫："站住！站住！"行人一愣急忙停下。可是小王骑车技术太差，还是把行人撞倒了。行人站起来非常生气，说："你还让我站住，你好瞄准是不是？"

14. 随着中国家庭收入的提高，越来越多的家长希望送孩子出国念书，逃离"自古华山一条路"的高考命运，为孩子的人生提供更多的可能性。教育部数据显示，今年高考弃考的 100 万学生中，21.1% 选择出国留学。

15. 冰箱的冷藏温度大多在 4℃左右，而很多食物的适宜储存温度其实不需要这么低，如此的低温反而会加快它们变质。香蕉、黄瓜、西红柿等果蔬放进冰箱里会被冻伤。巧克力冷藏后，一旦取出放置在室温条件下，会在表面结出一层白霜，容易发霉变质。

第二部分

第16到30题，请选出正确答案。现在开始第16到20题：

第16到20题是根据下面一段采访：

女：各位网友，大家好！我们这次请来的是一位志愿者，他曾在奥运会、世博会、亚运会上都做过志愿服务工作。那关于志愿者工作，请问你有什么建议？

男：我想如果志愿者活动要得到更健康的发展，需要谋求法律的保护和全社会的尊重。因为有一些志愿者在从事志愿服务的时候会丢掉很好的工作，还有一些志愿者在服务当中受到了伤害，包括人身方面的伤害，所以我觉得我们国家现在应该有一个专门保障志愿者权利的法律。

女：那你觉得这项法律应该怎么保护志愿者的权利呢？

男：我觉得首先应该鼓励单位、企业，希望他们可以为从事过志愿服务的青年提供一些优惠的政策，比如优先招收当过志愿者的人。其次也可以鼓励企业和单位多让自己的员工从事志愿服务。另外，国家也应该给予相应的支持，给这些企业和单位一些政策优惠。

女：那做志愿者会让人失去很多，也会得到很多。你认为志愿工作给你带来了什么？

男：这个失去和获得是成正比的。我做了亚运会和世博会的志愿者以后，积累了很多在社会上工作的经验。平时在学校里面很难和社会接触，但是在社会上工作了以后，就要和人接触。当志愿者期间可以和来自五湖四海的人做朋友，那是一个学习的好机会，也给自己积累了很多经验。

女：那你以后还会做志愿者吗？能不能说说你对将来的打算？

男：我打算利用自己的业余时间，去帮助那些因为父母在外打工，缺少照顾的孩子。我曾经参观过一所农民工小学，孩子们四点半就放学了，可是他们的父母还在工作，孩子们只能无所事事。这样他们很可能会走错路，或者是做一些这个年龄不应该做的事情。这个很可怕，所以应该关注这些孩子，可以对他们进行学习辅导，或者陪他们一起过一个快乐的童年。我觉得不仅是大型的活动需要志愿者，我们日常生活中、我们的社会也需要更多的志愿者。

16. 关于男的，可以知道什么？

17. 男的提出了什么建议？

18. 男的为什么提出这样的建议？

19. 男的觉得做志愿者自己得到了什么？

20. 男的打算做什么？

第21到25题是根据下面一段采访：

女：大家好！今天我们请到的是一位正在北京大学学习的澳门学生林德民，他将和我们讲述他在求学过程当中的酸甜苦辣和对于澳门回归祖国的特殊情感。澳门回归祖国已经12周年了，每个人的心情都不一样，林德民，作为澳门学生，你对此有怎样的情感？

男：相比起 12 年前的那份激动和喜悦，今天我们可以用一种比较平淡的心情看待 12 周年的回归。一路走来，有得有失，要用更平常的心情看待，毕竟未来还有很长一段时间要走。总之，看到澳门的发展比较平稳，而且取得了不少成果，我打心眼儿里高兴。

女：从你个人的角度来说，澳门最大的变化是什么？

男：我觉得以前我们很容易把澳门和香港进行比较，觉得香港很有自己的特色，很有自己本土的意识。我觉得回归以来，澳门的意识增强了，这一点让我自己觉得很自豪，因为澳门也有自己独特的文化遗产和风俗习惯。越来越多的澳门人开始意识到这一点，这是让我觉得变化最大的地方。

女：那当时是什么样的机会让你选择到北京求学？

男：因为我在初三那年和一些澳门的学生来过北京。来了以后觉得城市很大，才知道世界这么大，祖国这么大，也认识了很多优秀的人，知道北京是一个汇聚人才和精英的地方，让我十分向往。于是从初三开始我就一直往这方面努力，希望以后在大学的时候能来这边读书，增长见闻，结交一些好朋友。

女：我觉得你的普通话说得非常好，但是听说最初的时候还是有语言障碍的，有没有听不懂的情况？

男：对于说普通话，困难可能不太大。因为我们从小学开始已经有了普通话教育，而且在中学有些课是用普通话教的。但是来到北京以后，就发现他们说的未必就是标准的普通话，带方言的，我就反应不过来了。比如上课的时候老师说一些比较专业的词汇，我完全没反应过来他说的是什么，因此只能下去自己看书，这个比较痛苦。

女：经过这几年的学习，北大给了你哪些不一样的地方？

男：我觉得其实来之前的想象和现在对比一下有很多不一样的地方。比如刚来的时候，经常听到老师或者是父母们说，澳门的学生比较活跃和活泼，比较外向。但是来北大以后，我发现，不见得是澳门学生特别活泼，内地的学生就只会学习，不会和人交流。相反，我发现，内地学生的交流能力也很强。

21. 对于澳门回归，男的现在的心情是怎样的？

22. 男的觉得澳门回归后最大的变化是什么？

23. 男的为什么选择到北京大学学习？

24. 男的的普通话有什么问题？

25. 关于澳门学生，可以知道什么？

第 26 到 30 题是根据下面一段采访：

女：各位观众好。今天我们请到的是著名动作片明星甄子丹，请他来聊一聊自己的习武经历和对动作电影的理解。我们知道，现在的动作片往往很大程度上依赖电脑特技，甄子丹，请问你对动作的真实程度有什么要求？

男：我非常注重武打方面的真实性。首先这是我个人的喜好。其次我觉得真正的、经典的动

作电影，它本身要有真实的武术基础，不然的话动作电影不可能到现在一直都是华语电影的主流，从李小龙到成龙、李连杰，正是因为他们具备了真功夫才取得了成功。因此，武打的真实性是不可代替的重要元素。

女：你觉得你的武打风格和别的演员有什么不同？

男：我觉得我们做演员，武打演员也好，一般的演员也好，我们的表现是根据自身的背景，见过的、经历过的东西。可能我甄子丹带给观众的就是中西文化的一种结合，因为我在美国长大，我既了解西方的武术门派，也了解中国的，我相信这就是我的风格。

女：那你觉得在一个现代的社会里，武术的精神是什么呢？

男：每一个人对于武术的精神定义不同，我觉得武术的实战性对我来说是最重要的。武术是一种很直接的技巧，这是经过几千年历史积累下来的。所以我觉得武术最高的境界就是把敌人打倒。

女：这种打倒就是把敌人打倒在地上吗？

男：我想你没有深刻地去理解我想表达的意思。这里的"打倒"说的是一种主动性，而不是野蛮霸道。这主要是中国的地位已经跟以前不一样了，以前李小龙时代，我们中国人在世界上有一种压迫感，所以确实那个时候需要他这种英雄走出来说："哎，不要看我是小人物，我是有用的。"我觉得现在整个中国的经济环境和其他方面都在变好，中国人都应该可以站出来，用一个更加主动的心态去面对世界。

26. 男的是做什么的？

27. 男的觉得动作电影什么很重要？

28. 男的的武打风格有什么特点？

29. 男的觉得武术的精神是什么？

30. 关于男的，下面哪一项正确？

# 第三部分

第 31 到 50 题，请选出正确答案。现在开始第 31 到 33 题：

第 31 到 33 题是根据下面一段话：

　　森林里有一只长着长尾巴的猴子，他把长尾巴绕在树枝上，从这棵树荡到另一棵树上。猴子快乐极了，觉得自己的长尾巴作用真大。猴子为炫耀自己的长尾巴，走出森林，来到草原上。看见一只兔子正在吃草，他便走过去说："我跟你来比一下尾巴吧。"兔子说："你的尾巴比我的长，可你的耳朵没有我的长呀。当我在草丛里吃草，长耳朵露出草丛外，可以听到外面的动静。"

　　这时，草丛里的兔子听到外面有声音，立起身体向四周眺望，发现不远处有只狼正跑过来。"快跑，狼来啦！"兔子说完，跳出草丛，一溜烟儿地跑了。狼急忙去追猴子，猴子的长尾巴在没有树的草原上发挥不出作用，只得拼命向森林里逃。可是，长尾巴拖在身后，他怎么也跑不快。终于跑到森林边，猴子就往树上爬。狼追到树下，咬住了猴子拖在地上的长尾

巴，用力往下拉。猴子使劲儿抱住树干不放。"呱嗒"一声，狼把猴子的长尾巴拉断了。猴子看见断了的尾巴，心里想：这条引以为自傲的长尾巴，几乎让我丢了性命呀！

31. 录音中说猴子用它的长尾巴干什么？
32. 猴子的长尾巴最后怎么样了？
33. 这个故事主要想告诉我们什么？

第 34 到 37 题是根据下面一段话：

手是人身体上活动幅度最大、运用最自如的部分。因此人们不仅在日常生活中忘不了它，在社交场合也要尽情发挥它的功能。于是，各种各样的手势作为一种无声的语言，成为人们交往中不可或缺的工具。它不仅可以弥补有声语言的不足，而且可以在特定的交际环境中起到"此时无声胜有声"的作用。据语言学专家的研究，人们在面对面的交流中，只有 35% 左右的信息是通过语言传递的，而 65% 的信息是通过动作、手势和表情等无声语言传递的。但是，在不同民族之间或同一民族的不同群体之间，对于同一个手势的理解，可能有很大的差异，如使用不当，很容易让对方感到不愉快或产生误解。

34. 根据这段话，手势发挥了什么作用？
35. "无声胜有声"主要是什么意思？
36. 手势语使用不当有什么后果？
37. 这段话主要谈了什么？

第 38 到 39 题是根据下面一段话：

专家认为，要讨论世界上到底有没有外星人这个问题，首先要有对生命的定义。既然到现在为止还没发现另一种形式的生命，我们只能按地球上的生命形式来定义，否则就像在讨论有没有鬼神一样。众所周知，太阳系中有多种不同的环境，到现在为止还没发现地球外有任何形式的生命存在，因此更谈不上所谓的外星人。从现在所知道的情况看，地球确实是个得天独厚的地方。

38. 关于生命的定义，专家是怎么理解的？
39. 这段话主要谈的是什么？

第 40 到 42 题是根据下面一段话：

90 后一般指 20 世纪 90 年代出生的一代中国公民，他们普遍为独生子女，目前多数尚未成年。由于时代的发展和变化，90 后的思想与理念与老一辈中国人有很大的不同。

和 80 后相比，虽然他们均出生在中国改革开放后，但不同的是，90 后在出生时改革开放已经显现出明显成效，他们的生活环境相对前几代优越许多，因此他们具有更强的消费意识，喜欢追求新潮，具有独特的审美观和行为方式。另外，由于出生在中国信息飞速发展的年代，所以 90 后可以说是信息时代的优先体验者。他们能够熟练地运用网络搜索需要的知识与信息，及时了解世界和社会的变化，接触到更多的新鲜事物，但是过于依赖网络也使部分

90后内心空虚，性格孤僻，在现实生活中不擅长与人交流。

专家指出，90年代出生的孩子，从某个角度说，虽然还没有真正登上社会的舞台，还处在被呵护、被教育的阶段，但这一代孩子，由于整个变革中的社会对他们的影响，普遍早熟，他们从一开始，就乐意成为消费社会、技术时代的宠儿。

40. 为什么说90后的生活环境更加优越？

41. 关于90后，下面哪一项正确？

42. 根据这段话，关于90后，我们可以知道什么？

第43到46题是根据下面一段话：

我们在电影或电视中，常常看到这样的画面：一轮明月挂在天空，一匹狼站在悬崖上，伸长脖子对着月亮嚎叫。但是科学家们研究发现，狼嚎叫和月亮没有任何关系，狼嚎叫的目的是在于召集自己的同伴组成狼群，一起捕捉猎物或者保护自己的地盘。和其他动物相比，狼是一种非常团结的动物，在狼的团体里，它们"尊老爱幼"，年轻的狼为了捕捉食物喂养幼小的狼，宁可牺牲自己的生命。捕来的猎物它们不抢不夺，就算是再弱小的狼也一样能分到美味可口的食物。当敌人来侵占它们的领地时，年轻的狼站在最外围，等待与敌人搏斗，接下来才是老狼与幼狼。面对比自己强大的对手，狼从来不畏惧，所有的狼都会奋不顾身地冲向对手，以最快的速度、最大的力量和最有效的配合打倒对方。

尽管狼的一生非常短暂，只有9到13年的寿命，但它却成为陆地上最强的动物之一。一个人再能单打独斗，也无法超越集体的力量，我想这就是狼给我们的启示。

43. 狼为什么冲着月亮嚎叫？

44. 关于狼，下列说法中哪一项正确？

45. 遇到强大的对手，狼会怎么样？

46. 狼的习性给我们什么启示？

第47到50题是根据下面一段话：

培养孩子的阅读习惯，对于父母来说是一件非常重要的事。但是现在的孩子常常沉迷于网络，对读书往往提不起兴趣。那如何让孩子喜欢上阅读呢？首先要从孩子喜欢看的书开始培养孩子对阅读的兴趣。请注意，不是从父母认为孩子应该看的书，而是从孩子自己喜欢看的书开始。我相信即便是大人，都有应该看却不喜欢看的书，更何况是那么小、爱憎分明的孩子呢？所以父母可以从他能安静下来阅读的书开始，让他先学习去感受阅读的乐趣。

其次，好的阅读环境非常重要，父母要从自己做起。如果父母逼着孩子在房间里看书，自己却坐在客厅里看电视、聊天儿，想必不会有好效果。而如果是孩子和父母一起，安静地坐在客厅里看书，空气中只听见翻书的沙沙声，那又会是另一种景象。

另外，父母应该抽时间也看看孩子正在看的书，看完之后就可以和孩子一起讨论，互相交流读书的感受，每个人各抒己见，甚至可以就不同的观点展开辩论。全家人美好的阅读时光不仅对孩子来说是难忘的回忆，对父母来说也一样终身难忘。

47. 什么样的书能够激发孩子的阅读兴趣?

48. 怎样才能为孩子创造好的阅读环境?

49. 为什么建议父母和孩子看一样的书?

50. 这段话主要谈了什么?

听力考试现在结束。

# 答 案

## 一、听 力

### 第一部分

| | | | |
|---|---|---|---|
| 1. D | 2. C | 3. D | 4. D |
| 5. D | 6. D | 7. D | 8. D |
| 9. C | 10. A | 11. D | 12. C |
| 13. D | 14. C | 15. C | |

### 第二部分

| | | | |
|---|---|---|---|
| 16. C | 17. D | 18. C | 19. B |
| 20. B | 21. C | 22. C | 23. C |
| 24. C | 25. B | 26. A | 27. D |
| 28. D | 29. B | 30. D | |

### 第三部分

| | | | |
|---|---|---|---|
| 31. B | 32. C | 33. D | 34. A |
| 35. C | 36. A | 37. B | 38. D |
| 39. B | 40. D | 41. D | 42. C |
| 43. B | 44. A | 45. C | 46. D |
| 47. D | 48. D | 49. B | 50. D |

## 二、阅 读

### 第一部分

| | | | |
|---|---|---|---|
| 51. B | 52. C | 53. B | 54. B |
| 55. A | 56. D | 57. C | 58. D |
| 59. B | 60. B | | |

### 第二部分

| | | | |
|---|---|---|---|
| 61. D | 62. C | 63. B | 64. D |
| 65. A | 66. C | 67. B | 68. C |
| 69. A | 70. C | | |

### 第三部分

| | | | |
|---|---|---|---|
| 71. E | 72. A | 73. C | 74. B |
| 75. D | 76. D | 77. B | 78. C |
| 79. A | 80. E | | |

### 第四部分

| | | | |
|---|---|---|---|
| 81. D | 82. C | 83. D | 84. C |
| 85. C | 86. A | 87. D | 88. B |
| 89. D | 90. B | 91. D | 92. B |
| 93. C | 94. C | 95. A | 96. D |
| 97. C | 98. A | 99. D | 100. C |

## 三、书 写

101. 缩写

**人生的选择**

老赵是一家餐厅的经理,他总是有好心情。我问他:"你怎么老是那样积极乐观?"

老赵回答:"每天我总是选择好心情,即使有不好的事发生,我总是选择从中学习。有人跑来跟我抱怨,我总是选择生命的光明面。"

有一天,三个歹徒抢劫餐厅,抢匪开枪射中老赵。老赵被送到医院抢救……

6个月后我问他当时的心路历程。老赵答道:"我第一想到的是应该锁后门,他们击中我后,我有两个选择:选择生或选择死。我选择活下去。"

"你不害怕吗?"我问他。老赵说:"医护人员一直告诉我没事。但他们的眼中好像写着:他已经是个死人了,我知道我需要采取行动。""你做了什么?"我问。老赵说:"当有个护士问我对什么东西过敏时,我回答:'子弹!'我告诉他们:'我现在选择活下去,请把我当一个活生生的人来开刀,不是一个活死人。'"

我从老赵身上学到,每天你都能选择享受你的生命,或是憎恨它。这是唯一一件真正属于你的权利,没有人能够控制或夺去的东西,就是你的态度。

# 答案说明

1. D  男的说是因为自己的脚太大才被女的踩到,并向女的道歉,说明男的很幽默。

2. C  "无论咖啡多么美好,都没有打盹儿香甜",意思是和咖啡相比,打盹儿更能消除疲劳。

3. D  "废话多的人总能让人感觉到亲切",意思是因为废话是没有目的的语言,所以废话多的人更让人感觉亲切。

4. D  "预制食品对人们的身体健康无益,是肥胖者日益增多的原因之一",说明预制食品会让人发胖。

5. D  人们问面包师是否热爱自己的职业,他说不,说明面包师不喜欢自己的工作。

6. D  "选择了合适的书,会让你学会以一种平和的心态去迎接生活中的快乐和痛苦",说明合适的书让人心态平和。

7. D  "人和各种动物都是直接或间接从植物那里取得食物",可见 D 对。

8. D  录音中说,李时珍"历时27年编成的著作《本草纲目》",说明是李时珍编写了《本草纲目》。

9. C  "父亲的性格会在很大程度上左右着她将来对异性的态度",说明女孩对异性的态度受父亲影响。

10. A  青岛是"著名的避暑胜地",说明青岛的夏天很凉快。

11. D  杂技"博得了国内外广大观众的赞赏和喜爱",说明杂技很受人欢迎。

12. C  东北虎有"强劲"的肌肉,说明东北虎肌肉发达。

13. D  行人"站起来很生气",认为小王让他站住是为了把他撞倒,说明行人认为是小王不对。

14. C  "随着中国家庭收入的提高,越来越多的家长希望送孩子出国念书",而且"今年高考弃考的100万学生中,21.1%选择出国留学",都说明现在出国留学的孩子越来越多。

15. C  "香蕉、黄瓜、西红柿等果蔬放进冰箱里会被冻伤",说明水果蔬菜在冰箱里容易被

冻伤。

16. C　女的介绍男的时说"他曾在奥运会、世博会、亚运会上都做过志愿服务工作"，说明男的当过志愿者。

17. D　男的说"我觉得我们国家现在应该有一个专门保障志愿者权利的法律"，说明男的提出的建议是制定保护志愿者的法律。

18. C　男的说"因为有一些志愿者在从事志愿服务的时候会丢掉很好的工作，还有一些志愿者在服务当中受到伤害"，说明男的提出建议的原因是志愿者受到了伤害。

19. B　男的说"做了亚运会和世博会的志愿者以后，积累了很多在社会上工作的经验"，说明男的觉得自己得到了经验。

20. B　"农民工"是指不种地，离开家乡去外面打工的农民。男的说"我打算利用自己的业余时间，去帮助那些因为父母在外打工，缺少照顾的孩子"，说明男的打算去照顾农民工的孩子。

21. C　男的说"相比起12年前的那份激动和喜悦，今天我们可以用一种比较平淡的心情看待12周年的回归"，说明现在男的心情是平和的。

22. C　男的说"我觉得回归以来，澳门的意识增强了"，说明他觉得澳门回归以后最大的变化是澳门的本土意识增强了。

23. C　男的说"北京是一个汇聚人才和精英的地方，让我十分向往"，说明男的选择在北京大学学习是因为人才很多。

24. C　男的说自己从小学接受普通话教育，但是"带方言的，我就反应不过来了"，说明男的听不懂带方言的普通话。

25. B　男的说"来北大以后，我发现，不见得是澳门学生特别活泼，内地的学生就只会学习，不会和人交流"，说明澳门学生的特点还是很活泼，不过内地的学生交流能力也很好。

26. A　女的介绍男的是"著名动作片明星"，说明男的职业是演员。

27. D　男的说自己"非常注重武打方面的真实性"，说明男的觉得武打片动作的真实性很重要。

28. D　男的说自己"带给观众的就是中西文化的一种结合"，所以男的武术风格是结合了中西文化。

29. B　男的觉得"武术最高的境界就是把敌人打倒"，并且进一步说明"打倒"说的是一种主动性，所以男的认为武术精神是主动的心态。

30. D　男的说"我觉得武术的实战性对我来说是最重要的"，所以说男的重视武术的实战性。

31. B　猴子"把长尾巴绕在树枝上，从这棵树荡到另一棵树上"，说明猴子用长尾巴来荡秋千。

32. C　狼在追赶猴子的时候，"把猴子的长尾巴拉断了"，说明猴子的长尾巴最后被拉断了。

33. D　猴子因为有一条长尾巴，很骄傲，但后来因为这条长尾巴差一点儿被狼抓到，说明优点有时候也会变成缺点。

34. A　手势是"无声的语言"，说明手势发挥了辅助交流沟通的作用。

35. C "无声胜有声"中"胜"是超过的意思，指在某些情况下，不用语言表达反而有更好的效果。

36. A 手势如果"使用不当，很容易让对方感到不愉快或产生误解"，说明手势使用不当的后果可能是引起误会和冲突。

37. B 这段话主要介绍了手势在交流中的作用。

38. D 对于生命的定义，专家认为"只能按地球上的生命形式来定义"，说明专家认为只有地球上的生命才算生命。

39. B 这段话从对生命的定义开始，介绍了地球因环境特别才有生命，目前在其他地方都没有发现生命，主要讲了有没有外星人的问题。

40. D "90后在出生时改革开放已经显现出明显成效，他们的生活环境相对前几代优越许多"，改革开放，经济发展，所以说90后的生活环境更优越。

41. D 90后"他们能够熟练地运用网络搜索需要的知识与信息"，说明90后电脑技术熟练。

42. D 90后"乐意成为消费社会、技术时代的宠儿"，说明他们热衷消费并依赖网络。

43. B "狼嚎叫的目的是在于召集自己的同伴组成狼群"，说明狼冲着月亮嚎叫的原因在于召集同伴。

44. A 录音中说，"狼是一种非常团结的动物"，后边作了具体说明。

45. C "面对比自己强大的对手，狼从来不畏惧，所有的狼都会奋不顾身地冲向对手"，说明狼遇到强大的对手会一起攻击。

46. D 在录音结尾提到，"一个人再能单打独斗，也无法超越集体的力量，我想这就是狼给我们的启示"，说明狼的习性主要给我们的启示是要重视集体的力量。

47. D "首先要从孩子喜欢看的书开始培养孩子对阅读的兴趣"，说明孩子喜欢的书才能激发孩子的阅读兴趣。

48. D 和父母在客厅看电视，把孩子一个人留在书房相比，录音中建议"孩子和父母一起，安静地坐在客厅里看书"。说明父母和孩子一起看书是为孩子创造良好阅读环境的方法。

49. B "父母应该抽时间也看看孩子正在看的书，看完之后就可以和孩子一起讨论，互相交流读书的感受"，说明父母和孩子看一样的书是为了交流读书的感受。

50. D 这段话开头说"培养孩子的阅读习惯，对于父母来说是一件非常重要的事"，接着介绍了具体的方法，可见这段话主要谈的是如何培养孩子的阅读习惯。

51. B "无时无刻不……"是双重否定，表示"任何时候都……"的意思。应改为：他无时无刻不记着努力学习汉语。或：他时时刻刻都记着努力学习汉语。

52. C "为……引起"不搭配，应为"由……引起"。

53. B 缩略句子成分后变成"聚会是一天"，前后搭配不当。

54. B "多处"是很多地方的意思，和"许多"意思重复。

55. A 前后不一致。"能否"表示肯定和否定两方面，"关键"只表示肯定一方面。

56. D "不但……就是……"不搭配。根据句意应改为：他虽然……，但就是……。

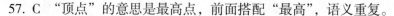

57. C  "顶点"的意思是最高点，前面搭配"最高"，语义重复。

58. D  缺少主语。

59. B  "把"字句中否定词的位置不对；"没有"应该在"把"的前面。

60. B  "50 万朵的花粉"不搭配，应是"50 万朵花的花粉"。

61. D  可以说：承担义务 / 承担任务 / 承担责任。经常：时常，常常。正确搭配：心情愉快。

62. C  表示成本低常说"成本低廉"。根据上下文，是"快速发展"。"较为完善的体系"指体系又完整又好。

63. B  第一个空儿选 A、B、C、D 都合适。说"必要参照物"或"重要参照物"都可以。说"生命的价值"或"生命的意义"都可以，根据上下文中的"对手"、"参照物"，选"价值"。

64. D  水是一种"资源"。一般说"有节制"或"无节制"。正确搭配：环境受到污染 / 采取措施。

65. A  端午节是传统"节日"。一般说民族"众多"。"而且……"表示递进关系。端午节各地有不同的民风民俗，所以是"习俗"。

66. C  "经历"侧重经过的各种事情。表示递进关系或并列关系，可选"也"或"更"。正确搭配：深刻揭示。说生命的"意义"和"内涵"都可以。

67. B  这段话说的是应该大方地对别人多加欣赏。"吝啬"意思是小气，书面语，可以带宾语。"几下掌声"意思是拍一拍手。正确搭配：得到认同 / 得到肯定 / 得到鼓励。

68. C  说"产生于 / 诞生于 / 起源于……"都可以。"随着……，……"表示伴随情况。一般说"在……形势下发展"。前文说了风筝是古老的民间工艺，后文应该说已经发展成为一种"艺术品"。

69. A  "而且 / 甚至……"表示递进关系。正确搭配：事实上 / 危险的预兆 / 危险的前兆。疾病应是"加重"。常说"提高警惕"。

70. C  表示具有阶段性纪念意义的东西用"里程碑"。"酸甜苦辣"指各种滋味，与"跌宕起伏"对应。"生机勃勃的绿意"形容有希望，有活力。作者提醒人们不要忘记这个日子，所以用"遗忘"。

71. E  这句话是木匠看到男主人后的反应。

72. A  这句话应是说明木匠和男主人几天中相处的情况。

73. C  木匠解释少收费用的原因。

74. B  "不论"的后面应是任何条件都可以的情况。抑或：或者。

75. D  从下文"但可以……"可以确定上文是说调整环境来适应自己。

76. D  说明文章的背景。

77. B  说明前面做法的结果。

78. C  此句应和前文使用遥控器的情况相关。

79. A  此句和驾驶汽车的主题相关。

80. E  最后总结文章的主旨。

81. D  根据第二段开头"科学家研究发现，鸵鸟'把头埋进沙子里'的情形是完全不可能出现的"，应选 D。

82. C　根据第二段结尾"那是由于鸵鸟的头和身子相比显得很小，所以只要鸵鸟的头贴近地面，就可能被误以为头埋进了沙子里"，可知人们误解的原因是由于鸵鸟头小。

83. D　第三段前半部分的内容说明鸵鸟善于奔跑。

84. C　结合全文内容，应选 C。

85. C　从第一段最后一句话中的"港资"一词可以看出，李嘉诚是香港人。

86. A　"襁褓"本义是指背负婴儿的宽带子或者包裹婴儿的被子。"襁褓期"指婴儿期。

87. D　根据第二、三段的内容，应选 D。

88. B　根据第四段李嘉诚的话，应选 B。

89. D　根据"我曾看过许多南北茶文化的典故，其中常提到佐茶食品，茶干便是其中一种"，可见茶干是一种食品。后文中又说好像与一般的豆腐干没什么区别，所以知道茶干是一种豆制品。

90. B　第二段说"我"在徽州学习时常买茶干来解馋，馋是自己想吃，应选 B。

91. D　根据第二段茶干和乾隆皇帝的故事，应选 D。

92. B　根据第三段内容，应选 B。

93. C　根据第二段对碳足迹的叙述和举例，应选 C。

94. C　根据第三段"以土豆为例"的比较可以知道用微波炉最低碳。

95. A　根据第四段对"碳中和"的介绍，可以知道方式是种树。

96. D　文章开头提出问题，结尾总结问题，都是关于低碳生活。

97. C　第二段"更确切地讲"后面部分讲解了梦的形成。

98. A　根据后面的例子及对整个语段的理解，可以理解为因为做梦，才能有了很大进步。

99. D　根据第四段对科学的梦和艺术的梦的介绍，应选 D。

100. C　结合全文主题和介绍的主要内容，应选 C。

# 模拟试卷　第6套

# 听力文本

## 第一部分

第1到15题，请选出与所听内容一致的一项。现在开始第1题：

1. 一位心脏手术医生的摩托车坏了，修理工熟练地把引擎拆下来修好又装上，然后对医生说："引擎就是摩托车的心脏。我们都是修理心脏的，可是收入差距为什么这么大？"医生想了想，对修理工说："你试试在不熄火的情况下修它。"

2. 基于父母望子成龙、望女成凤的心愿，有的家长不惜一切代价为孩子报各类假期补习班。

在这些补习班中不仅是补文化课，还有的是钢琴、美术、文艺等。这些如包袱一样的"补习压力"，导致了一些学生有了恐惧假期的心理。

3. 由于旗袍的大范围流行和近年来影视作品的宣传，不少人尤其是不少年轻人将旗袍当做中国的国服来看待。有学者认为，这样的观点并不正确。旗袍只是一种时装，并不是中国的国服。另一方面，现在的旗袍在很多场合成为接待小姐用服，这样的滥用也已经使得旗袍的原则性不复存在。

4. 俗话说"人生七十古来稀"，人活到百岁就算长寿了。但是人的年龄比起一些长寿的树木来，简直微不足道，许多树木的寿命都在百年以上。目前已发现有存活数千年的树木。

5. 维生素是维持正常生理功能所必需的一类营养素，人体不能合成，只能从食物中摄取。维生素与其他营养素的不同之处在于，它既不供给热能也不构成组织，只需少量就能满足生理需要。

6. 西安，古称"长安"，是举世闻名的世界四大古都之一，是中国历史上建都时间最长、建都朝代最多、影响力最大的都城，是中华民族的摇篮、中华文明的发祥地、中华文化的代表，有着"天然历史博物馆"的美誉。

7. 豆浆是中国人喜爱的一种饮品，又是一种老少皆宜的营养食品。豆浆是将大豆用水泡后磨碎、过滤、煮沸而成。豆浆营养非常丰富，且易于消化吸收。豆浆不愧有"植物奶"的美誉。

8. 孩子的绘画不是一种艺术，而是一种语言。儿童绘画的过程和内容是儿童表达思想与情感的工具，儿童可以通过绘画抒发其心理困扰，一方面增加对自己的了解，一方面可不必担心伤害到别人，以安全的方式表达负面情绪，使身心维持平衡。

9. 当一个人的性格、处世行为、生理及心理等特点决定以后，他未来的生活就会受他个人品德的影响，也会受他所处环境的影响。而这些影响又会反过来影响他的个性和所处的环境，因此人的命运在某种程度上是可以预见的。

10. 课堂上，教授问一个学生某种药每次口服量是多少，学生回答："5克。"一分钟后，他发现自己答错了，应为5毫克，便急忙站起来说："教授，允许我纠正吗？"教授看了一下表，然后严肃地说："不必了，由于服用了过量的药物，病人已经不幸在30秒钟以前去世了！"

11. 裸婚是近来诞生的新名词，是指不买房、不买车、不办婚礼甚至没有结婚戒指而直接领证结婚的一种简朴的结婚方式。由于生活压力以及现代人越来越强调婚姻的"自由"和"独立"，裸婚也就成为80后最新潮的结婚方式。

12. 京剧的脸谱固然来源于舞台，但大家在一些高楼大厦的宣传画、商品的包装、各种瓷器上以及人们穿的衣服上都能看到风格迥异的脸谱形象，这远远超出了舞台应用的范围，足见脸谱艺术在人们心目中所占据的地位，说明脸谱具有很强的生命力。

13. 经济不发达时，人们没有车或车少，出行不方便，便想车、盼车。如今生活好了，车辆多了，又反倒怨车、恨车，因为城市的道路不畅通给人们出行增添了新的烦恼。所以，如何解决城市交通堵塞的问题，成为当今社会的一个要点问题。

14. 打呼噜是一种普遍存在的睡眠现象，大多数人司空见惯而不以为然，还有人把打呼噜看成是睡得香的表现。其实这是一个正负颠倒的观念。打呼噜是健康的大敌，由于打呼噜使呼吸断断续续，反复暂停，会对人体健康产生许多危害。

15. 我们对地震发生的原理、规律有所认识，但还没有完全认识。目前我们能够对某些类型的地震作出一定程度的预报，但还不能预报所有的地震。我们作出中长期预报已有一定的可信度，但短时临近预报的成功率还相对较低。

## 第二部分

第16到30题，请选出正确答案。现在开始第16到20题：

第16到20题是根据下面一段采访：

女：各位网友好！今天我们非常荣幸地请到了深受大家崇拜的新东方教育科技集团董事长俞敏洪老师做客人民网。俞老师，您先和大家打个招呼吧。

男：各位朋友们，大家下午好！

女：俞老师，现在很多年轻人，刚毕业就想开始自己的创业之路，显得太过浮躁，没有一个好的定位就匆匆上路，对于这样的情况，您是怎么看的？

男：这应该给予鼓励，因为任何人有承办事业的思想，说明自己有创造性的生活这个导向，或者想未来要有更大的人生舞台，这是需要鼓励的。

女：那么创业要作好哪些准备呢？

男：第一个方面是心理准备：因为创业与找工作的付出是不相等的。你找的工作不好，辞退了再找另外的，只需要一天的时间。但是创业是需要投入的，投入时间、精力，甚至是金钱财富。要是到最后创业不成功的话，有可能会输得很惨，变得一无所有。你的心理底线就是不要把命丢了。第一次失败了，还可以继往开来嘛。这是心理准备。

第二是能力准备：能力准备包括了自己工作的经验或者是自己在这个领域的专业知识，同时还要考虑到自己的领导能力，考虑到创业是跟着别人合伙呢还是自己带头。

第三是团队准备：任何创业都不是一个人能够做起来的，一个人可以起一个头儿，未来要把事情做好的话，就需要有搭档来一起做，你要跟搭档就分歧的意见进行磋商并达成一致，这就涉及到号召和合作能力。你怎么调动大家有崇高的热情拥护自己一起来做事？

这三个领域筹备健全以后，一般创业就有了前提条件。如果没有准备好，只是说看到别人创业了，自己随便胡乱地去干一干，那么大部分情况下，因为你没有明确的理念或纲领，没想好未来公司怎么做，没考虑团队怎么建，那么就很难实现预期；失败多了以后呢，就有后遗症，以后再创业的时候就没有了自信。就像谈恋爱，谈了好几次都失败，以后再去谈，内心就会产生恐惧。所以呢，希望一开始就为创业作好准备，然后再来做事情。

女：对于走在不同行业创业路上的人来说，您觉得我们最应该积累的东西是什么？

男：我觉得在创业路上要积累的就是整体的成熟度，处理问题的能力、眼光、方法和技巧。因为归根到底，这些都是帮助你在创业路上不断解决你所发生的问题、危机，是往前推进的杠杆。创业最忌讳的就是心情急躁，心胸狭窄，心里容不下别人，不能吃亏，只想发财，这些都是需要自己人品人格的重新铸造和提升才能完成的。只有有了这些东西以后才能有锦绣前程。所以创业不仅仅是创业的问题，只有个人全面发展了，整个事业才会伴随你发展，否则，一般创业比较偏激，比较极端，没有耐心的话，创业很容易失败。

女：对于80后这些创业者，俞老师能否给予一些建议让他们心理更成熟些，走得更稳呢？

男：一个人的心态稳定是随着年龄增加才能实现的，并不是你想什么就赋予你什么的。80后现在差不多都在25到30岁了，所以心态也比较容易稳定，做事情的时候就能沉着冷静，另外，经过很多时间的沉思与思考，他的创业目标和方针也是比较明确的。这需要时间，也需要大家主观的努力，尽可能地使自己成熟。拿同龄人相比，你25岁成熟了，别人30岁才成熟，毫无疑问你就占了5年的先机。去除娇气，尽快地成熟起来，这是年轻人最需要努力的一件事情。

女：创业的磨难会摧残我们的意志，所以我们需要克服困难、贯彻行动的能力。请问俞老师，您觉得我们要如何增加执行力？

男：所谓的执行力是跟思考问题的完整性和全面性相结合的。如果说一个人思考问题不完整，分不清问题的主流和支流，再大的执行力也是徒劳的。所以说执行力是两说的，一方面执行力很重要，另外一方面没有想清楚的执行力就是破坏力，而不是执行力。所以创业的时候一定要把事情想清楚，一旦想清楚就要全力以赴地往前做。在这个时候就不能犹豫了，再犹豫事情就有头没有尾，事情就做不下去，所以我认为执行力是在把事情想清楚的前提之下，一种把事情往良好的方向推动的能力。

16. 男的对大学生自己创业是怎么想的？

17. 关于创业，可以知道什么？

18. 男的认为创业中最应该积累的东西是什么？

19. 男的认为年轻人怎样才能成熟起来？

20. 关于"执行力"的阐述，下面哪一项正确？

第21到25题是根据下面一段采访：

男：新浪网邀请《新周刊》封面报道《给我生活 地方随便》的总编钱思雨为我们解读该报

道背后的故事和思考。总编，你们为什么决定做这个选题？

女：因为近来人们"逃离北京、上海、广州"这些一线城市的话题非常热，尤其是看到一些年轻人在北京"蜗居"的生活状况，而且这是一个可以引起共鸣的点。对于是选择一线城市还是二线城市的生活，我们每个人都有切身感受。包括我个人也曾经有过这样的感受。在回到家乡的时候，几个人坐下来，发现不在一线城市的他们，薪水也许不如我，但是生活得很快乐。这个时候其实就会有很大的触动。

男：做这个选题的想法是什么？

女：最初的构想是做《新青年指南》，就是说希望给流浪在一线城市的青年一些建议。年轻人要和自己的生活一起成长。经过大家的讨论，各抒己见，渐渐明晰了一个概念，我们不是想强调要到哪里去，而是希望年轻人可以找到生活。

男：你们使用了"放弃"，而不是"逃离"，这是为什么？

女：经过讨论，我们还是决定不用"逃离"这个概念，而是选择"放弃"这个词。我们感觉，对于一线城市的生活还是二线城市的生活，这应该是一个主动选择的过程。虽然我们看到很多人真的是被逼离开的，他们所谓的被迫离开，是因为大城市中没有他们的立足之地了，这是一部分现实存在。我们希望他们不是"逃离"，因为逃离是被动的，灰溜溜的，充满了失败和悲壮的情绪，所以我们选择了"放弃"。对于年轻人来说，需要一种成长，人生的成长，现实一些说，是工作或者物质的成长，但是很多时候我们忽略了我们生活的成长，渐渐地我们发现自己没有生活了。那么我们就鼓励一些年轻人可以放弃北、上、广，如果北、上、广不能给他们想得到的东西的时候，他们可以考虑去二线城市发展和生活，这是一种主动的选择，所以是一种放弃，不是逃离。

男：这个封面标题的创意从何而来的呢？

女：你若登录网站就会在蒋方舟的微博上看到一句话，她提出了"给我生活 寿命随便"。这个标题的灵感来源于此。我们的稿件最后确定的题目是"给我生活 地方随便"。

21. 这家杂志为什么做《给我生活 地方随便》这个选题？

22. 一线城市的流浪青年可以从这篇报道中得到什么？

23. 报道中为什么使用"放弃"这个词？

24. 封面标题的创意来自哪里？

25. 关于《给我生活 地方随便》这一报道，可以知道什么？


第 26 到 30 题是根据下面一段采访：

男：诸位网友，欢迎收听新华访谈。今天我们邀请中国艺术报社总编李树声做客访谈间，与大家畅谈读书与成才的话题。

女：网友们，下午好。

男：李总，首先请您来谈谈读书与成才的关系。

女：笛卡尔有一句名言："书，是人类共同的精神财富，是人类进步的阶梯。"讲述的是书对实现人的价值的重要作用。当今这样一个快节奏的社会，知识更新特别快，不断读书、更新自己的知识结构是非常重要的。从另外一个角度讲，读书是成才的重要条件和基础。但是也不能说读书必定成才，因为读书也是一个因人而异的事。

男：那您怎么看待读书、成才与成功呢？

女：成才与成功是有区别的，成才不一定成功。成功是需要社会从不同角度认可你，所以对读书必定成才的期望值，尤其是开始时不要过高。但是不读书肯定是不能成才的。所以读书是成才的一个基础，一方面要读书，一方面要实践，两者重叠，这样这个人才能更全面发展，为成功打好基础。

男：现在在年轻人当中，非常受关注的是网络图书、网络小说，您对这些是怎么看的？

女：我觉得网络文学还是不太成熟，稍微有些粗糙。随着网络的普及，我觉得网络文学还是很有前景的，它会随着网络的发展而发展。比如中国最早的诗歌、最早的笔记小说传奇，开始都是不能登大雅之堂的，后来才变成经典。网络文学会边发展边成熟起来的。

26. 女的是做什么的？

27. 女的认为读书和成才的关系怎么样？

28. 关于成才与成功，女的的观点是什么？

29. 女的对网络文学有什么看法？

30. 女的认为网络文学的未来怎么样？

## 第三部分

第31到50题，请选出正确答案。现在开始第31到33题：

第31到33题是根据下面一段话：

唐朝著名大诗人李白小时候不喜欢在学校按部就班地念书，上课捣乱姑且不说，还常常私自逃学，到外面闲逛。

一天，李白又没有去上学，在街上东溜溜、西看看，不知不觉到了城外。暖和的阳光、欢快的小鸟、随风摇摆的花草使李白感叹不已："这么好的天气，如果整天在屋里读书多没意思！"

走着走着，他看到堤坝旁一个亭子前坐着一位满头白发的老婆婆，她正在磨一根棍子般粗的铁棒。李白走过去，问："老婆婆，您在做什么？""我要把这根铁棒磨成一根绣花针。"老婆婆抬起头来，对李白笑了笑答道，接着又低下头继续磨。"绣花针？"李白又问，"您断定是缝衣服用的绣花针吗？""当然！"老婆婆回答。"可是，棍棒这么粗，分量这么重，何年何月能磨成细细的绣花针呢？"李白不解地问。老婆婆反问李白："滴水可以穿石，愚公可以移山，铁棒为什么不能磨成绣花针呢？""可是，您的年纪这么大了。""孩子，只要我下的工夫比别人深，没有做不到的事情。"

老婆婆的一番话，令李白很惭愧。回去之后，他再没有逃过学，每天学习也特别用功，后来终于成了名垂千古的诗仙。

31. 那天李白到城外去做什么？

32. 李白为什么不相信老婆婆的话？

33. 这个故事主要想告诉我们什么？

第 34 到 37 题是根据下面一段话：

一位大学新生入学后，老师第一句话竟然告诫她："嗨，不要把大学想得过于美好，你很快就会感到孤独，所以要先学会独处。"这位同学听了十分奇怪，心想，偌大的校园里到处都是充满活力的年轻生命，在他们中间怎么会感到孤独呢？"同学们会孤立我还是彼此有隔阂？"没过多久，她就深切地体会到了老师所说的话的真正含义。当热闹的迎新生活动结束，当好奇与新鲜感慢慢退去，她遇到了许多从未遇到的事情，发现了许多不知如何处理的问题，她无法自己解决，又不好向别人倾诉，因为每个人都有很多功课要学，有一堆事情需要做，无人有闲暇顾及到她。她知道了繁花的后面是无语的寂寞，喧嚣的背后是难耐的孤独。

这种状态是令人痛苦的，因此，有一段时间她心烦意乱，无心做任何事。于是，她开始到处寻找答案。她阅读，她写作，她跑步……一个人的日子里，她找到了一个心灵的居所，她开始了一生当中最长时间的独自思索，慢慢地适应了这种状态，甚至发现独处竟然是一种难得的幸福。

孤独时可以独处，寂寞时也可以独处；但孤独却不是寂寞，独处不是回避，而是一种信念的坚持；独处不是自我封闭，而是一种面对自我的思索。当你学会独处并喜欢读书的时候，你会发觉自己正在长大，正在走向成熟。

34. 老师的话是什么意思？

35. 当孤独突然来临时，这个新生感觉怎么样？

36. 一个人独处时这位同学做了什么？

37. 录音中说，当一个人学会独处并喜欢读书的时候会发现什么？

第 38 到 39 题是根据下面一段话：

风筝源于中国古代春秋时代，至今已有 2000 余年。相传墨翟用木头制成木鸟，研制三年而成，这是人类最早的风筝起源。后来鲁班用竹子改进墨翟的风筝材质，从而演变成为今天的多线风筝。到南北朝时，风筝开始成为传递信息的工具。从隋唐开始，由于造纸业的发达，民间开始用纸来裱糊风筝。到了宋代，放风筝成为人们喜爱的户外活动。当今，放风筝活动在对外文化交流、加强与世界各国人民友谊、发展经济和旅游事业中发挥着重要作用。

38. 从什么时候起放风筝成为人们喜爱的户外活动？

39. 这段话主要谈了什么？

第 40 到 42 题是根据下面一段话：

王一拥有一块土地，地的中央有一口井。井里的泉水清澈甘甜，周围的居民都乐于来这里取水饮用。王一每天精心清理维护水井。看着乡邻们开心地来打水，他的心像喝了蜂蜜般甜蜜，干活更有劲头了。

后来王一老了，不能再操劳这些事了。他仓促间高薪雇用了张三来管理土地并清理水井。一开始，张三很卖力。可不久，张三觉得自己的劳动成果被无偿地享用，被别人沾了

光，很心疼。他决定阻止乡邻们来取水，于是他吩咐手下的人封锁地里的道路，并在井旁悬挂了一块牌子，颁布一则启事："私人泉井，不得擅自取水。"

布告并不起作用，乡邻们还是接二连三地来取水。无奈之下张三又想出了一个主意，他在牌子的反面又写道："井水有毒，饮者后果自负。"并成心在井水中掺了些柴油。

这一招果然灵验，前来取水者看到牌子和残留在井水中的东西，心生恐惧，都不敢取水了。再也没有人敢来泉井取水，张三也就无需经常清理泉井，他高兴极了。

听说了这些，王一找到张三说："你这样做真不像话。既然再没有人来取水，我也就不用雇你了。"张三愣住了，疑惑地问："可泉井还在呀，为何就不用雇我了呢？"王一摇了摇头，说："无人取用的井水，迟早会腐败。泉井没用了，哪还用得着你呢？"张三被解雇了。

几年后，张三再到泉井处，看到那里已被杂草覆盖，废墟一片，井里的水又脏又臭。张三懊悔不已，他明白了，原来将泉井中的水与人分享，才是保全它的最好方式。

40. 乡邻们来取水，王一感觉怎么样？

41. 后来人们为什么不来取水了？

42. 这个故事主要想说明什么？

第 43 到 46 题是根据下面一段话：

在过去 20 年中，海洋的化学成分在以地质史上前所未有的速度发生着变化：海水的酸度增加了约 30%。虽然这并不会使在海水中戏水的人们感到皮肤灼烧，但是却使很多海洋生物的贝壳和外骨骼开始溶解，进而对整个海洋生态系统产生威胁。

海水酸化的原因很容易理解。从工业时代开始，人类活动释放到大气中的二氧化碳有四分之一被波涛汹涌的海水吸收。长期以来，海水对二氧化碳的吸收都被看做是一件好事，因为这个过程等于给不断加速的全球变暖踩了一脚刹车。但二氧化碳溶解在海水中后，就形成了碳酸。上一次海水的酸度比重到如此程度还要追溯到 6500 万年前，当时火山的活动使海水酸度显著递增，导致了物种的大灭绝。即使在那个时代，幸存下来的生物也花了几百年时间才适应了海水的酸度——如果不采取任何措施，今天海洋中的生物根本没有这么多时间来适应。

要制止海水酸化没有什么特别好的办法。最好也是唯一可行的办法，只能是减少二氧化碳的排放量。

43. 海水发生了什么变化？

44. 这次引起海水变化的原因是什么？

45. 根据录音可以知道海水酸度增加可导致什么？

46. 下面哪一项是制止海水酸化的方法？

第 47 到 50 题是根据下面一段话：

大多数人在"熟人"面前讲话比较自然，而面对陌生的听众则会比较紧张，这是因为我

们对他们几乎一无所知，而他们在几十分钟甚至十几分钟内便会对我们作出评价。

熟人之间的交流有直接的信息反馈，在台上一样需要得到听众的反馈信息。除了一问一答部分外，演讲在大部分情况下都是单向的。你无法像平时交谈一样从对方处查获信息。你甚至不能确定人们是不是确实听到了发言并且了解你的思想。你能看到台下听众的眼睛，但是你不知道他们到底在想些什么。你无法从听众处迅速获得反馈，同时也不了解自身所处的位置，这些都令你产生紧张情绪。

事实上并非仅仅只有演讲者如此，每个人都希望别人能有所反应。为了证实这一点，有人曾经在一家酒吧里和人打赌，他敢于向英国飞镖冠军挑战，不用超过四轮比赛，他就有把握让这位行家里手认输。冠军掷出飞镖后，挑战者迅速在他面前举起了一张白纸，这样一来，冠军就无法看见自己出镖的结果如何，而等到下一轮时，上一支飞镖已被及时清除。果然不出挑战者所料，第三轮时冠军已经很吃力了，由于无法目睹掷出飞镖的结果，无法对照每次的方位，他出了很多洋相。结果他输掉了这一局。

所以尽快地和听众沟通得到信息反馈十分重要，这就要求在上台前主持人对演讲者有一个很好的介绍，然后演讲者尽快在听众心里建立起良好的第一印象，并且在演讲的时候通过语言、眼神等的交流，把善意的友好的信息传达给听众，杜绝对立情绪。投之以桃，报之以李，听众不会辜负你的热情之语，拒绝你的友好表示的。

47. 大多数人面对陌生人讲话为什么会紧张？

48. 台上演讲交流方式大多数是哪一种？

49. 那个飞镖冠军为什么输了？

50. 这段话主要谈了什么？

听力考试现在结束。

# 答　案

## 一、听　力

### 第一部分

1. C　2. A　3. B　4. B
5. D　6. D　7. A　8. B
9. D　10. C　11. D　12. A
13. D　14. C　15. D

### 第二部分

16. B　17. A　18. C　19. D

20. C　21. D　22. D　23. C
24. A　25. B　26. D　27. C
28. B　29. D　30. D

### 第三部分

31. D　32. B　33. B　34. A
35. D　36. C　37. A　38. A
39. B　40. C　41. B　42. B
43. A　44. D　45. B　46. B
47. C　48. B　49. D　50. B

# 6 HSK

## 二、阅　读

### 第一部分

| | | | |
|---|---|---|---|
| 51. D | 52. A | 53. A | 54. B |
| 55. D | 56. C | 57. A | 58. B |
| 59. D | 60. B | | |

### 第二部分

| | | | |
|---|---|---|---|
| 61. A | 62. C | 63. C | 64. B |
| 65. A | 66. D | 67. C | 68. A |
| 69. D | 70. C | | |

### 第三部分

| | | | |
|---|---|---|---|
| 71. C | 72. A | 73. E | 74. B |
| 75. D | 76. C | 77. A | 78. E |
| 79. B | 80. D | | |

### 第四部分

| | | | |
|---|---|---|---|
| 81. B | 82. D | 83. D | 84. D |
| 85. D | 86. C | 87. D | 88. B |
| 89. D | 90. D | 91. D | 92. A |
| 93. D | 94. D | 95. C | 96. D |
| 97. B | 98. D | 99. D | 100. B |

## 三、书　写

101. 缩写

### 卖苹果的老人

老人卖的苹果价钱低。同行不满，但小孩儿们喜欢他，因为他的苹果最便宜。

老人的地里种着两棵苹果树。苹果成熟时，他到街上去卖。第一次在街上卖时，人们觉得苹果好，价钱低，肯定有毛病，就到其他地方买苹果。一个小孩子用零花钱买了一个又红又大又甜的苹果，然后一大群小孩儿都来买。老人很开心。他喜欢小孩儿，他的儿子前几年给他生了一个孙子，可他的儿子只在过年的时候才带孙子来看他，时间很短，有时甚至不回来。看到别的孩子，他仿佛看到了自己的孙子。

一年又一年过去了。去年过年，他的儿子没有回来。老人希望今年的苹果能快点儿熟。但今年，他病倒了。因为修路，他的苹果树被砍了，他的身体也如那棵树一般倒下了。

老人的儿子抱着孙子到老人的墓碑前。孙子不认得照片上这个老头儿是谁。他的爸爸哭得很伤心，妈妈只是望着。

晚上，爸爸收拾老人的遗物，儿子望着一个玩具火车，妈妈递给儿子，儿子开心地笑着。爸爸打开柜台下的一个抽屉，抽屉里什么宝物都没有，只有一个发霉的苹果。

# 答案说明

1. C　修理工不可能在发动机不熄火的情况下修理摩托车，医生以此来说明心脏手术的难度。

2. A　补习压力"导致了一些学生有了恐惧假期的心理"。

3. B　"旗袍只是一种时装，并不是中国的国服。"

4. B　录音中说，人的年龄和树木比微不足道。微不足道：形容太小，不值得一提。

5. D　维生素"人体不能合成，只能从食物中摄取"，只需少量，它不供给热能。

6. D　"西安是举世闻名的世界四大古都之一"。

7. A  "豆浆是将大豆用水泡后磨碎、过滤、煮沸而成。"

8. B  "孩子的绘画不是一种艺术,而是一种语言。"绘画是儿童表达思想感情的工具。

9. D  个性和环境对生活产生影响,反过来生活也影响环境和个性,由此决定人的命运。

10. C  由于服用错误的药量,病人已死去。

11. D  裸婚是"一种简朴的结婚方式",也是"80后最新潮的结婚方式"。

12. A  "京剧的脸谱固然来源于舞台……"意思是承认京剧的脸谱来源于舞台。

13. D  "城市的道路不畅通给人们出行增添了新的烦恼。"

14. C  "由于打呼噜使呼吸断断续续,反复暂停,会对人体健康产生许多危害。"

15. D  "我们对地震发生的原理、规律有所认识,但还没有完全认识。""有所认识"意思是有一定程度的认识。

16. B  回答记者的这一问题时,男的第一句话就是"这应该给予鼓励"。

17. A  "任何创业都不是一个人能够做起来的,一个人可以起一个头儿,未来要把事情做好的话,就需要有搭档来一起做"。可见创业需要团队合作。

18. C  "创业路上要积累的就是整体的成熟度,处理问题的能力,眼光,方法和技巧。""只有个人全面发展了……"可见最应该积累的是人的全面发展。

19. D  "这需要时间,也需要大家主观的努力,尽可能地使自己成熟。"

20. C  "执行力是两说的,一方面执行力很重要,另外一方面没有想清楚的执行力就是破坏力,而不是执行力。"因此是先思考清楚了再去做——三思而后行。

21. D  这个话题"非常热","而且这是一个可以引起共鸣的点"。

22. D  最初的构想是"希望给流浪在一线城市的青年一些建议"。

23. C  "这应该是一个主动选择的过程。""放弃"是主动选择离开。

24. A  灵感来源于蒋方舟发在微博上的"给我生活　寿命随便"一句话。

25. B  《给我生活　地方随便》的主旨是要生活,不在乎地点。

26. D  主持人说"今天我们邀请中国艺术报社总编李树声做客访谈间"。

27. C  "读书是成才的重要条件和基础。但是也不能说读书必定成才"。

28. B  "成才与成功是有区别的,成才不一定成功。成功是需要社会从不同角度认可你"。

29. D  "我觉得网络文学还是不太成熟,稍微有些粗糙。"

30. D  "网络文学会边发展边成熟起来的。"

31. D  录音中说,李白常常私自逃学。这天,李白又没去上学,到了城外。

32. B  李白不理解,铁杵这么粗,何年何月才能磨成细细的绣花针,所以他不相信老婆婆的话。

33. B  "只要我下的工夫比别人深,没有做不到的事情。"有志向,坚持到底,就一定能成功。

34. A  在大学里有许多问题,无法自己解决,又不好向别人倾诉,所以大学生入学后很快就会感到孤独,因此要学会独处。

35. D  "有一段时间她心烦意乱,无心做任何事。"

36. C  "她开始了一生当中最长时间的独自思索"。

37. A  "当你学会独处并喜欢读书的时候,你会发觉自己正在长大,正在走向成熟。"

38. A  "到了宋代,放风筝成为人们喜爱的户外活动。"

39. B  这段话主要讲了风筝从春秋时代到现代的历史状况。

40. C　"他的心像喝了蜂蜜般甜蜜"。

41. B　人们看到"井水有毒"的牌子和残留在井水中的东西，心生恐惧，都不敢取水了。

42. B　"将泉井中的水与人分享，才是保全它的最好方式"，说的是分享的道理。

43. A　"海水的酸度增加了约30%。"

44. D　录音中说，人类活动释放到大气中的二氧化碳有四分之一被海水吸收。

45. B　"海水酸度显著递增，导致了物种的大灭绝。"

46. B　"最好也是唯一可行的方法，只能是减少二氧化碳的排放量。"

47. C　"这是因为我们对他们几乎一无所知，而他们在几十分钟甚至十几分钟内便会对我们作出评价。"

48. B　"演讲在大部分情况下都是单向的。"

49. D　由于无法看见每次掷出飞镖的结果，他输掉了这一局。

50. B　这段话主要讲演讲时人为什么会紧张。

51. D　句中"大约"和"左右"都是修饰"三分之一"的，都表示约数，不能两个同时用，应该二选一。

52. A　搭配不当，可以说"举行……活动"，"举办……展览"。本句应是"举办"。

53. A　主语残缺。因为"通过……"是一个介词结构，不能做主语，所以"使……"就没有主语了。删去"通过"，或者删去"使"。

54. B　关联词搭配不当，应该说"只要……就……"或"只有……才……"

55. D　语序不当。"直接"应修饰"影响"。

56. C　否定词"不"与含否定意义的动词"防止"并用，造成否定不当。应去掉"不"。

57. A　语义搭配不当。"大明湖"是一个地名，不是季节，应改为"地方／去处"。

58. B　成分赘余。应该说"引起……广泛关注"或者"引起……极大关注"，二选一。

59. D　搭配不当。正确搭配：深受……欢迎。去掉"所"。

60. B　"超过"是越过已有的某种范围、限度，即达到已有的范围、限度之上，可见"超过"即"以上"，不必叠用。此句可删去"以上"，或改"超过"为"达到"。

61. A　正确搭配：环境保护。"为"、"为了"都可以说明行为的目的。可以说"采取……行动"。

62. C　与"注意了……"相反的是不重视甚至遗忘，可以是"轻视／忽视"。人们遗忘的是水的价值或作用。水能使人的生命持续（维持）。

63. C　彼此：代词，这个和那个，指双方。"一心一意／同心协力／风雨同舟"都指团结一致，共同努力。正确搭配：加深（或"增进"）……感情。

64. B　"最"可用于方位词前。"主要分布"或"集中分布"说明分布的集中区域。特殊习性：与众不同的习性。"成千上万"形容人或事物数量多，后跟量词。

65. A　经历：亲身体验过的事。正确搭配：迈（或"走"）……步／停止呼吸。"不停地说"意思是一直、不住地说。

66. D　"一段时间"，"段"是表示时间的量词。第二个空儿选A、B、C、D都可以，都表示一点一点地，一步步地。"污染威胁人类生存"，意思是污染让人类的生存处境很危险。"局部地区、全球"指的都是"范围"。

- 277 -

67. C 现实的成功与想象中的成功相对比。下文是说"难"，上文说的是"容易"。"坚持下去 / 坚持下来"表示继续坚持到最后。不足为奇：没有什么值得奇怪的。

68. A "赛龙舟"是一种习惯和风俗（习俗）。"起源于/来源于"说明从哪里开始。争先恐后：都想在前边，不想落在后边。"之后 / 后来"，在那件事以后，可连接句子。

69. D "走红歌坛"是一种愿望。可以说"愿望强烈"。第三个空儿选A、B、C、D都可以。"得到别人的肯定 / 承认"意思是被别人认可。心甘情愿 / 无怨无悔：愿意，不后悔。

70. C "曾经 / 原来"表示过去的经历。第二个空儿选 B、C、D 都可以，表示以"布局与功用"作为划分"外朝"与"内廷"的前提或基础。说布局或结构常说"分为……几大部分"。迥然不同：完全不一样。

71. C 踢到石头的人才会跌倒或擦伤。

72. A 后句是对挖石头表示不满。

73. E 为搬不动石头找个理由，自我安慰。

74. B 后接反问句，意思是，要是好挖，早就挖了。

75. D 挖出了石头，知道了大小。

76. C 后文是"也为……"，所以前文应是"为……"。

77. A "都"指三个人全部包括在内。

78. E 前面是"最好"、"次之"，后边应是"最差"。

79. B 前句"由于……"，后句"所以……"，表因果关系。

80. D 前句是"在……"，后句是"在……"，并列说明出名的理由。

81. B "但科学家们却发现：植物体内却是动态的，充满了纷繁复杂的运动。"

82. D "'接力棒'随后通过下面的蛋白质'接力手'层层传递"，可见"接力手"是传递信息的蛋白质。

83. D "人类将能通过调节网络中光信号的传递，按照植物育种的各种需要来改良农作物。"

84. D "科学家们对控制开花时间的基因做标志"，调控这些基因，以缩短开花期。

85. D 父亲出差时"一路上心老是放不下孩子，所以不时打电话回家"。

86. C 第三段说，孩子因为怕爸爸那碗面凉掉，所以把泡面放进棉被底下保温。

87. D "心里像打翻了五味瓶"，比喻有丰富的情感体验，心情复杂。五味瓶：指装有调料的各种味道的瓶子。

88. B 文章主题是父子情深。

89. D 第一段解释原因说，赵新在一家跨国服装品牌巨头公司工作，经常成为世界各大时装周的座上宾（受欢迎的客人）。

90. D 第二段说，"买手"们必须先去了解消费者，了解市场，而不是被动地等着厂家上门。~手：指精通某种技艺的人。

91. D 在赵新自己看来，3000 美元的收入不多，还要和妻子分居，所以说他对工资和生活都不满意。

92. A 文章开头说，赵新"坐飞机就像打的"，所以是经常出差。

93. D "香而淳厚"，指的是酒性；"饮而得神"指的是饮酒后心理和精神上的感受。

94. D "酒的使用，更是庄严之事，非祀天地、祭宗庙、奉佳宾而不用"，可见酒最初被用于祭祀等大事。

95. C "长辈酒杯中的酒尚未饮完，晚辈也不能先饮尽。"

96. B "饮酒作为一种食的文化，在远古时代就形成了一个大家必须遵守的礼节。"

97. B "从西汉司马迁太史公写下不朽名作《史记》后，我国历代的历史沿革都有史书记载"，可见是从西汉开始有史书记载的。

98. D "《二十四史》……记录了中国从三代时起，较完整的历史沿革情况，一直记录到明代为止。"

99. D 最后两段说明：历史可以使人明智，增强民族自豪感，为我们提供借鉴。没提到 D。

100. B 本文主要谈的是历史史料对认识历史的重要性和意义。

# 模拟试卷 第7套

# 听力文本

## 第一部分

第 1 到 15 题，请选出与所听内容一致的一项。现在开始第 1 题：

1. 夏季高温时节，颈椎病发作会增多，主要是由生活方式变化导致的，比如空调温度过低或猛吹风扇，颈部容易受凉。天气炎热，人们外出的时间减少，上网、看电视时间增多，长期保持一个姿势不动，也对颈椎不利。

2. 拿到上海财经大学的录取通知书，很多考生第一感觉是"发错了"。原来这张通知书的外观是一张"存折"。学校把通知书打造成存折状，除了暗合"财经大学"的校名，其实也是有意识地提醒新生们要珍惜自己的大学生活。

3. 港式粤菜是在传统粤菜的基础上，加入创新的成分，它提升了粤菜的品位档次，更追求精致、精美以及用料上的新鲜、应时，对于港式粤菜的创作来说，不限于粤菜，也可借鉴川菜、鲁菜等不同菜系的做法。

4. "宅男"这个新词是从日语里来的。在日本，"宅男"是指一些只喜欢动漫、电脑之类的怪人。而在中国，"宅男"的含义则不同，有一种生活态度的感觉，甚至有点儿时尚，指每天憋在屋子里不出去、交往不多的一群人。

5. 韩国歌星郑智薰出生于一个小镇上，由于家庭贫穷，母亲从小就对他给予了很大希望。

但他却是一个很不自信的人。上小学的时候，课堂上他甚至不敢回答问题。一次学校组织学生进行游泳比赛，他就站在河边，不敢向前走一步。

6. 在参加东方卫视的"加油！东方天使"的比赛中，任月丽穿着牛仔裤、T恤衫，在一群花枝招展的女孩子中间像只丑小鸭。她说自己只会弹琴、唱歌，不会跳舞。但她依然自信，她要做最本色的自己。

7. "沟通能力"与"实践能力"，可以说是中国大学毕业生最为缺乏的基本能力。由于许多90后是独生子，成长的环境决定了他们沟通能力比较弱，而年轻人拥有希望、梦想的特点，又让他们忽视实际，说的比做的多。

8. 剩女问题在中国几个大城市相当严重，已成为一种社会问题。据称北京剩女数量已达80万。相对于剩男，剩女要承受更大的社会压力，也更容易遭遇心理危机。

9. 李开复26岁时就当上了副教授。但苹果公司的一个邀请电话让他反思自己。那电话说："你是想一辈子写学术论文呢，还是要来真正地改变世界？"李开复的梦想被点燃了。他走出象牙塔，进入商界，加盟"改变世界"的大军。

10. 养鱼人常常在固定的地方把食物撒到水塘里。有食物的地方，鱼儿都游过来吃。等鱼长大后，养鱼人就不为用钩子钓鱼而费心了。只需要像往常那样，撒下食物之后，再把网一撒，鱼儿就都上来了。可见，经常有好处的地方，往往是要命的地方。

11. 创业不一定必须从生意开始做起。可以找点儿不需要太多资金的项目先创业，比如公益创业，就是组织小组在社会上做公益，一样能锻炼商业所需要的领导力与公关能力，甚至在这个过程中就可能会整合到了其他所需要的资源。

12. 进行一次网络搜索需要付出什么代价？很多人大概从未想过，因为用谷歌等进行搜索是不需要花钱的。其实网络搜索需要付出代价，据估计，谷歌的搜索引擎每小时消耗100万千瓦的电量，产生近1000万个搜索结果，每次搜索消耗的能量可以让一只灯泡工作一小时！

13. 加拿大政府给油砂开采者设了种种限制，如油砂开采提炼后，开采者还得把提炼过的沙子填回去。这样既不破坏当地的环境，又不会污染到其他地区，从而和谐地保证了生态环境。

14. 马是既可以躺着睡觉又可以站着睡觉的动物，研究马的专家坚信，在一个马群中绝不会发生所有的马同时躺下去睡觉的事情，总有一匹马是站在那里放哨的。

15. 导师制是牛津大学本科生教育的重要组成部分，每个本科生每学期都要完成两至四门辅导课程。按照传统的导师要求，辅导要以一对一的形式进行，但受辅导教师资源的限制，目前，牛津的导师大多有两至四名学生。

## 第二部分

第16到30题，请选出正确答案。现在开始第16到20题：

第16到20题是根据下面一段采访：

女：大家好！今天我们请到的嘉宾是被称为"史上最牛历史老师"的袁腾飞先生。袁老师，您好！请问您是什么时候开始对历史感兴趣的呢？

男：小学吧。因为小的时候那会儿也没有什么娱乐，电视、网络都没有，只好玩儿一些现在看来土得掉渣的东西，比如在胡同里踢球、弹球，现在的孩子可能都没有听说过。那时候很多孩子都是听评书、看连环画长大的，里面讲的都是历史故事，我呢一直好这个，对历史越来越感兴趣。

女：袁老师，您在看待历史的时候，什么样的人能激起您去讲的冲动？

男：那种失败了的英雄，比如像岳飞、文天祥、史可法，明知不可为而为之，他们自己知道自己做的事必然要失败，即使面对诬陷、侮辱、迫害和陷害也不改初衷，坚持着自己的良心、信仰、正义去战斗，实现了人格的完美，这样的人我非常喜欢去讲。因为在我们现代社会，似乎衡量一个人的标准就是成功、有钱，而不问是非对错。所以历史上这些失败的英雄是我最愿意讲的，他们失败了，但是他们是伟大的，是不朽的。

女：您觉得中国历史上哪个朝代最有意思？如果让您选择，最愿意到哪个朝代去生活？

男：那当然还是现在好了，从物质条件来讲，现代肯定比古代好得多。我感兴趣的朝代基本上是宋代、辽代、夏、金这一段，因为当时是政权混乱的乱世，乱世故事多，为国为己报仇雪恨的、反动卖国的等等，每个人的性格也很鲜明，好的好，坏的坏，美的美，丑的丑，有很多可看的故事。

女：大家都认为您的历史课上得幽默风趣、内容丰富，您的这种讲课风格什么时候形成的？学生的反应是什么？

男：大概工作半年以后吧。因为我刚参加工作时教的学生，大多是1977年、1978年出生的孩子，就只比我小个五六岁，谁怕我啊？所以我要是照着课本讲，他们就会觉得无聊，而且历史课一般都是上午最后一节，正是学生们精力分散的时候，所以常常有学生听不下去就走神甚至乱堂了。我那时候刚参加工作，是年青教师，如果出现乱堂造反，饭碗就保不住，报销了。所以为了保住自己的饭碗，必须得有一种改变，所以一改变我就发现，这个办法还行，慢慢就坚持下来了。从那以后，我发现学生趴着睡觉的少了，乱堂的也少了，不少学生开始对历史感兴趣了。

16. 关于男的小时候，可以知道什么？

17. 根据对话，可以知道男的最喜欢什么样的历史人物？

18. 男的最愿意回到的时代是哪一个？

19. 根据对话，男的大概是哪一年出生的？

20. 男的刚做老师时怎么样？

第 21 到 25 题是根据下面一段采访：

女：大家好！都说热爱美食的人最热爱生活，今天来到我们现场的嘉宾可以说是最热爱生活的人，他就是中央电视台《美食美客》主持人朱轶。朱轶，最近我发现《美食美客》节目好像发生了不小的变化。

男：对，《美食美客》最近做了一个非常大的改版，熟悉我们节目的观众都知道，全国乃至全球华人界最专业最顶级的厨师都应邀到我们节目过过招儿了。比如去年全国厨师大赛的冠军、亚军以及季军都上过我们的节目。现在我们节目作出了全新的尝试，就是参加节目的选手不局限于厨师了，现场选手逐渐被一批民间高手所取代。

女：如果选手都是民间高手的话，节目的专业性会不会下降？

男：我们力求把这个节目打造成为观众喜闻乐见的娱乐感极强的节目，我们的宗旨是首先让人娱乐，然后才让你看到美味的菜肴，赏心悦目，接下来能够学到很多做菜有用的知识。但另一方面，专业性质并没有削弱，评委是专业评委，全国最有名的营养师、美食家会在我们那里陆续登场。

女：主持美食节目，别人经常会问你美食方面的问题吧？

男：对。很多朋友一旦吃饭不知道去哪儿的时候，很自然地会问我，我如果随口一说的话，人家可能真的就照着去了。但是我掌握了一个技巧，因为众口难调，跟人家说一个，吃完人家感觉不好，这样不太好。咋办呢？所以一般在北京，别人问我什么好吃，我就告诉他上海一些饭馆不错，反正你没机会去。

女：中国人很喜欢朋友聚餐。

男：对，可是要注意，人多吃饭对胃不太好。人专注干一件事情的时候对身体最好，比方吃饭，中国人太习惯十个人以上一桌吃饭，这样你免不了聊天儿，免不了要把跟饭菜温度不太一致的液体放进嘴里，送到胃里。这样吃饭时老是说话打岔，容易消化不良造成胃病，营养吸收也有问题。

女：还有什么给大家的健康提示吗？

男：第一，尽量不要让自己每顿饭吃得太撑着，有人在食欲方面比较肆无忌惮，老是先把自己饿着，饿着的时候又大吃一顿，这样的结果会对内脏造成很大的冲击，这种冲击不是你自己能感觉到的，久而久之，胃、肝、胆、肠都会出现问题。第二，以我切身的经历，千万不要不吃早饭，像我不吃早饭，于是长了胆结石，时不时还闹一下，挺疼的。所以大家三顿饭一定要吃。最后，祝大家吃好、玩好、乐好！

21. 关于改版后的《美食美客》节目，下面说法正确的是哪一个？

22.《美食美客》改版后的评委包括下面哪一类人？

23. 朋友请男的介绍饭馆时，他会怎么样？

24. 关于男的对朋友聚餐的看法，正确的是什么？

25. 男的关于健康的建议是什么？

第 26 到 30 题是根据下面一段采访:

男:大家好!我们今天请到的嘉宾是一位漂亮的幼儿教师,网友们都亲切地叫她"幼教美眉",同时她也是中国红十字会"中国重症儿童爱心天使"。幼教美眉,你以前对中国重症儿童的状况了解吗?现在担任这个"天使"有何感觉?

女:之前并不太了解,只知道他们是一群急需帮助的孩子。担任爱心天使之后,和重症孩子有了进一步的接触,发现他们真的是非常天真无邪,非常可爱,如果因为经济原因让他们放弃生命实在太可惜了。以前担任爱心天使的都是一些演艺明星或行业领袖,不但能呼吁公众捐款,自己也可以捐一些。而我不同,我太渺小了,就是一个普通人。但我的业余时间应该比他们多,我会利用更多的时间,一方面呼吁经济方面的帮助,另一方面多和孩子交流,真正去爱他们,让他们感觉到社会对他们的关心。

男:你担任爱心天使之后的主要工作是什么?会不会牵扯太多精力?

女:我将在播客网、搜狐网等网站设立爱心专区,进入爱心专区之后可以直接给重症儿童捐款,也可以把我们身边的一些需要帮助的孩子的照片、情况发到爱心专区上来,让大家了解,让更多的孩子得到帮助。我们现在的爱心专区上已经有一些白血病孩子的情况介绍,还有照片,网友可以开始捐款。

男:你对幼教工作本身是怎么理解的?

女:一开始上学的时候,觉得幼教老师的职责就是把知识以及平时需要掌握的规则、意识教给孩子们,让他们去遵守就可以了。但是真正到幼儿园工作之后,发现完全不是这样,幼儿园老师和孩子整天生活在一起,责任非常大。最重要的是,老师不但要和孩子们进行知识的交流,更需要和孩子们有心灵的接触,了解他们心里在想什么。当孩子心情非常低落或者特别兴奋的时候,需要老师和他聊天儿沟通。孩子们现在养成了一种习惯,愿意把他们的快乐和难过都和我分享,不仅把我当成一个老师,也把我当成一个朋友。

男:你觉得外界对幼教工作的理解有偏差吗?

女:以前可能别人会评价幼儿园老师并不是一名正经的老师,觉得他们好像只是带带孩子,和保姆差不多。而现在我觉得外界对幼儿园老师越来越重视,也说明随着社会的发展,大家对孩子早期教育更为关注了。

26. 关于女的的身份,不正确的是哪一项?

27. 嘉宾认为,和其他爱心天使相比,自己的优势是什么?

28. 关于女的做爱心天使后所要做的工作,正确的是哪一项?

29. 女的认为作为幼教老师,最重要的是什么?

30. 根据对话可以知道,以前人们对幼儿教师的看法是什么?

## 第三部分

第 31 到 50 题,请选出正确答案。现在开始第 31 到 33 题:

第 31 到 33 题是根据下面一段话:

中国婚姻家庭研究会在成立 30 周年纪念大会上发布了《中国十城市大学生婚恋观调查》

结果。调查的目的是要了解中国大学生在恋爱、婚姻以及在婚恋热点问题上的态度和看法。

为测试大学生婚恋观开放程度，相关机构设计了"试婚是否是结婚的前奏""婚姻和事业哪个更重要""如何看待'裸婚'""婚后的子女生育数""对婚后夫妻分工及夫妻关系的看法"等9个问题。调查问卷以传单的形式随机发放给大学生们。

调查结果显示，大学生婚恋观总体上是健康和理性的，且呈现开放趋势。中国大学生婚恋观的开放程度正处于从"保守"到"开放"的转型过程中。其中较开放的群体，相对来说年长一些，有过恋爱经历居多，以男生为主，父母的职业以白领为主，月生活费至少在800元以上，超过1000元的居多，所在高校大多处于沿海城市，学生大多来自城市。而较保守的群体，相对来说年轻一些，以女生为主，父母的职业以蓝领为主，月生活费在500元以上，所在高校多处内地城市，学生原籍大多来自农村。

31. 这项调查一共包括几个问题？

32. 根据录音，婚恋观较开放的大学生是哪类人？

33. 婚恋观较保守的学生群体的月生活费是多少？

第34到36题是根据下面一段话：

天使遇到一个诗人，这个诗人年轻、英俊、有才华而且富有，妻子貌美又温柔，但他却过得不快乐。天使问他："我能帮你吗？"诗人对天使说："我什么都有，只欠一样东西，你能给我吗？"天使回答说："可以，你要什么我都可以给你。"诗人说："我想要的是幸福。"

这下子把天使难倒了。天使想了想，说："我明白了。"然后，天使拿走诗人的才华，毁去他的容貌，夺去他的财产，还有他妻子的性命。做完这些事后，天使离去了。

一个月后，天使再回到诗人的身边，那时诗人饿得半死，衣衫破烂地躺在地上挣扎。于是，天使把诗人原有的一切都还给他，就离去了。

半个月后，天使又去看望诗人。只见诗人搂着妻子正在宣誓他将永远爱她。见到天使后，诗人不住地向天使道谢，因为，他得到幸福了。

34. 天使见到诗人的时候，诗人怎么样？

35. 天使是如何让诗人感到幸福的？

36. 这段话最合适的题目是哪一个？

第37到39题是根据下面一段话：

马康是家住北京市朝阳区的一位女士。最近，她因为邻居在家门口抽烟的事非常烦恼。作为二手烟的受害者，在目前缺乏相关法律法规支撑的条件下，她并没有很好的办法来维护自己的健康权。

清华大学的研究报告指出，与1996年相比，2010年公共场所和工作场所二手烟暴露率的增长均为两倍以上。目前我国不吸烟的9亿多成人中，约有7.38亿人遭受二手烟危害。据了解，目前我国很多地方的出租车、餐厅等公共场所并未禁烟，即使在一些设立了吸烟区和无烟区的餐厅，很多也并未采取完全隔离的措施。资料显示，二手烟对人体的危害一点儿也不比主动吸烟者轻，对少年儿童的危害尤其严重。

37. 关于马康，可以知道些什么？

38. 关于中国的烟民，下列说法正确的是哪一项？

39. 关于二手烟的受害者，下列说法正确的是哪一项？

第 40 到 43 题是根据下面一段话：

动物园里住着很多动物。一天，动物管理员发现袋鼠从笼子里跑出来了，在动物园里到处跑。管理员们觉得这是一件很严重的事，于是他们马上开会讨论，讨论的结果是一致认为笼子的高度过低。所以他们决定将笼子的高度由原来的 10 米加高到 20 米。结果第二天他们发现，袋鼠还是跑到外面来，所以他们决定再将高度加高到 30 米。

没想到，隔天居然又看到袋鼠跑到外面，于是管理员们大为紧张，决定一不做，二不休，将笼子的高度加高到 50 米。

一天，袋鼠在长颈鹿的笼子旁跟它闲聊。长颈鹿问："你看，这些人会不会再继续加高你的笼子？""很难说，"袋鼠说，"如果他们继续忘记关门的话。"

40. 袋鼠的笼子现在多高？

41. 发现袋鼠跑出来以后，管理员们做的第一件事是什么？

42. 袋鼠怎么会跑出来了？

43. 通过录音可以知道管理员工作做得怎么样？

第 44 到 46 题是根据下面一段话：

啤酒厂要倒闭了，老板急得团团转，但是不论怎么改进品质，销售量还是没有太大提高。

"在啤酒里加入维生素，并且在瓶子上面标明。"老板的朋友建议道。

老板照做了，果然生意大为改善，没有多久，不但渡过了难关，而且扩大规模，生产起了汽水，只是不久发现，汽水与以前的啤酒一样，也打不开市场。

"在汽水里加入维生素，并且在瓶子上面标明。"老板的朋友又建议。

果然汽水也大为畅销。

"说实在的，我加进去的量，根本微不足道。对口感和身体来说，都没有太大的影响。可为什么维生素有这么神奇呢？"老板问他的朋友。

"这还不简单吗？当人想喝酒，却又内心矛盾时，他会告诉自己，喝的不只是酒，更补充了有益健康的维生素，于是矛盾消失。至于汽水，当孩子要喝时，父母会说：为什么不喝有营养的果汁？喝些糖水有什么用？对身体也没有好处。这时孩子就可以讲，这里面有维生素，于是阻力减弱。"老板的朋友接着说，"人们做事，常爱找个借口或堂而皇之的理由，让自己心安，我只是教你先帮他们找好借口罢了。"

44. 朋友给老板的建议主要是什么？

45. 加入维生素的啤酒怎么样？

46. 人们更喜欢买加了维生素的饮料是因为什么？

第 47 到 50 题是根据下面一段话：

哮喘是一种常见的呼吸系统疾病，一般在秋、冬、春季发作，表现为咳嗽、胸闷和呼吸困难。发病一般有两个方面的原因：一个是宿主因素，如特殊体质、肥胖等，这往往和遗传因素相关，如父母患哮喘，那么子女患哮喘的概率往往大一些；另一个是环境因素，如花粉、动物毛屑，以及空气污染、吸烟、呼吸道感染等。

呼吸内科专家胡皓夫教授说，防治得当，哮喘是完全可以控制的。游泳就是一个好方法。游泳在水中进行，人的体温和水温、气温之间都存在差别，因此经常游泳能改善神经系统对体温的调节功能，提高人体对气候冷热变化，尤其是对低温的适应能力。由于水的密度比空气大，因此在水中运动时胸腔受到的压力很大，这就给呼吸系统功能提供了锻炼的条件，可以提高人体呼吸系统的功能。

不仅是游泳，适度的体育锻炼都可以提高身体的抵抗力，缓解哮喘。胡教授也提醒大家，在发病期间最好不要游泳，以免产生危险。

47. 下面哪类人更易患哮喘？

48. 根据录音，影响哮喘发作的环境因素不包括什么？

49. 游泳可以缓解哮喘，是因为游泳有哪些好处？

50. 以下对哮喘病人的建议，正确的是哪一项？

听力考试现在结束。

# 答　案

## 一、听　力

### 第一部分

| | | | |
|---|---|---|---|
| 1. B | 2. B | 3. D | 4. C |
| 5. C | 6. D | 7. D | 8. C |
| 9. B | 10. B | 11. B | 12. C |
| 13. C | 14. A | 15. A | |

### 第二部分

| | | | |
|---|---|---|---|
| 16. D | 17. A | 18. C | 19. A |
| 20. C | 21. B | 22. D | 23. C |
| 24. A | 25. D | 26. C | 27. B |
| 28. D | 29. A | 30. B | |

### 第三部分

| | | | |
|---|---|---|---|
| 31. B | 32. A | 33. C | 34. B |

| | | | |
|---|---|---|---|
| 35. A | 36. A | 37. C | 38. D |
| 39. C | 40. D | 41. C | 42. C |
| 43. A | 44. D | 45. D | 46. D |
| 47. D | 48. C | 49. D | 50. B |

## 二、阅　读

### 第一部分

| | | | |
|---|---|---|---|
| 51. A | 52. B | 53. B | 54. A |
| 55. C | 56. B | 57. A | 58. A |
| 59. A | 60. B | | |

### 第二部分

| | | | |
|---|---|---|---|
| 61. B | 62. C | 63. A | 64. B |
| 65. A | 66. B | 67. B | 68. A |
| 69. A | 70. C | | |

| | | 第三部分 | | 85. C | 86. C | 87. B | 88. C |
|---|---|---|---|---|---|---|---|
| 71. C | 72. A | 73. D | 74. E | 89. C | 90. B | 91. B | 92. B |
| 75. B | 76. E | 77. B | 78. A | 93. B | 94. D | 95. A | 96. A |
| 79. D | 80. C | | | 97. B | 98. A | 99. B | 100. D |

第四部分

| 81. A | 82. B | 83. C | 84. B |
|---|---|---|---|

# 三、书 写

**101. 缩写**

## 真正的考试

英子是医学院的学生，毕业前，英子和五位同学到一家非常有名的医院实习，如果表现优秀，就有机会成为这里的医生，但只能留用一个人。

医院为确定谁被留用，举行了一次考试，结果六个毕业生都很出色，院方不知道该如何取舍。

一天，黎明的时候，他们接到一个通知，一名产妇要生孩子，医院要到她家中救治。院长率领一名主任医生、六名实习医生、两名护士去抢救这名产妇。

产妇家又远又偏僻，急救车到达时，产妇已经满头汗水地呻吟着。医护人员把产妇抬上急救车后，发现车上人很挤，产妇的丈夫上不来了。

英子跳下车，让产妇的丈夫上车。急救车飞快地开往医院，英子半小时后才赶回医院。院长问她："这么难得的学习机会，你为什么跳下了车？"英子回答："车上有那么多医生、护士，缺少我不会影响抢救的。但没有病人家属，可能会给抢救带来影响。"

三天后，院方的留用结果出来了，英子成为幸运者。院长说："三天前的那一场急救是一场意外的测试。只有英子一个人通过。"

# 答案说明

1. B "夏季高温时节，颈椎病发作会增多"。

2. B "通知书的外观是一张'存折'。"可见通知书的形式很特别。

3. D "港式粤菜是在传统粤菜的基础上，加入创新的成分，它提升了粤菜的品位档次"。

4. C 在日本，"宅男"是指一些只喜欢动漫、电脑之类的怪人。而在中国，"宅男"指每天憋在屋子里不出去，交往不多的一群人。所以说中日对"宅男"的理解不同。

5. C 上课不敢回答问题，学校组织学生游泳比赛，他站在河边，不敢向前走一步，都说明他不自信。

6. D 任月丽穿着牛仔裤、T恤衫，不像别的女孩子那样打扮，但她很自信。

7. D "'沟通能力'与'实践能力'，可以说是中国大学毕业生最为缺乏的基本能力。"

8. C  "剩女问题在中国几个大城市相当严重，已成为一种社会问题。"

9. B  他"进入商界，加盟'改变世界'的大军"。

10. B  这段话用养鱼做了一个比喻："经常有好处的地方，往往是要命的地方。""要命的地方"指危险的地方。

11. B  录音开头说，"创业不一定必须从生意开始做起。"然后说了另外几种方式。

12. C  录音中说，谷歌的搜索引擎每小时消耗100万千瓦的电量，消耗的能量可以让一只灯泡工作一小时，可见消耗能力特别大。

13. C  加拿大政府规定油砂开采提炼后，开采者还得把提炼过的沙子填回去。可见政府注意生态保护。

14. A  在一个马群中总有一匹马站在那里放哨，以防止危险，可见马的警惕性非常高。

15. A  "导师制是牛津大学本科生教育的重要组成部分"，可见牛津大学重视导师制。

16. D  "那时候很多孩子都是听评书、看连环画长大的，里面讲的都是历史故事，我呢一直好这个，对历史越来越感兴趣。"好：喜好。可见他小时候喜欢听评书。

17. A  "那种失败了的英雄……实现了人格的完美，这样的人我非常喜欢去讲。"

18. C  "那当然还是现在好了，从物质条件来讲，现代肯定比古代好得多。"

19. A  "我刚参加工作时教的学生，大多是1977年、1978年出生的孩子，就只比我小个五六岁"，可以推算出他可能是1972年出生的。

20. C  "常常有学生听不下去就走神甚至乱堂了"。走神：心思不在这个地方。

21. B  "选手不局限于厨师了，现场选手逐渐被一批民间高手所取代。"

22. D  "评委是专业评委，全国最有名的营养师、美食家会在我们那里陆续登场。"

23. C  "所以一般在北京，别人问我什么好吃，我就告诉他上海一些饭馆不错，反正你没机会去。"所以说他会开个小玩笑。

24. A  "吃饭时老是说话打岔，容易消化不良造成胃病，营养吸收也有问题。"

25. D  "以我切身的经历，千万不要不吃早饭"。

26. C  嘉宾是一位漂亮的幼儿教师，网友们都亲切地叫她"幼教美眉"，同时她也是中国红十字会"中国重症儿童爱心天使"。所以A、B、D是她的身份。美眉：网络用语，指年轻漂亮的姑娘。

27. B  "我的业余时间应该比他们多"。

28. D  女的说，她将在很多网站设立爱心专区，让人们可以直接给重症儿童捐款。

29. A  "最重要的是，老师不但要和孩子们进行知识的交流，更需要和孩子们有心灵的接触"，"不仅把我当成一个老师，也把我当成一个朋友"。

30. B  "以前可能别人会评价幼儿园老师并不是一名正经的老师，觉得他们好像只是带带孩子，和保姆差不多。"

31. B  "相关机构设计了……等9个问题"。

32. A  "其中较开放的群体，相对来说年长一些，有过恋爱经历居多，以男生为主"。

33. C  "而较保守的群体，相对来说年轻一些，以女生为主，父母的职业以蓝领为主，月生

活费在 500 元以上"。

34. B　"但他却过得不快乐"。

35. A　天使拿走诗人的才华，毁去他的容貌，夺去他的财产，还有他妻子的性命。后来又把这一切还给了他，于是诗人感到幸福了。

36. A　天使所做的一切都是为了让诗人学会珍惜已经得到的幸福。

37. C　"作为二手烟的受害者，……她……"，可见马康是个二手烟受害者。

38. D　"2010 年公共场所和工作场所二手烟暴露率的增长均为两倍以上。"

39. C　"在目前缺乏相关法律法规支撑的条件下，她并没有很好的办法来维护自己的健康权。"

40. D　"他们……将笼子的高度加高到 50 米。"

41. C　"于是他们马上开会讨论"。

42. C　最后一句话点明了原因："如果他们继续忘记关门的话。"可见是门没关。

43. A　管理员忘记锁门了，太粗心了。

44. D　"在啤酒里加入维生素，并且在瓶子上面标明。"

45. D　"说实在的，我加进去的量，根本微不足道。对口感和身体来说，都没有太大的影响。"可见两者差不多。

46. D　"人们做事，常爱找个借口或堂而皇之的理由，让自己心安，我只是教你先帮他们找好借口罢了。"

47. D　说话人在分析哮喘发病原因时说，"另一个是环境因素，如花粉、动物毛屑，以及空气污染、吸烟、呼吸道感染等"。

48. C　"另一个是环境因素，如花粉、动物毛屑，以及空气污染、吸烟、呼吸道感染等。"没提到"遗传"。

49. D　"在水中运动时胸腔受到的压力很大……可以提高人体呼吸系统的功能。"

50. B　"不仅是游泳，适度的体育锻炼都可以提高身体的抵抗力，缓解哮喘。"

51. A　"目前"和"我国历史上"重叠使用，有矛盾。"五铢钱"现在已不流通，所以去掉"目前"。

52. B　"一直"、"从来"重叠使用。去掉"从来"。

53. B　"家乡"应是"济南市"，不是"人"。

54. A　表示动作正在发生，不能用"了"。应改为"在悠闲地喝着茶"。

55. C　语意矛盾。"很少有机会"和"没有机会"矛盾，二者选一。

56. B　程度副词"极"、"很"重叠使用，二者可选一。

57. A　"不是……，却是……"搭配错误，应为"不是……，而是……"。

58. A　"带来的"不应是定语，应为动词谓语，应改为"带来了"。

59. A　"命令"词语使用不当，应改为"命名"。

60. B　"继……之前"搭配错误，应改为"继……之后"或"在……之前"。

61. B　第一个空儿，根据搭配关系，A、B、C、D 都合适。说"承载民族大义"或者"饱含民族大义"都可以。忘记历史对一个民族来说是一件"危险"和"悲哀"的事。

62. C　一般说：政治制度 / 经济制度 / 社会制度 / 历史文化传统。说"发展速度"、"发展水平"都可以。

63. A　"独特、舒适、优美"都能与"旅游环境"搭配。一般说"舒适的生活环境"、"优美的自然环境"。

64. B　分析前面两个句子，有让步与转折关系。"如果……就……"表示假设关系。

65. A　说"内心修养"、"内心修为"都可以。说"制度建设"或者"法制建设"都可以。"世俗"与前文"宗教"相对应。

66. B　表示时间短，做状语，用"暂时"。说恋爱"结束"或"失败"。"在……前夕"意思是快要到……的时候。"前夕"的本义是前一天晚上。

67. B　正确搭配：深化改革 / 体制改革 / 加快发展 / 需求增长 / 提高健康素质 / 提高健康水平。

68. A　"模式"可以说"转型"或者"转变"。现在"走下坡路"说明以前是"增长"的。说"调整"或者"改革""产业结构"都可以。"停滞不前"和"严重倒退"都是不好的结果，"停滞不前"适合文意。

69. A　可以说：时代的变迁 / 时代的面貌 / 时代的轨迹 / 连续记录 / 完整记录 / 真实记录。第三个空儿，根据前文意思，选 A、B、C、D 都可以。"像……的效果"，中间应该是个比喻的说法，选"滴水穿石"。

70. C　与前文"真实性"相对应，应该说"细节上的失实"或"细节上的失真"。工作上的差错叫"失误"。从道德上讲，说谎更是一种"耻辱"。

71. C　下一句"她成为 1896 年以来第一位获得大满贯单打冠军的亚洲选手"的依据是 C。

72. A　"她很快成长为一名优秀的少年网球运动员"的条件之一是 A。

73. D　"眼前的五六个孩子"是范围，教练选中李娜是结果。选 D。

74. E　"甚至"表示递进关系，程度加深。

75. B　根据故事情节，最后一句说明结果。'菜鸟：生手，指技艺不熟练的人，来自网络。

76. E　此句指最后导致的结果。

77. B　根据句子"……也好，……也好"结构，选 B。

78. A　这是一个疑问句。

79. D　"一……，就……，也……"表示第一个动作出现后，其后马上会发生的动作和情况。

80. C　根据前后语义"消耗能量……压力……情绪……消解释放"，选 C。

81. A　"美国一家网站调查了 1000 位成功人士"，可见被调查者都是成功人士。"

82. B　"让人看后……，使人按耐不住地跃跃欲试，并且坚信自己能够成功。"

83. C　采访发现，在现实中，这 1000 个人全是未成功人士。选 C。

84. B　根据文章主题，选 B。

85. C　饭桌上他说最近要上一个新项目，请大家帮他出出主意。"出主意"就是说意见。

86. C　小王认为最关键的问题是，这是一个重污染的项目。可知，这个项目会污染环境。

87. B　企业家说，这些年，随着生意越做越大，很少会有人对他说"不"。可见是生意做得好、地位高的缘故。

88. C "很少会有人对他说'不'。这其实是一个危险的信号。"

89. C 文中说，胖人们运动时，尤其是当着年轻人、身材好的人以及俱乐部的工作人员时，总试图遮挡自己的肥胖。教练是其中之一。

90. B "这种害羞情绪或者隐约的羞耻心对女性影响更大"，结合上文，这里的女性是指超重的女性。

91. B "对健身俱乐部环境及其工作人员的'负面感觉'使很多人放弃了俱乐部健身这一运动途径。"负面：与"正面"相对，指不好的、不积极的。

92. B "一位专家指出，胖人更适合一些小的有氧运动"。

93. B "当所播钢琴曲是胎儿时期听过的乐谱旋律时，新生儿的心跳明显减缓"。

94. D "多并不总意味着好，尤其是发育期间。"

95. A "如果母亲想提高孩子的音乐鉴赏力，可以在孩子出生后"。

96. A 文章最后说妈妈唱歌给胎儿听是一种非常自然的声音环境。所以说这种方式是有益的。

97. B "而只通过手机阅读的接近 2500 万人。"

98. A "随着智能手机日益普及，手机小说越来越流行并开始与传统书籍争夺读者群。""随着……"说明伴随原因。

99. B "手机小说《鬼吹灯》广受欢迎"。

100. D "阅读环境嘈杂，阅读时间支离破碎，意味着阅读手机书跟阅读纸质书是不一样的。"

# 模拟试卷 第8套

# 听力文本

## 第一部分

第 1 到 15 题，请选出与所听内容一致的一项。现在开始第 1 题：

1. 列车上，面对面坐着一个青年人和一位老太太。那青年不停地嚼着口香糖，有时看看窗外，有时看看老太太。过了一会儿，那老太太对青年说："小伙子，你最好不要跟我交谈，我的耳朵听不见。你一路上说个不停，可我一句也没听见！"

2. 很多人把水果当成饭后甜品。殊不知水果中的有机酸会与食物中的矿物质结合，会影响身体消化吸收。水果中的果胶有吸收水分的作用，因此饭后吃水果还会加重胃的负担，饭前吃才利于营养吸收。

3. 飞机起飞时怕雾不怕雨，不是因为跑道滑，而是驾驶员视线不好，能见度低。特别是飞机起飞和降落时，需要两百米的良好视线才能保证安全起降。

4. 上课时一个女生在后排偷听音乐，因为耳朵里塞着耳机，她大声告诫同桌："嘿，老师过来时一定告诉我一声！"班里几乎所有同学都听到了，老师也不例外。看看那位同学，老师表态说："我不过去了！"

5. 人活在世界上，不能没有梦想；但要实现自己的梦想，就得付出艰辛的努力。所以，人们常说，有梦想才能有作为，有行动才能有成功。

6. 矛盾是我们生活中避免不了的内容。只有不想解决的矛盾，没有无法解决的矛盾。解决矛盾是需要双方共同努力的。这时理解他人就变得很重要，站在对方的立场上想问题，往往是解决问题的好办法。

7. 时间是我们最昂贵的财产，比黄金贵得多。如果你的车撞坏了，你可以再买一辆；如果你失去工作，可以再找一份；如果你投资失败亏了钱，你可以再赚回来。但你永远不能把失去的时间找回来，因为它一去不复返！

8. 一个小男孩正在门口玩儿，走来一位中年男子，问他："你爸爸在家吗？"小孩答道："在家。"那人便去按门铃，按了很久也没人开门。于是男子生气地问小孩："他为什么不开门？"孩子说："我怎么知道呢？这又不是我家。"

9. 中国人好客，在酒席上敬酒时，中国人往往都想让对方多喝点儿酒，以表示自己尽到了主人之仪。客人喝得越多，主人就越高兴，说明客人看得起自己。如果客人不喝酒，主人就会觉得有失面子，丢人。

10. 成都市位于四川省中部，是中国中西部地区重要的中心城市，自古被誉为"天府之国"。因具有悠久的历史文化、多彩的民族风情、一流的生态环境和独特的城市风貌，成都市被国家确定为中国最佳旅游城市之一。

11. 现实生活中，当别人问到你的工资收入时，出于多种原因，自己一般会回答得比较含糊，有的甚至还不真实。网上"晒工资"就不同了，网民在网络上匿名把自己的收入公布出来，公告的数字一般比较真实。

12. 按通常的说法，所谓流行音乐，是指为广大百姓所喜爱、被广泛传唱或欣赏、流行一时的甚至流传后世的乐曲和歌曲。这些乐曲和歌曲，植根于大众生活之中，因此又有"大众音乐"的称呼。

13. 太阳能作为可再生能源之一，既可获得能量，又能减少二氧化碳等有害气体和有害物质的排放。太阳能开发成本低廉，前景广阔。越来越多的国家开始实行"阳光计划"，开发太阳能能源。

14. 《三国演义》是中国古代一部著名的历史演义小说。小说以描写战争为主，反映了丰富的历史内容，成功刻画了几百个人物形象。其中曹操、刘备、诸葛亮等人物形象脍炙人口，对后世产生了极其深远的影响。

15. 寿面多流行于中国北方地区。人们过生日、庆寿宴，其中必不可少的就是吃长寿面。因为中国食品中面条最为绵长，而"面"与"绵"又是谐音，所以过生日和庆寿吃面条就比喻、暗示着能使人健康长寿。

## 第二部分

第 16 到 30 题，请选出正确答案。现在开始第 16 到 20 题：

第 16 到 20 题是根据下面一段采访：

女：大家好！欢迎来到《身边》访谈室。现在坐在我身边的是具有"中国主题公园之父"称号的马志民先生。您好，马老！

男：你好！

女：马老，首先请您给大家讲解一下：什么是"主题公园"？

男：主题公园是一种人造旅游资源，它着重于特别的构想，围绕着一个或几个主题创造一系列有特别的环境和气氛的项目以吸引游客。比如美国的迪士尼公园，将迪士尼电影场景和动画技巧结合机械设备，将主题贯穿于各个游戏项目。由于能够让游客有前所未有的体验，结果风靡了美国，现在传到世界各地。

女：请您谈谈我国主题公园的建设和发展。

男：我国主题公园起步于 80 年代末、90 年代初，目前影响较大的项目有"欢乐谷""方特""嘉年华""锦绣中华"等等。中国很多城市也兴建了其他大大小小的主题公园，但是大部分都不成功。

女：是什么导致的这种状况呢？请谈谈您的见解。

男：我认为有四个方面的原因。首先，主要是决策者的盲目性和随意性。有些决策者没有对地点、交通状况、资源、市场容量等与主题公园发展有关的问题加以深入分析，看到一些主题公园客流源源不断，回去就动工建设，结果开了一年就倒闭了。

女：是盲目性和随意性造成了重大失误。

男：对。其次，主题公园投资以外资和民营资本为主，开发项目受到资金、人才和资源的制约；再次是主题的重复和雷同，如在相距不远的地方，你可能会发现有五六个相似的唐城、游乐园；最后，追求短期效益，急功近利，公园的质量上不去，景观受到破坏，自然只能以关门告终。

女：您认为主题公园怎样经营才能在中国成功呢？

男：主题公园成功的要素有三个：品质、特色和创新。

女：主题公园在中国的未来前景如何呢？

男：我国主题公园的发展应该有三大趋势：一是以中国的历史文化为主题，这是我们的优势

和强项，也是外国人最喜欢的；二是休闲度假型的主题公园；三是集知识性、趣味性和参与性为一体，表现科技的主题公园将大放异彩。

16. 主题公园是什么？

17. 一些主题公园经营失败的主要原因是什么？

18. 在中国，主题公园的投资有哪些形式？

19. 男的认为，主题公园成功的要素是哪些？

20. 主题公园发展的趋势是什么？

第 21 到 25 题是根据下面一段采访：

女：大成，你好！你在中央电视台《星光大道》节目中，分别荣获周冠军、月冠军、年度分赛冠军，不仅受到广大电视观众的喜爱，也得到了音乐专家的赞赏。你是自小喜欢音乐呢，还是专业出身呢？

男：我自幼喜爱文艺，但是一直没有上过正规的专业学校。

女：听说你父亲并不支持你唱歌？

男：我父亲认为我应该学个正儿八经的技能才是以后的出路，比如修理家电、钳工、厨师什么的，以后可以养家糊口，唱歌是吃饱了以后闲着没事时干的事。

女：你是怎么开始唱歌的呢？

男：我出去打工时，厂里有一个酒店，发现我唱歌不错，就把我调那里去了。有客人来吃饭，我就给人家端盘子，端完盘子再给客人唱歌。

女：你跟谁学唱歌呢？

男：跟电视、CD 学，餐厅的 CD 有上千首歌呢。

女：哦，其实你是自个儿练，自己在摸索？

男：嗯，下班时在房间里一遍遍听，一遍遍练，一遍遍调整自己的嗓音，晚上再给客人唱歌，我感觉那是我进步最大的时候。我也看一些教材，自己琢磨、练习，边练习边改进。

女：你的演唱形式很独特。你的民歌是民歌味儿，美声是美声味儿，流行是流行味儿，各具特色，三种唱法你哪一种都能出彩儿。面临年度决赛，你是怎么想的？

男：参加完月冠军赛之后，我就琢磨:《星光大道》观众喜欢什么？老百姓喜欢什么？怎么能引起共鸣？怎么能唱出自己的心声？现在每天我脑子里全是想这些东西。我现在在练一首难度更大的意大利歌剧选段《快给大忙人让路》，这首歌在专业领域中也是很厉害的，是意大利的绕口令。我说我要唱这首歌，很多人不相信。

女：机遇总是留给有准备的人。今年的年度决赛最后一场好像就是为你准备的，预祝你演出成功！

男：谢谢您！我会努力的。

21. 中央电视台《星光大道》节目举行了哪些比赛？

22. 大成的父亲为什么反对他唱歌？

23. 大成打工的时候做什么工作？

24. 大成是如何学习唱歌的？

25. 关于大成的最后一场比赛，下面哪一项正确？

第 26 到 30 题是根据下面一段采访：

女：大家好！今天的嘉宾是我国著名篮球明星姚明。你好，姚明！

男：主持人好！大家好！

女：姚明，开始考虑退出篮球职业生涯的时候，你是怎么跟父母和妻子叶莉商量的？他们是怎样的反应？

男：他们主要是出于对我身体的关心，所以有这样一个想法。开始让人难以割舍——去结束这样一个运动员的职业生涯，我挣扎了一段时间。但是，后来确实感觉腿伤有一种不可逾越的障碍，所以就作出这样一个决定。

女：腿里的 24 根钢钉还有取出来的可能吗？

男：当然可以取出来。但是取出来又要大费周折，又要在床上躺个半年，我很犹豫。

女：如果不取，如果不退出职业比赛，是不是有可能造成残疾？

男：残疾？你不要说得那么恐怖！不过，对于我来说，再打球的话，重新受伤的可能性是非常高的。这样有可能再经历一遍手术，然后休养、康复、恢复、提高技战术……那样就没有必要了。

女：大夫说正常生活会不会受到什么影响？

男：没什么问题。

女：你完全没有考虑过将来有一天做中国队的教练吗？以教练的身份实现作为球员没有实现的梦想，这还不够诱人吗？

男：他们已经有非常好的人选。

女：作为上海队的老板，你的抱负和决心有多大？有没有可能亲自上场打球？

男：在职业球场上，我是不会再上场比赛了。我要相信我的运动员，可以去实现很多的他们的理想，他们自己的理想。我也相信，我们的团队可以帮助他们走得更远。

女：你能够走到今天这么远，哪方面的因素更重要？国家的培养、家庭的教育、背后的团队，还是你个人的努力？

男：是这些因素综合在一起，给了我舞台。我要感谢这个时代，给了我这样一个机会去实现自己的价值和自己的梦想。这是我的家人无法给我的。但是家人给我的支持，是这个时代无法给我的。

女：我觉得其实你很期待你以后的生活。你是不是觉得篮球场外的很多东西有更大的吸引力？

男：也不是说我觉得篮球场外有更多的吸引力。我觉得篮球是我生活的一部分。不要把这个问题看倒了，说篮球是你的一切生活，那就不行了。篮球是你生活的一部分。

26. 根据录音，姚明现在决定做什么？

27. 姚明作出新选择的原因是什么？

28. 姚明的新工作是什么？

29. 姚明认为他成功的因素是什么？

30. 对于姚明，下列说法哪一项正确？

第三部分

第 31 到 50 题，请选出正确答案。现在开始第 31 到 34 题：

第 31 到 34 题是根据下面一段话：

在古老的西藏，有一个叫爱地巴的人，他每次生气和人起争执的时候，就会以很快的速度跑回家去，绕着自己的房子和土地跑三圈，然后坐在田地边喘气。爱地巴工作非常勤劳努力，他的房子越来越大，土地也越来越广。但不管房子和地有多大，只要与人争论生气，他还是那个惯例，会固执地绕着房子和土地绕三圈。爱地巴为何每次生气都这么做呢？

所有认识他的人，心里都起疑惑，但是不管怎么问他，爱地巴都不愿意说明，直到有一天，爱地巴已经很老了，他的房子和肥沃的耕地已经太多太广大了，他跟别人有争议后，还是拄着拐杖艰难地绕着土地和房子走，等他好不容易哆嗦着走完三圈，太阳都下山了。饱经沧桑的爱地巴独自坐在刚刚灌溉完的田边，喘着气出神地望着地里的禾苗。他的孙子在身边恭敬地恳求他："爷爷，您已经年纪大了，这附近地区的人也没有人的土地比您更大，您不能再像从前，一生气就绕着土地跑啊！您可不可以告诉我这个秘密，为什么您一生气就要绕着土地跑上三圈？"

爱地巴禁不住孙子的恳求，慈祥地望着孙子，终于说出隐藏在心中多年的秘密。

他说："年轻时，我一和人吵架、争论、生气，就绕着房子和地跑三圈，边跑边想：我的房子这么小，土地这么少，我哪有时间、哪有资格去跟人家起争端？一想到这里，气就消了，心里就安宁了，于是就把所有时间用来努力劳动。"

听了爷爷的陈述，孙子对爷爷充满崇敬，问道："爷爷，您年纪老了，又变成了最富有的人，为什么还要绕着房地跑？"

爱地巴笑着说："我现在还是会生气，生气时绕着房地走三圈，边走边想：我的房子这么大，土地这么多，我又何必跟人计较呢？一想到这，气就消了。"

31. 爱地巴生气时有个什么习惯？

32. 关于爱地巴，哪一项是正确的？

33. 关于爱地巴老年时的情况，下面哪一项正确？

34. 爱地巴绕着房子跑时是怎样想的？

第 35 到 37 题是根据下面一段话：

有个鲁国人擅长做鞋，他妻子擅长织一种白色的绸布。他们想搬迁到越国去。友人对他们说："你到越国去，一定会贫穷的。""为什么？"他问。"鞋，是用来穿着走路的，但越国人习惯于光脚走路；绸布，是用来做帽子的，但越国人习惯于披头散发。凭着你的长处，到一个无用武之地，要使自己不贫穷，怎么可能？"友人说道。

一个人要发挥其才能，就必须适合社会环境需要。如果脱离社会环境的需要，其专长也就失去了价值。因此，我们要关心时事，根据社会的需要决定自己的行动，更好地去发挥自己的技能。

35. 朋友反对他们夫妻去越国是因为什么？

36. 下面哪一项是越国人的习惯？

37. 这个故事主要想说明什么？

第 38 到 40 题是根据下面一段话：

　　从前，一个村子里的人有一种怪病，这种病最初的症状表现为使人食欲不振，慢慢地就会使人高烧不退，最后导致人死亡。在当时人们认为这是一种不治之症，令人恐怖，于是想方设法寻找治病的方法。出人意料的是，治好这种病的竟然是村里一口井里的水。有一天，有一位化学家也得了这种病。恰好他路过这个村子，村里的人听说他有这个病，于是告诉他：这个村里面有一口井，里面的水有神奇的魔力，喝了能治你的病。化学家听了，就照村民们说的去做，结果病好了。病好了以后，化学家就想：为什么这个水能救我啊？这是村子里的人们从来不曾想过的问题。水的神奇作用促使化学家去研究，最后化学家发现水里含有芒硝。是芒硝救了他，由此他发现了芒硝的药用作用。

38. 人们认为那种病是一种什么病？
39. 那位化学家的病怎么给治好了？
40. 那位化学家发现了什么？

第 41 到 44 题是根据下面一段话：

　　有个老太太坐在马路边望着不远处的一堵高墙，总觉得它马上就会倒塌，见人们来来往往毫无提防地路过，她很是担忧，寝食不安。有一天，她就善意地提醒道："那堵墙要倒了，远着点儿走吧。"被提醒的人看那墙好好的，都疑惑不解地看着她，大模大样地顺着墙根走过去了——那堵墙却没有倒。老太太很生气，说："哎哟，怎么不听我的话呢？！"又有人走来，老太太又予以劝告。三天过去了，许多人在墙边走过去，并没有遇上危险。第四天，老太太感到有些奇怪，又有些失望，不由自主便走到墙根下仔细观看，然而就在此时，墙倒了，老太太被掩埋在灰尘砖石中，气绝身亡。

　　提醒别人时往往很容易，很清醒，但能做到时刻清醒地提醒自己却很难。所以说，许多危险来源于自身，老太太的悲剧因此而生。

41. 关于那位老太太，可以知道什么？
42. 听到劝告后人们有什么反应？
43. 关于高墙，下面哪项正确？
44. 根据这段话，可以知道什么？

第 45 到 48 题是根据下面一段话：

　　幼儿心理发展的关键期是指幼儿在某个时期最容易学习某种知识技能或形成某种心理特征，但是过了这个时期，发展的障碍就难以弥补。

　　幼儿心理发展的关键期主要表现在语言发展和感知方面。研究表明：幼儿期是人一生中掌握语言最迅速的时期，也是最关键的时期。2 至 3 岁是幼儿口头语言发展的关键期，如果错过了这个时期，就难以掌握口语。4 至 5 岁是幼儿口头语言发展的第二个质变期，也是学习书面语言的关键期；2 至 3 岁是计数能力发展的关键期；5 至 6 岁是数概念发展的关键期；

3 至 5 岁是音乐能力发展的关键期；3 至 8 岁是学习外国语的关键期；3 岁是培养独立性的一个关键期。 不同年龄对学习的某个方面有不同的敏感性。

专家认为，婴幼儿时期是人智力发展的关键时期，这个时期儿童对一切事物特别敏感，对什么都感兴趣，极容易接受外界刺激的影响。如果这一时期及时加强教育，将会收到最佳效果，从而将对他们一生的发展起着十分重大的影响。

45. 幼儿心理发展的关键期有什么特点？

46. 根据这段话，2—3 岁幼儿心理发展的关键期主要表现在哪个方面？

47. 4—5 岁是幼儿哪方面发展的关键期？

48. 为什么婴幼儿时期是人智力发展的关键期？

第 49 到 50 题是根据下面一段话：

快餐文化，比喻追求速成、通俗、短期流行，不注重深厚积累和内在价值的文化思潮和文化现象。如今社会的节奏加快，随着网络的进一步发展，快餐文化进入了疯狂的时代，这慢慢演变成为一种时尚，冲击着传统文化。所谓快餐，只凸显"快"，但是缺乏营养，多吃无益。文化快餐同样存在此类缺陷，既缺乏内涵，也不可能体现和代表主流，多"吃"也会无益。处于现代快节奏社会里，快餐文化在部分满足了人们追求精神文化需求的同时，也带来了它的负面影响，让人们陷入了空虚的沼泽。

49. 根据这段话，快餐文化注重什么？

50. 下面哪一项是说话人的观点？

听力考试现在结束。

# 答　案

## 一、听　力

### 第一部分

| | | | |
|---|---|---|---|
| 1. A | 2. D | 3. C | 4. B |
| 5. D | 6. C | 7. B | 8. C |
| 9. A | 10. D | 11. C | 12. D |
| 13. C | 14. D | 15. A | |

### 第二部分

| | | | |
|---|---|---|---|
| 16. D | 17. B | 18. C | 19. D |
| 20. B | 21. D | 22. C | 23. D |
| 24. A | 25. C | 26. D | 27. A |
| 28. C | 29. D | 30. A | |

### 第三部分

| | | | |
|---|---|---|---|
| 31. D | 32. C | 33. A | 34. B |
| 35. B | 36. B | 37. D | 38. D |
| 39. C | 40. D | 41. D | 42. C |
| 43. A | 44. C | 45. D | 46. B |
| 47. A | 48. B | 49. A | 50. B |

## 二、阅　读

### 第一部分

| | | | |
|---|---|---|---|
| 51. B | 52. C | 53. C | 54. A |
| 55. B | 56. B | 57. C | 58. C |

59. C      60. D                                    79. A      80. D

第二部分                                              第四部分

61. B      62. D      63. A      64. B          81. D      82. C      83. B      84. D

65. B      66. D      67. D      68. A          85. A      86. B      87. D      88. B

69. B      70. B                                    89. D      90. D      91. A      92. D

第三部分                                         93. D      94. A      95. D      96. D

                                                           97. C      98. B      99. C      100. D

71. A      72. D      73. E      74. B

75. C      76. C      77. B      78. E

# 三、书 写

101. 缩写

## 座 位

　　学校最有名的一位教授开设讲座，去听的人特别多。我到大讲堂时，讲台和过道两边的座位都被人占了。中间和后面的还空着。我坐下来，见教授早在那里了。

　　8点钟，讲座开始。教授走下讲台，来到最后一排的座位旁，指着座位中间的一个同学说："讲座之前，请允许我向这位同学致敬。"教授向那位同学鞠了一躬。

　　教授说："他选择坐里面位置的行动，让我充满敬意。"

　　大家低声议论起来。教授说："先到的同学，占了讲台和过道两边最好的位置，好进好出，听得也最清楚。这位同学来的时候，把好的位置留给别人，自己却坐最差的位置，难道不值得我们充满敬意吗？"

　　教授接着说："那些抢了好位置的同学，其实备受其苦，因座位之间距离小，有人进时，靠边的同学都得起立。半个小时，就付出了起立十多次的代价。而那位坐在后排中间的同学，却一直安详地看自己的书。"

　　教授说："当心中只有自己的时候，你把麻烦也留给了自己；当心中想着他人的时候，他人也在不知不觉中方便了你……"

# 答案说明

1. A　老太太耳朵听不见，看到小伙子的嘴一直在动，便以为他一直在说话。其实小伙子在吃口香糖，没有说话。

2. D　饭后吃水果一方面会影响消化和吸收，另一方面加重了胃的负担，所以人们饭后吃水果的习惯不对。应该饭前吃水果。

3. C　飞机起飞和降落需要两百米的良好视线。有雾时能见度降低。

4. B　偷听音乐的女生因为自己的耳机里有音乐，听不清别的声音，所以大声对同桌说话，结果被老师听到了。

5. D 只有梦想是不够的，梦想和成功之间需要个人的努力，有行动才能实现梦想。

6. C 生活中总是会有矛盾的，"这时理解他人就变得很重要"。

7. B "一去不复返"指离去了就不回来。时间的河水也是这样，不会倒着流回来。

8. C 小男孩不是在自己家门口玩儿，中年男子看到他在这家门口玩儿（他应该认识这个小男孩），就以为他要找的人住在这儿，所以说认错了门。

9. A "如果客人不喝酒，主人就会觉得有失面子，丢人"，反之就是，客人喝得多，主人有面子。

10. D 录音中说明成都被命名为最佳旅游城市的原因。没提到经济方面的问题。

11. C 现实生活中工资还是属于个人隐私。网络中因为不用说出自己的名字，所以网民公布（网络用语叫"晒"）自己真实的工资收入。网上购物跟本文话题无关。

12. D 流行音乐并非只流行一时，也有流行后世的。流行音乐既有乐曲也有歌曲。流行音乐为大众所喜爱、传唱和欣赏。

13. C 太阳能可以减少有害气体排放，开发成本低廉。越来越多的国家开始开发太阳能能源。开头说"太阳能作为可再生能源之一"，说明太阳能是一种可再生能源。

14. D 《三国演义》成功刻画了几百个人物形象，想象力丰富。曹操、刘备、诸葛亮等等人物形象脍炙人口。"《三国演义》是中国古代一部著名的历史演义小说。"

15. A 录音中说，寿面流行于中国北方地区。生日吃的面条就是寿面。

16. D "主题公园是一种人造旅游资源"。

17. B 有四个方面的原因，其中一个是决策盲目随意。

18. C "主题公园投资以外资和民营资本为主。"

19. D "主题公园成功的要素有三个：品质、特色和创新。"

20. B "主题公园的发展应该有三大趋势：一是以中国的历史文化为主题；……二是休闲度假型的主题公园；三是表现科技的主题公园……"，说到了文化、休闲与科技三个方面。

21. D 录音开头，主持人说大成分别荣获周冠军、月冠军、年度分赛冠军，现在正在准备年度决赛。可见 D 正确。

22. C 父亲认为应该学点儿技能，"以后可以养家糊口"。

23. D "有客人来吃饭，我就给人家端盘子，端完盘子再给客人唱歌。"可见他是个服务员兼歌手。

24. A 大成说，跟电视、CD 学，也看一些教材，自己琢磨、练习，边练习边改进。可见是自学。A 正确。

25. C 他在练一首在专业领域也算难度很大的意大利歌剧选段，像绕口令。

26. C 记者问姚明"开始考虑退出篮球职业生涯的时候……"，可见姚明现在决定退出职业比赛。

27. A "后来确实感觉腿伤有一种不可逾越的障碍"，意思是腿伤很严重。

28. C "作为上海队的老板，你……"，可见姚明现在是老板。

29. D 姚明认为他的成功来自时代给予的机会、团队的支持、家庭教育和个人的努力等综合

因素。

30. A  姚明说"篮球是我生活的一部分",而不是一切。

31. D  "他每次生气和人起争执的时候,就会……跑回家去,绕着自己的房子和土地跑三圈"。

32. C  爱地巴老了的时候,只要遇到与人争论生气,他还是会绕着房子和土地走三圈。

33. A  爱地巴把秘密告诉了孙子。

34. B  "我又何必跟人计较呢?""何必……呢?"意思是不必……。

35. B  越国人不穿鞋和散发的习惯不能发挥鲁国人和他的妻子的能力。B正确。

36. B  "光脚"的意思是不穿鞋。

37. D  社会有需要才能发挥个人的才能。所以应该根据社会需要决定个人的行为。

38. D  "人们认为这是一种不治之症"。"不治之症"即指治不好的病。

39. C  化学家听村民的话,喝了井里的水,病好了。

40. D  化学家喝的水中有芒硝,所以病好了,他因此而发现了芒硝可以治病。

41. D  她看出来墙要倒塌,寝食不安。

42. C  人们觉得老太太的说法很奇怪,不相信,在墙边大摇大摆地走过去。

43. A  墙在第四天自己倒了。

44. C  老太太明明知道有危险,时刻提醒别人,自己却没有注意,被倒下的墙埋住。

45. D  "过了这个时期,发展的障碍就难以弥补",意思是失去了很难再来。

46. B  "2至3岁是幼儿口头语言发展的关键期,""2至3岁是计数能力发展的关键期"。

47. A  "4至5岁是幼儿口头语言发展的第二个质变期"。

48. B  "这个时期儿童对一切事物特别敏感,对什么都感兴趣,极容易接受外界刺激的影响。"

49. A  "快餐文化,比喻追求速成、通俗、短期流行的文化思潮和文化现象。"

50. B  "快餐文化在部分满足了人们追求精神文化需求的同时,也带来了负面影响",即有利有弊。

51. B  语序不当。时间名词"昨天"做时间状语可以在主语前,或者在主语后、动词前。

52. C  搭配不当。"不管……,还是……",表示无论条件发生什么变化,结果也不改变。"不管"后不用"但"。

53. C  语序不当。否定副词"不"在"趁"的前边。

54. A  成分赘余。"近"和"上下"重复使用,应二选一。

55. B  搭配不当。"并不无"的意思是肯定。本句要表达的意思是"无"、"没有"的意思,去掉"不"。

56. B  搭配不当。"只要……,就……"指满足了前边的条件,就会出现后边的结果。"只要"和"才"不搭配。

57. C  少主语。可以删掉"使"。

58. C  成分残缺。应在"具备的"后加"素质"。

59. C  语序不当,成分残缺。应在"引起"前加"没有":如果没有……,没有……,那么就没有……。

60. D 介词使用不当，强调报道涉及的对象应该用"对"，不用"关于"。

61. B 正确搭配：兑现……承诺。"经营环境"指筹划并管理的环境。"改善"意思是改变并变好，因环境变好，投资银行才会逐渐健康发展。

62. D "惦记、琢磨、考虑"都是指在不断地想。这段话主要讲工作效率——单位时间内完成的工作量。"以致"引出不好的结果。

63. A "以……方式 / 形式"指采用的方法和形式。参与竞争：参加到竞争之中。

64. B 第一个空儿，A、B、C、D 都指现在。常说"带有……意味"，有某种意义，让人回味。可以说：节省时间 / 节约时间。表示出现与预料相反的结果，可以用"反而"或"反倒"。

65. B "通过调查 / 通过研究"强调手段。说"通过调查 / 通过研究，发现……"、"通过调查 / 通过研究，证明……"都可以。"……，而……"表示关系更进一层。"为……所……"表示被动，常连用。

66. D "权威"不仅强调权力，还强调威严。说"推行政策"，推行：推广实行。"从根本上"指从事物的根源上。"提升"意思是在原来的一定高度的基础上进一步提高。

67. D "谈话对象"指对着说话的人。"较远"是"坐"的补语，所以中间要有"得"。一般说：打手势 / 做手势。"缺少教养 / 缺乏教养"都指没有教养。

68. A 可以说：继承传统 / 传承传统 / 发扬传统。吸收 / 借鉴：通过对比，取长补短，吸取教训。表示从无到有用"创立"，创造并建立。常说"风格独特"，指不同一般的，具有自己的特点。

69. B 第一个空儿，A、B、C、D 意思都是全身心地。第二个空儿选 A、B、C、D 都可以，都表示出乎意料地。"过得这么快"前面应该是副词，表示没想到。可以说：投入精力 / 投入到某件事情中。"（……，）便 / 就……"表示结果。

70. B 与"体裁"搭配的量词是"种"。"以……为……"意思是把……作为……。常说"达到……目的"。形容产品种类数量多用"丰富"。

71. A 拿到长者给的东西之后，用"于是"引出后边的行为。

72. D "还没有……就……"，前边的动作还没完成，很快就发生后边的动作。

73. E 根据上下文语义，此人死之前，已经用完所有力气。

74. B "并没有……而是……"表示情况和上文相反。

75. C 前边是假设条件，后边是结果。

76. C 人们接触磁铁矿和了解磁性质的原因是生产劳动。

77. B 说明是怎样才发明出指南针的。

78. E 说明古书记载的时间。

79. A "如……就……"，前边出现那样的状况，就会有后边的结果。

80. D 发现，然后加以利用，更进一层。

81. D 根据第一段中"新主管每天彬彬有礼，却毫无作为。进办公室，便躲在里面难得出门"，应选 D。

82. C  第二段中，"发威"的下文是对他的做法的说明：把坏分子开除，晋升能人。这与以前的保守判若两人。应选 C。

83. B  文中说，原房主进门就问最名贵的牡丹哪里去了，后来发现朋友竟然把牡丹当草给铲了。应选 B。

84. D  新主管把大家比做珍木。"让我敬在座的每一位，因为……"，结合上段的比喻，应选 D。

85. A  第一、二段说，西施美貌，衣着朴素，但患有心口疼的毛病，经常犯病。应选 A。

86. B  第三段说，东施难看，没修养，动作粗俗，梦想当美女，每天打扮，但没人说她漂亮。应选 B。

87. D  她也学西施手捂胸口、紧皱眉头的样子。应选 D。

88. B  她不知道西施为什么美，而去简单模仿她的样子。这个故事就是"东施效颦"成语的来源。

89. D  文中说，"之所以大多为单坡内落水，流传最广的说法称之为'四水归堂'，'肥水不流外人田'。"意思是水顺着斜屋顶流进自家院子里。

90. D  "晋商一些大商号逐步形成了在山西设总号，在外地设分号，跨地区经营的商业系统。……于是一种新的解款方式'票号汇兑'便应运而生。"

91. A  平遥"较为完好地保留着明、清时期县城的基本风貌，堪称中国汉民族地区现存最为完整的古城"。

92. D  文中讲述了平遥的建筑和票号的历史、特点以及意义，应选 D。

93. D  第二、三段讲豆汁儿加工的细致方法，选 D。

94. A  "豆汁儿是粉房做绿豆淀粉的下脚料。""下脚料"多指原材料加工利用后剩下的碎料。

95. D  豆汁儿回味起来有些甘甜，还有小贩卖豆汁儿时的亲近感，使老北京人爱上喝豆汁儿。

96. D  本文以散文的笔法描写了豆汁儿的美味和文化风俗，选 D。

97. C  禅师不让他接触社会，"为的是让他内心清净，能更好地学习佛法"。应选 C。

98. B  他偷偷学写字，读书，钻研茶艺，最后下山求学，都说明陆羽善于钻研的品质。

99. C  第一段说陆羽被父母抛弃；第二段开始时说陆羽小时候学经总是不认真；最后一段开始时说李季卿与陆羽"不期而遇"，可见他们以前不认识。C 正确。第二、三段是陆羽学习茶艺的过程。

100. D  士兵最后承认，瓶子里江心的水撒了出来，又加了岸边的水。应选 D。

# 模拟试卷　第9套

# 听力文本

## 第一部分

第1到15题，请选出与所听内容一致的一项。现在开始第1题：

1. 教育的目的是发现人才，让每个人都得到充分发展，感受成功。每个人成功的路径也是不同的。让兔子去学游泳、让乌龟去学赛跑，还要摘金夺银，这是空想。

2. 爱好星座且深信不疑的人到处都有。星座标签会给当事人造成强烈的心理暗示，甚至可以改变和重塑一个人的命运与性格。有心理学实验验证，一个班的全体学生都赞扬一个普通女孩美貌无比，持续一学期，这个女孩真的变得姿色动人。

3. 爷爷送给宝宝一只小鸡，宝宝非常喜欢，很想和小鸡一起玩儿，可是小鸡可能是没适应新环境，看起来没有精神。宝宝问爸爸："小鸡怎么不高兴了？"爸爸回答："小鸡可能是想妈妈了吧。"宝宝听了马上跑到厨房里，对妈妈说："妈妈妈妈！小鸡想你了！"

4. 常常有儿童把不喜欢的玩具丢到一边，但若有别的小朋友来拿走，这个儿童就会哭喊打拼，一定要抢回自己的玩具。"那是我的，就算不玩儿我也不给你。"对孩子来说，那岂止是玩具，更是地盘和安全感的堆积。

5. 一位哲学家非常善于演说，以教人如何讲话为职。有一个青年前来请他教导如何演说，并说明这次演说如何重要等等。哲学家等他说了半天以后，向他索取两倍的学费。青年问为什么，哲学家说："因为我除了要教你讲话以外，还要教你如何不讲话。"

6. 研究者发现，商品的名字会影响人们对品牌的选择，特别是当你需要作出一个重大决定，比如就业、购房或是找伴侣的时候。这种效应对那些相信自我感觉的消费者更加有效，因为这类消费者比较自恋。

7. 当你发现身边人的借口总是如同及时雨一样从天而降的时候，千万别羡慕；当你为自己编织的借口完美无缺而得意的时候，千万别侥幸。其实真正的麻烦，往往在后头。

8. 电视台挑女主持人是很慎重的，一定会挑个美女，但不会挑一个绝色美女。一是怕女观众有潜意识的嫉妒；二是怕男观众心猿意马，影响信息的传递；三是怕落个以貌取人的坏名声。

9. 有趣是人性的最高境界。做个有趣的人并不难，首要的是自己要先觉得这个世界有趣。趣味主义是一种生活态度。有趣的人大抵聪明、乐观、幽默，并且感性。有趣的人才是懂得生命真谛的人，也是懂得享受生命的人。

10. 我们常常讲的人情面子，主要是指在熟人之间运作。民营企业很多领导总有一个感觉，就是熟人多了好办事，要用熟人。我算了一下，在市场经济环境下，用熟人不一定就能给企业带来利益，相反可能会给你带来很多成本上的支出，收入是递减的。

11. 狒狒们打扮彼此以保持和巩固"社会关系"。但人类进化得更加完善，将流言当做"社会关系增强剂"。研究发现，人们散播流言的目的是拉帮结派并以此提高自尊。很多情况下，流言的真正目的不是揭露真相，而是牺牲第三方利益，从而制造出一种"团结假象"。

12. 人类的赌博心理似乎是与生俱来的，正因如此，赌博这种活动才会司空见惯。一项研究表明：赌博获胜会激活大脑当中与"胜利"有关的脑回，并且会进一步增强赌博欲望。

13. 从70后到90后，以"苹果"为代表的电子消费品打造了一代代中国年轻人的青春岁月，他们通过"苹果"来实现自我、表达自我，行走在不同于前辈的成长空间。但与此相伴，在电子消费成为年轻人成长轨迹的同时，他们的思想与情感似乎也在随之发生着改变。

14. 第一天上班的时候，我会毫不犹豫地选择穿西装、打领带。服装其实是一个信号，首先说明你把到公司来上班当做很郑重的一件事；其次，表明你是一个很重礼仪的人；最后，西装使人更精神，让你更容易被注意到。

15. 人人都希望获得别人的认同，也习惯赞同别人，一旦团体成员听到别人相信什么，通常就会调整自己的立场以符合主流方向。持不同看法的人宁愿三缄其口，也不愿犯了众怒，赞同总是比反对更容易，不是吗？

## 第二部分

第16到30题，请选出正确答案。现在开始第16到20题：

第16到20题是根据下面一段采访：

男：观众都很欣赏你的着装品位，很多时尚品牌请您做代言人。您的时尚品位是怎么培养起来的？

女：我小时候给娃娃做衣服，记得13岁那年，我设计了第一件正式的作品，刚学会用缝纫机，就给自己做了条紫色的裙子，一转身裙摆会飞成圆形。可是因为做得太差，连穿都不能穿，很伤脑筋。所以当时觉得自己没有天分，就不再做衣服了。

男：这显然是个错误的直觉，因为多年后有很多年轻人以你的品位为时尚标准。还记得自己

20 岁的时候在憧憬什么吗？

女：找人结婚生小孩。那时候很有魄力，马上就结婚了。结果我发现自己可能不太适合，所以结婚了又离婚。

男：你觉得自己是一个传统的人吗？

女：我觉得我还是个传统的女人，做衣服、做饭、做家务这些琐碎的事我统统都很拿手。我也是浪漫主义者，对我来说，气氛太重要了，我做什么事情都是从浪漫的角度出发。所以我会在家里摆满蜡烛，也许只是和爱人亲热地涮火锅，吃个蒸肉饼、番茄炒蛋这样的家常菜，烛光却是不能少的。

男：现在你为了爱情从香港来到北京，习惯这儿的生活吗？

女：虽然每次来住的时间不会超过两个星期，但是常常来。我极力想融入这个城市，除了长城、后海，还有我想要坐地铁的愿望也终于实现了。

男：很多明星都不敢坐地铁。

女：我会把自己包得很严实，羽绒服、帽子、围巾，能用的都用上，如果每个人都指着说："看！那个是张曼玉！"都过来合影留念，那就很没意思了。但偶尔也有一不留神被别人认出的时候，我会说："嘘，求求你别说出来。"

男：你的演技是有目共睹的，有什么演戏的心得或者小窍门儿？

女：终年在外拍戏，我首先得向父母道歉：有时候重拍太多次了，实在哭不出来，就假想妈妈出事了，眼泪马上流出来。

男：塑造过那么多生动的荧屏角色，你对哪个印象最深刻？

女：最有压力和挑战的是《阮玲玉》，因为演的是一个真人，她的一生太不平凡，是一个传奇，我不想演错。为了这部戏，我除了学跳伦巴，还在拍戏的空隙一遍又一遍地看阮玲玉的遗作。《甜蜜蜜》中的李翘是我最喜欢的，虽然我们的生活背景很不一样，但性格上有相同的东西，是最像我的一个角色。

男：除了电影，你还对什么感兴趣？

女：很多啊，我很喜欢画画儿，最近还开始尝试音乐。我还很喜欢冒险。

16. 女的的职业是什么？

17. 女的当年为什么放弃做衣服？

18. 女的坐地铁为什么要戴上围巾和帽子？

19. 女的什么时候容易哭出来？

20. 女的为什么最喜欢《甜蜜蜜》中的李翘？

第 21 到 25 题是根据下面一段采访：

男：大家好！今天做客新浪聊天室的是作家毕淑敏老师。欢迎毕老师！

女：大家好！

男：毕老师最近出了一本新书《鲜花手术》。毕老师，有人称您这本书是用最美丽的文字写了一个浪漫悲情的故事，也称您这本著作是"一次华丽的转身"，您怎么看？

女：首先谢谢看过的朋友。我因为以前没写过爱情故事，所以有人说这是华丽的转身。我说其实不是转身，只是从不同的视角查看自己的人生。

男：这本书写的是发生在六七十年代的一个爱情故事，怎么想到写一个久远的爱情故事呢？

女：正因为久远所以心里才久久放不下，其实在我脑海中酝酿许久了。那是我年轻时听到的一个真实的故事，说有一个女医生自己怀孕了，怕别人说闲话不敢去门诊，她让她的恋人帮她做手术，结果大出血，生命垂危。听到这个故事的刹那，我觉得心里的一根弦被重重地弹动，有一种深深的撞击和悲伤。这种心情历经了几十年的风雨，很多事情都遗忘了，可是这个事没有忘。我不想谴责什么，只是不想埋没了它。

男：这个故事里的女主人公，有过军队的经历，也有从医的经历，好像跟您的经历有点儿像，这里面有没有您的影子？

女：我特别能理解读者们对这方面的好奇。写作其实在每部作品里面都会有作者的影子，只是有时候明显，有时候隐藏，但都是一个作者在表达他对这个世界的感受和思考。在我的小说里比如当医生、当兵的经历，都和我个人的经历是密切相关的。但是要说具体哪个人物和我有多少关联，那我要回答说，这毕竟是小说，虚构的成分是最主要的。

男：小说整个叙事的方法是男主人公的回忆，为什么采取这样的方式？

女：写爱情有很直接的写法，写两个人怎么相识、相爱，共同遭遇了哪些困难，最后一个是什么结局，这是比较常规的写法。但我想这是一个很久之前的故事了，我特别想拉开时空的距离，所以我就选择了故事发生几十年以后的一个时间，又选择了到异国他乡来讲述，我想从一个遥远的角度眺望这件事情。

男：这可能也是您的文字的特别之处吧。希望更多的读者喜欢这本书。

21. 女的的职业是什么？

22. 女的听到那个女医生的故事时有什么样的感觉？

23. 关于小说的女主人公，可以知道什么？

24. 关于这部小说，下列说法正确的是哪一个？

25. 女的为什么采取回忆的方式来写这个故事？

第 26 到 30 题是根据下面一段采访：

女：各位网友，上午好！我们今天所做的专题是"减肥"。我们很荣幸地请到了金自孟教授来跟我们谈谈肥胖的话题。中国现在肥胖人数一直在不断增加，肥胖症患者已超过 1.6 亿，肥胖症不仅使形体看起来不美观，还会对人体健康造成很大危害。金教授，究竟什么样的人可以定义为肥胖症？

男：肥胖不仅仅指体重的增加，最主要是脂肪含量的增多。如果成年男性的体脂含量超过 25%、女性超过 30% 就可以被认为是肥胖了。

女：有没有方法可以测量人体脂肪的含量？

男：最常用的是体脂测定仪，方法比较简单，就像一个磅秤一样，人站到上面，仪器会自动运算，把体脂比例显示出来。

女：您能不能给我们列举一下肥胖症的不同类型？

男：在临床上我们分为中心型肥胖和周围型肥胖。前者也叫苹果形肥胖，意思是腹部特别胖，两头上下比较小。周围型的肥胖又叫梨形肥胖，腰、臀、大腿都很胖。从对健康的损害来看，梨形肥胖的危害要小得多。因为苹果形肥胖，不仅腰部、臀部脂肪增多，更主要的是内脏脂肪增多，而内脏脂肪增多是造成健康危害最主要的影响。

女：肥胖症有哪些治疗方法？

男：不管用什么方法来治疗肥胖，最基础的就是要做到饮食控制和增加运动量，且不要随意中断，否则容易反弹。效果不理想的话，可以服用减肥药物，如减肥茶或者减肥的药丸等。不管哪种方法，都是对中等以下的肥胖效果比较好。大概90%的重度肥胖会出现糖尿病、高血压等并发症，这种病态性肥胖的人需要通过手术治疗肥胖。

女：能否给大家介绍一些适合减肥的运动方式？

男：运动对于减肥肯定是有效的，但要根据每个人的具体情况制订减肥计划。如若超重很厉害的人，要叫他做绝对的运动或者魔鬼式训练显然是不现实的，那对他是一种折磨。跑步和跳跃都会对他的膝关节造成损伤，而且难以恢复，甚至会变瘸。对胖人最切实的运动应该是走路，另外，游泳、乒乓球也都是可以的。

26. 在中国，肥胖症患者的数量大概是多少？

27. 根据对话，下面哪种情况可以被认为是肥胖症？

28. 根据对话，哪种肥胖对健康的危害更大？

29. 对重度肥胖患者来说，哪种方法最有效？

30. 对胖人来说，下面哪种运动方式最好？

# 第三部分

第31到50题，请选出正确答案。现在开始第31到33题：

第31到33题是根据下面一段话：

　　一个客人在机场坐上一辆出租车，发现这辆车地板上铺上了地毯，地毯边上有鲜艳的花边，玻璃上也有很多可爱的卡通图案，车窗一尘不染，收音机里放着柔和的音乐。客人惊讶地对司机说："没搭过这样漂亮的出租车。"

　　"谢谢你的夸奖。"司机笑着回答。

　　"你是怎样想到装饰你的出租车的？"客人问道。

　　"车不是我的，"司机说，"是公司的，多年前我本来在公司做清洁工，每辆出租车晚上回来时都像垃圾堆，地板上净是烟蒂和垃圾，座位和车门把手上甚至有口香糖之类的东西。如果有一辆保持清洁的车给乘客坐，乘客也许会为别人着想一点儿。成为出租车司机后，我就按照自己的想法把车收拾成了这样。每位乘客下车后，我都要查看一下，一定替下一位乘客把车收拾得十分整洁。从开车到现在，客人从来没让我失望过，他们没有蔑视我的努力，没有人再理直气壮地乱扔垃圾，没有一个烟头，也没有口香糖或冰淇淋蛋筒。人人都欣赏美的东西，如果我们的城市多种些花草树木，建筑建得更美一些，一定会有更多的人愿意把垃圾送进垃圾箱。"

31. 这位司机的车上有什么？

32. 这位司机以前是做什么工作的？

33. 人们为什么不往这辆出租车上扔垃圾？

第 34 到 36 题是根据下面一段话：

教授说要和大家做个游戏，请一个同学来配合。一个女生走上台来。

教授说："请在黑板上写下你最难以割舍的二十个人的名字。"女生写下了她的邻居、朋友、亲人等的名字。教授说："请画掉一个这里面你认为最不重要的人。"女生画掉了一个她邻居的名字。教授又说："再画掉一个。"叹了口气，女生又画掉了她的嫂子。

最后，黑板上只剩下了四个人——她的父母、丈夫和孩子。教授平静地说："再画掉一个。"女生斟酌了半天，艰难地举起粉笔，画掉了父亲的名字。"请再画掉一个。"教授说。女生相继艰难地画掉了母亲、儿子的名字。然后，她"哇"地一声大哭起来。

教授问道："和你最亲的人应该是你的父母和你的孩子，因为父母是养育你的人，孩子是你亲生的，而丈夫是可以重新再寻找的，为什么丈夫反倒是你最难割舍的人呢？"镇定下来的女生平静而又缓慢地说："随着时间的推移，父母会先我而去，孩子长大后也会离我而去，真正陪我度过一生的只有我的丈夫。"

34. 这个女生画掉的第一个名字是谁的？

35. 这个女生画掉父亲的名字时感到怎么样？

36. 在教授看来，后面的四个人哪个最不重要？

第 37 到 39 题是根据下面一段话：

"裸婚"是指不买房、不买车、不办婚礼，甚至没有婚戒而直接领证结婚的一种简朴的结婚方式，是 2008 年兴起的网络新词。

由于生活压力以及现代人越来越强调婚姻的"自由"和"独立"，"婚礼"在年轻一代的婚姻中被重视的程度日益削弱。热衷于"裸婚"的新娘新郎一般年龄在 20 岁到 35 岁之间，其中 80 后居多。他们大多思想前卫，其中也有不少高学历、高收入，条件优异的都市白领。在"裸婚族"看来，经过两个人的协商同意，领了证就生活在一起，轻松自然，不一定要办一个庸俗的婚礼。

正是他们的提倡，让"裸婚"如飓风般在各个城市刮过。据网上最近一项关于裸婚的调查显示，其中赞成"裸婚"的年轻人就占了大约六成，他们认为，"爱情就应该抛弃金钱的世俗，真心相爱才是最重要的。"所以裸婚也成了 80 后的新时代婚姻选择，也成为 80 后最新潮的结婚方式。

但是不少父母，特别是新娘的父母会觉得"裸婚"亏待了自己的女儿。

37. 关于"裸婚",下面的说法中不正确的是哪一个?

38. 关于"裸婚族",可以知道什么?

39. "裸婚"是什么时候开始兴起的?

第40到42题是根据下面一段话:

鱼也要睡觉吗?这个问题生物课本里没有答案,一直困扰着我。我去问爸爸妈妈。爸爸说:鱼是睁着眼睛睡的。妈妈说:鱼是不用睡觉的。他们两个的回答都不一样。我想了想,决定自己上网查找资料。

我在网上找到了我想要的答案:鱼是要睡觉的。鱼类没有真正的眼睑,也就是没有眼皮,不能闭眼或者眯眼,有人因此认为鱼总睁着眼睛不睡觉。其实不然,鱼也和其他脊椎动物一样,每天要睡觉的,只是它们都睁着眼睛睡。如果你发现它卧在水底一动也不动,只有腮盖在轻轻地一开一合,这时候的鱼是在睡觉。鱼类是最低等的脊椎动物,仔细观察鱼的眼睛是很有趣的。鱼眼睛的轮廓一般比较大,这可能与水中的光线较弱有关,所以所有鱼都是近视眼。

40. "我"是在哪儿找到答案的?

41. 鱼类总是睁着眼睛的原因是什么?

42. 鱼类在睡着的时候,会有什么表现?

第43到46题是根据下面一段话:

蜂蜜营养非常丰富。每天喝一杯蜂蜜水,可以润肠通便,预防感冒,清除体内毒素,保养皮肤,延缓衰老,让人气色更好。

冲蜂蜜是有讲究的,当然不要用水龙头里的冷水,一般也不要用温度过高的水。因为蜂蜜除含65%~80%的葡萄糖及果糖外,还含有丰富的维生素和矿物质,这些营养物质会被高温破坏。如用开水冲蜂蜜,维生素C会损失1/5以上,甚至一半。所以最好将开水冷却一下,用50℃左右的温开水,水温最好不要超过60℃。

蜂蜜宜在饭前一小时或饭后两小时后食用。尽量不和凉的食品同时饮用,以免引起腹泻。神经衰弱者可以在睡前一小时喝蜂蜜水,因为蜂蜜有改善睡眠的功效。

由于蜂蜜是弱酸性的液体,能与金属起化学反应,在贮存过程中接触到铅、锌、铁等金属后,会发生化学反应,因此,应采用非金属容器,如陶瓷、玻璃瓶、无毒塑料桶等容器来贮存蜂蜜。蜂蜜应放在阴凉、干燥、清洁、通风、温度保持在5—10℃、空气湿度不超过75%的环境中。

装蜂蜜的容器要盖严,防止漏气,减少蜂蜜与空气接触。蜂蜜会从空气中吸收水分,吸收过多的水分会使浓度下降,易引起变质。取用蜂蜜的工具应洗净擦干,每次取食蜂蜜后,要将容器盖好,以防污染。

43. 关于喝蜂蜜水的功效,不包括哪一个?

44. 用开水冲蜂蜜,下面哪种成分会被破坏?

45. 神经衰弱者什么时候饮用蜂蜜水最佳？

46. 适宜储存蜂蜜的空气湿度是多少？

第 47 到 50 题是根据下面一段话：

许多研究认为，人体的左部肢体器官普遍比右部的更灵巧和健美，更具有魅力。

很多人发现，人的左半脸比右半脸更美丽动人。这是因为主宰人体情感的神经中枢位于人的右脑，由于大脑功能是交叉作用，当感情信息反馈到脸部时，左脸受到的作用最为明显，于是它会变得漂亮。

当你凝视一双双美目，会获得一种微妙的美感，特别是每个人左眼更明亮有神。这是为什么呢？它的奥秘在于心脏位于人体左侧，左眼血液循环比右眼更平稳，所以眼神也随之变得更有魅力。

人体四肢中，左臂更令人赞叹不已。科学家认为，婴儿在母亲的左臂怀抱中，既能感受到母亲的保护力量，又能听到母亲那熟悉的心跳声音，会觉得踏实，因而会变得乖巧，不容易苏醒。

现实生活中，不少人认为右手比左手有优势，而事实上，所有的左撇子都有"左利手效应"。原来，由于左手对脑神经指令信息传递比较敏感，其运动性能及反应比右手更伶俐敏捷，快约 0.1% 秒，因而，左利手者更有希望成为杰出的运动员。

47. 左眼比右眼更加明亮有神是因为什么？

48. 婴儿为什么在母亲左臂中要更加乖巧？

49. 根据这段话，"左撇子"更容易做什么？

50. 根据这段话，下面的说法中不正确的是哪一个？

听力考试现在结束。

# 答　案

## 一、听　力

第一部分

1. D　　2. D　　3. C　　4. D
5. D　　6. B　　7. A　　8. B
9. A　　10. C　　11. A　　12. C
13. C　　14. C　　15. C

第二部分

16. A　　17. A　　18. B　　19. D

20. C　　21. B　　22. A　　23. B
24. A　　25. B　　26. D　　27. B
28. B　　29. D　　30. B

第三部分

31. A　　32. C　　33. C　　34. A
35. C　　36. D　　37. C　　38. A
39. C　　40. A　　41. B　　42. C

| 43. C | 44. D | 45. C | 46. A |
| 47. C | 48. B | 49. A | 50. D |

## 二、阅 读

### 第一部分

| 51. A | 52. B | 53. B | 54. A |
| 55. C | 56. A | 57. D | 58. C |
| 59. C | 60. A | | |

### 第二部分

| 61. A | 62. C | 63. B | 64. D |
| 65. B | 66. A | 67. D | 68. A |

| 69. B | 70. A | | |

### 第三部分

| 71. C | 72. E | 73. B | 74. A |
| 75. D | 76. D | 77. C | 78. E |
| 79. A | 80. B | | |

### 第四部分

| 81. B | 82. B | 83. D | 84. C |
| 85. B | 86. C | 87. D | 88. B |
| 89. D | 90. D | 91. A | 92. B |
| 93. D | 94. C | 95. D | 96. D |
| 97. A | 98. C | 99. B | 100. C |

## 三、书 写

101. 缩写

### 邻 居

去年，我们家搬到了新居民楼。新邻居怎么样，我和妻子心里都没有底。

送走来祝贺的朋友，我与妻子准备休息。忽然，门铃响了。门外站着一对中年男女。男子介绍他们是一楼的住户，来祝贺我们搬到新家。新邻居李先生说："我还有一件事请你们帮忙。每天出入单元防盗门请轻点儿关门，我岳父心脏不好，受不了重响。"他说完看着我们，流露出真挚的歉意。

我说："你们为什么还要住一楼呢？"李太太解释："老父亲腿脚不方便，而心脏病人还要适度地活动。"我和妻子答应以后小心。

大伙儿开关防盗门都是轻手轻脚的，没有其他单元"咣当"的巨响。邻居说，老爷子瘫痪多年了，李先生一家照料老人，无微不至。老人真是有福气。

一年后的一个晚上，李先生夫妻又摁响了我家门铃，给我和妻子深深地鞠了个躬。

原来老爷子病故了。临终前，他对女儿女婿交代：感谢邻居们对自己的照顾，要他们去给邻居们鞠一躬，以表示对大家的感激。

生活就是这样，当你在为别人行善时也在为自己储蓄幸福。

## 答案说明

1. D　录音开始的"教育的目的是发现人才，让每个人都得到充分发展，感受成功"是这段话的主旨，后面的内容都是为了举例说明教育的目的。

2. D　这段话通过星座来说明心理暗示对人们性格、命运的影响力，所举的女孩的例子也是为了说明心理暗示的作用。

3. C 爸爸说的是小鸡想小鸡自己的妈妈，儿子却理解成了小鸡想他的妈妈。

4. D 说话人通过儿童抢玩具的现象说明这是一种"地盘和安全感的堆积"。

5. D 哲学家说自己要教年轻人如何不讲话，也就是说他认为学会闭嘴很重要。

6. B "研究者发现：商品的名字会影响消费者对商品的选择"。

7. A 从正反两个方面说明找借口可能会带来更大的麻烦。

8. B 用三个理由来说明电视台找漂亮女主持人的坏处，目的在于说明自己的观点：女主持人不要太漂亮。

9. A 这段话讲述了如何做一个有趣的人，"有趣的人是懂得生命真谛的人，也是懂得享受生命的人"，A 正确。

10. C 这段话说明在市场经济条件下，民营企业领导用人的误区是以为用熟人更好，后面指出了这种做法未必能带来更好的收益。C 正确。

11. A 这段话讲述了人们传播流言的目的，是增强社会关系，拉帮结派，并以此提高自尊。A 正确。

12. C 这段话讲述了赌博现象存在的原因：是"赌博获胜会激活大脑当中与'胜利'有关的脑回"，这种赌博心理是人天生就有的，正因如此，赌博这种活动才会司空见惯。C 正确。

13. C 短文讲述了 70 后到 90 后的人选择"苹果"公司产品的原因，是为了"实现自我、表达自我，行走在不同于前辈的成长空间"，C 正确。

14. C 说话人讲述了他上班第一天穿正装的原因，C 正确。

15. C 这段话说明了人们都喜欢赞同而不是反对，C 正确。

16. A 对话中提到了女的的"演技"、"演戏的窍门"、"塑造的人物形象"等，可以知道她是演员。

17. A 女的说"当时觉得自己没有天分，就不再做衣服了"，A 正确。

18. B 女的说如果人们都认出来她是张曼玉，"那就很没意思了"，所以她这样做是位了防止别人认出来。B 正确。

19. D 女的说自己"实在哭不出来，就假想妈妈出事了，眼泪马上流出来"，D 正确。

20. C 女的说到李翘时，说"虽然我们的生活背景很不一样，但性格上有相同的东西，是最像我的一个角色"，所以选 C。

21. B 男的介绍女的时说是"作家毕淑敏老师"，所以可以知道女的是作家。

22. A 女的说自己听到那个故事时，"觉得心里的一根弦被重重地弹动，有一种深深的撞击和悲伤"，A 正确。

23. B 因为男的说故事的女主人公"有过军队的经历，也有从医的经历"，可以知道 B 正确。

24. A 女的说"这毕竟是小说，虚构的成分是最主要的"，A 正确。

25. B 女的最后说自己"我特别想拉开时空的距离，所以我就选择了故事发生几十年以后的一个时间"。

26. D 女的一开始就说"肥胖症患者已超过 1.6 亿"。

27. B 男的说肥胖的标准是"成年男性的体脂含量超过 25%，女性超过 30%"，B 正确。

- 313 -

28. B 因为男的说"梨形肥胖的危害要小得多",还讲了"苹果形肥胖"的种种危害,可见是苹果形肥胖危害更大。

29. D 男的说对重度的"病态性肥胖的人需要通过手术治疗肥胖"。

30. B 男的最后说"对胖人最切实的运动应该是走路"。

31. A 第一句说这辆车"地板上铺上了地毯"。

32. C 司机说自己"多年前我本来在公司做清洁工"。

33. C 司机说"如果有一辆保持清洁的车给乘客坐,乘客也许会为别人着想一点儿",事实上乘客也没有让他失望过,所以 C 正确。

34. A 当教授第一次要求画掉一个名字时,"女生画掉了一个她邻居的名字",A 正确。

35. C 因为"女生斟酌了半天,艰难地举起粉笔,画掉了父亲的名字",可以知道很艰难,所以 C 正确。

36. D 教授说了父母、儿子的重要性以后,又说"而丈夫是可以重新再寻找的",可见他认为丈夫最不重要。

37. C 第一句说了"裸婚"是指"不买房、不买车、不办婚礼"而"直接领证结婚"的方式,所以 C 不正确。

38. A "由于生活压力……"一句说明了原因:年轻人越来越强调婚姻的"自由"和"独立"。

39. C 录音开始时说"裸婚"是 2008 年兴起的网络新词。

40. A 说话人说"我在网上找到了我想要的答案"。

41. B 这段话说"鱼类没有真正的眼睑,也就是没有眼皮",所以眼睛不能闭合,B 正确。

42. C 这段话中说如果鱼"它卧在水底一动也不动",就是睡着了,C 正确。

43. C 录音开始时说蜂蜜的疗效包括"润肠通便,预防感冒,清除体内毒素,保养皮肤,延缓衰老",没有提到 C。

44. D 录音中说,如果用开水冲蜂蜜,"维生素 C 会损失 1/5 以上,甚至一半",所以 D 正确。

45. C 录音中说"神经衰弱者可以在睡前一小时喝蜂蜜水",C 正确。

46. A 因为文中说,蜂蜜应储存在"空气湿度不超过 75% 的环境中",只有 A 不超过 75%,所以 A 正确。

47. C 左眼更有神的原因是"心脏位于人体左侧,左眼血液循环比右眼更平稳",所以 C 正确。

48. B 婴儿在母亲左臂中更乖巧的原因是"既能感受到母亲的保护力量,又能听到母亲那熟悉的心跳声音",只有 B 正确。

49. A 录音最后说"左利手者更有希望成为杰出的运动员",A 正确。

50. D 录音中说了左边的脸、手、眼比右边的更有优势,但没有提到左脑更聪明,所以选 D。

51. A "白的、红的、黄的"不能与"五颜六色"同时出现,重复。可以在"五颜六色"前加"等"。

52. B "发言"可以说"激烈",不能用"猛烈"。

53. B "观赏"的应该是"风景",不能是"情景"。

54. A　"两年多前"和"刚刚发生"前后矛盾。并且"两年多前"应改为"两年前"。

55. C　说"心里"感到"温暖",不能说"暖和"。"暖和"用于形容天气。

56. A　"五百年前新出土的古籍"文意矛盾,"五百年前"不应修饰"新出土的"。应该是"新出土的五百年前的古籍"。

57. D　说"打扫得干干净净"可以,但不能说"打扫得整整齐齐"。

58. C　"奋不顾身舍己救人"是"行为"或"事迹",不是"动作"。

59. C　"目不转睛"的主语不能是"笑脸",只能是"人"。

60. A　主语和宾语不搭配。"乱闯红灯"是一种"习惯"。

61. A　常说:一门学问。可以说:整体形象／整个形象。给人最初的印象叫"第一印象"。

62. C　根据下文的"求职",可以知道这里说的是一种求职方式,加引号的"简历"意思是用(在企业领导的微博上)直接投简历的方法。"核心领导"这里指对招聘有决定权的主要领导。以某种方式做事成功或失败的成效结果叫"效果"。

63. B　说"A和B相像"或"A和B相似"、"A和B类似"都可以。说"研究的热门"或"研究的热点"都可以。表示唯独具有可以说"独有"或"特有"。

64. D　正确搭配:研究显示。说"平均身高"或者"一般身高"都可以。说身高的"差异"或者"差别",名词,做介词"对"的宾语。两地中间是"距离"。

65. B　正确搭配:紧急警报。"局部地区有……"是天气预报常用句式。形容自然灾害,应该是"最严重"。一般说:妥善安排／安排得很妥当。

66. A　"以成本而论"意思是就成本而言。"得不偿失"意思是得到的没有失去的多。"……,何况……"表示递进关系。

67. D　说带来"方便"或者"便利"都可以。一般意义上的损坏用"破坏"。表示可能的程度叫"可能性"。濒危语言由于不能利用互联网,生命力会很快衰减变弱,用"衰弱"。"恶性循环"指不好的因果关系不断重复。

68. A　"生活模式"指一种固定的生活形式。说营养"充分"或者"充足"都可以。说健康的"状况"或者"状态"都可以。第四个空儿,A、B、C、D都可以。

69. B　身上没有钱,靠搭车游中国是一种"冒险旅行"。说"遇到""困难"或者"事情"都可以。"遭遇"用来指遇到不如意的事情。"忍受饥饿"意思忍耐承受饥饿。

70. A　与后面"'用力'过猛"(形容过分)相对,前文应该说的是"保守"。说"关键是……"或者"重点是……",指出问题的关键重点所在。与众不同、有特点,是有"个性"或有"特色"。"审美"指以一种标准判断是否美。

71. C　"没有别的……,只有……"起强调作用。

72. E　前面说"所有人都觉得樱花是美丽的","但是"表示转折关系,只有日本人最喜欢樱花。

73. B　后边的内容涉及对某一种花的喜爱。

74. A　"在……之后"与"首先……"表示前后时间关系。

75. D　"其实并不……只是……"表示原因。

76. D　前句"销售业绩十分惨淡"表示原因,因此下句选择表示结果的D。

77. C　既然面包没有标价，顾客就可以随意付钱，选 C。

78. E　根据后边付款的方式，可以确定选 E。

79. A　前面的句子说到了各种比例，所以可以确定选 A。

80. B　后边的句子表示结果，前边应选择表示条件的 B。

81. B　根据第三段"这项研究的论文已发表在美国《进化心理学》杂志上"，可知答案是美国。

82. B　根据第三段说"背叛对方"可能性最大的声音是"音调较高的女性和音调较低的男性"，B 正确。

83. D　根据第三段"越具吸引力的声音，越有机会背叛对方"，可知 D 正确。

84. C　根据最后一段"雄性荷尔蒙较高的男性，他们的声音通常较低"，可知 C 正确。

85. B　根据第二段，1959 年之后的二十多年时间里，尼康相机成为"体育记者的首选"，可以知道 B 正确。

86. C　第一段提到两种相机最大的区别是"佳能一向以白色镜头为主，而尼康则以黑色镜头为标志"，所以 C 正确。

87. D　根据倒数第二段，"这个小毛病是佳能的'有意而为'"，"有意而为"意思是故意这么做，可知 D 正确。

88. B　倒数第二段说，佳能在消费者看来，用起来不用那么小心，可知 B 正确。

89. D　根据第一段，电磁辐射"会加强靠近天线区域的脑部活动"，可知 D 正确。

90. C　根据第二段，在科学界还有"较大争议"，所以尚未有定论。C 正确。

91. A　根据第三段，沃尔科的实验"忠实呈现了人体大脑对手机电磁辐射的敏感性"，所以 A 正确。

92. B　根据倒数第二段，英国贸易与工业部的测试结果显示：使用耳机不仅不会增加头部吸收的辐射量，还会减少接收的手机辐射量达 65% 至 70%。可知 B 正确。

93. D　根据第二、三段，可以知道在这个健身模式中，去运动的人不花钱，不去运动的人却要支付费用。D 正确。

94. C　根据第二段"失约一次，收 25 美元"，可以知道如果两次不去，会被罚 50 美元。

95. D　根据倒数第二段，"不用维护健身设备、没有房租等压力"，"失约的人总是比想象的更多"，可以知道 A、B、C 都是利润丰厚的原因，只有 D 没提到。

96. D　根据短文，可以知道该健身模式主要利用人们的惰性来挣钱，可是说是利用了人性的弱点，D 正确。

97. A　根据第一段中所说"数以亿计的农村青年……涌入大城市"，可以知道 A 正确。

98. C　根据第二段，澳大利亚现在的趋势是人口"从州府城市返回郊区和乡村"，可以知道 C 正确。

99. B　第三段提到了"生活成本太高，生存压力太大"，第四段提到了"税收负担太重"，只有 B 没有提到。

100. C　根据最后一段"逆城市化在一定程度上缓解了大城市人口过密带来的种种问题和压力"，可以知道 C 正确。逆~：词缀，与……相反的，如"逆增长、逆时尚、逆主流"等。

# 模拟试卷　第 10 套

# 听力文本

## 第一部分

第 1-15 题：请选出与所听内容一致的一项。现在开始第 1 题：

1. 早餐作为每天的第一餐，对膳食营养的摄入、保持健康状况、提高工作和学习效率至关重要。研究表明，不吃早餐导致的能量和营养素摄入的不足，很难从午餐和晚餐中得到充分补充，所以每天都应该吃好早餐。

2. 雨季是指一年中降水相对集中的季节，即每年降水比较集中的湿润多雨季节。在中国，南方雨季为 4 至 9 月，北方为 6 至 9 月。前后相差两三个月。雨季结束是北方早，南方迟，一般前后相差仅 20 天左右。

3. 孩子越小，母亲的作用越大。孩子慢慢长大到五六岁的时候，父亲的作用就显现出来。母亲更多地代表自然、生理、心理，父亲代表的是外在的有秩序的世界。孩子多是通过父亲这扇窗子来了解这个他将要进入的人类社会，因此，父亲是孩子从家庭走向社会的一座桥梁。

4. 悲观主义者说：这个世界有无数的墙。乐观主义者说：这个世界有无数的门。现实主义者说：这个世界是由无数隔膜的墙和沟通的门组成。我不否认墙的存在，乐观的我坚信世上有门，我相信每一道墙的背后会有一扇门等待打开。

5. 王明与妻子闹别扭，好几天互相不说话。这天，妻子回卧室睡觉时发现床头桌上有一张便条，上面写着：请在明早六点叫醒我！妻子觉得很可笑，决定报复他。第二天王明醒来已是七点多，正要发脾气，却诧异地发现床头桌上也有一张纸条，上面写着：起来吧，已经六点了！

6. 孩子由于个体的差异，表现在语言能力方面，开口说话有早有晚、表达清晰不清晰的区别。妈妈们只看到孩子说话迟缓的结果，却没有思考可能造成孩子开口晚的原因，着急地给孩子扣上智力有问题的标签，这对孩子的成长是非常不利的。

7. 生命科学家发现，生物钟对人健康的影响是巨大的。生物钟一旦被打破，较长时间处于紊乱状态，人就容易产生各种各样的不适或疾病，变得容易衰老甚至死亡。有的人的生物钟几十年都是相对稳定的，他的健康状况也一直是良好的。

8. 王刚兴冲冲地给楼上的邻居李明打电话，打了半天却没人接。"真扫兴！"王刚一肚子的不满，于是不甘心地把脑袋从窗口伸出去向楼上嚷道："喂，楼上有人吗？""什么事？"李明把脑袋从窗口伸出来问。王刚气急败坏地大声说："接电话！"

9. 人体跟金属一样，在大自然中会逐渐"氧化"。导致人体氧化的不是氧气，而是氧自由基，它很容易引起化学反应，损害DNA、蛋白质和脂质等重要生物分子，进而影响细胞膜转运过程，使各组织、器官的功能受损，促进机体老化。

10. 登山运动可以锻炼一个人的意志，增强人的信心，同时也是最好的镇静剂。当你在风景秀丽、空气新鲜的山峦上进行登攀时，可以使大脑皮层的兴奋和抑制过程得到改善，因而对情绪抑郁和失眠等都有良好的治疗作用。

11. 快乐只是一种感觉，这种感觉与金钱无关，与内心相连，需要我们有一个好的心态，并且能够时常用这种好的心态去对待所有的事物。因为无论人生给予我们什么，决定我们生存状态的永远是我们的心态。

12. 烧烤是近几年来流行很广的大众饮食，烧烤可以说是从新疆的烤羊肉串普及开来的。通过不断发展，烧烤的风格结合地域特色有了创新和变化，品种呈多样性，除了飞禽走兽等许多肉类之外，许多蔬菜水果也可以拿来烤。

13. 昆明位于中国的西南部，是云南省省会城市。昆明夏无酷暑，冬无严寒，气候宜人，具有典型的温带气候特点，城区温度在0—29℃之间，年温差为全国最小，在全球也少有的这一气候特征使昆明得到"春城"的称号。

14. 现有电力能源的来源主要有三种，即火电、水电和核电。随着经济的发展、社会的进步，人们对能源提出越来越高的要求，寻找新能源成为当前人类面临的迫切课题。

15. 丈夫在电话里告诉妻子："刚才公安局派出所的民警来说，我们家的门被小偷撬了。"妻子急忙问道："钱和存折丢了吗？"丈夫从容不迫地说："我想不会的。"妻子问："为什么？"丈夫说："我找了十年都没找到，小偷那么一会儿工夫就能找到吗？"

## 第二部分

第16到30题，请选出正确答案。现在开始第16到20题：

第16到20题是根据下面一段采访：

女：目前大学生毕业就业工作已经正式启动了，但大家发现这个时候也是考研的最关键时期，于是有很多同学就很茫然：这时究竟找工作还是考研呢？下面请中国人民大学社会问题专家解廷民先生给大家分析一下考研和就业各自的优势和劣势。谢老师，您觉得两者的优势和劣势分别是什么？

男：考研和就业的问题要辩证地来看。两者各有各自的优势和劣势，比如考研，能够为自己在学术方面进一步深造奠定一个良好的基础；当然我们也不得不承认，确实硕士研究生在就业的时候，起点和目标可能会更高一点儿，这是它的优势，但劣势是错过了本科阶段一次最好的就业时机。谈到大学毕业就业的优势，你可能会较早地找到一个很好的平台，很快释放自己的能量，体现你的人生价值。但是对于你未来的再深造或者到高校从教，其实也是有很大的隐患存在。

女：那您认为什么样的同学适合就业呢？

男：同学们在决定考研还是求职同时，应该有一个基本的判断，要看自己今后愿意从事什么样的职业，愿意从事什么样的工作；这个职业、这个工作需要什么样的能力，需要什么样的素质，自己应该为这个作什么准备；应该判断是否已经具备了用人单位所要求的基本能力，而不是简单的证书、几十科考试的成绩单。如果本科觉得已经适应了这个岗位职业的要求，就没必要考研，或者工作以后再通过深造晋升的机会提高自己。

女：那么什么样的同学适合考研呢？

男：我个人认为报考不报考研究生，首先是因人而异的问题，你要看自己的情况适不适合考研究生。比如我这个人特别希望继续深造，自己也能够安心学习。另外，你的基础能力很强，比如你的家庭资产能力也具备，也得到了家长的支持。但是最关键的还是你自己具备这个能力。不能看到大家都去报考你就报考，这是不可取的。如果有些单位用人除了具有一定专业基础之外，还要有学历要求，从今后从事自己擅长或者愿意、感兴趣的工作角度来讲，还是应该考虑继续深造。

16. 为什么很多大学生感到很茫然？

17. 大学生毕业后就业的优势是什么？

18. 大学生是就业还是考研，在决定前应该先搞清楚什么？

19. 关于学生考研的问题，下面哪一项不正确？

20. 根据对话，可以知道什么？

第 21 到 25 题是根据下面一段采访：

女：大城市的单身男女，经济收入不菲，生活稳定，却因为工作而疏忽了爱情，然后到了一定的年龄，就会被自己的家人要求去相亲，寻找自己的另一半。这样做就是本着一个目的，想找个能与自己结婚的另一半。这方面你怎么样？

男：我上大学的时候人很单纯，有几个女孩子跟我关系有点儿"暧昧"，可是我那时不懂，纯洁得很！只顾着学习了，没及早谈恋爱。工作后公务多，交际的范围也有限，难认识合适的人。既然错过了谈朋友的好时光，自己也就不着急了，没激情了。大不了独身。

女：家里没人给你参谋或施加压力吗？

男：最近我老妈总唠叨，说我都三十好几的人了，老大不小还不结婚，和她一起的伯母、阿姨都当奶奶了。她巴不得我现在就结婚。她到处巴结、讨好有女孩的家长，她说我当务之急是找女朋友，这不，前几日又监督我去相亲了。去前就吹捧说对方怎么怎么好，打灯笼都难找。

女：当时心情一定很激动吧？

男：哎，郁闷啊！很纠结。像被绑架一样。听朋友说如今大龄单身的模式基本都是这样：一，父母亲戚张罗；二，了解家庭情况；三，出来见面；四，合适留电话，不合适分手走人；五，交往几个月；六，结婚。生活都公式化了。

女：相亲的感觉如何呢？保密吗？

男：呵呵，还行吧，不过我妈妈对她是过奖了。开始吧没什么好感觉，有点儿排斥，想都没想自己去相亲会是个什么样，总感觉那是很久远的时代的人做的事；再说从来没有跟对方相处过，只能看对方的外貌，了解一些基本情况。两个原本不认识的人在一起，说话都不好把握分寸，不知道怎样做才合乎对方的心意，感觉很尴尬。认识不久就谈结婚，是不是太草率了？

女：呵呵，现在的大都市很流行这种相亲哟，据说深圳就很多。

男：当然相亲也没什么不对，只是这样的认识有个结婚的前提，如果能在自己认识的人里找到称心如意的女友当然更好。

女：相亲也能认识好人啊，我姐姐和姐夫也是相亲认识的。现在两个人很恩爱，在事业上互相帮助，也是婚姻成功的案例和榜样。

男：真让人羡慕。我也在劝自己，不管是家人介绍还是同学介绍，通过相亲的途径认识一个人，总比在大街上跟人直接搭讪要好得多。现在我也觉得，即使成不了，也可以认识几个朋友。

女：相亲也是一种途径。虽然有时候是被"绑架"来的。最起码相亲可以让人多认识点儿人，但是千万不要带着相亲很没有面子的思想，还有，不要以为一相亲就能找到你的理想的另一半。

男：你说的很对。如果是朋友之间的聚会搞成的相亲，那就先认识，慢慢了解，我个人认为这种相亲得来的爱情，成功的几率不高，因为两人之间还是有很多的不了解，尽管那可能不是故意隐瞒，相处下来能一拍即合的甚少。如果自己真的找不到意中人，那么活该，只能像我了，只好选择家人安排的相亲，不过这样比较了解对方的家底、人品。家庭的约束还是起着很大的作用的。

女：你说的很对。祝你早日找到理想的爱人。

男：谢谢！

21. 男的为什么还没结婚？

22. 男的对相亲是什么态度？

23. 男的认为相亲有什么问题？

24. 男的认为相亲最好通过什么途径？

25. 关于男的，可以知道什么？

第 26 到 30 题是根据下面一段采访：

男：大家好！今天的嘉宾是毕业于中国政法大学新闻系，并获得法学双学位，现为《经济观察报》记者的朱熹妍。你好！首先谢谢你从百忙之中抽出时间接受我的访谈。

女：好的，不用客气。

男：我们知道现在找工作很难找，好工作难免就更难找了，我想问一下你，你是怎么找到这份工作的？

女：起初是大二的时候在经济观察报行政机关社会实践，后来独立做了几篇稿子，报社感觉不错。我也很留恋那里。毕业后我在几个媒体中应聘。主要是两个：北京青年报和经济观察报。因为在经济观察报实习过，他们对我了解一些，正好他们缺人，就跟我签署了合同。

男：嗯，那么请问，如果在大学学的不是记者方面的专业，你认为以后有可能做记者工作吗？

女：有，现在媒体里面一多半的人都不是新闻专业的。有些专业甚至比新闻专业更容易找到新闻职位，譬如英语、经济。

男：那这么说，从事记者行业并没有太大的专业限制？

女：对，但是比较重要的一点是，对逻辑能力、应变能力和对文字的把控能力要求稍高。现在的传媒很少能够等待你成长，都需要有经验、有人际关系的。所以必须让自己看起来经验丰富。

男：那么你认为如果想要以后从事记者工作，在大学阶段应该多作哪些方面的准备？需要像其他许多行业一样考些什么资格证吗？

女：不需要考什么证。考证完全凭兴趣，但是一些专业性比较强的媒体除外。另外，一些媒体还有招聘考核要求，譬如英语科目一定达到六级，还有计算机等级证书。大学阶段应该多多阅读报纸、期刊、杂志之类的刊物，以及经典文学著作和现代畅销书——这样你才不会与社会脱节。再有，不要偏科，要一专多能。

男：嗯，请问记者工作是你谋求的理想工作吗？

女：从某些方面说，记者这个职业比较理想，生活比较充实、多彩，待遇方面也比较好，能够与社会高层接触，是一个很好的平台。我一直认为，兴趣、爱好与工作无关。但是你的工作是否符合你的价值观比较重要。这关系到你的自我价值实现。

男：做记者工作的话可能会遇到些困难，其中遇到的最大的挑战是什么？

女：挑战来自两方面。其一，如何面对他人的要求：因为你对报社有工作责任；因为你有话语权，很多人都会找你帮忙；作为社会人，你的亲友也会对你提出要求。其二，也是最严重的是，你自己对自己的要求，通常是最严格的，反映在报道上，就会无休止地烦下去。

男：你认为记者行业的前景如何？需求空间还大吗？

女：记者行业基本上每年要换一批新的。但是应届毕业生很难进入一线媒体，如有此志向，一定要注重实践经验和视野开阔。我准备干几年，积累些经验和资源后再深造，或者创业。

男：嗯，今天跟你聊了这么多，真是让我受益匪浅，希望以后还能经常与你聊聊。再次感谢你能接受我的访谈。谢谢！

女：不用客气。

　　26. 女的是怎样找到记者这个工作的？

　　27. 从对话中可以知道从事记者行业有什么条件？

　　28. 女的认为跟工作有关系的是什么？

　　29. 根据对话，记者工作最大的挑战是什么？

　　30. 女的对将来有什么打算？

## 第三部分

第31到50题，请选出正确答案。现在开始第31到33题：

第31到33题是根据下面一段话：

　　有一位心理学家作了一个很有意思的试验，他要求一群试验者在周日晚上把未来7天所有烦恼的事情都默默写下来，然后投入一个安置好的大型"烦恼箱"里。

　　到了第三周的星期天，他在试验者面前打开这个箱子，逐一与成员核对每一项"烦恼"。让人感到纳闷儿的是，其中有九成烦恼并未真正发生。接着，他又要求大家把那精简剩下的字条重新丢入纸箱中，间隔三周，再来寻找解决之道。结果到了那一天，他开箱后发现，起初的烦恼也不再是烦恼了。

　　烦恼是自己找来的，这就是所谓的"自找麻烦"。据统计，一般人的忧虑有40%是属于现在，而92%的忧虑从未发生过，剩下的8%则是你能够轻易应付解除的。烦恼真正发生的百分点很低，而生活中我们每个人都会有烦恼，所以我们大可不必被这些烦恼压倒。

　　31. 试验的第三周出现了什么结果？

　　32. 关于这个试验，可以知道什么？

　　33. 说话人在最后想告诉我们什么？

第34到36题是根据下面一段话：

　　在孩子的语言发展过程中，父母要避免拔苗助长的行为。比如，当孩子想表达自己的意愿时，父母不要马上替孩子说出来，应该恰当引导孩子学习和使用新词汇，父母充当倾听者。当孩子需要父母帮助的时候，父母不要过分勤快地满足孩子的需求，要勉励孩子用语言来表达自己的意愿，让孩子亲身感受到语言的力量，从而为孩子使用语言提供正面的体验。

　　有些家庭，祖辈、父辈及保姆使用的语言各不相同，年幼的孩子根本无法理解或分辨这些夹杂的各不相同的语言，表达自然也会滞后。当然，在沉默后，孩子语言爆发时也容易掌

握更多的语言。但是，多语言环境的直接后果就是导致孩子说话晚。父母不能急于求成，建议想让孩子掌握多种语言的家庭，最好先让孩子掌握母语，然后再学习其他语言。

34. 孩子表达意愿和请求父母帮助时父母该怎么做？

35. 多语言环境会导致什么结果？

36. 这段话主要讲的是什么？

第 37 到 39 题是根据下面一段话：

亚健康是个大概念，划分为前后衔接的几个阶段，其中，与健康紧紧相邻的可称做"轻度心身失调"，它常以疲劳、失眠、胃口差、情绪不稳定、记性差等为主征，但是这些失调容易恢复，还原了、恢复了则与健康人并无不同。

假使这种失调持续发展，便呈现出发展成某些疾病的高危倾向，潜伏着向某病发展的高度可能。在人群中，处于这类状态的超过 1/3，且在 40 岁以上的人群中比例陡增。他们的表现可为慢性疲劳或持续的心身失调，包括前述的各种症状持续两个月以上，且常伴有慢性咽痛、反复感冒、精力不支等。

有专家将其表现归纳为三种减退：活力减退、反应能力减退和适应能力减退。从临床检测来看，城市里的这类群体比较集中地表现为三高一低倾向，即存在着接近临界水平的高血脂、高血糖、高血黏度和免疫功能偏低。另有至少超过 10% 的人介于潜临床和疾病之间的，已经有了病变，但症状还不明显，或还没有引起足够重视，或未求诊断，或即便医生作了检查化验，一时尚未查出问题。

严格地说，最后一类已不属于亚健康，而是有病的不健康状态，只是有待于明确诊断而已。因此，扣除这部分人群，也有不少研究者认为亚健康者约占人口的 60%。国内外的研究表明，现代社会符合健康标准者也不过占人群总数的 15% 左右。有趣的是，人群中已被确诊为患病，属于不健康状态的也占 15% 左右。如果把健康和疾病看做是生命过程的两端的话，那么它就像一个两头有尖端的橄榄，中间凸出的一大块，正是处于健康与有病两者之间的过渡状态——亚健康。

37. 根据这段话，属于亚健康的病征是哪一项？

38. 关于亚健康，可以知道什么？

39. 这段话主要谈的是什么？

第 40 到 43 题是根据下面一段话：

许多人都有过注意力无法集中的苦恼，一件两三个钟头就能搞定的工作偏偏耗费了一整天竟然都无法专注；时常丢三落四，自己不免觉得荒唐或荒谬。那么，怎样才能保持较高的注意力水平呢？科学研究证明，当大脑的前额叶皮层被合适的化学物质刺激时，集中注意力的行为就产生了。尤其是多巴胺这类"愉悦性化学物质"的水平升高，更能促使注意力集中在一个焦点。当多巴胺水平升高时，你的潜意识就会希望获得更多的它带来的美妙感觉，这促使你更专注于正在做的事情。

所有人都会在某些因素影响下发生注意力减退的现象，这包括疲劳、压力、生气等内部因素和电视、电脑等外界诱惑。其中，睡眠不足是最为普遍的因素之一。因为睡眠不足时人体内的供氧会受到影响，而氧气是制造那些化学物质的必需品。

为了赢回你的注意力，除了关掉闹钟，睡到自然醒以外，科学家们还发现了另外一招——吃零食。

如果你正在赶着去参加一个长时间的会议，那么，吃一点儿苹果、蛋糕之类的零食吧，这些食物会帮助你集中注意力。喝两口浓缩咖啡也是不错的选择，但是当心，过量的咖啡会过度刺激神经，反而减弱你的注意力。

然而当注意力减退是由压力或生气引起时，吃零食可能就没那么有效果了。要应对这类注意力分散，最好的办法也许是马上开始有氧运动，滑冰或仅仅轻快地走上两圈都行。任何运动都比坐在办公桌前拼命想着集中注意力效果更好。如果不具备运动的条件，那么就推开椅子站起来——这个简单的动作也会告诉你的大脑：是时候清醒并警觉一下了。

40. 影响注意力集中的原因是什么？

41. 录音中说"睡到自然醒"主要是指什么？

42. 对付因压力引起的注意力减退的办法是什么？

43. 这段话主要告诉我们什么？

第 44 到 47 题是根据下面一段话：

你有没有试过骑自行车旅游？没有？让我来告诉你，骑自行车旅游好处可多呢。

首先，骑自行车旅游可以节省很多路费，这对于我们这些学生来说是非常重要的一点。其次，骑自行车十分方便，省去了许多买票、等车和坐车的麻烦及弊病，上车就有"座儿"。另外，骑车旅游还不受时间限制，想走就走，想停就停，哪儿风景好就在哪儿多待会儿，一点儿也不用担心会误了什么时间。

这么说来骑车旅游就没有什么坏处了？那倒不是。骑车旅游也会遇到很多困难和变故。比如刮风下雨，道路凹凸不平，天气太冷或者太热，车子出故障，还有长途骑车奔波的疲劳等等，这时当然不如坐在奔驰车里舒服了。这时候就需要旅游者的勇气了。但是，这不正好可以锻炼一下你脆弱得快要崩溃的意志吗？

我还想再说说我选择骑车旅游的更重要的考虑。骑自行车旅游，在旅游的同时还可以锻炼身体。骑车时，两腿不停地蹬车前进，于是腰腹部和腿部的肌肉得到了充分的锻炼，变得健壮有力了。另外，长途骑车也是一种耐力性的运动，人体的内脏必须加强工作，才能适应长时间剧烈运动的需要。所以骑车旅游一段时间后，人体内脏的功能就会大大加强，人就会变得更加健壮。你瞧瞧我坚实的身体，不是吹牛，壮得像头牛！

怎么样，你想不想和我一起骑自行车旅游？

44. 录音中的"我"可能是干什么的？

45. "我"为什么认为骑车旅游方便？

46. "我"骑车旅游的理由是什么？

47. 根据这段话，骑车旅游时不会遇到什么困难或问题？

第 48 到 50 题是根据下面一段话：

　　人类习惯于躺着睡觉，不过鸟儿却大多是以双足紧扣树枝的方式"坐"在数米高的树上睡觉的，从不会跌落下来。这是为什么呢？

　　研究发现，人类和鸟类的肌肉工作方式有很大的区别，而在进行"抓"这一动作时，更是完全相反。人类是主动地抓，而鸟儿却是被动地抓。当我们人类想要抓住什么东西的时候，需要用力使肌肉紧张起来；而鸟儿只有用力使肌肉紧张起来，才能松开所抓住的物体。也就是说，当鸟儿飞到树枝上"坐"稳后，肌肉松弛下来，爪子就紧紧地抓住了树枝。这样鸟儿只管放心睡觉，万无一失，摔不下来。

　　人们还发现，有的鸟儿只睡 1 到 3 个小时，而啄木鸟等穴洞孵卵鸟类则大约要睡 6 个小时，是睡得最长的鸟类。鸟儿没有"深度睡眠"这一睡眠阶段，它们大多只是进入一种"安静状态"，因为它们必须随时警惕可能出现的天敌，及时地飞走逃生。

48. 鸟类是怎样抓住树枝的？
49. 根据录音，我们可以知道什么？
50. 鸟儿睡觉时为什么只是"安静状态"？

听力考试现在结束。

# 答 案

## 一、听 力

### 第一部分

| | | | |
|---|---|---|---|
| 1. B | 2. C | 3. D | 4. B |
| 5. C | 6. B | 7. C | 8. B |
| 9. A | 10. D | 11. B | 12. A |
| 13. C | 14. D | 15. D | |

### 第二部分

| | | | |
|---|---|---|---|
| 16. D | 17. C | 18. D | 19. A |
| 20. D | 21. A | 22. B | 23. C |
| 24. B | 25. D | 26. D | 27. C |
| 28. B | 29. A | 30. D | |

### 第三部分

| | | | |
|---|---|---|---|
| 31. A | 32. A | 33. B | 34. D |
| 35. A | 36. D | 37. C | 38. D |
| 39. B | 40. C | 41. B | 42. A |
| 43. B | 44. B | 45. C | 46. A |
| 47. C | 48. B | 49. C | 50. D |

## 二、阅 读

### 第一部分

| | | | |
|---|---|---|---|
| 51. C | 52. D | 53. C | 54. A |
| 55. B | 56. C | 57. C | 58. D |
| 59. B | 60. C | | |

### 第二部分

| | | | |
|---|---|---|---|
| 61. B | 62. B | 63. A | 64. B |
| 65. D | 66. C | 67. D | 68. B |
| 69. D | 70. B | | |

第三部分

| | | | |
|---|---|---|---|
| 71. D | 72. A | 73. E | 74. C |
| 75. B | 76. C | 77. E | 78. A |
| 79. B | 80. D | | |

| | | | |
|---|---|---|---|
| 85. D | 86. D | 87. A | 88. A |
| 89. B | 90. D | 91. B | 92. B |
| 93. A | 94. C | 95. C | 96. A |
| 97. C | 98. D | 99. D | 100. C |

第四部分

| | | | |
|---|---|---|---|
| 81. D | 82. B | 83. C | 84. D |

# 三、书　写

101. 缩写

### 盲人学外语

　　13 日下午，在一家盲人按摩店，老家西安的盲人按摩师李小飞一边为一位外国朋友按摩，一边用英语与他交谈。

　　今年 40 岁的李小飞，小时候就高度近视，后双眼失明。1995 年她从按摩专科学校毕业，到广州一家按摩店工作了 10 年。

　　她 31 岁开始长达 10 年的自学英语。她每天工作十几个小时，常常学习到深夜。

　　李小飞的双手在点字书上游走，因为时间过长而僵硬或者抽搐。凭着顽强的毅力，她反复地听 MP3 里的对话来练习听力和口语。

　　2005 年她拿到了盲人学校的毕业证书和按摩医师资格证。2007 年李小飞又来到上海，一直工作到今年 2 月。李小飞经常遇到一些日本朋友，她通过聆听和模仿、自学，掌握了基本的日语。她的语言交流能力飞跃发展。

　　店老板告诉记者，每个月店里都会接待 20 多名外国游客。李小飞当翻译，交流沟通方便了，生意也越来越好。

　　李小飞在音频软件的帮助下，还学会了上网查找资料，收发邮件。

　　"李小飞不但按摩技术过硬，精通英语，日语也说得非常好，是难得的人才。"大家都这样评价她。

# 答案说明

1. B　这段话说明吃早餐的重要性。

2. C　南北方雨季都在 9 月结束。南方 4 月开始，北方 6 月才开始，所以北方雨季短。

3. D　"父亲代表的是外在的有秩序的世界"，孩子多是通过父亲了解社会。

4. B　乐观主义者认为这个世界有无数的"门"。乐观的"我"坚信世上有"门"。

5. C　王明醒来发现床头桌上有妻子叫他的纸条：起来吧，已经六点了！

6. B　录音中说，孩子开口晚就被看成是智力有问题是错误的。因个体差异，家长要考虑多种原因。

7. C　生物钟紊乱，人就容易产生不适、生病、衰老甚至死亡。

8. B　李明在家，却不接电话，所以王刚"气急败坏"。

9. A　"导致人体氧化的不是氧气，而是氧自由基"。

10. D　登山"可以使大脑皮层的兴奋和抑制过程得到改善，因而对情绪抑郁和失眠等都有良好的治疗作用"。

11. B　快乐"与金钱无关，与内心相连"，"决定我们生存状态的永远是我们的心态"。

12. A　"烧烤的风格结合地域特色有了创新和变化，品种呈多样性"。

13. C　"在全球也少有的这一气候特征使昆明得到'春城'的称号。"

14. D　"寻找新能源成为当前人类面临的迫切课题。"

15. D　丈夫找了十年都没找到钱和存折，可见小偷在很短的时间里也找不到。

16. D　大学毕业和考研的时间差不多，所以很多大学生不知该如何选择。"于是……"前一句是原因。

17. C　"可能会较早地找到一个很好的平台，很快释放自己的能量，体现你的人生价值。"

18. D　"应该有一个基本的判断，要看自己……而不是简单的证书，几十科考试成绩单。"

19. A　"不能看到大家都去报考你就报考，这是不可取的。"

20. D　对话的主要话题是大学毕业生面对就业和考研该如何选择。

21. A　男的说大学时他只顾学习，没谈恋爱；工作后公务多，交际范围有限，因而错过了谈朋友的好时光。

22. B　"郁闷"、"纠结"表明很矛盾。

23. C　男的认为相亲"只能看对方的外貌，了解一些基本情况"。

24. B　男的认为像他这样，只好选择家人安排的相亲，"不过这样比较了解对方的家底、人品"，可见他勉强赞同家人介绍这种方式。

25. D　男的开始说在自己认识的人里找到女友当然更好，后边又说如果自己真的找不到意中人，那么只好选择家人安排的相亲。可见他还是希望通过自己找到女友。

26. D　女的说她因为在《经济观察报》实习过，他们对她了解一些，正好他们缺人，就签了合同。

27. C　女的说，媒体行业的人多半都不是新闻专业出身的，有些专业比新闻专业更容易找到新闻职位。

28. B　女的认为，不需要考什么证，应该多读书报，另外不要偏科，要一专多能。

29. A　"你自己对自己的要求，通常是最严格的"。

30. D　"我准备干几年，积累些经验和资源后再深造，或者创业。"

31. A　三周后，"他开箱后发现，起初的烦恼也不再是烦恼了"。

32. A　"烦恼是自己找来的，这就是所谓的'自找麻烦'"是总结性语句。

33. B　"生活中每个人都会有烦恼"，"我们大可不必被这些烦恼压倒"。

34. D　"应该恰当引导孩子学习和使用新词汇"，要鼓励孩子"用语言来表达自己的意愿"。

35. A　多语言环境下，孩子无法理解或分辨这些各不相同的语言，"表达自然也会滞后"。

36. D　前半部分是说父母要为儿童语言发展创造环境，后半部分是说多语言环境中孩子的语言发展。

37. C　"他们的表现可为慢性疲劳或持续的心身失调"。

38. D　录音最后说，如果把健康和疾病看做是生命过程的两端的话，那么亚健康就处于健康与有病两者之间的过渡状态。

39. B　这段话主要谈亚健康的各种表现。

40. C　"多巴胺这类'愉悦性化学物质'的水平升高，更能促使注意力集中在一个焦点。"反之，多巴胺水平降低，就会影响注意力集中。

41. B　"睡眠不足是（注意力减退）最为普遍的因素之一。""为了赢回你的注意力，除了关掉闹钟，睡到自然醒以外，……"，可见指睡眠充足。

42. A　"要应对这类注意力分散，最好的办法也许是马上开始有氧运动"。

43. B　这段话主要是讲如何提高注意力。

44. B　"这对于我们这些学生来说是非常重要的一点。"可见"我"是学生。

45. C　说到骑自行车旅游的第二个好处，说话人说，骑自行车省去了许多买票、等车和坐车的麻烦。

46. A　在最后一个部分，说话人说明他选择骑车旅游更主要的是为了锻炼身体，因为骑车时，腰腹部和腿部的肌肉变得健壮有力了，内脏的功能加强，人变得更加健壮。

47. C　骑车也会遇到很多困难，比如刮风下雨，道路不好走，天气太冷或者太热，还有长途骑车的疲劳等等。"受时间限制"没有提到。

48. B　"当鸟儿飞到树枝上'坐'稳后，肌肉松弛下来，爪子就紧紧地抓住了树枝。"

49. C　录音中说，"人类和鸟类的肌肉工作方式有很大的区别，……人类是主动地抓，而鸟儿却是被动地抓。"并以鸟儿抓树枝为例。

50. D　"鸟儿没有'深度睡眠'这一睡眠阶段，它们大多只是进入一种'安静状态'"，以防天敌。

51. C　语序不当。"不能"应在"把"的前面。

52. D　用词重复。"凡是……都……"，"凡是"指所涉及的对象无一例外。"对于"也指涉及的对象。不能重复使用，应二选一。

53. C　"出版好几年了"不是修改的原因。两个句子之间没有因果关系，应将"所以"删除。

54. A　搭配不当。关联词"无论"只能跟表示选择关系的"还是 / 或"搭配，不能用"和"。

55. B　搭配不当。表示递进关系应该用"而且是"或者"还是"。"而是"表示转折。固定搭配是："不只是……而且是 / 还是……"，"不是……，而是……"。

56. C　"劝阻"和"戒烟"都有否定的意义，这样使用反而把意思表达反了。可以改为"督促青少年戒烟"。

57. C　词语赘余。"至少"表示最低达到的数量，"以上"表示超过、超出。二选一。

58. D　成分残缺。"改善"后边的宾语缺失，应该在"缺乏"后加上"的状况"。

59. B　动宾搭配不当。不可以"提高""设备"。

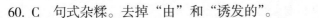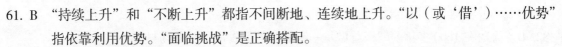

60. C 句式杂糅。去掉"由"和"诱发的"。

61. B "持续上升"和"不断上升"都指不间断地、连续地上升。"以（或'借'）……优势"指依靠利用优势。"面临挑战"是正确搭配。

62. B 第一个空儿选 A、B、C、D 都对。说"显著上升"或"明显上升"都可以，"显著"和"明显"都指清楚地显露出来，使人容易发现。"A……，B 却／则……"表示 B 跟A 不一样，有变化。

63. A 正相睡眠和异相睡眠是睡眠的两种"形式"。第二个空儿选 A、B、C、D 都可以。"另"与"一"搭配：一个……，另一个……。

64. B "适当的"表示恰当，合适的，做定语。"靠／依靠／凭"都是介词，引出使用的手段。"从／就"，介词，在某个角度看。"偶尔"表示次数不多的，做定语。

65. D 说"经常熬夜、习惯熬夜"都可以。"甚至／还"，副词，表示程度加深。"还是……的"表示强调确认。"久而久之"、"长此以往"都表示长时间都是这个样子。

66. B 治疗的好的结果叫"疗效"。第二个空儿选 A、B、C、D 都可以，都表示转折。"究竟／到底"，副词，表示进一步追究。"发挥作用"是正确搭配。

67. D 正确搭配：打交道。关联词语"与其……，不如……"表示通过比较，否定前者，肯定后者。"手艺"、"技术"都指技能。"主意已定"意思是主意已经确定。

68. B "自古以来／从古至今／自古至今"都表示从古代到现在。第二个空儿 A、B、C、D 都可以，都表示遵从某种标准，依照。"若是"等于"如果是／假若是／假如是"，"若"同"如果、假若、假如"。"若是……，否则／不然……"表示如果不像前面提到的那样的话，就会有后边的结果。

69. D "欲望"指想得到某种东西或达到某种目的的要求。说"问题严重"，指问题程度深，影响大。"遭遇／遭受"都指遇到不幸或不利的事情。第四个空儿选 A、B、C、D 都可以，表示多而乱。"危害了"或"危害到"表示危害的结果，"危害着"表示危害的状态。

70. B "算不上／谈不上／说不上"都指认做，当做。在"我没有必要……"这个否定句中，"什么"表示虚指。根据上文，此句说明凭原来的已有的水平参加亚运会取得好成绩没问题。第四个空儿选 A、B、C、D 都可以，意思是：这些话的意思也就是说。

71. D 根据故事情节，此句为找到光的来源。

72. A 此句为看书持续的时间。

73. E 此句为读完书后的结果和感受。

74. C 提出唯一的条件。

75. B 前句是原因，此句是结果。

76. C 前句"因为"提出原因，加上提到的诸多方面，会产生一个结果。

77. E 前句提到"由于……，所以……"，后边又出现"所以"，所以此句为提出第二个理由。

78. A 后句出现"但"，根据转折复句搭配为"虽然……，但是……"。

79. B 说明前边提到的都是不好的表现，给予否定。

80. D  "实事求是"、"真诚"都与"根据自身条件"相联系。

81. D  燃放鞭炮,"可以增添喜庆的气氛"。

82. B  火药在1000多年前"被看做是一种黑色的能发出火焰的药材"。

83. C  "燃放鞭炮时,用火柴点燃鞭炮的药线,药线把里面的黑色火药烧着了"。

84. D  文章最后说,放鞭炮会产生噪声,放出刺激性气体,甚至引起火灾和炸伤行人,综合起来就是会对环境和人造成危害,所以要限制燃放。

85. D  "沙漠气候干燥,……可以找到很多人类的文物和更早的化石"。

86. D  "沙漠中藏着很多动植物,尤其是晚上才出来的动物。"

87. A  第三段主要解释气候特点,说明造成无雨气候的条件。

88. A  "特干和干燥区称为沙漠",前面又说,特干地区没有植物,干燥地区不生长树木。所以A正确。

89. B  "食肉植物多数能进行光合作用,又能消化动物蛋白质"解释前面的"吃荤"。

90. D  "有些食肉植物几乎遍及全世界。"

91. B  第二段说,当苍蝇碰到捕蝇草的长刺时,捕蝇草的叶片很快就会合起来,捕获住苍蝇。

92. B  "这位科学家将这些捕蝇草部署在他的别墅旁边,以阻挡盗贼闯入"。

93. A  "'上火'是中医对许多症状的一个笼统、模糊的说法,因素很多"。

94. C  第三段中说,病毒必须寄生在细菌或其他生物的细胞中才能生存。

95. C  第三段主要谈病毒如何生存和转播。

96. A  最后一段说,目前没有任何药物可以用来去除病毒,以后也不太可能。

97. C  "狗不理包子"是由一家专营包子的小吃铺——"德聚号"发展而来的,本文讲的就是这个故事。

98. D  倒数第二段中说,"狗不理"包子作为贡品进京献给慈禧太后,慈禧太后吃了很高兴,还题诗一首,从此,狗不理包子名声大振。

99. D  最后一段说,狗不理包子制作、选料以至揉面、擀面都有一定的绝招儿。包子看上去如含苞秋菊,咬一口,油水汪汪,香而不腻。可见说到了色、香、味、形,这些都是受欢迎的原因。

100. C  文章以讲故事的方式讲了"狗不理"包子成为中华名吃的传奇经历。

新 HSK 大纲
第六级 2500 词分类词表

# 目 录
# Contents

# 词类简称表

## Abbreviations of parts of speech

| 简称<br>Abbreviations | 全称<br>Parts of speech in Chinese | 全称拼音<br>Parts of speech in *pinyin* | 英译<br>Parts of speech in English |
|---|---|---|---|
| 名 | 名词 | míngcí | noun |
| 专名 | 专有名词 | zhuānyǒu míngcí | proper noun |
| 动 | 动词 | dòngcí | verb |
| 形 | 形容词 | xíngróngcí | adjective |
| 代 | 代词 | dàicí | pronoun |
| 副 | 副词 | fùcí | adverb |

# 新 HSK 大纲第六级 2500 词分类词表

说明：下表将新 HSK 第六级大纲规定的 2500 个词按 26 个意义类别加以分类，标注了拼音和词性，并配有录音。学生可以查词典明确其词义，并通过听写、摹写、汉外翻译、造句等多种方法练习，快速掌握大纲词汇。

## 一、称呼
### Form of Address 🔊 01

| | | | | | | | |
|---|---|---|---|---|---|---|---|
| 1. | 伯母 | bómǔ | 名 | 10. | 家伙 | jiāhuo | 名 |
| 2. | 夫人 | fūrén | 名 | 11. | 人士 | rénshì | 名 |
| 3. | 媳妇 | xífu | 名 | 12. | 绅士 | shēnshì | 名 |
| 4. | 岳父 | yuèfù | 名 | 13. | 同胞 | tóngbāo | 名 |
| 5. | 祖父 | zǔfù | 名 | 14. | 同志 | tóngzhì | 名 |
| 6. | 嫂子 | sǎozi | 名 | 15. | 徒弟 | túdì | 名 |
| 7. | 诸位 | zhūwèi | 代 | 16. | 婴儿 | yīng'ér | 名 |
| 8. | 大伙儿 | dàhuǒr | 名 | 17. | 娃娃 | wáwa | 名 |
| 9. | 人家 | rénjia | 代 | | | | |

## 二、身体与思维
### Body and Thought 🔊 02

| | | | | | | | |
|---|---|---|---|---|---|---|---|
| 1. | 部位 | bùwèi | 名 | 14. | 嗅觉 | xiùjué | 名 |
| 2. | 四肢 | sìzhī | 名 | 15. | 指甲 | zhǐjia | 名 |
| 3. | 臂 | bì | 名 | 16. | 辫子 | biànzi | 名 |
| 4. | 胸膛 | xiōngtáng | 名 | 17. | 皱纹 | zhòuwén | 名 |
| 5. | 膝盖 | xīgài | 名 | 18. | 疤 | bā | 名 |
| 6. | 屁股 | pìgu | 名 | 19. | 腮 | sāi | 名 |
| 7. | 拳头 | quántou | 名 | 20. | 姿态 | zītài | 名 |
| 8. | 颈椎 | jǐngzhuī | 名 | 21. | 步伐 | bùfá | 名 |
| 9. | 口腔 | kǒuqiāng | 名 | 22. | 记性 | jìxing | 名 |
| 10. | 嘴唇 | zuǐchún | 名 | 23. | 目光 | mùguāng | 名 |
| 11. | 唾沫 | tuòmo | 名 | 24. | 视线 | shìxiàn | 名 |
| 12. | 喉咙 | hóulong | 名 | 25. | 视野 | shìyě | 名 |
| 13. | 鼻涕 | bítì | 名 | 26. | 眼光 | yǎnguāng | 名 |

| | | | | | | | | |
|---|---|---|---|---|---|---|---|---|
| 27. | 眼色 | yǎnsè | 名 | | 49. | 品质 | pǐnzhì | 名 |
| 28. | 眼神 | yǎnshén | 名 | | 50. | 志气 | zhìqì | 名 |
| 29. | 良心 | liángxīn | 名 | | 51. | 劲头 | jìntóu | 名 |
| 30. | 口气 | kǒuqì | 名 | | 52. | 气概 | qìgài | 名 |
| 31. | 气色 | qìsè | 名 | | 53. | 气魄 | qìpò | 名 |
| 32. | 上进心 | shàngjìnxīn | 名 | | 54. | 气势 | qìshì | 名 |
| 33. | 心灵 | xīnlíng | 名 | | 55. | 尊严 | zūnyán | 名 |
| 34. | 心态 | xīntài | 名 | | 56. | 作风 | zuòfēng | 名 |
| 35. | 心血 | xīnxuè | 名 | | 57. | 人格 | réngé | 名 |
| 36. | 心眼儿 | xīnyǎnr | 名 | | 58. | 期望 | qīwàng | 动 |
| 37. | 思维 | sīwéi | 名 | | 59. | 梦想 | mèngxiǎng | 动 / 名 |
| 38. | 思绪 | sīxù | 名 | | 60. | 欲望 | yùwàng | 名 |
| 39. | 胸怀 | xiōnghuái | 名 | | 61. | 潜力 | qiánlì | 名 |
| 40. | 体面 | tǐmiàn | 名 / 形 | | 62. | 实力 | shílì | 名 |
| 41. | 性命 | xìngmìng | 名 | | 63. | 智力 | zhìlì | 名 |
| 42. | 灵魂 | línghún | 名 | | 64. | 智商 | zhìshāng | 名 |
| 43. | 休养 | xiūyǎng | 动 | | 65. | 技能 | jìnéng | 名 |
| 44. | 教养 | jiàoyǎng | 名 / 动 | | 66. | 技巧 | jìqiǎo | 名 |
| 45. | 觉悟 | juéwù | 动 / 名 | | 67. | 意识 | yìshí | 名 |
| 46. | 世界观 | shìjièguān | 名 | | 68. | 意图 | yìtú | 名 |
| 47. | 品行 | pǐnxíng | 名 | | 69. | 意志 | yìzhì | 名 |
| 48. | 品德 | pǐndé | 名 | | 70. | 毅力 | yìlì | 名 |

## 三、外貌与性格　　　🎧 03
### Appearance and Personality

| | | | | | | | | |
|---|---|---|---|---|---|---|---|---|
| 1. | 模样 | múyàng | 名 | | 7. | 外表 | wàibiǎo | 名 |
| 2. | 面貌 | miànmào | 名 | | 8. | 秃 | tū | 形 |
| 3. | 容貌 | róngmào | 名 | | 9. | 外向 | wàixiàng | 形 |
| 4. | 神情 | shénqíng | 名 | | 10. | 卑鄙 | bēibǐ | 形 |
| 5. | 神色 | shénsè | 名 | | 11. | 高尚 | gāoshàng | 形 |
| 6. | 神态 | shéntài | 名 | | 12. | 暴力 | bàolì | 名 |

| 13. | 粗鲁 | cūlǔ | 形 | 37. | 贪婪 | tānlán | 形 |
| 14. | 野蛮 | yěmán | 形 | 38. | 挑剔 | tiāoti | 形 |
| 15. | 文雅 | wényǎ | 形 | 39. | 顽固 | wángù | 形 |
| 16. | 笨拙 | bènzhuō | 形 | 40. | 无耻 | wúchǐ | 形 |
| 17. | 机灵 | jīling | 形 | 41. | 虚伪 | xūwěi | 形 |
| 18. | 机智 | jīzhì | 形 | 42. | 严厉 | yánlì | 形 |
| 19. | 伶俐 | línglì | 形 | 43. | 庸俗 | yōngsú | 形 |
| 20. | 草率 | cǎoshuài | 形 | 44. | 幼稚 | yòuzhì | 形 |
| 21. | 任性 | rènxìng | 形 | 45. | 愚蠢 | yúchǔn | 形 |
| 22. | 淘气 | táoqì | 形 | 46. | 愚昧 | yúmèi | 形 |
| 23. | 冲动 | chōngdòng | 形 | 47. | 慈祥 | cíxiáng | 形 |
| 24. | 沉着 | chénzhuó | 形 | 48. | 风趣 | fēngqù | 形 / 名 |
| 25. | 理智 | lǐzhì | 名 / 形 | 49. | 活力 | huólì | 名 |
| 26. | 踏实 | tāshi | 形 | 50. | 开朗 | kāilǎng | 形 |
| 27. | 猖狂 | chāngkuáng | 形 | 51. | 开明 | kāimíng | 形 |
| 28. | 狠心 | hěnxīn | 动 / 形 | 52. | 慷慨 | kāngkǎi | 形 |
| 29. | 凶恶 | xiōng'è | 形 | 53. | 爽快 | shuǎngkuai | 形 |
| 30. | 仁慈 | réncí | 形 | 54. | 斯文 | sīwen | 形 |
| 31. | 脆弱 | cuìruò | 形 | 55. | 顽强 | wánqiáng | 形 |
| 32. | 娇气 | jiāoqi | 形 | 56. | 温和 | wēnhé | 形 |
| 33. | 懒惰 | lǎnduò | 形 | 57. | 务实 | wùshí | 形 |
| 34. | 固执 | gùzhi | 形 | 58. | 贤惠 | xiánhuì | 形 |
| 35. | 吝啬 | lìnsè | 形 | 59. | 英明 | yīngmíng | 形 |
| 36. | 深沉 | shēnchén | 形 | 60. | 英勇 | yīngyǒng | 形 |

## 四、关系  🎧 04

### Relation

| 1. | 伴侣 | bànlǚ | 名 | 7. | 家属 | jiāshǔ | 名 |
| 2. | 夫妇 | fūfù | 名 | 8. | 继承 | jìchéng | 动 |
| 3. | 配偶 | pèi'ǒu | 名 | 9. | 世代 | shìdài | 名 |
| 4. | 长辈 | zhǎngbèi | 名 | 10. | 本人 | běnrén | 代 |
| 5. | 公婆 | gōngpó | 名 | 11. | 贵族 | guìzú | 名 |
| 6. | 后代 | hòudài | 名 | 12. | 搭档 | dādàng | 名 |

| 13. | 合伙 | hé//huǒ | 动 |
|---|---|---|---|
| 14. | 恩怨 | ēnyuàn | 名 |
| 15. | 附属 | fùshǔ | 动／形 |
| 16. | 隔阂 | géhé | 名 |
| 17. | 回报 | huíbào | 动 |
| 18. | 利害 | lìhài | 名 |
| 19. | 连同 | liántóng | 连 |
| 20. | 私自 | sīzì | 副 |
| 21. | 迎面 | yíngmiàn | 副 |
| 22. | 牵制 | qiānzhì | 动 |
| 23. | 牵扯 | qiānchě | 动 |
| 24. | 融洽 | róngqià | 形 |
| 25. | 伺候 | cìhou | 动 |
| 26. | 协助 | xiézhù | 动 |
| 27. | 依靠 | yīkào | 动 |
| 28. | 依赖 | yīlài | 动 |
| 29. | 依托 | yītuō | 动 |
| 30. | 拥有 | yōngyǒu | 动 |
| 31. | 沾光 | zhān//guāng | 动 |
| 32. | 支撑 | zhīchēng | 动 |

| 33. | 支配 | zhīpèi | 动 |
|---|---|---|---|
| 34. | 支援 | zhīyuán | 动 |
| 35. | 支柱 | zhīzhù | 名 |
| 36. | 制约 | zhìyuē | 动 |
| 37. | 差距 | chājù | 名 |
| 38. | 颠倒 | diāndǎo | 动 |
| 39. | 本身 | běnshēn | 代 |
| 40. | 榜样 | bǎngyàng | 名 |
| 41. | 辩证 | biànzhèng | 形 |
| 42. | 正负 | zhèngfù | 名 |
| 43. | 合乎 | héhū | 动 |
| 44. | 间接 | jiànjiē | 形 |
| 45. | 类似 | lèisì | 形 |
| 46. | 相应 | xiāngyìng | 动 |
| 47. | 区分 | qūfēn | 动 |
| 48. | 衔接 | xiánjiē | 动 |
| 49. | 犹如 | yóurú | 动 |
| 50. | 譬如 | pìrú | 动 |
| 51. | 致使 | zhìshǐ | 动 |

## 五、生活起居 　　🎧 05
### Daily Life

| 1. | 把手 | bǎshou | 名 |
|---|---|---|---|
| 2. | 电源 | diànyuán | 名 |
| 3. | 钩子 | gōuzi | 名 |
| 4. | 螺丝钉 | luósīdīng | 名 |
| 5. | 水龙头 | shuǐlóngtóu | 名 |
| 6. | 指南针 | zhǐnánzhēn | 名 |
| 7. | 棍棒 | gùnbàng | 名 |
| 8. | 哨 | shào | 名 |
| 9. | 噪音 | zàoyīn | 名 |
| 10. | 油漆 | yóuqī | 名 |
| 11. | 性能 | xìngnéng | 名 |

| 12. | 包袱 | bāofu | 名 |
|---|---|---|---|
| 13. | 床单 | chuángdān | 名 |
| 14. | 旗帜 | qízhì | 名 |
| 15. | 筐 | kuāng | 名 |
| 16. | 晾 | liàng | 动 |
| 17. | 拐杖 | guǎizhàng | 名 |
| 18. | 纽扣儿 | niǔkòur | 名 |
| 19. | 池塘 | chítáng | 名 |
| 20. | 井 | jǐng | 名 |
| 21. | 坑 | kēng | 名 |
| 22. | 孔 | kǒng | 名 |

| 23. | 缺口 | quēkǒu | 名 | | 38. | 淋 | lín | 动 |
| 24. | 空隙 | kòngxì | 名 | | 39. | 沐浴 | mùyù | 动 |
| 25. | 古董 | gǔdǒng | 名 | | 40. | 耐用 | nàiyòng | 形 |
| 26. | 陶瓷 | táocí | 名 | | 41. | 泡沫 | pàomò | 名 |
| 27. | 玩意儿 | wányìr | 名 | | 42. | 泼 | pō | 动 |
| 28. | 收音机 | shōuyīnjī | 名 | | 43. | 清洁 | qīngjié | 动 |
| 29. | 墨水儿 | mòshuǐr | 名 | | 44. | 清除 | qīngchú | 动 |
| 30. | 故乡 | gùxiāng | 名 | | 45. | 清理 | qīnglǐ | 动 |
| 31. | 家常 | jiācháng | 名 | | 46. | 丸 | wán | 名 |
| 32. | 居住 | jūzhù | 动 | | 47. | 屑 | xiè | 名 |
| 33. | 别墅 | biéshù | 名 | | 48. | 渣 | zhā | 名 |
| 34. | 宫殿 | gōngdiàn | 名 | | 49. | 作息 | zuòxī | 动 |
| 35. | 开水 | kāishuǐ | 名 | | 50. | 便条 | biàntiáo | 名 |
| 36. | 炉灶 | lúzào | 名 | | 51. | 告辞 | gàocí | 动 |
| 37. | 天然气 | tiānránqì | 名 | | | | | |

## 六、饮食  🎧 06
### Food and Drink

| 1. | 饮食 | yǐnshí | 名 | | 12. | 烹饪 | pēngrèn | 动 |
| 2. | 橙 | chéng | 名 | | 13. | 风味 | fēngwèi | 名 |
| 3. | 涮火锅 | shuàn huǒguō | | | 14. | 佳肴 | jiāyáo | 名 |
| 4. | 糖葫芦 | tánghúlu | 名 | | 15. | 可口 | kěkǒu | 形 |
| 5. | 馅儿 | xiànr | 名 | | 16. | 品尝 | pǐncháng | 动 |
| 6. | 粥 | zhōu | 名 | | 17. | 滋味 | zīwèi | 名 |
| 7. | 打包 | dǎ//bāo | 动 | | 18. | 胃口 | wèikǒu | 名 |
| 8. | 做东 | zuò//dōng | 动 | | 19. | 素食主义 | sùshízhǔyì | 名 |
| 9. | 款待 | kuǎndài | 动 | | 20. | 腥 | xīng | 形 |
| 10. | 调料 | tiáoliào | 名 | | 21. | 油腻 | yóunì | 形 |
| 11. | 烘 | hōng | 动 | | 22. | 脂肪 | zhīfáng | 名 |

## 七、服饰  🎧 07
### Dress and Personal Adornment

| 1. | 耳环 | ěrhuán | 名 | | 2. | 珍珠 | zhēnzhū | 名 |

| | | | | | | | |
|---|---|---|---|---|---|---|---|
| 3. | 钻石 | zuànshí | 名 | 13. | 纺织 | fǎngzhī | 动 |
| 4. | 镶嵌 | xiāngqiàn | 动 | 14. | 皮革 | pígé | 名 |
| 5. | 款式 | kuǎnshì | 名 | 15. | 衣裳 | yīshang | 名 |
| 6. | 合身 | héshēn | 形 | 16. | 旗袍 | qípáo | 名 |
| 7. | 时装 | shízhuāng | 名 | 17. | 羽绒服 | yǔróngfú | 名 |
| 8. | 新颖 | xīnyǐng | 形 | 18. | 制服 | zhìfú | 名 |
| 9. | 性感 | xìnggǎn | 形 | 19. | 晾 | liàng | 动 |
| 10. | 造型 | zàoxíng | 名 | 20. | 染 | rǎn | 动 |
| 11. | 搭配 | dāpèi | 动 | 21. | 熨 | yùn | 动 |
| 12. | 潮流 | cháoliú | 名 | 22. | 浸泡 | jìnpào | 动 |

## 八、婚丧 ◖ 08
### Wedding and Funeral

| | | | | | | | |
|---|---|---|---|---|---|---|---|
| 1. | 请柬 | qǐngjiǎn | 名 | 7. | 坟墓 | fénmù | 名 |
| 2. | 请帖 | qǐngtiě | 名 | 8. | 埋葬 | máizàng | 动 |
| 3. | 交往 | jiāowǎng | 动 | 9. | 逝世 | shìshì | 动 |
| 4. | 新郎 | xīnláng | 名 | 10. | 死亡 | sǐwáng | 动 |
| 5. | 新娘 | xīnniáng | 名 | 11. | 追悼 | zhuīdào | 动 |
| 6. | 诞辰 | dànchén | 名 | 12. | 遗产 | yíchǎn | 名 |

## 九、感觉 ◖ 09
### Feeling

| | | | | | | | |
|---|---|---|---|---|---|---|---|
| 1. | 诧异 | chàyì | 形 | 12. | 勉强 | miǎnqiǎng | 形 / 动 |
| 2. | 惊奇 | jīngqí | 形 | 13. | 受罪 | shòu//zuì | 动 |
| 3. | 惊讶 | jīngyà | 形 | 14. | 别扭 | bièniu | 形 |
| 4. | 愣 | lèng | 动 / 形 | 15. | 冤枉 | yuānwang | 形 |
| 5. | 纳闷儿 | nà//mènr | 动 | 16. | 胆怯 | dǎnqiè | 形 |
| 6. | 饥饿 | jī'è | 形 | 17. | 恐惧 | kǒngjù | 形 |
| 7. | 馋 | chán | 形 / 动 | 18. | 尴尬 | gāngà | 形 |
| 8. | 沉闷 | chénmèn | 形 | 19. | 狼狈 | lángbèi | 形 |
| 9. | 压抑 | yāyì | 动 | 20. | 难堪 | nánkān | 动 / 形 |
| 10. | 枯燥 | kūzào | 形 | 21. | 悔恨 | huǐhèn | 动 |
| 11. | 吃力 | chīlì | 形 | 22. | 羞耻 | xiūchǐ | 形 |

| 23. | 孤独 | gūdú | 动 | 42. | 过瘾 | guò//yǐn | 动 |
| --- | --- | --- | --- | --- | --- | --- | --- |
| 24. | 凄凉 | qīliáng | 形 | 43. | 美妙 | měimiào | 形 |
| 25. | 空虚 | kōngxū | 形 | 44. | 奇妙 | qímiào | 形 |
| 26. | 拘束 | jūshù | 动 / 形 | 45. | 欢乐 | huānlè | 形 |
| 27. | 沮丧 | jǔsàng | 形 | 46. | 快活 | kuàihuo | 形 |
| 28. | 泄气 | xiè//qì | 动 | 47. | 乐趣 | lèqù | 名 |
| 29. | 麻痹 | mábì | 动 / 形 | 48. | 乐意 | lè//yì | 动 |
| 30. | 麻木 | mámù | 形 | 49. | 留恋 | liúliàn | 动 |
| 31. | 茫然 | mángrán | 形 | 50. | 留念 | liú//niàn | 动 |
| 32. | 迷惑 | míhuò | 形 / 动 | 51. | 思念 | sīniàn | 动 |
| 33. | 疑惑 | yíhuò | 动 | 52. | 预料 | yùliào | 动 |
| 34. | 恶心 | ěxin | 形 / 动 | 53. | 预期 | yùqī | 动 |
| 35. | 反感 | fǎngǎn | 动 | 54. | 绝望 | jué//wàng | 动 |
| 36. | 厌恶 | yànwù | 动 | 55. | 渴望 | kěwàng | 动 |
| 37. | 恼火 | nǎohuǒ | 形 | 56. | 疲惫 | píbèi | 形 |
| 38. | 残酷 | cánkù | 形 | 57. | 疲倦 | píjuàn | 形 |
| 39. | 可恶 | kěwù | 形 | 58. | 生疏 | shēngshū | 形 |
| 40. | 可笑 | kěxiào | 形 | 59. | 心疼 | xīn//téng | 动 |
| 41. | 威风 | wēifēng | 名 / 形 | | | | |

## 十、动作

### Action

🔊 10

### 1. 五官动作

#### Action of the Five Sense Organs

| 1. | 背诵 | bèisòng | 动 | 9. | 发誓 | fāshì | 动 |
| --- | --- | --- | --- | --- | --- | --- | --- |
| 2. | 辩护 | biànhù | 动 | 10. | 反驳 | fǎnbó | 动 |
| 3. | 辩解 | biànjiě | 动 | 11. | 反问 | fǎnwèn | 动 |
| 4. | 阐述 | chǎnshù | 动 | 12. | 吩咐 | fēnfu | 动 |
| 5. | 陈述 | chénshù | 动 | 13. | 附和 | fùhè | 动 |
| 6. | 传达 | chuándá | 动 | 14. | 鼓动 | gǔdòng | 动 |
| 7. | 叼 | diāo | 动 | 15. | 过问 | guòwèn | 动 |
| 8. | 叮嘱 | dīngzhǔ | 动 | 16. | 寒暄 | hánxuān | 动 |

| | | | | | | | | |
|---|---|---|---|---|---|---|---|
| 17. | 号召 | hàozhào | 动 | 46. | 揭露 | jiēlù | 动 |
| 18. | 哄 | hǒng | 动 | 47. | 辨认 | biànrèn | 动 |
| 19. | 吼 | hǒu | 动 | 48. | 打量 | dǎliang | 动 |
| 20. | 呼吁 | hūyù | 动 | 49. | 瞪 | dèng | 动 |
| 21. | 呼啸 | hūxiào | 动 | 50. | 盯 | dīng | 动 |
| 22. | 汇报 | huìbào | 动 | 51. | 发呆 | fā//dāi | 动 |
| 23. | 交代 | jiāodài | 动 | 52. | 监视 | jiānshì | 动 |
| 24. | 交涉 | jiāoshè | 动 | 53. | 看望 | kànwàng | 动 |
| 25. | 警告 | jǐnggào | 动 | 54. | 看待 | kàndài | 动 |
| 26. | 咀嚼 | jǔjué | 动 | 55. | 理睬 | lǐcǎi | 动 |
| 27. | 啃 | kěn | 动 | 56. | 眯 | mī | 动 |
| 28. | 朗读 | lǎngdú | 动 | 57. | 目睹 | mùdǔ | 动 |
| 29. | 牢骚 | láosāo | 名 / 动 | 58. | 凝视 | níngshì | 动 |
| 30. | 唠叨 | láodao | 动 | 59. | 眨 | zhǎ | 动 |
| 31. | 啰唆 | luōsuo | 形 | 60. | 瞻仰 | zhānyǎng | 动 |
| 32. | 列举 | lièjǔ | 动 | 61. | 注视 | zhùshì | 动 |
| 33. | 评论 | pínglùn | 动 / 名 | 62. | 识别 | shíbié | 动 |
| 34. | 呻吟 | shēnyín | 动 | 63. | 憋 | biē | 动 |
| 35. | 声明 | shēngmíng | 动 / 名 | 64. | 倾听 | qīngtīng | 动 |
| 36. | 叹气 | tàn//qì | 动 | 65. | 出神 | chū//shén | 动 |
| 37. | 坦白 | tǎnbái | 动 / 形 | 66. | 反思 | fǎnsī | 动 |
| 38. | 舔 | tiǎn | 动 | 67. | 分辨 | fēnbiàn | 动 |
| 39. | 吞咽 | tūnyàn | 动 | 68. | 顾虑 | gùlù | 名 |
| 40. | 演讲 | yǎnjiǎng | 动 / 名 | 69. | 归纳 | guīnà | 动 |
| 41. | 转达 | zhuǎndá | 动 | 70. | 考察 | kǎochá | 动 |
| 42. | 走漏 | zǒulòu | 动 | 71. | 留神 | liú//shén | 动 |
| 43. | 预言 | yùyán | 动 / 名 | 72. | 思索 | sīsuǒ | 动 |
| 44. | 嘲笑 | cháoxiào | 动 | 73. | 意料 | yìliào | 动 |
| 45. | 揭发 | jiēfā | 动 | | | | |

## 2. 肢体动作
### Body Action

| | | | | | | | |
|---|---|---|---|---|---|---|---|
| 74. | 挨 | ái | 动 | 104. | 挎 | kuà | 动 |
| 75. | 扒 | bā | 动 | 105. | 捆绑 | kǔnbǎng | 动 |
| 76. | 掰 | bāi | 动 | 106. | 捞 | lāo | 动 |
| 77. | 按摩 | ànmó | 动 | 107. | 搂 | lǒu | 动 |
| 78. | 颁发 | bānfā | 动 | 108. | 摸索 | mōsuǒ | 动 |
| 79. | 包装 | bāozhuāng | 动 / 名 | 109. | 捏 | niē | 动 |
| 80. | 编织 | biānzhī | 动 | 110. | 拧 | níng | 动 |
| 81. | 鞭策 | biāncè | 动 | 111. | 扭转 | niǔzhuǎn | 动 |
| 82. | 标记 | biāojì | 动 / 名 | 112. | 挪 | nuó | 动 |
| 83. | 表决 | biǎojué | 动 | 113. | 殴打 | ōudǎ | 动 |
| 84. | 拨打 | bōdǎ | 动 | 114. | 捧 | pěng | 动 |
| 85. | 播放 | bōfàng | 动 | 115. | 劈 | pī | 动 |
| 86. | 搏斗 | bódòu | 动 | 116. | 扑 | pū | 动 |
| 87. | 采集 | cǎijí | 动 | 117. | 掐 | qiā | 动 |
| 88. | 操作 | cāozuò | 动 | 118. | 揉 | róu | 动 |
| 89. | 搀 | chān | 动 | 119. | 捎 | shāo | 动 |
| 90. | 摧残 | cuīcán | 动 | 120. | 拾 | shí | 动 |
| 91. | 捕捉 | bǔzhuō | 动 | 121. | 手法 | shǒufǎ | 名 |
| 92. | 搓 | cuō | 动 | 122. | 手势 | shǒushì | 名 |
| 93. | 搭 | dā | 动 | 123. | 手艺 | shǒuyì | 名 |
| 94. | 吊 | diào | 动 | 124. | 掏 | tāo | 动 |
| 95. | 扛 | káng | 动 | 125. | 投掷 | tóuzhì | 动 |
| 96. | 把关 | bǎ//guān | 动 | 126. | 涂抹 | túmǒ | 动 |
| 97. | 摆脱 | bǎituō | 动 | 127. | 维修 | wéixiū | 动 |
| 98. | 动手 | dòng//shǒu | 动 | 128. | 携带 | xiédài | 动 |
| 99. | 搁 | gē | 动 | 129. | 绣 | xiù | 动 |
| 100. | 化妆 | huà//zhuāng | 动 | 130. | 悬挂 | xuánguà | 动 |
| 101. | 拣 | jiǎn | 动 | 131. | 摇摆 | yáobǎi | 动 |
| 102. | 搅拌 | jiǎobàn | 动 | 132. | 摇晃 | yáohuàng | 动 |
| 103. | 敬礼 | jìng//lǐ | 动 | 133. | 扎 | zhā | 动 |

| | | | | | | | |
|---|---|---|---|---|---|---|---|
| 134. | 折 | zhé | 动 | 163. | 糟蹋 | zāota | 动 |
| 135. | 遮挡 | zhēdǎng | 动 | 164. | 逢 | féng | 动 |
| 136. | 挣扎 | zhēngzhá | 动 | 165. | 归还 | guīhuán | 动 |
| 137. | 拄 | zhǔ | 动 | 166. | 过失 | guòshī | 名 |
| 138. | 拽 | zhuài | 动 | 167. | 哺乳 | bǔrǔ | 动 |
| 139. | 揍 | zòu | 动 | 168. | 喘气 | chuǎn//qì | 动 |
| 140. | 阻拦 | zǔlán | 动 | 169. | 哆嗦 | duōsuo | 动 |
| 141. | 盛 | chéng | 动 | 170. | 数 | shǔ | 动 |
| 142. | 割 | gē | 动 | 171. | 飞翔 | fēixiáng | 动 |
| 143. | 垫 | diàn | 动 | 172. | 飞跃 | fēiyuè | 动 |
| 144. | 砸 | zá | 动 | 173. | 颤抖 | chàndǒu | 动 |
| 145. | 宰 | zǎi | 动 | 174. | 敞开 | chǎngkāi | 动 |
| 146. | 攒 | cuán | 动 | 175. | 鞠躬 | jū//gōng | 动 |
| 147. | 靠拢 | kàolǒng | 动 | 176. | 举动 | jǔdòng | 名 |
| 148. | 拜访 | bàifǎng | 动 | 177. | 磕 | kē | 动 |
| 149. | 蹦 | bèng | 动 | 178. | 翘 | qiào | 动 |
| 150. | 窜 | cuàn | 动 | 179. | 竖 | shù | 动 |
| 151. | 蹬 | dēng | 动 | 180. | 耸 | sǒng | 动 |
| 152. | 跌 | diē | 动 | 181. | 窝 | wō | 动 |
| 153. | 跟随 | gēnsuí | 动 | 182. | 测量 | cèliáng | 动 |
| 154. | 跟踪 | gēnzōng | 动 | 183. | 安置 | ānzhì | 动 |
| 155. | 跪 | guì | 动 | 184. | 布置 | bùzhì | 动 |
| 156. | 跨 | kuà | 动 | 185. | 寻觅 | xúnmì | 动 |
| 157. | 迈 | mài | 动 | 186. | 暗示 | ànshì | 动 / 名 |
| 158. | 趴 | pā | 动 | 187. | 熬 | áo | 动 |
| 159. | 徘徊 | páihuái | 动 | 188. | 发觉 | fājué | 动 |
| 160. | 攀登 | pāndēng | 动 | 189. | 蒙 | méng | 动 |
| 161. | 跳跃 | tiàoyuè | 动 | 190. | 示意 | shìyì | 动 |
| 162. | 迁徙 | qiānxǐ | 动 | | | | |

## 十一、情感态度

🎧 11

### Emotion and Attitude

| | | | | | | | |
|---|---|---|---|---|---|---|---|
| 1. | 爱戴 | àidài | 动 | 2. | 兢兢业业 | jīngjīngyèyè | 形 |

| 3. | 报答 | bàodá | 动 | | 38. | 毅然 | yìrán | 副 |
|---|---|---|---|---|---|---|---|---|
| 4. | 报复 | bàofu | 动 | | 39. | 勇于 | yǒngyú | 动 |
| 5. | 诚挚 | chéngzhì | 形 | | 40. | 踊跃 | yǒngyuè | 形 |
| 6. | 崇敬 | chóngjìng | 形 | | 41. | 用功 | yònggōng | 形 |
| 7. | 恭敬 | gōngjìng | 形 | | 42. | 赞叹 | zàntàn | 动 |
| 8. | 钦佩 | qīnpèi | 动 | | 43. | 赞同 | zàntóng | 动 |
| 9. | 惦记 | diànji | 动 | | 44. | 赞扬 | zànyáng | 动 |
| 10. | 敷衍 | fūyǎn | 动 | | 45. | 歌颂 | gēsòng | 动 |
| 11. | 果断 | guǒduàn | 形 | | 46. | 赞颂 | zànsòng | 动 |
| 12. | 豪迈 | háomài | 形 | | 47. | 风度 | fēngdù | 名 |
| 13. | 好客 | hàokè | 形 | | 48. | 真挚 | zhēnzhì | 形 |
| 14. | 和蔼 | hé'ǎi | 形 | | 49. | 振奋 | zhènfèn | 动 |
| 15. | 和气 | héqi | 形 | | 50. | 镇定 | zhèndìng | 形/动 |
| 16. | 激情 | jīqíng | 名 | | 51. | 镇静 | zhènjìng | 形/动 |
| 17. | 高涨 | gāozhǎng | 动/形 | | 52. | 正义 | zhèngyì | 名 |
| 18. | 坚定 | jiāndìng | 形 | | 53. | 正气 | zhèngqì | 名 |
| 19. | 精心 | jīngxīn | 形 | | 54. | 郑重 | zhèngzhòng | 形 |
| 20. | 恳切 | kěnqiè | 形 | | 55. | 忠诚 | zhōngchéng | 形 |
| 21. | 拼搏 | pīnbó | 动 | | 56. | 忠实 | zhōngshí | 形 |
| 22. | 谦逊 | qiānxùn | 形 | | 57. | 朴实 | pǔshí | 形 |
| 23. | 亲热 | qīnrè | 形 | | 58. | 衷心 | zhōngxīn | 形 |
| 24. | 盛情 | shèngqíng | 名 | | 59. | 庄重 | zhuāngzhòng | 形 |
| 25. | 勤俭 | qínjiǎn | 形 | | 60. | 暧昧 | àimèi | 形 |
| 26. | 勤恳 | qínkěn | 形 | | 61. | 巴结 | bājie | 动 |
| 27. | 懒惰 | lǎnduò | 形 | | 62. | 霸道 | bàdao | 形 |
| 28. | 清醒 | qīngxǐng | 形/动 | | 63. | 败坏 | bàihuài | 动 |
| 29. | 慎重 | shènzhòng | 形 | | 64. | 包庇 | bāobì | 动 |
| 30. | 舒畅 | shūchàng | 形 | | 65. | 保守 | bǎoshǒu | 形/动 |
| 31. | 喜悦 | xǐyuè | 形 | | 66. | 报仇 | bào//chóu | 动 |
| 32. | 向往 | xiàngwǎng | 动 | | 67. | 抱怨 | bàoyuan | 动 |
| 33. | 辛勤 | xīnqín | 形 | | 68. | 逼迫 | bīpò | 动 |
| 34. | 欣慰 | xīnwèi | 形 | | 69. | 贬低 | biǎndī | 动 |
| 35. | 信赖 | xìnlài | 动 | | 70. | 成心 | chéngxīn | 副 |
| 36. | 信仰 | xìnyǎng | 动 | | 71. | 吹捧 | chuīpěng | 动 |
| 37. | 信念 | xìnniàn | 名 | | 72. | 凑合 | còuhe | 动 |

| 73. | 怠慢 | dàimàn | 动 | | 108. | 悲惨 | bēicǎn | 形 |
|---|---|---|---|---|---|---|---|---|
| 74. | 敌视 | díshì | 动 | | 109. | 当心 | dāng//xīn | 动 |
| 75. | 忽略 | hūlüè | 动 | | 110. | 踌躇 | chóuchú | 形 |
| 76. | 疏忽 | shūhu | 动 | | 111. | 甘心 | gānxīn | 动 |
| 77. | 胡乱 | húluàn | 副 | | 112. | 急切 | jíqiè | 形 |
| 78. | 慌忙 | huāngmáng | 形 | | 113. | 急躁 | jízào | 形 |
| 79. | 讥笑 | jīxiào | 动 | | 114. | 回避 | huíbì | 动 |
| 80. | 嫉妒 | jídù | 动 | | 115. | 忌讳 | jìhui | 动 |
| 81. | 践踏 | jiàntà | 动 | | 116. | 检讨 | jiǎntǎo | 动 |
| 82. | 冷淡 | lěngdàn | 形 | | 117. | 焦急 | jiāojí | 形 |
| 83. | 冷酷 | lěngkù | 形 | | 118. | 警惕 | jǐngtì | 动 |
| 84. | 埋怨 | mányuàn | 动 | | 119. | 谅解 | liàngjiě | 动 |
| 85. | 盲目 | mángmù | 形 | | 120. | 拼命 | pīn//mìng | 动 |
| 86. | 蔑视 | mièshì | 动 | | 121. | 迁就 | qiānjiù | 动 |
| 87. | 排斥 | páichì | 动 | | 122. | 屈服 | qūfú | 动 |
| 88. | 偏见 | piānjiàn | 名 | | 123. | 让步 | ràng//bù | 动 |
| 89. | 欺负 | qīfu | 动 | | 124. | 人道 | réndào | 名/形 |
| 90. | 欺骗 | qīpiàn | 动 | | 125. | 人性 | rénxìng | 名 |
| 91. | 歧视 | qíshì | 动 | | 126. | 忍耐 | rěnnài | 动 |
| 92. | 起哄 | qǐ//hòng | 动 | | 127. | 忍受 | rěnshòu | 动 |
| 93. | 谴责 | qiǎnzé | 动 | | 128. | 容忍 | róngrěn | 动 |
| 94. | 强迫 | qiǎngpò | 动 | | 129. | 饶恕 | ráoshù | 动 |
| 95. | 擅自 | shànzì | 副 | | 130. | 认定 | rèndìng | 动 |
| 96. | 无赖 | wúlài | 形/名 | | 131. | 认可 | rènkě | 动 |
| 97. | 狭隘 | xiá'ài | 形 | | 132. | 神气 | shénqì | 名/形 |
| 98. | 嫌 | xián | 动 | | 133. | 随意 | suíyì | 形 |
| 99. | 隐瞒 | yǐnmán | 动 | | 134. | 索性 | suǒxìng | 副 |
| 100. | 责怪 | zéguài | 动 | | 135. | 体谅 | tǐliàng | 动 |
| 101. | 活该 | huógāi | 动 | | 136. | 惋惜 | wǎnxī | 形 |
| 102. | 指望 | zhǐwang | 动 | | 137. | 为难 | wéinán | 形/动 |
| 103. | 指责 | zhǐzé | 动 | | 138. | 畏惧 | wèijù | 动 |
| 104. | 阻挠 | zǔnáo | 动 | | 139. | 误解 | wùjiě | 动 |
| 105. | 发火儿 | fā//huǒr | 动 | | 140. | 消极 | xiāojí | 形 |
| 106. | 表态 | biǎo//tài | 动 | | 141. | 谢绝 | xièjué | 动 |
| 107. | 悲哀 | bēi'āi | 形 | | 142. | 幸好 | xìnghǎo | 副 |

| 143. | 性情 | xìngqíng | 名 | | 157. | 不惜 | bùxī | 动 |
| 144. | 忧郁 | yōuyù | 形 | | 158. | 告诫 | gàojiè | 动 |
| 145. | 在乎 | zàihu | 动 | | 159. | 放手 | fàng//shǒu | 动 |
| 146. | 在意 | zài//yì | 动 | | 160. | 感慨 | gǎnkǎi | 动 |
| 147. | 震惊 | zhènjīng | 形 / 动 | | 161. | 玩弄 | wánnòng | 动 |
| 148. | 正经 | zhèngjing | 形 | | 162. | 虚荣 | xūróng | 形 |
| 149. | 中立 | zhōnglì | 动 | | 163. | 严禁 | yánjìn | 动 |
| 150. | 注重 | zhùzhòng | 动 | | 164. | 没辙 | méi//zhé | 动 |
| 151. | 着迷 | zháo//mí | 动 | | 165. | 算了 | suàn le | |
| 152. | 着想 | zhuóxiǎng | 动 | | 166. | 梦想 | mèngxiǎng | 动 / 名 |
| 153. | 着重 | zhuózhòng | 动 | | 167. | 巴不得 | bābude | 动 |
| 154. | 自卑 | zìbēi | 形 | | 168. | 不由得 | bùyóude | 动 |
| 155. | 自满 | zìmǎn | 形 | | 169. | 恨不得 | hènbude | 动 |
| 156. | 不顾 | búgù | 动 | | 170. | 不得已 | bùdéyǐ | 形 |

# 十二、工作        🎧 12
## Work

| 1. | 事业 | shìyè | 名 | | 19. | 公关 | gōngguān | 名 / 动 |
| 2. | 产业 | chǎnyè | 名 | | 20. | 后勤 | hòuqín | 名 |
| 3. | 创业 | chuàngyè | 动 | | 21. | 上级 | shàngjí | 名 |
| 4. | 职位 | zhíwèi | 名 | | 22. | 下属 | xiàshǔ | 名 |
| 5. | 职能 | zhínéng | 名 | | 23. | 客户 | kèhù | 名 |
| 6. | 兼职 | jiānzhí | 名 / 动 | | 24. | 骨干 | gǔgàn | 名 |
| 7. | 事务 | shìwù | 名 | | 25. | 保姆 | bǎomǔ | 名 |
| 8. | 事项 | shìxiàng | 名 | | 26. | 裁缝 | cáifeng | 名 |
| 9. | 职务 | zhíwù | 名 | | 27. | 渔民 | yúmín | 名 |
| 10. | 公务 | gōngwù | 名 | | 28. | 考古 | kǎogǔ | 动 |
| 11. | 岗位 | gǎngwèi | 名 | | 29. | 外行 | wàiháng | 名 |
| 12. | 董事长 | dǒngshìzhǎng | 名 | | 30. | 报社 | bàoshè | 名 |
| 13. | 常务 | chángwù | 形 | | 31. | 抱负 | bàofù | 名 |
| 14. | 书记 | shūjì | 名 | | 32. | 出息 | chūxi | 名 |
| 15. | 顾问 | gùwèn | 名 | | 33. | 干劲 | gànjìn | 名 |
| 16. | 主管 | zhǔguǎn | 名 | | 34. | 施展 | shīzhǎn | 动 |
| 17. | 助理 | zhùlǐ | 名 | | 35. | 本事 | běnshi | 名 |
| 18. | 助手 | zhùshǒu | 名 | | 36. | 才干 | cáigàn | 名 |

| 37. | 先进 | xiānjìn | 形 | | 69. | 磋商 | cuōshāng | 动 |
|-----|------|---------|----|----|-----|------|----------|----|
| 38. | 显著 | xiǎnzhù | 形 | | 70. | 探讨 | tàntǎo | 动 |
| 39. | 心得 | xīndé | 名 | | 71. | 意向 | yìxiàng | 名 |
| 40. | 勉励 | miǎnlì | 动 | | 72. | 考验 | kǎoyàn | 动 |
| 41. | 功劳 | gōngláo | 名 | | 73. | 应酬 | yìngchou | 动/名 |
| 42. | 魄力 | pòlì | 名 | | 74. | 来历 | láilì | 名 |
| 43. | 机遇 | jīyù | 名 | | 75. | 来源 | láiyuán | 名 |
| 44. | 指示 | zhǐshì | 动 | | 76. | 调动 | diàodòng | 动 |
| 45. | 主导 | zhǔdǎo | 动 | | 77. | 派遣 | pàiqiǎn | 动 |
| 46. | 请示 | qǐngshì | 动 | | 78. | 指定 | zhǐdìng | 动 |
| 47. | 预先 | yùxiān | 副 | | 79. | 无偿 | wúcháng | 形 |
| 48. | 保管 | bǎoguǎn | 动 | | 80. | 罢工 | bà//gōng | 动 |
| 49. | 解雇 | jiěgù | 动 | | 81. | 补贴 | bǔtiē | 名/动 |
| 50. | 裁员 | cáiyuán | 动 | | 82. | 报销 | bàoxiāo | 动 |
| 51. | 开除 | kāichú | 动 | | 83. | 采购 | cǎigòu | 动 |
| 52. | 晋升 | jìnshēng | 动 | | 84. | 亲身 | qīnshēn | 副 |
| 53. | 任命 | rènmìng | 动 | | 85. | 人工 | réngōng | 名/形 |
| 54. | 就职 | jiù//zhí | 动 | | 86. | 申报 | shēnbào | 动 |
| 55. | 提拔 | tíbá | 动 | | 87. | 失误 | shīwù | 动/名 |
| 56. | 上任 | shàng//rèn | 动 | | 88. | 施加 | shījiā | 动 |
| 57. | 就业 | jiù//yè | 动 | | 89. | 使命 | shǐmìng | 名 |
| 58. | 决策 | juécè | 动/名 | | 90. | 值班 | zhí//bān | 动 |
| 59. | 部署 | bùshǔ | 动/名 | | 91. | 出路 | chūlù | 名 |
| 60. | 着手 | zhuóshǒu | 动 | | 92. | 草案 | cǎo'àn | 名 |
| 61. | 惯例 | guànlì | 名 | | 93. | 备份 | bèi//fèn | 动 |
| 62. | 制订 | zhìdìng | 动 | | 94. | 备忘录 | bèiwànglù | 名 |
| 63. | 规章 | guīzhāng | 名 | | 95. | 附件 | fùjiàn | 名 |
| 64. | 考核 | kǎohé | 动 | | 96. | 盖章 | gài//zhāng | 动 |
| 65. | 评估 | pínggū | 动 | | 97. | 档案 | dàng'àn | 名 |
| 66. | 验收 | yànshōu | 动 | | 98. | 书面 | shūmiàn | 名 |
| 67. | 授予 | shòuyǔ | 动 | | 99. | 报酬 | bàochou | 名 |
| 68. | 称号 | chēnghào | 名 | | 100. | 薪水 | xīnshui | 名 |

Activity

| | | | | | | | |
|---|---|---|---|---|---|---|---|
| 1. | 伴随 | bànsuí | 动 | 31. | 饲养 | sìyǎng | 动 |
| 2. | 陈列 | chénliè | 动 | 32. | 俯仰 | fǔyǎng | 动 |
| 3. | 呈现 | chéngxiàn | 动 | 33. | 辅助 | fǔzhù | 动 |
| 4. | 间隔 | jiàngé | 动 | 34. | 覆盖 | fùgài | 动 |
| 5. | 接连 | jiēlián | 副 | 35. | 过渡 | guòdù | 动 |
| 6. | 成员 | chéngyuán | 名 | 36. | 划分 | huàfēn | 动 |
| 7. | 拜托 | bàituō | 动 | 37. | 记载 | jìzǎi | 动 |
| 8. | 扮演 | bànyǎn | 动 | 38. | 加工 | jiā//gōng | 动 |
| 9. | 参照 | cānzhào | 动 | 39. | 夹杂 | jiāzá | 动 |
| 10. | 撤销 | chèxiāo | 动 | 40. | 假设 | jiǎshè | 动 |
| 11. | 承办 | chéngbàn | 动 | 41. | 监督 | jiāndū | 动 |
| 12. | 抽空 | chōu//kòng | 动 | 42. | 检验 | jiǎnyàn | 动 |
| 13. | 筹备 | chóubèi | 动 | 43. | 鉴别 | jiànbié | 动 |
| 14. | 储备 | chǔbèi | 动 | 44. | 鉴定 | jiàndìng | 动 |
| 15. | 储存 | chǔcún | 动 | 45. | 空想 | kōngxiǎng | 动 / 名 |
| 16. | 穿越 | chuānyuè | 动 | 46. | 亏待 | kuīdài | 动 |
| 17. | 传授 | chuánshòu | 动 | 47. | 联想 | liánxiǎng | 动 |
| 18. | 答复 | dáfù | 动 | 48. | 妄想 | wàngxiǎng | 动 |
| 19. | 打猎 | dǎ//liè | 动 | 49. | 领会 | lǐnghuì | 动 |
| 20. | 带领 | dàilǐng | 动 | 50. | 领悟 | lǐngwù | 动 |
| 21. | 导向 | dǎoxiàng | 动 / 名 | 51. | 流露 | liúlù | 动 |
| 22. | 登录 | dēnglù | 动 | 52. | 命名 | mìngmíng | 动 |
| 23. | 点缀 | diǎnzhuì | 动 | 53. | 筛选 | shāixuǎn | 动 |
| 24. | 调节 | tiáojié | 动 | 54. | 设想 | shèxiǎng | 动 / 名 |
| 25. | 堆积 | duījī | 动 | 55. | 试图 | shìtú | 动 |
| 26. | 对照 | duìzhào | 动 | 56. | 推测 | tuīcè | 动 |
| 27. | 兑现 | duìxiàn | 动 | 57. | 致辞 | zhì//cí | 动 |
| 28. | 发布 | fābù | 动 | 58. | 主办 | zhǔbàn | 动 |
| 29. | 反馈 | fǎnkuì | 动 | 59. | 周折 | zhōuzhé | 名 |
| 30. | 抚养 | fǔyǎng | 动 | 60. | 琢磨 | zuómo | 动 |

| 61. | 沉思 | chénsī | 动 | 94. | 捣乱 | dǎo//luàn | 动 |
| 62. | 澄清 | chéngqīng | 动 | 95. | 得罪 | dézuì | 动 |
| 63. | 迟疑 | chíyí | 形 | 96. | 抵抗 | dǐkàng | 动 |
| 64. | 崇拜 | chóngbài | 动 | 97. | 反抗 | fǎnkàng | 动 |
| 65. | 斗争 | dòuzhēng | 动 / 名 | 98. | 抵制 | dǐzhì | 动 |
| 66. | 争夺 | zhēngduó | 动 | 99. | 遏制 | èzhì | 动 |
| 67. | 断定 | duàndìng | 动 | 100. | 回收 | huíshōu | 动 |
| 68. | 发财 | fā//cái | 动 | 101. | 防止 | fángzhǐ | 动 |
| 69. | 辜负 | gūfù | 动 | 102. | 防治 | fángzhì | 动 |
| 70. | 关照 | guānzhào | 动 | 103. | 封锁 | fēngsuǒ | 动 |
| 71. | 解除 | jiěchú | 动 | 104. | 干扰 | gānrǎo | 动 |
| 72. | 惊动 | jīngdòng | 动 | 105. | 干涉 | gānshè | 动 |
| 73. | 谋求 | móuqiú | 动 | 106. | 干预 | gānyù | 动 |
| 74. | 拟定 | nǐdìng | 动 | 107. | 勾结 | gōujié | 动 |
| 75. | 提示 | tíshì | 动 | 108. | 孤立 | gūlì | 形 / 动 |
| 76. | 吸取 | xīqǔ | 动 | 109. | 耗费 | hàofèi | 动 |
| 77. | 预兆 | yùzhào | 名 / 动 | 110. | 挥霍 | huīhuò | 动 |
| 78. | 追究 | zhuījiū | 动 | 111. | 计较 | jìjiào | 动 |
| 79. | 纵横 | zònghéng | 形 / 动 | 112. | 较量 | jiàoliàng | 动 |
| 80. | 自发 | zìfā | 副 | 113. | 撒谎 | sā//huǎng | 动 |
| 81. | 奔波 | bēnbō | 动 | 114. | 耍 | shuǎ | 动 |
| 82. | 惩罚 | chéngfá | 动 | 115. | 损坏 | sǔnhuài | 动 |
| 83. | 吃苦 | chī//kǔ | 动 | 116. | 挑拨 | tiǎobō | 动 |
| 84. | 充当 | chōngdāng | 动 | 117. | 歪曲 | wāiqū | 动 |
| 85. | 冲击 | chōngjī | 动 | 118. | 违背 | wéibèi | 动 |
| 86. | 冲突 | chōngtū | 动 | 119. | 泄漏 | xièlòu | 动 |
| 87. | 打击 | dǎjī | 动 | 120. | 掩盖 | yǎngài | 动 |
| 88. | 打架 | dǎ//jià | 动 | 121. | 掩饰 | yǎnshì | 动 |
| 89. | 出卖 | chūmài | 动 | 122. | 抑制 | yìzhì | 动 |
| 90. | 处分 | chǔfèn | 动 | 123. | 诱惑 | yòuhuò | 动 |
| 91. | 处置 | chǔzhì | 动 | 124. | 折腾 | zhēteng | 动 |
| 92. | 吹牛 | chuī//niú | 动 | 125. | 折磨 | zhémó | 动 |
| 93. | 大意 | dàyi | 形 | 126. | 阻碍 | zǔ'ài | 动 |

| 127. | 保密 | bǎomì | 动 | 158. | 激发 | jīfā | 动 |
|------|------|-------|-----|------|------|------|-----|
| 128. | 保卫 | bǎowèi | 动 | 159. | 激励 | jīlì | 动 |
| 129. | 捍卫 | hànwèi | 动 | 160. | 奉献 | fèngxiàn | 动 |
| 130. | 守护 | shǒuhù | 动 | 161. | 赋予 | fùyǔ | 动 |
| 131. | 保养 | bǎoyǎng | 动 | 162. | 给予 | jǐyǔ | 动 |
| 132. | 保障 | bǎozhàng | 动 | 163. | 寄托 | jìtuō | 动 |
| 133. | 保重 | bǎozhòng | 动 | 164. | 奖励 | jiǎnglì | 动 / 名 |
| 134. | 补偿 | bǔcháng | 动 | 165. | 奖赏 | jiǎngshǎng | 动 |
| 135. | 偿还 | chánghuán | 动 | 166. | 精简 | jīngjiǎn | 动 |
| 136. | 补救 | bǔjiù | 动 | 167. | 纠正 | jiūzhèng | 动 |
| 137. | 采纳 | cǎinà | 动 | 168. | 开辟 | kāipì | 动 |
| 138. | 操劳 | cāoláo | 动 | 169. | 开拓 | kāituò | 动 |
| 139. | 操练 | cāoliàn | 动 | 170. | 开展 | kāizhǎn | 动 |
| 140. | 操纵 | cāozòng | 动 | 171. | 履行 | lǚxíng | 动 |
| 141. | 策划 | cèhuà | 动 | 172. | 率领 | shuàilǐng | 动 |
| 142. | 尝试 | chángshì | 动 / 名 | 173. | 弥补 | míbǔ | 动 |
| 143. | 倡导 | chàngdǎo | 动 | 174. | 权衡 | quánhéng | 动 |
| 144. | 倡议 | chàngyì | 动 / 名 | 175. | 确保 | quèbǎo | 动 |
| 145. | 承诺 | chéngnuò | 动 | 176. | 确立 | quèlì | 动 |
| 146. | 创立 | chuànglì | 动 | 177. | 探望 | tànwàng | 动 |
| 147. | 创作 | chuàngzuò | 动 | 178. | 挽回 | wǎnhuí | 动 |
| 148. | 奠定 | diàndìng | 动 | 179. | 挽救 | wǎnjiù | 动 |
| 149. | 动员 | dòngyuán | 动 | 180. | 掀起 | xiānqǐ | 动 |
| 150. | 督促 | dūcù | 动 | 181. | 响应 | xiǎngyìng | 动 |
| 151. | 对付 | duìfu | 动 | 182. | 赠送 | zèngsòng | 动 |
| 152. | 对抗 | duìkàng | 动 | 183. | 展示 | zhǎnshì | 动 |
| 153. | 发动 | fādòng | 动 | 184. | 展望 | zhǎnwàng | 动 |
| 154. | 发射 | fāshè | 动 | 185. | 照料 | zhàoliào | 动 |
| 155. | 发扬 | fāyáng | 动 | 186. | 照应 | zhàoying | 动 |
| 156. | 混合 | hùnhé | 动 | 187. | 振兴 | zhènxīng | 动 |
| 157. | 混淆 | hùnxiáo | 动 | 188. | 整顿 | zhěngdùn | 动 |

| 189. | 制止 | zhìzhǐ | 动 | | 192. | 借鉴 | jièjiàn | 动 |
|------|------|--------|-----|---|------|------|---------|-----|
| 190. | 做主 | zuò//zhǔ | 动 | | 193. | 致力于 | zhìlìyú | 动 |
| 191. | 借助 | jièzhù | 动 | | | | | |

## 十四、性质　　🕭 14

### Nature

| 1. | 昂贵 | ángguì | 形 | | 27. | 清澈 | qīngchè | 形 |
|-----|------|---------|-----|---|------|------|---------|-----|
| 2. | 颠簸 | diānbǒ | 动 | | 28. | 深奥 | shēn'ào | 形 |
| 3. | 陡峭 | dǒuqiào | 形 | | 29. | 神奇 | shénqí | 形 |
| 4. | 荒凉 | huāngliáng | 形 | | 30. | 适宜 | shìyí | 形 |
| 5. | 艰难 | jiānnán | 形 | | 31. | 精华 | jīnghuá | 名 |
| 6. | 简陋 | jiǎnlòu | 形 | | 32. | 弹性 | tánxìng | 名 |
| 7. | 渺小 | miǎoxiǎo | 形 | | 33. | 淡水 | dànshuǐ | 名 |
| 8. | 庞大 | pángdà | 形 | | 34. | 坚硬 | jiānyìng | 形 |
| 9. | 偏僻 | piānpì | 形 | | 35. | 茫茫 | mángmáng | 形 |
| 10. | 贫乏 | pínfá | 形 | | 36. | 频繁 | pínfán | 形 |
| 11. | 曲折 | qūzhé | 形 | | 37. | 实质 | shízhì | 名 |
| 12. | 平坦 | píngtǎn | 形 | | 38. | 贬义 | biǎnyì | 名 |
| 13. | 狭窄 | xiázhǎi | 形 | | 39. | 薄弱 | bóruò | 形 |
| 14. | 宽敞 | kuānchang | 形 | | 40. | 不堪 | bùkān | 动 / 形 |
| 15. | 便利 | biànlì | 形 | | 41. | 残忍 | cánrěn | 形 |
| 16. | 别致 | biézhì | 形 | | 42. | 仓促 | cāngcù | 形 |
| 17. | 坚固 | jiāngù | 形 | | 43. | 迟缓 | chíhuǎn | 形 |
| 18. | 繁华 | fánhuá | 形 | | 44. | 隐蔽 | yǐnbì | 动 / 形 |
| 19. | 开阔 | kāikuò | 形 | | 45. | 古怪 | gǔguài | 形 |
| 20. | 可行 | kěxíng | 形 | | 46. | 含糊 | hánhu | 形 |
| 21. | 牢固 | láogù | 形 | | 47. | 荒谬 | huāngmiù | 形 |
| 22. | 广阔 | guǎngkuò | 形 | | 48. | 荒唐 | huāngtang | 形 |
| 23. | 辽阔 | liáokuò | 形 | | 49. | 僵硬 | jiāngyìng | 形 |
| 24. | 恰当 | qiàdàng | 形 | | 50. | 弱点 | ruòdiǎn | 名 |
| 25. | 恰巧 | qiàqiǎo | 副 | | 51. | 虚假 | xūjiǎ | 形 |
| 26. | 切实 | qièshí | 形 | | 52. | 灿烂 | cànlàn | 形 |

| 53. | 崇高 | chónggāo | 形 | 79. | 响亮 | xiǎngliàng | 形 |
| 54. | 纯粹 | chúncuì | 形 | 80. | 优越 | yōuyuè | 形 |
| 55. | 纯洁 | chúnjié | 形 | 81. | 崭新 | zhǎnxīn | 形 |
| 56. | 得力 | délì | 形 | 82. | 珍贵 | zhēnguì | 形 |
| 57. | 高明 | gāomíng | 形 | 83. | 正当 | zhèngdàng | 形 |
| 58. | 公道 | gōngdao | 名 | 84. | 正规 | zhèngguī | 形 |
| 59. | 公正 | gōngzhèng | 形 | 85. | 周密 | zhōumì | 形 |
| 60. | 典型 | diǎnxíng | 形 / 名 | 86. | 庄严 | zhuāngyán | 形 |
| 61. | 辉煌 | huīhuáng | 形 | 87. | 壮观 | zhuàngguān | 形 |
| 62. | 坚韧 | jiānrèn | 形 | 88. | 壮丽 | zhuànglì | 形 |
| 63. | 坚实 | jiānshí | 形 | 89. | 壮烈 | zhuàngliè | 形 |
| 64. | 灵敏 | língmǐn | 形 | 90. | 卓越 | zhuóyuè | 形 |
| 65. | 美观 | měiguān | 形 | 91. | 资深 | zīshēn | 形 |
| 66. | 丑恶 | chǒu'è | 形 | 92. | 成效 | chéngxiào | 名 |
| 67. | 迷人 | mírén | 形 | 93. | 罕见 | hǎnjiàn | 形 |
| 68. | 敏捷 | mǐnjié | 形 | 94. | 机动 | jīdòng | 形 |
| 69. | 敏锐 | mǐnruì | 形 | 95. | 平凡 | píngfán | 形 |
| 70. | 拿手 | náshǒu | 形 | 96. | 寂静 | jìjìng | 形 |
| 71. | 难得 | nándé | 形 | 97. | 机械 | jīxiè | 名 / 形 |
| 72. | 浓厚 | nónghòu | 形 | 98. | 是非 | shìfēi | 名 |
| 73. | 清晰 | qīngxī | 形 | 99. | 算数 | suàn//shù | 动 |
| 74. | 擅长 | shàncháng | 动 | 100. | 条理 | tiáolǐ | 名 |
| 75. | 妥当 | tuǒdàng | 形 | 101. | 通用 | tōngyòng | 动 |
| 76. | 妥善 | tuǒshàn | 形 | 102. | 难免 | nánmiǎn | 形 |
| 77. | 细致 | xìzhì | 形 | 103. | 意味着 | yìwèizhe | 动 |
| 78. | 鲜明 | xiānmíng | 形 | 104. | 大不了 | dàbuliǎo | 形 / 副 |

## 十五、程度

Degree

| 1. | 超级 | chāojí | 形 | 3. | 公认 | gōngrèn | 动 |
| 2. | 大肆 | dàsì | 副 | 4. | 陈旧 | chénjiù | 形 |

| | | | | | | | |
|---|---|---|---|---|---|---|---|
| 5. | 繁忙 | fánmáng | 形 | 31. | 尽快 | jǐnkuài | 副 |
| 6. | 丰满 | fēngmǎn | 形 | 32. | 精密 | jīngmì | 形 |
| 7. | 丰盛 | fēngshèng | 形 | 33. | 精确 | jīngquè | 形 |
| 8. | 锋利 | fēnglì | 形 | 34. | 精通 | jīngtōng | 动 |
| 9. | 富裕 | fùyù | 形 | 35. | 精致 | jīngzhì | 形 |
| 10. | 高超 | gāochāo | 形 | 36. | 剧烈 | jùliè | 副 |
| 11. | 高潮 | gāocháo | 名 | 37. | 可观 | kěguān | 形 |
| 12. | 高峰 | gāofēng | 名 | 38. | 枯竭 | kūjié | 形 |
| 13. | 过度 | guòdù | 形 | 39. | 力图 | lìtú | 动 |
| 14. | 过奖 | guòjiǎng | 动 | 40. | 力争 | lìzhēng | 动 |
| 15. | 毫无 | háowú | 副 | 41. | 隆重 | lóngzhòng | 形 |
| 16. | 轰动 | hōngdòng | 动 | 42. | 略微 | lüèwēi | 副 |
| 17. | 宏伟 | hóngwěi | 形 | 43. | 漫长 | màncháng | 形 |
| 18. | 华丽 | huálì | 形 | 44. | 猛烈 | měngliè | 形 |
| 19. | 辉煌 | huīhuáng | 形 | 45. | 颇 | pō | 副 |
| 20. | 毁灭 | huǐmiè | 动 | 46. | 确切 | quèqiè | 形 |
| 21. | 极端 | jíduān | 名/形 | 47. | 确信 | quèxìn | 动 |
| 22. | 极限 | jíxiàn | 名 | 48. | 若干 | ruògān | 代 |
| 23. | 急剧 | jíjù | 形 | 49. | 十足 | shízú | 副 |
| 24. | 加剧 | jiājù | 动 | 50. | 万分 | wànfēn | 副 |
| 25. | 尖端 | jiānduān | 名 | 51. | 无比 | wúbǐ | 副 |
| 26. | 简要 | jiǎnyào | 形 | 52. | 要命 | yàomìng | 形 |
| 27. | 健全 | jiànquán | 形/动 | 53. | 一流 | yīliú | 名/形 |
| 28. | 杰出 | jiéchū | 形 | 54. | 足以 | zúyǐ | 副 |
| 29. | 紧密 | jǐnmì | 形 | 55. | 不止 | bùzhǐ | 动 |
| 30. | 紧迫 | jǐnpò | 形 | 56. | 起码 | qǐmǎ | 形 |

## 十六、状态　　🎧 *16*
### Status

| | | | | | | | |
|---|---|---|---|---|---|---|---|
| 1. | 扁 | biǎn | 形 | 3. | 岔 | chà | 动 |
| 2. | 溜 | liū | 动 | 4. | 被动 | bèidòng | 形 |

| 5. | 奔驰 | bēnchí | 动 | | 38. | 分明 | fēnmíng | 形 / 副 |
|---|---|---|---|---|---|---|---|---|
| 6. | 迸发 | bèngfā | 动 | | 39. | 分散 | fēnsàn | 动 / 形 |
| 7. | 闭塞 | bìsè | 形 | | 40. | 粉末 | fěnmò | 名 |
| 8. | 安宁 | ānníng | 形 | | 41. | 风气 | fēngqì | 名 |
| 9. | 安详 | ānxiáng | 形 | | 42. | 封闭 | fēngbì | 动 / 形 |
| 10. | 遍布 | biànbù | 动 | | 43. | 腐朽 | fǔxiǔ | 形 |
| 11. | 并存 | bìngcún | 动 | | 44. | 公然 | gōngrán | 副 |
| 12. | 并列 | bìngliè | 动 | | 45. | 巩固 | gǒnggù | 形 / 动 |
| 13. | 残留 | cánliú | 动 | | 46. | 固有 | gùyǒu | 形 |
| 14. | 嘈杂 | cáozá | 形 | | 47. | 和睦 | hémù | 形 |
| 15. | 缠绕 | chánrào | 动 | | 48. | 和谐 | héxié | 形 |
| 16. | 昌盛 | chāngshèng | 形 | | 49. | 混乱 | hùnluàn | 形 |
| 17. | 盛行 | shèngxíng | 动 | | 50. | 混浊 | hùnzhuó | 形 |
| 18. | 畅通 | chàngtōng | 形 | | 51. | 交叉 | jiāochā | 动 |
| 19. | 潮湿 | cháoshī | 形 | | 52. | 颗粒 | kēlì | 名 |
| 20. | 沉重 | chénzhòng | 形 | | 53. | 空白 | kòngbái | 名 |
| 21. | 持久 | chíjiǔ | 形 | | 54. | 空洞 | kōngdòng | 形 |
| 22. | 充沛 | chōngpèi | 形 | | 55. | 凹凸 | āo tū | |
| 23. | 充实 | chōngshí | 形 | | 56. | 笼罩 | lǒngzhào | 动 |
| 24. | 充足 | chōngzú | 形 | | 57. | 埋没 | máimò | 动 |
| 25. | 饱和 | bǎohé | 形 | | 58. | 蔓延 | mànyán | 动 |
| 26. | 稠密 | chóumì | 形 | | 59. | 忙碌 | mánglù | 形 |
| 27. | 调和 | tiáohé | 动 / 形 | | 60. | 茂盛 | màoshèng | 形 |
| 28. | 动荡 | dòngdàng | 形 | | 61. | 美满 | měimǎn | 形 |
| 29. | 动态 | dòngtài | 名 | | 62. | 弥漫 | mímàn | 动 |
| 30. | 堵塞 | dǔsè | 动 | | 63. | 迷失 | míshī | 动 |
| 31. | 端正 | duānzhèng | 形 / 动 | | 64. | 密封 | mìfēng | 动 |
| 32. | 短促 | duǎncù | 形 | | 65. | 明明 | míngmíng | 副 |
| 33. | 断断续续 | duànduànxùxù | 形 | | 66. | 默默 | mòmò | 副 |
| 34. | 对称 | duìchèn | 形 | | 67. | 盘旋 | pánxuán | 动 |
| 35. | 对立 | duìlì | 动 | | 68. | 漂浮 | piāofú | 动 |
| 36. | 对应 | duìyìng | 动 | | 69. | 飘扬 | piāoyáng | 动 |
| 37. | 泛滥 | fànlàn | 动 | | 70. | 齐全 | qíquán | 形 |

| 71. | 起伏 | qǐfú | 动 | 82. | 延伸 | yánshēn | 动 |
|---|---|---|---|---|---|---|---|
| 72. | 倾斜 | qīngxié | 动 | 83. | 延续 | yánxù | 动 |
| 73. | 倾向 | qīngxiàng | 名 | 84. | 严密 | yánmì | 形 |
| 74. | 闪烁 | shǎnshuò | 动 | 85. | 异常 | yìcháng | 形 |
| 75. | 束缚 | shùfù | 动 | 86. | 隐约 | yǐnyuē | 形 |
| 76. | 挺拔 | tǐngbá | 形 | 87. | 圆满 | yuánmǎn | 形 |
| 77. | 完备 | wánbèi | 形 | 88. | 占有 | zhànyǒu | 动 |
| 78. | 维持 | wéichí | 动 | 89. | 照样 | zhàoyàng | 副 |
| 79. | 无常 | wúcháng | 形 | 90. | 滞留 | zhìliú | 动 |
| 80. | 形态 | xíngtài | 名 | 91. | 重叠 | chóngdié | 动 |
| 81. | 淹没 | yānmò | 动 | 92. | 展现 | zhǎnxiàn | 动 |

# 十七、变化  🔊 17
## Change

| 1. | 暴露 | bàolù | 动 | 20. | 多元化 | duōyuánhuà | 动 |
|---|---|---|---|---|---|---|---|
| 2. | 爆发 | bàofā | 动 | 21. | 堕落 | duòluò | 动 |
| 3. | 爆炸 | bàozhà | 动 | 22. | 恶化 | èhuà | 动 |
| 4. | 飙升 | biāoshēng | 动 | 23. | 反常 | fǎncháng | 形 |
| 5. | 变故 | biàngù | 名 | 24. | 放大 | fàngdà | 动 |
| 6. | 变迁 | biànqiān | 名 | 25. | 分解 | fēnjiě | 动 |
| 7. | 变质 | biàn//zhì | 动 | 26. | 分裂 | fēnliè | 动 |
| 8. | 背叛 | bèipàn | 动 | 27. | 分手 | fēn//shǒu | 动 |
| 9. | 崩溃 | bēngkuì | 动 | 28. | 粉碎 | fěnsuì | 动 |
| 10. | 超越 | chāoyuè | 动 | 29. | 服气 | fú//qì | 动 |
| 11. | 沉淀 | chéndiàn | 动 | 30. | 腐烂 | fǔlàn | 动 / 形 |
| 12. | 创新 | chuàngxīn | 动 | 31. | 腐蚀 | fǔshí | 动 |
| 13. | 达成 | dáchéng | 动 | 32. | 复活 | fùhuó | 动 |
| 14. | 改进 | gǎijìn | 动 | 33. | 复兴 | fùxīng | 动 |
| 15. | 诞生 | dànshēng | 动 | 34. | 改良 | gǎiliáng | 动 |
| 16. | 递增 | dìzēng | 动 | 35. | 更新 | gēngxīn | 动 |
| 17. | 丢人 | diū//rén | 动 | 36. | 更正 | gēngzhèng | 动 |
| 18. | 杜绝 | dùjué | 动 | 37. | 攻克 | gōngkè | 动 |
| 19. | 断绝 | duànjué | 动 | 38. | 故障 | gùzhàng | 名 |

| 39. | 合并 | hébìng | 动 | 55. | 衰老 | shuāilǎo | 形 |
| 40. | 合成 | héchéng | 动 | 56. | 衰退 | shuāituì | 动 |
| 41. | 和解 | héjiě | 动 | 57. | 灭亡 | mièwáng | 动 |
| 42. | 还原 | huányuán | 动 | 58. | 日益 | rìyì | 副 |
| 43. | 缓和 | huǎnhé | 动 | 59. | 突破 | tūpò | 动 |
| 44. | 简化 | jiǎnhuà | 动 | 60. | 完毕 | wánbì | 动 |
| 45. | 降临 | jiànglín | 动 | 61. | 熄灭 | xīmiè | 动 |
| 46. | 解散 | jiěsàn | 动 | 62. | 演变 | yǎnbiàn | 动 |
| 47. | 解体 | jiě//tǐ | 动 | 63. | 增添 | zēngtiān | 动 |
| 48. | 进展 | jìnzhǎn | 动 | 64. | 泄漏 | xièlòu | 动 |
| 49. | 觉醒 | juéxǐng | 动 | 65. | 中断 | zhōngduàn | 动 |
| 50. | 扩充 | kuòchōng | 动 | 66. | 终止 | zhōngzhǐ | 动 |
| 51. | 扩散 | kuòsàn | 动 | 67. | 转折 | zhuǎnzhé | 动 |
| 52. | 凝聚 | níngjù | 动 | 68. | 作废 | zuòfèi | 动 |
| 53. | 削弱 | xuēruò | 动 | 69. | 陷入 | xiànrù | 动 |
| 54. | 消除 | xiāochú | 动 | | | | |

# 十八、时间  ꩜ 18
## Time

| 1. | 黄昏 | huánghūn | 名 | 14. | 历代 | lìdài | 名 |
| 2. | 黎明 | límíng | 名 | 15. | 岁月 | suìyuè | 名 |
| 3. | 凌晨 | língchén | 名 | 16. | 永恒 | yǒnghéng | 形 |
| 4. | 清晨 | qīngchén | 名 | 17. | 时光 | shíguāng | 名 |
| 5. | 夕阳 | xīyáng | 名 | 18. | 时机 | shíjī | 名 |
| 6. | 昼夜 | zhòuyè | 名 | 19. | 季度 | jìdù | 名 |
| 7. | 向来 | xiànglái | 副 | 20. | 年度 | niándù | 名 |
| 8. | 一度 | yídù | 副 | 21. | 周年 | zhōunián | 名 |
| 9. | 常年 | chángnián | 副 | 22. | 定期 | dìngqī | 动 / 形 |
| 10. | 成天 | chéngtiān | 副 | 23. | 期限 | qīxiàn | 名 |
| 11. | 连年 | liánnián | 副 | 24. | 截至 | jiézhì | 动 |
| 12. | 时常 | shícháng | 副 | 25. | 为期 | wéiqī | 动 |
| 13. | 终年 | zhōngnián | 副 | 26. | 延期 | yán//qī | 动 |

| 27. | 拖延 | tuōyán | 动 | | 39. | 先前 | xiānqián | 名 |
|---|---|---|---|---|---|---|---|---|
| 28. | 周期 | zhōuqī | 名 | | 40. | 往事 | wǎngshì | 名 |
| 29. | 逐年 | zhúnián | 副 | | 41. | 往常 | wǎngcháng | 名 |
| 30. | 时差 | shíchā | 名 | | 42. | 昔日 | xīrì | 名 |
| 31. | 顿时 | dùnshí | 副 | | 43. | 起初 | qǐchū | 名 |
| 32. | 工夫 | gōngfu | 名 | | 44. | 首要 | shǒuyào | 形 |
| 33. | 片刻 | piànkè | 名 | | 45. | 近来 | jìnlái | 名 |
| 34. | 刹那 | chànà | 名 | | 46. | 现成 | xiànchéng | 形 |
| 35. | 暂且 | zànqiě | 副 | | 47. | 现状 | xiànzhuàng | 名 |
| 36. | 以往 | yǐwǎng | 名 | | 48. | 眼下 | yǎnxià | 名 |
| 37. | 原始 | yuánshǐ | 形 | | 49. | 及早 | jízǎo | 副 |
| 38. | 原先 | yuánxiān | 名 | | 50. | 即将 | jíjiāng | 副 |

## 十九、颜色　　🎧 19
### Color

| 1. | 斑纹 | bānwén | 名 | | 7. | 棕色 | zōngsè | 名 |
|---|---|---|---|---|---|---|---|---|
| 2. | 碧玉 | bìyù | 名 | | 8. | 光彩 | guāngcǎi | 名 |
| 3. | 苍白 | cāngbái | 形 | | 9. | 光辉 | guānghuī | 名／形 |
| 4. | 乌黑 | wūhēi | 形 | | 10. | 光芒 | guāngmáng | 名 |
| 5. | 色彩 | sècǎi | 名 | | 11. | 柔和 | róuhé | 形 |
| 6. | 粉色 | fěnsè | 名 | | 12. | 耀眼 | yàoyǎn | 形 |

## 二十、范围　　🎧 20
### Scope

| 1. | 边缘 | biānyuán | 名 | | 8. | 次序 | cìxù | 名 |
|---|---|---|---|---|---|---|---|---|
| 2. | 侧面 | cèmiàn | 名 | | 9. | 大体 | dàtǐ | 副 |
| 3. | 层次 | céngcì | 名 | | 10. | 大致 | dàzhì | 副 |
| 4. | 场合 | chǎnghé | 名 | | 11. | 当场 | dāngchǎng | 副 |
| 5. | 场面 | chǎngmiàn | 名 | | 12. | 当初 | dāngchū | 名 |
| 6. | 场所 | chǎngsuǒ | 名 | | 13. | 当面 | dāngmiàn | 副 |
| 7. | 初步 | chūbù | 形 | | 14. | 当前 | dāngqián | 名 |

| 15. | 档次 | dàngcì | 名 | 40. | 就近 | jiùjìn | 副 |
|---|---|---|---|---|---|---|---|
| 16. | 等级 | děngjí | 名 | 41. | 局部 | júbù | 名 |
| 17. | 地步 | dìbù | 名 | 42. | 局面 | júmiàn | 名 |
| 18. | 地势 | dìshì | 名 | 43. | 局限 | júxiàn | 名 |
| 19. | 动静 | dòngjing | 名 | 44. | 口头 | kǒutóu | 名 |
| 20. | 端 | duān | 名 | 45. | 例外 | lìwài | 名 |
| 21. | 额外 | éwài | 形 | 46. | 零星 | língxīng | 形 |
| 22. | 反面 | fǎnmiàn | 名/形 | 47. | 内涵 | nèihán | 名 |
| 23. | 范畴 | fànchóu | 名 | 48. | 内在 | nèizài | 形 |
| 24. | 方位 | fāngwèi | 名 | 49. | 片断（段） | piànduàn | 名 |
| 25. | 分寸 | fēncun | 名 | 50. | 前景 | qiánjǐng | 名 |
| 26. | 分量 | fènliàng | 名 | 51. | 前提 | qiántí | 名 |
| 27. | 幅度 | fúdù | 名 | 52. | 区域 | qūyù | 名 |
| 28. | 个体 | gètǐ | 名 | 53. | 全局 | quánjú | 名 |
| 29. | 根源 | gēnyuán | 名 | 54. | 统统 | tǒngtǒng | 副 |
| 30. | 跟前 | gēnqián | 名 | 55. | 外界 | wàijiè | 名 |
| 31. | 规格 | guīgé | 名 | 56. | 唯独 | wéidú | 副 |
| 32. | 宏观 | hóngguān | 形 | 57. | 系列 | xìliè | 名 |
| 33. | 环节 | huánjié | 名 | 58. | 乡镇 | xiāngzhèn | 名 |
| 34. | 浑身 | húnshēn | 名 | 59. | 一律 | yílù | 副 |
| 35. | 级别 | jíbié | 名 | 60. | 终身 | zhōngshēn | 名 |
| 36. | 将近 | jiāngjìn | 副 | 61. | 周边 | zhōubiān | 名 |
| 37. | 焦点 | jiāodiǎn | 名 | 62. | 左右 | zuǒyòu | 名/动 |
| 38. | 角落 | jiǎoluò | 名 | 63. | 涉及 | shèjí | 动 |
| 39. | 界限 | jièxiàn | 名 | | | | |

## 二十一、度量　　　　　　　　　　🎧 21

### Measurement

| 1. | 比重 | bǐzhòng | 名 | 4. | 海拔 | hǎibá | 名 |
|---|---|---|---|---|---|---|---|
| 2. | 秤 | chèng | 名 | 5. | 毫米 | háomǐ | 量 |
| 3. | 磅 | bàng | 量 | 6. | 摄氏度 | shèshìdù | 量 |

# 二十二、学科
## Academic Subject

### 1. 数学
#### Mathematics

| 1. | 垂直 | chuízhí | 动 | | 10. | 推论 | tuīlùn | 名 |
|---|---|---|---|---|---|---|---|---|
| 2. | 立体 | lìtǐ | 形 | | 11. | 统计 | tǒngjì | 动 |
| 3. | 平行 | píngxíng | 动/形 | | 12. | 推理 | tuīlǐ | 动 |
| 4. | 平面 | píngmiàn | 名 | | 13. | 演绎 | yǎnyì | 动 |
| 5. | 三角 | sānjiǎo | 名 | | 14. | 验证 | yànzhèng | 动 |
| 6. | 椭圆 | tuǒyuán | 名 | | 15. | 运算 | yùnsuàn | 动 |
| 7. | 共计 | gòngjì | 动 | | 16. | 总和 | zǒnghé | 名 |
| 8. | 相差 | xiāngchā | 动 | | 17. | 公式 | gōngshì | 名 |
| 9. | 相等 | xiāngděng | 动 | | 18. | 百分点 | bǎifēndiǎn | 名 |

### 2. 物理
#### Physics

| 19. | 反射 | fǎnshè | 动 | | 32. | 蒸发 | zhēngfā | 动 |
|---|---|---|---|---|---|---|---|---|
| 20. | 放射 | fàngshè | 动 | | 33. | 曝光 | bào//guāng | 动 |
| 21. | 辐射 | fúshè | 动 | | 34. | 气味 | qìwèi | 名 |
| 22. | 摩擦 | mócā | 动 | | 35. | 能量 | néngliàng | 名 |
| 23. | 共鸣 | gòngmíng | 动 | | 36. | 密度 | mìdù | 名 |
| 24. | 凝固 | nínggù | 动 | | 37. | 频率 | pínlǜ | 名 |
| 25. | 结晶 | jiéjīng | 动/名 | | 38. | 误差 | wùchā | 名 |
| 26. | 冷却 | lěngquè | 动 | | 39. | 原理 | yuánlǐ | 名 |
| 27. | 渗透 | shèntòu | 动 | | 40. | 杠杆 | gànggǎn | 名 |
| 28. | 溶解 | róngjiě | 动 | | 41. | 机械 | jīxiè | 名/形 |
| 29. | 扩张 | kuòzhāng | 动 | | 42. | 纤维 | xiānwéi | 名 |
| 30. | 收缩 | shōusuō | 动 | | 43. | 重心 | zhòngxīn | 名 |
| 31. | 压缩 | yāsuō | 动 | | | | | |

### 3. 化学
#### Chemistry

| 44. | 元素 | yuánsù | 名 | | 45. | 氢 | qīng | 名 |
|---|---|---|---|---|---|---|---|---|

| 46. | 氧气 | yǎngqì | 名 | | 52. | 火药 | huǒyào | 名 |
| 47. | 二氧化碳 | èryǎnghuàtàn | 名 | | 53. | 火焰 | huǒyàn | 名 |
| 48. | 蛋白质 | dànbáizhì | 名 | | 54. | 酒精 | jiǔjīng | 名 |
| 49. | 过滤 | guòlù | 动 | | 55. | 沸腾 | fèiténg | 动 |
| 50. | 试验 | shìyàn | 动 / 名 | | 56. | 生锈 | shēng//xiù | 动 |
| 51. | 容器 | róngqì | 名 | | 57. | 指标 | zhǐbiāo | 名 |

## 4. 生物
### Biology

| 58. | 刺 | cì | 名 | | 76. | 滋长 | zīzhǎng | 动 |
| 59. | 茎 | jīng | 名 | | 77. | 新陈代谢 | xīnchén dàixiè | |
| 60. | 枝 | zhī | 名 | | 78. | 循环 | xúnhuán | 动 / 名 |
| 61. | 梢 | shāo | 名 | | 79. | 摄取 | shèqǔ | 动 |
| 62. | 翼 | yì | 名 | | 80. | 生育 | shēngyù | 动 |
| 63. | 膜 | mó | 名 | | 81. | 本能 | běnnéng | 名 |
| 64. | 犬 | quǎn | 名 | | 82. | 生物 | shēngwù | 名 |
| 65. | 花瓣 | huābàn | 名 | | 83. | 细胞 | xìbāo | 名 |
| 66. | 萌芽 | méngyá | 动 | | 84. | 细菌 | xìjūn | 名 |
| 67. | 盛开 | shèngkāi | 动 | | 85. | 标本 | biāoběn | 名 |
| 68. | 昆虫 | kūnchóng | 名 | | 86. | 化石 | huàshí | 名 |
| 69. | 雌雄 | cíxióng | 名 | | 87. | 贝壳 | bèiké | 名 |
| 70. | 发育 | fāyù | 动 | | 88. | 踪迹 | zōngjì | 名 |
| 71. | 繁殖 | fánzhí | 动 | | 89. | 痕迹 | hénjì | 名 |
| 72. | 分泌 | fēnmì | 动 | | 90. | 珍稀 | zhēnxī | 形 |
| 73. | 进化 | jìnhuà | 动 | | 91. | 生机 | shēngjī | 名 |
| 74. | 孕育 | yùnyù | 动 | | 92. | 起源 | qǐyuán | 动 |
| 75. | 杂交 | zájiāo | 动 | | 93. | 微观 | wēiguān | 形 |

## 5. 医学
### Medicine

| 94. | 癌症 | áizhèng | 名 | | 97. | 感染 | gǎnrǎn | 动 |
| 95. | 肿瘤 | zhǒngliú | 名 | | 98. | 呕吐 | ǒutù | 动 |
| 96. | 发炎 | fāyán | 动 | | 99. | 腹泻 | fùxiè | 动 |

| 100. | 瘫痪 | tānhuàn | 动 | 121. | 怀孕 | huái//yùn | 动 |
| 101. | 症状 | zhèngzhuàng | 名 | 122. | 双胞胎 | shuāngbāotāi | 名 |
| 102. | 缺陷 | quēxiàn | 名 | 123. | 昏迷 | hūnmí | 动 |
| 103. | 聋哑 | lóngyǎ | 形 | 124. | 苏醒 | sūxǐng | 动 |
| 104. | 瘸 | qué | 动 | 125. | 尸体 | shītǐ | 名 |
| 105. | 近视 | jìnshì | 形 | 126. | 疾病 | jíbìng | 名 |
| 106. | 视力 | shìlì | 名 | 127. | 慢性 | mànxìng | 形 |
| 107. | 基因 | jīyīn | 名 | 128. | 解剖 | jiěpōu | 动 |
| 108. | 动脉 | dòngmài | 名 | 129. | 抢救 | qiǎngjiù | 动 |
| 109. | 脉搏 | màibó | 名 | 130. | 消毒 | xiāo//dú | 动 |
| 110. | 疙瘩 | gēda | 名 | 131. | 门诊 | ménzhěn | 名 |
| 111. | 敏感 | mǐngǎn | 形 | 132. | 临床 | línchuáng | 动 |
| 112. | 免疫 | miǎnyì | 动 | 133. | 注射 | zhùshè | 动 |
| 113. | 器官 | qìguān | 名 | 134. | 麻醉 | mázuì | 动 |
| 114. | 血压 | xuèyā | 名 | 135. | 隔离 | gélí | 动 |
| 115. | 遗传 | yíchuán | 动 | 136. | 化验 | huàyàn | 动 / 名 |
| 116. | 知觉 | zhījué | 名 | 137. | 功效 | gōngxiào | 名 |
| 117. | 丧失 | sàngshī | 动 | 138. | 副作用 | fùzuòyòng | 名 |
| 118. | 上瘾 | shàng//yǐn | 动 | 139. | 防疫 | fángyì | 动 |
| 119. | 生理 | shēnglǐ | 名 | 140. | 患者 | huànzhě | 名 |
| 120. | 天生 | tiānshēng | 形 | 141. | 维生素 | wéishēngsù | 名 |

## 6. 天文
### Astronomy

| 142. | 航空 | hángkōng | 名 | 148. | 探测 | tàncè | 动 |
| 143. | 航天 | hángtiān | 名 | 149. | 探索 | tànsuǒ | 动 |
| 144. | 火箭 | huǒjiàn | 名 | 150. | 风暴 | fēngbào | 名 |
| 145. | 卫星 | wèixīng | 名 | 151. | 地震 | dìzhèn | 动 / 名 |
| 146. | 天文 | tiānwén | 名 | 152. | 霞 | xiá | 名 |
| 147. | 太空 | tàikōng | 名 | | | | |

## 7. 文学艺术
### Literature and Art

| 153. | 书法 | shūfǎ | 名 | 154. | 雕刻 | diāokè | 动 |

| 155. | 雕塑 | diāosù | 名 | | 182. | 情节 | qíngjié | 名 |
|------|------|--------|-----|---|------|------|---------|-----|
| 156. | 舞蹈 | wǔdǎo | 名 | | 183. | 悬念 | xuánniàn | 名 |
| 157. | 文艺 | wényì | 名 | | 184. | 主题 | zhǔtí | 名 |
| 158. | 图案 | tú'àn | 名 | | 185. | 注释 | zhùshì | 动 / 名 |
| 159. | 符号 | fúhào | 名 | | 186. | 比方 | bǐfang | 名 / 动 |
| 160. | 方言 | fāngyán | 名 | | 187. | 比喻 | bǐyù | 名 / 动 |
| 161. | 词汇 | cíhuì | 名 | | 188. | 写作 | xiězuò | 动 |
| 162. | 繁体字 | fántǐzì | 名 | | 189. | 描绘 | miáohuì | 动 |
| 163. | 简体字 | jiǎntǐzì | 名 | | 190. | 含义 | hányì | 名 |
| 164. | 散文 | sǎnwén | 名 | | 191. | 结局 | jiéjú | 名 |
| 165. | 童话 | tónghuà | 名 | | 192. | 印刷 | yìnshuā | 动 |
| 166. | 剧本 | jùběn | 名 | | 193. | 刊登 | kāndēng | 动 |
| 167. | 武侠 | wǔxiá | 名 | | 194. | 刊物 | kānwù | 名 |
| 168. | 寓言 | yùyán | 名 | | 195. | 通俗 | tōngsú | 形 |
| 169. | 序言 | xùyán | 名 | | 196. | 熏陶 | xūntáo | 动 |
| 170. | 稿件 | gǎojiàn | 名 | | 197. | 审美 | shěnměi | 动 |
| 171. | 著作 | zhùzuò | 名 | | 198. | 酝酿 | yùnniàng | 动 |
| 172. | 座右铭 | zuòyòumíng | 名 | | 199. | 斟酌 | zhēnzhuó | 动 |
| 173. | 版本 | bǎnběn | 名 | | 200. | 问世 | wènshì | 动 |
| 174. | 标题 | biāotí | 名 | | 201. | 轮廓 | lúnkuò | 名 |
| 175. | 格式 | géshì | 名 | | 202. | 肖像 | xiàoxiàng | 名 |
| 176. | 题材 | tícái | 名 | | 203. | 字母 | zìmǔ | 名 |
| 177. | 构思 | gòusī | 名 | | 204. | 书籍 | shūjí | 名 |
| 178. | 节奏 | jiézòu | 名 | | 205. | 俗话 | súhuà | 名 |
| 179. | 境界 | jìngjiè | 名 | | 206. | 弦 | xián | 名 |
| 180. | 灵感 | línggǎn | 名 | | 207. | 文物 | wénwù | 名 |
| 181. | 框架 | kuàngjià | 名 | | 208. | 工艺品 | gōngyìpǐn | 名 |

## 二十三、行业 🎧 23

### Trade

#### 1. 工业

##### Industry

| 1. | 锤 | chuí | 名 / 动 | | 2. | 石油 | shíyóu | 名 |
|----|----|------|---------|---|----|----|-------|-----|

| | | | | | | | |
|---|---|---|---|---|---|---|---|
| 3. | 铜矿 | tóngkuàng | 名 | 12. | 配备 | pèibèi | 动 |
| 4. | 磨合 | móhé | 动 | 13. | 配套 | pèi//tào | 动 |
| 5. | 开采 | kāicǎi | 动 | 14. | 器材 | qìcái | 名 |
| 6. | 勘探 | kāntàn | 动 | 15. | 物资 | wùzī | 名 |
| 7. | 提炼 | tíliàn | 动 | 16. | 仪器 | yíqì | 名 |
| 8. | 排放 | páifàng | 动 | 17. | 装备 | zhuāngbèi | 动 / 名 |
| 9. | 挖掘 | wājué | 动 | 18. | 装卸 | zhuāngxiè | 动 |
| 10. | 蕴藏 | yùncáng | 动 | 19. | 修理 | xiūlǐ | 动 |
| 11. | 铸造 | zhùzào | 动 | | | | |

## 2. 农业
### Agriculture

| | | | | | | | |
|---|---|---|---|---|---|---|---|
| 20. | 稻谷 | dàogǔ | 名 | 29. | 水利 | shuǐlì | 名 |
| 21. | 种子 | zhǒngzi | 名 | 30. | 堤坝 | dībà | 名 |
| 22. | 土壤 | tǔrǎng | 名 | 31. | 丰收 | fēngshōu | 动 |
| 23. | 耕地 | gēngdì | 名 | 32. | 干旱 | gānhàn | 形 |
| 24. | 化肥 | huàféi | 名 | 33. | 洪水 | hóngshuǐ | 名 |
| 25. | 肥沃 | féiwò | 形 | 34. | 畜牧 | xùmù | 名 |
| 26. | 栽培 | zāipéi | 动 | 35. | 牲畜 | shēngchù | 名 |
| 27. | 播种 | bōzhòng | 动 | 36. | 盛产 | shèngchǎn | 动 |
| 28. | 灌溉 | guàngài | 动 | | | | |

## 3. 商业
### Business

| | | | | | | | |
|---|---|---|---|---|---|---|---|
| 37. | 本钱 | běnqian | 名 | 47. | 赤字 | chìzì | 名 |
| 38. | 成本 | chéngběn | 名 | 48. | 分红 | fēn//hóng | 动 |
| 39. | 开支 | kāizhī | 名 | 49. | 红包 | hóngbāo | 名 |
| 40. | 支出 | zhīchū | 动 | 50. | 效益 | xiàoyì | 名 |
| 41. | 收益 | shōuyì | 名 | 51. | 押金 | yājīn | 名 |
| 42. | 亏损 | kuīsǔn | 动 | 52. | 周转 | zhōuzhuǎn | 动 |
| 43. | 盈利 | yíng//lì | 动 | 53. | 资本 | zīběn | 名 |
| 44. | 数额 | shù'é | 名 | 54. | 资产 | zīchǎn | 名 |
| 45. | 数目 | shùmù | 名 | 55. | 财富 | cáifù | 名 |
| 46. | 钞票 | chāopiào | 名 | 56. | 财务 | cáiwù | 名 |

| 57. | 核算 | hésuàn | 动 | | 78. | 剪彩 | jiǎn//cǎi | 动 |
|-----|------|--------|-----|---|-----|------|-----------|-----|
| 58. | 交易 | jiāoyì | 动 / 名 | | 79. | 畅销 | chàngxiāo | 动 / 形 |
| 59. | 结算 | jiésuàn | 动 | | 80. | 倒闭 | dǎobì | 动 |
| 60. | 预算 | yùsuàn | 名 | | 81. | 招投标 | zhāo-tóubiāo | 动 |
| 61. | 赞助 | zànzhù | 动 | | 82. | 集团 | jítuán | 名 |
| 62. | 资助 | zīzhù | 动 | | 83. | 连锁 | liánsuǒ | 形 |
| 63. | 实惠 | shíhuì | 形 | | 84. | 铺 | pū | 动 |
| 64. | 合算 | hésuàn | 形 | | 85. | 渠道 | qúdào | 名 |
| 65. | 承包 | chéngbāo | 动 | | 86. | 商标 | shāngbiāo | 名 |
| 66. | 代理 | dàilǐ | 动 | | 87. | 摊儿 | tānr | 名 |
| 67. | 贩卖 | fànmài | 动 | | 88. | 经商 | jīng//shāng | 动 |
| 68. | 垄断 | lǒngduàn | 动 | | 89. | 协会 | xiéhuì | 名 |
| 69. | 批发 | pīfā | 动 | | 90. | 信誉 | xìnyù | 名 |
| 70. | 推销 | tuīxiāo | 动 | | 91. | 兴隆 | xīnglóng | 形 |
| 71. | 成交 | chéng//jiāo | 动 | | 92. | 兴旺 | xīngwàng | 形 |
| 72. | 洽谈 | qiàtán | 动 | | 93. | 雄厚 | xiónghòu | 形 |
| 73. | 签订 | qiāndìng | 动 | | 94. | 需求 | xūqiú | 名 |
| 74. | 协商 | xiéshāng | 动 | | 95. | 次品 | cìpǐn | 名 |
| 75. | 协议 | xiéyì | 名 | | 96. | 样品 | yàngpǐn | 名 |
| 76. | 转让 | zhuǎnràng | 动 | | 97. | 博览会 | bólǎnhuì | 名 |
| 77. | 租赁 | zūlìn | 动 | | | | | |

## 4．金融
### Finance

| 98. | 货币 | huòbì | 名 | | 105. | 冻结 | dòngjié | 动 |
|-----|------|--------|-----|---|------|------|----------|-----|
| 99. | 基金 | jījīn | 名 | | 106. | 流通 | liútōng | 动 |
| 100. | 债券 | zhàiquàn | 名 | | 107. | 投机 | tóujī | 动 |
| 101. | 储蓄 | chǔxù | 动 / 名 | | 108. | 股东 | gǔdōng | 名 |
| 102. | 兑换 | duìhuàn | 动 | | 109. | 股份 | gǔfèn | 名 |
| 103. | 利率 | lìlǜ | 名 | | 110. | 金融 | jīnróng | 名 |
| 104. | 担保 | dānbǎo | 动 | | 111. | 通货膨胀 | tōnghuò péngzhàng | |

## 5. 交通
### Traffic

| | | | | | | | |
|---|---|---|---|---|---|---|---|
| 112. | 舟 | zhōu | 名 | 123. | 轨道 | guǐdào | 名 |
| 113. | 桨 | jiǎng | 名 | 124. | 引擎 | yǐnqíng | 名 |
| 114. | 舱 | cāng | 名 | 125. | 轮胎 | lúntāi | 名 |
| 115. | 船舶 | chuánbó | 名 | 126. | 刹车 | shā//chē | 动 |
| 116. | 轮船 | lúnchuán | 名 | 127. | 柴油 | cháiyóu | 名 |
| 117. | 港口 | gǎngkǒu | 名 | 128. | 隧道 | suìdào | 名 |
| 118. | 码头 | mǎtou | 名 | 129. | 立交桥 | lìjiāoqiáo | 名 |
| 119. | 航行 | hángxíng | 动 | 130. | 里程碑 | lǐchéngbēi | 名 |
| 120. | 停泊 | tíngbó | 动 | 131. | 事故 | shìgù | 名 |
| 121. | 雷达 | léidá | 名 | 132. | 障碍 | zhàng'ài | 名 |
| 122. | 导航 | dǎoháng | 动 | 133. | 乘务员 | chéngwùyuán | 名 |

## 6. 电子通信
### Electronic Communications

| | | | | | | | |
|---|---|---|---|---|---|---|---|
| 134. | 互联网 | hùliánwǎng | 名 | 139. | 运行 | yùnxíng | 动 |
| 135. | 网络 | wǎngluò | 名 | 140. | 荧屏 | yíngpíng | 名 |
| 136. | 论坛 | lùntán | 名 | 141. | 遥控 | yáokòng | 动 |
| 137. | 搜索 | sōusuǒ | 动 | 142. | 智能 | zhìnéng | 名 |
| 138. | 用户 | yònghù | 名 | 143. | 联络 | liánluò | 动 |

## 7. 建筑
### Architecture

| | | | | | | | |
|---|---|---|---|---|---|---|---|
| 144. | 巷 | xiàng | 名 | 153. | 废墟 | fèixū | 名 |
| 145. | 仓库 | cāngkù | 名 | 154. | 布局 | bùjú | 名 |
| 146. | 城堡 | chéngbǎo | 名 | 155. | 格局 | géjú | 名 |
| 147. | 大厦 | dàshà | 名 | 156. | 规划 | guīhuà | 动/名 |
| 148. | 桥梁 | qiáoliáng | 名 | 157. | 水泥 | shuǐní | 名 |
| 149. | 亭子 | tíngzi | 名 | 158. | 砖瓦 | zhuānwǎ | 名 |
| 150. | 园林 | yuánlín | 名 | 159. | 落成 | luòchéng | 动 |
| 151. | 住宅 | zhùzhái | 名 | 160. | 容纳 | róngnà | 动 |
| 152. | 走廊 | zǒuláng | 名 | 161. | 修复 | xiūfù | 动 |

| 162. | 修建 | xiūjiàn | 动 | 163. | 塌 | tā | 动 |

## 二十四、文化

### Culture

### 1. 政治

#### Politics

| 1. | 党 | dǎng | 名 | 27. | 封建 | fēngjiàn | 名/形 |
| 2. | 公民 | gōngmín | 名 | 28. | 腐败 | fǔbài | 形 |
| 3. | 大臣 | dàchén | 名 | 29. | 起义 | qǐyì | 动 |
| 4. | 委员 | wěiyuán | 名 | 30. | 驱逐 | qūzhú | 动 |
| 5. | 元首 | yuánshǒu | 名 | 31. | 设立 | shèlì | 动 |
| 6. | 领袖 | lǐngxiù | 名 | 32. | 设置 | shèzhì | 动 |
| 7. | 派别 | pàibié | 名 | 33. | 审查 | shěnchá | 动 |
| 8. | 纲领 | gānglǐng | 名 | 34. | 实施 | shíshī | 动 |
| 9. | 方针 | fāngzhēn | 名 | 35. | 示威 | shìwēi | 动 |
| 10. | 机密 | jīmì | 形/名 | 36. | 投票 | tóu//piào | 动 |
| 11. | 纪要 | jìyào | 名 | 37. | 推翻 | tuīfān | 动 |
| 12. | 宪法 | xiànfǎ | 名 | 38. | 妥协 | tuǒxié | 动 |
| 13. | 章程 | zhāngchéng | 名 | 39. | 瓦解 | wǎjiě | 动 |
| 14. | 传单 | chuándān | 名 | 40. | 宣扬 | xuānyáng | 动 |
| 15. | 条款 | tiáokuǎn | 名 | 41. | 宣誓 | xuānshì | 动 |
| 16. | 条约 | tiáoyuē | 名 | 42. | 拥护 | yōnghù | 动 |
| 17. | 签署 | qiānshǔ | 动 | 43. | 造反 | zào//fǎn | 动 |
| 18. | 会晤 | huìwù | 动 | 44. | 镇压 | zhènyā | 动 |
| 19. | 管辖 | guǎnxiá | 动 | 45. | 征收 | zhēngshōu | 动 |
| 20. | 贯彻 | guànchè | 动 | 46. | 制裁 | zhìcái | 动 |
| 21. | 缴纳 | jiǎonà | 动 | 47. | 贯彻 | guànchè | 动 |
| 22. | 竞选 | jìngxuǎn | 动 | 48. | 分歧 | fēnqí | 名/形 |
| 23. | 否决 | fǒujué | 动 | 49. | 争端 | zhēngduān | 名 |
| 24. | 当选 | dāngxuǎn | 动 | 50. | 野心 | yěxīn | 名 |
| 25. | 独裁 | dúcái | 动 | 51. | 阴谋 | yīnmóu | 名 |
| 26. | 反动 | fǎndòng | 形 | 52. | 斗争 | dòuzhēng | 动/名 |

| 53. | 种族 | zhǒngzú | 名 | 63. | 领土 | lǐngtǔ | 名 |
| 54. | 主权 | zhǔquán | 名 | 64. | 领事馆 | lǐngshìguǎn | 名 |
| 55. | 行政 | xíngzhèng | 名 | 65. | 殖民地 | zhímíndì | 名 |
| 56. | 财政 | cáizhèng | 名 | 66. | 共和国 | gònghéguó | 名 |
| 57. | 官方 | guānfāng | 名 | 67. | 中央 | zhōngyāng | 名 |
| 58. | 机构 | jīgòu | 名 | 68. | 国务院 | guówùyuàn | 名 |
| 59. | 机关 | jīguān | 名 | 69. | 局势 | júshì | 名 |
| 60. | 政权 | zhèngquán | 名 | 70. | 危机 | wēijī | 名 |
| 61. | 势力 | shìlì | 名 | 71. | 立场 | lìchǎng | 名 |
| 62. | 联盟 | liánméng | 名 | 72. | 廉洁 | liánjié | 形 |

## 2. 宗教
### Religion

| 73. | 魔鬼 | móguǐ | 名 | 76. | 神圣 | shénshèng | 形 |
| 74. | 神仙 | shénxiān | 名 | 77. | 天堂 | tiāntáng | 名 |
| 75. | 人间 | rénjiān | 名 | 78. | 清真 | qīngzhēn | 形 |

## 3. 习俗
### Custom

| 79. | 灯笼 | dēnglong | 名 | 87. | 正月 | zhēngyuè | 名 |
| 80. | 对联 | duìlián | 名 | 88. | 仪式 | yíshì | 名 |
| 81. | 压岁钱 | yāsuìqián | 名 | 89. | 习俗 | xísú | 名 |
| 82. | 烟花爆竹 | yānhuā bàozhú | | 90. | 礼节 | lǐjié | 名 |
| 83. | 元宵节 | Yuánxiāo Jié | 专名 | 91. | 团圆 | tuányuán | 动 / 形 |
| 84. | 端午节 | Duānwǔ Jié | 专名 | 92. | 拜年 | bài//nián | 动 |
| 85. | 重阳节 | Chóngyáng Jié | 专名 | 93. | 吉祥 | jíxiáng | 形 |
| 86. | 农历 | nónglì | 名 | | | | |

## 4. 军事
### Military Affairs

| 94. | 边疆 | biānjiāng | 名 | 99. | 包围 | bāowéi | 动 |
| 95. | 边界 | biānjiè | 名 | 100. | 撤退 | chètuì | 动 |
| 96. | 边境 | biānjìng | 名 | 101. | 打仗 | dǎ//zhàng | 动 |
| 97. | 国防 | guófáng | 名 | 102. | 登陆 | dēnglù | 动 |
| 98. | 阵地 | zhèndì | 名 | 103. | 攻击 | gōngjī | 动 |

| | | | | | | | |
|---|---|---|---|---|---|---|---|
| 104. | 进攻 | jìngōng | 动 | 122. | 驻扎 | zhùzhā | 动 |
| 105. | 防守 | fángshǒu | 动 | 123. | 转移 | zhuǎnyí | 动 |
| 106. | 防御 | fángyù | 动 | 124. | 供给 | gōngjǐ | 动 |
| 107. | 俘虏 | fúlǔ | 动/名 | 125. | 武装 | wǔzhuāng | 动/名 |
| 108. | 戒备 | jièbèi | 动 | 126. | 导弹 | dǎodàn | 名 |
| 109. | 掠夺 | lüèduó | 动 | 127. | 舰艇 | jiàntǐng | 名 |
| 110. | 埋伏 | máifu | 动 | 128. | 子弹 | zǐdàn | 名 |
| 111. | 挑衅 | tiǎoxìn | 动 | 129. | 间谍 | jiàndié | 名 |
| 112. | 投降 | tóuxiáng | 动 | 130. | 将军 | jiāngjūn | 名 |
| 113. | 牺牲 | xīshēng | 动 | 131. | 军队 | jūnduì | 名 |
| 114. | 袭击 | xíjī | 动 | 132. | 司令 | sīlìng | 名 |
| 115. | 巡逻 | xúnluó | 动 | 133. | 参谋 | cānmóu | 名/动 |
| 116. | 掩护 | yǎnhù | 动 | 134. | 战略 | zhànlüè | 名 |
| 117. | 演习 | yǎnxí | 动/名 | 135. | 策略 | cèlüè | 名 |
| 118. | 占据 | zhànjù | 动 | 136. | 指令 | zhǐlìng | 名 |
| 119. | 占领 | zhànlǐng | 动 | 137. | 情报 | qíngbào | 名 |
| 120. | 战斗 | zhàndòu | 动/名 | 138. | 战术 | zhànshù | 名 |
| 121. | 征服 | zhēngfú | 动 | 139. | 战役 | zhànyì | 名 |

## 5. 司法
### Administration of Justice

| | | | | | | | |
|---|---|---|---|---|---|---|---|
| 140. | 案件 | ànjiàn | 名 | 152. | 诉讼 | sùsòng | 动 |
| 141. | 案例 | ànlì | 名 | 153. | 歹徒 | dǎitú | 名 |
| 142. | 被告 | bèigào | 名 | 154. | 流氓 | liúmáng | 名 |
| 143. | 原告 | yuángào | 名 | 155. | 凶手 | xiōngshǒu | 名 |
| 144. | 法人 | fǎrén | 名 | 156. | 匪徒 | fěitú | 名 |
| 145. | 当事人 | dāngshìrén | 名 | 157. | 贼 | zéi | 名 |
| 146. | 打官司 | dǎ guānsi | | 158. | 侦探 | zhēntàn | 名 |
| 147. | 调解 | tiáojiě | 动 | 159. | 人质 | rénzhì | 名 |
| 148. | 判决 | pànjué | 动 | 160. | 绑架 | bǎngjià | 动 |
| 149. | 审理 | shěnlǐ | 动 | 161. | 盗窃 | dàoqiè | 动 |
| 150. | 审判 | shěnpàn | 动 | 162. | 诽谤 | fěibàng | 动 |
| 151. | 司法 | sīfǎ | 名 | 163. | 恐吓 | kǒnghè | 动 |

| 164. | 贿赂 | huìlù | 动 | | 185. | 释放 | shìfàng | 动 |
| 165. | 抢劫 | qiǎngjié | 动 | | 186. | 公安局 | gōng'ānjú | 名 |
| 166. | 侵犯 | qīnfàn | 动 | | 187. | 公告 | gōnggào | 名 |
| 167. | 贪污 | tānwū | 动 | | 188. | 公证 | gōngzhèng | 动 |
| 168. | 伪造 | wěizào | 动 | | 189. | 刑事 | xíngshì | 名 |
| 169. | 污蔑 | wūmiè | 动 | | 190. | 强制 | qiǎngzhì | 动 |
| 170. | 诬陷 | wūxiàn | 动 | | 191. | 监狱 | jiānyù | 名 |
| 171. | 侮辱 | wǔrǔ | 动 | | 192. | 纠纷 | jiūfēn | 名 |
| 172. | 陷害 | xiànhài | 动 | | 193. | 非法 | fēifǎ | 形 |
| 173. | 销毁 | xiāohuǐ | 动 | | 194. | 索赔 | suǒpéi | 动 |
| 174. | 走私 | zǒusī | 动 | | 195. | 取缔 | qǔdì | 动 |
| 175. | 诈骗 | zhàpiàn | 动 | | 196. | 嫌疑 | xiányí | 名 |
| 176. | 毒品 | dúpǐn | 名 | | 197. | 依据 | yījù | 动 |
| 177. | 赌博 | dǔbó | 动 | | 198. | 现场 | xiànchǎng | 名 |
| 178. | 酗酒 | xùjiǔ | 动 | | 199. | 线索 | xiànsuǒ | 名 |
| 179. | 查获 | cháhuò | 动 | | 200. | 失踪 | shīzōng | 动 |
| 180. | 触犯 | chùfàn | 动 | | 201. | 为首 | wéishǒu | 动 |
| 181. | 逮捕 | dàibǔ | 动 | | 202. | 动机 | dòngjī | 名 |
| 182. | 颁布 | bānbù | 动 | | 203. | 真相 | zhēnxiàng | 名 |
| 183. | 废除 | fèichú | 动 | | 204. | 隐私 | yǐnsī | 名 |
| 184. | 拘留 | jūliú | 动 | | | | | |

## 6. 教育
### Education

| 205. | 高考 | gāokǎo | 名 | | 216. | 经费 | jīngfèi | 名 |
| 206. | 调剂 | tiáojì | 动 | | 217. | 论证 | lùnzhèng | 动 |
| 207. | 报到 | bàodào | 动 | | 218. | 要点 | yàodiǎn | 名 |
| 208. | 缺席 | quē//xí | 动 | | 219. | 要素 | yàosù | 名 |
| 209. | 作弊 | zuò//bì | 动 | | 220. | 引用 | yǐnyòng | 动 |
| 210. | 旷课 | kuàng//kè | 动 | | 221. | 摘要 | zhāiyào | 动 / 名 |
| 211. | 钻研 | zuānyán | 动 | | 222. | 文献 | wénxiàn | 名 |
| 212. | 答辩 | dábiàn | 动 | | 223. | 学说 | xuéshuō | 名 |
| 213. | 功课 | gōngkè | 名 | | 224. | 定义 | dìngyì | 名 |
| 214. | 科目 | kēmù | 名 | | 225. | 模式 | móshì | 名 |
| 215. | 课题 | kètí | 名 | | 226. | 见解 | jiànjiě | 名 |

| 227. | 专题 | zhuāntí | 名 | 241. | 约束 | yuēshù | 动 |
|------|------|---------|-----|------|------|--------|-----|
| 228. | 专科 | zhuānkē | 名 | 242. | 特长 | tècháng | 名 |
| 229. | 师范 | shīfàn | 名 | 243. | 专长 | zhuāncháng | 名 |
| 230. | 学历 | xuélì | 名 | 244. | 素质 | sùzhì | 名 |
| 231. | 学位 | xuéwèi | 名 | 245. | 天才 | tiāncái | 名 |
| 232. | 文凭 | wénpíng | 名 | 246. | 扎实 | zhāshi | 形 |
| 233. | 招收 | zhāoshōu | 动 | 247. | 优先 | yōuxiān | 形 |
| 234. | 证书 | zhèngshū | 名 | 248. | 优异 | yōuyì | 形 |
| 235. | 专利 | zhuānlì | 名 | 249. | 无知 | wúzhī | 形 |
| 236. | 母语 | mǔyǔ | 名 | 250. | 奥秘 | àomì | 名 |
| 237. | 口音 | kǒuyīn | 名 | 251. | 泰斗 | tàidǒu | 名 |
| 238. | 请教 | qǐngjiào | 动 | 252. | 培训 | péixùn | 动 |
| 239. | 引导 | yǐndǎo | 动 | 253. | 培育 | péiyù | 动 |
| 240. | 塑造 | sùzào | 动 | 254. | 夏令营 | xiàlìngyíng | 名 |

## 7. 体育
### Sports

| 255. | 竞赛 | jìngsài | 名 | 265. | 阵容 | zhènróng | 名 |
|------|------|---------|-----|------|------|---------|-----|
| 256. | 预赛 | yùsài | 名 | 266. | 名额 | míng'é | 名 |
| 257. | 亚军 | yàjūn | 名 | 267. | 领先 | lǐngxiān | 动 |
| 258. | 季军 | jìjūn | 名 | 268. | 淘汰 | táotài | 动 |
| 259. | 名次 | míngcì | 名 | 269. | 胜负 | shèngfù | 名 |
| 260. | 选手 | xuǎnshǒu | 名 | 270. | 争气 | zhēng//qì | 动 |
| 261. | 队伍 | duìwu | 名 | 271. | 选拔 | xuǎnbá | 动 |
| 262. | 裁判 | cáipàn | 名 | 272. | 田径 | tiánjìng | 名 |
| 263. | 候选 | hòuxuǎn | 名 | 273. | 气功 | qìgōng | 名 |
| 264. | 东道主 | dōngdàozhǔ | 名 | 274. | 终点 | zhōngdiǎn | 名 |

## 8. 旅游
### Tour

| 275. | 赤道 | chìdào | 名 | 279. | 都市 | dūshì | 名 |
|------|------|--------|-----|------|------|-------|-----|
| 276. | 北极 | běijí | 名 | 280. | 港湾 | gǎngwān | 名 |
| 277. | 岛屿 | dǎoyǔ | 名 | 281. | 海滨 | hǎibīn | 名 |
| 278. | 洞穴 | dòngxué | 名 | 282. | 湖泊 | húpō | 名 |

| 283. | 畔 | pàn | 名 | 306. | 照耀 | zhàoyào | 动 |
|---|---|---|---|---|---|---|---|
| 284. | 盆地 | péndì | 名 | 307. | 启程 | qǐchéng | 动 |
| 285. | 平原 | píngyuán | 名 | 308. | 动身 | dòng//shēn | 动 |
| 286. | 坡 | pō | 名 | 309. | 托运 | tuōyùn | 动 |
| 287. | 瀑布 | pùbù | 名 | 310. | 抵达 | dǐdá | 动 |
| 288. | 丘陵 | qiūlíng | 名 | 311. | 专程 | zhuānchéng | 副 |
| 289. | 山脉 | shānmài | 名 | 312. | 地质 | dìzhì | 名 |
| 290. | 温带 | wēndài | 名 | 313. | 位于 | wèiyú | 动 |
| 291. | 溪 | xī | 名 | 314. | 风光 | fēngguāng | 名 |
| 292. | 峡谷 | xiágǔ | 名 | 315. | 向导 | xiàngdǎo | 名 |
| 293. | 岩石 | yánshí | 名 | 316. | 严寒 | yánhán | 形 |
| 294. | 沿海 | yánhǎi | 名 | 317. | 遥远 | yáoyuǎn | 形 |
| 295. | 波浪 | bōlàng | 名 | 318. | 源泉 | yuánquán | 名 |
| 296. | 沼泽 | zhǎozé | 名 | 319. | 生态 | shēngtài | 名/形 |
| 297. | 支流 | zhīliú | 名 | 320. | 淡季 | dànjì | 名 |
| 298. | 上游 | shàngyóu | 名 | 321. | 省会 | shěnghuì | 名 |
| 299. | 州 | zhōu | 名 | 322. | 观光 | guānguāng | 动 |
| 300. | 气象 | qìxiàng | 名 | 323. | 见闻 | jiànwén | 名 |
| 301. | 气压 | qìyā | 名 | 324. | 溅 | jiàn | 动 |
| 302. | 晴朗 | qínglǎng | 形 | 325. | 屏障 | píngzhàng | 名 |
| 303. | 台风 | táifēng | 名 | 326. | 濒临 | bīnlín | 动 |
| 304. | 炎热 | yánrè | 形 | 327. | 经纬 | jīngwěi | 名 |
| 305. | 冰雹 | bīngbáo | 名 | 328. | 欧洲 | Ōuzhōu | 名 |

## 9. 娱乐
### Entertainment

| 329. | 卡通 | kǎtōng | 名 | 337. | 曲子 | qǔzi | 名 |
|---|---|---|---|---|---|---|---|
| 330. | 漫画 | mànhuà | 名 | 338. | 旋律 | xuánlǜ | 名 |
| 331. | 魔术 | móshù | 名 | 339. | 乐谱 | yuèpǔ | 名 |
| 332. | 收藏 | shōucáng | 动 | 340. | 演奏 | yǎnzòu | 名 |
| 333. | 潜水 | qiánshuǐ | 名 | 341. | 摇滚 | yáogǔn | 名 |
| 334. | 杂技 | zájì | 名 | 342. | 音响 | yīnxiǎng | 名 |
| 335. | 模型 | móxíng | 名 | 343. | 话筒 | huàtǒng | 名 |
| 336. | 彩票 | cǎipiào | 名 | 344. | 喇叭 | lǎba | 名 |

| 345. | 镜头 | jìngtóu | 名 | | 352. | 传记 | zhuànjì | 名 |
|---|---|---|---|---|---|---|---|---|
| 346. | 直播 | zhíbō | 动 | | 353. | 发行 | fāxíng | 动 |
| 347. | 栏目 | lánmù | 名 | | 354. | 应邀 | yìngyāo | 动 |
| 348. | 回顾 | huígù | 动 | | 355. | 闲话 | xiánhuà | 名 |
| 349. | 联欢 | liánhuān | 动 | | 356. | 旋转 | xuánzhuǎn | 名 |
| 350. | 媒介 | méijiè | 名 | | 357. | 帐篷 | zhàngpeng | 名 |
| 351. | 媒体 | méitǐ | 名 | | 358. | 趣味 | qùwèi | 名 |

## 二十五、社会　　🔊 25
### Society

| 1. | 把戏 | bǎxì | 名 | | 24. | 民用 | mínyòng | 形 |
|---|---|---|---|---|---|---|---|---|
| 2. | 布告 | bùgào | 名 | | 25. | 名誉 | míngyù | 名 |
| 3. | 出身 | chūshēn | 动/名 | | 26. | 模范 | mófàn | 名 |
| 4. | 阶层 | jiēcéng | 名 | | 27. | 抹杀 | mǒshā | 动 |
| 5. | 代价 | dàijià | 名 | | 28. | 内幕 | nèimù | 名 |
| 6. | 典礼 | diǎnlǐ | 名 | | 29. | 奴隶 | núlì | 名 |
| 7. | 动力 | dònglì | 名 | | 30. | 虐待 | nüèdài | 动 |
| 8. | 福利 | fúlì | 名 | | 31. | 排除 | páichú | 动 |
| 9. | 规范 | guīfàn | 动/名 | | 32. | 落实 | luòshí | 动 |
| 10. | 规格 | guīgé | 名 | | 33. | 抛弃 | pāoqì | 动 |
| 11. | 机密 | jīmì | 形/名 | | 34. | 批判 | pīpàn | 动 |
| 12. | 基地 | jīdì | 名 | | 35. | 偏差 | piānchā | 名 |
| 13. | 迹象 | jìxiàng | 名 | | 36. | 贫困 | pínkùn | 形 |
| 14. | 籍贯 | jíguàn | 名 | | 37. | 迫害 | pòhài | 动 |
| 15. | 面子 | miànzi | 名 | | 38. | 破例 | pò//lì | 动 |
| 16. | 救济 | jiùjì | 动 | | 39. | 普及 | pǔjí | 动 |
| 17. | 据悉 | jùxī | 动 | | 40. | 乞丐 | qǐgài | 名 |
| 18. | 立足 | lìzú | 动 | | 41. | 启示 | qǐshì | 动 |
| 19. | 流浪 | liúlàng | 动 | | 42. | 启事 | qǐshì | 名 |
| 20. | 冒充 | màochōng | 动 | | 43. | 起草 | qǐcǎo | 动 |
| 21. | 迷信 | míxìn | 动/名 | | 44. | 情理 | qínglǐ | 名 |
| 22. | 剥削 | bōxuē | 动 | | 45. | 情形 | qíngxing | 名 |
| 23. | 民间 | mínjiān | 名 | | 46. | 圈套 | quāntào | 名 |

| | | | | | | | |
|---|---|---|---|---|---|---|---|
| 47. | 权威 | quánwēi | 名 | 80. | 威信 | wēixìn | 名 |
| 48. | 权益 | quányì | 名 | 81. | 慰问 | wèiwèn | 动 |
| 49. | 群众 | qúnzhòng | 名 | 82. | 消防 | xiāofáng | 动 |
| 50. | 扰乱 | rǎoluàn | 动 | 83. | 消耗 | xiāohào | 动 |
| 51. | 惹祸 | rě//huò | 动 | 84. | 行列 | hángliè | 名 |
| 52. | 热门 | rèmén | 形 | 85. | 须知 | xūzhī | 名 / 动 |
| 53. | 人为 | rénwéi | 形 | 86. | 许可 | xǔkě | 动 |
| 54. | 散布 | sànbù | 动 | 87. | 压迫 | yāpò | 动 |
| 55. | 散发 | sànfā | 动 | 88. | 压榨 | yāzhà | 动 |
| 56. | 奢侈 | shēchǐ | 形 | 89. | 压制 | yāzhì | 动 |
| 57. | 社区 | shèqū | 名 | 90. | 严峻 | yánjùn | 形 |
| 58. | 生存 | shēngcún | 动 | 91. | 严密 | yánmì | 形 |
| 59. | 生效 | shēng//xiào | 动 | 92. | 言论 | yánlùn | 名 |
| 60. | 声势 | shēngshì | 名 | 93. | 谣言 | yáoyán | 名 |
| 61. | 声誉 | shēngyù | 名 | 94. | 遗留 | yíliú | 动 |
| 62. | 时事 | shíshì | 名 | 95. | 遗失 | yíshī | 动 |
| 63. | 示范 | shìfàn | 动 | 96. | 隐患 | yǐnhuàn | 名 |
| 64. | 事迹 | shìjì | 名 | 97. | 涌现 | yǒngxiàn | 动 |
| 65. | 事件 | shìjiàn | 名 | 98. | 舆论 | yúlùn | 名 |
| 66. | 事态 | shìtài | 名 | 99. | 灾难 | zāinàn | 名 |
| 67. | 树立 | shùlì | 动 | 100. | 遭受 | zāoshòu | 动 |
| 68. | 特定 | tèdìng | 形 | 101. | 遭殃 | zāo//yāng | 动 |
| 69. | 特色 | tèsè | 名 | 102. | 遭遇 | zāoyù | 动 / 名 |
| 70. | 提议 | tíyì | 动 / 名 | 103. | 争议 | zhēngyì | 动 |
| 71. | 体系 | tǐxì | 名 | 104. | 证实 | zhèngshí | 动 |
| 72. | 停顿 | tíngdùn | 动 | 105. | 治安 | zhì'ān | 名 |
| 73. | 停滞 | tíngzhì | 动 | 106. | 治理 | zhìlǐ | 动 |
| 74. | 途径 | tújìng | 名 | 107. | 主流 | zhǔliú | 名 |
| 75. | 团结 | tuánjié | 动 | 108. | 准则 | zhǔnzé | 名 |
| 76. | 团体 | tuántǐ | 名 | 109. | 自主 | zìzhǔ | 动 |
| 77. | 脱离 | tuōlí | 动 | 110. | 宗旨 | zōngzhǐ | 名 |
| 78. | 威力 | wēilì | 名 | 111. | 遵循 | zūnxún | 动 |
| 79. | 威望 | wēiwàng | 名 | 112. | 弊病 | bìbìng | 名 |

| 113. | 弊端 | bìduān | 名 | | 118. | 对策 | duìcè | 名 |
|------|------|--------|-----|---|------|------|---------|-----|
| 114. | 表彰 | biǎozhāng | 动 | | 119. | 福气 | fúqi | 名 |
| 115. | 处境 | chǔjìng | 名 | | 120. | 负担 | fùdān | 动 / 名 |
| 116. | 挫折 | cuòzhé | 名 | | 121. | 华侨 | huáqiáo | 名 |
| 117. | 代价 | dàijià | 名 | | | | | |

# 二十六、语法和词汇
## Grammar and Vocabulary

🎧 26

### 1. 量词
#### Measure Word

| 1. | 串 | chuàn | 5. | 罐 | guàn | 9. | 艘 | sōu |
|----|----|-------|----|----|------|----|----|------|
| 2. | 栋 | dòng | 6. | 丛 | cóng | 10. | 株 | zhū |
| 3. | 兜 | dōu | 7. | 枚 | méi | 11. | 幢 | zhuàng |
| 4. | 番 | fān | 8. | 束 | shù | 12. | 组 | zǔ |

### 2. 代词
#### Pronoun

| 13. | 啥 | shá | 14. | 咋 | zǎ | 15. | 某 | mǒu |
|-----|----|-----|-----|----|-----|-----|----|------|

### 3. 词头
#### Prefix

| 16. | 副 | fù |
|-----|----|----|

### 4. 副词
#### Adverb

| 17. | 甭 | béng | 22. | 必定 | bìdìng | 27. | 不料 | búliào |
|-----|----|------|-----|------|--------|-----|------|--------|
| 18. | 皆 | jiē | 23. | 或许 | huòxǔ | 28. | 不愧 | búkuì |
| 19. | 勿 | wù | 24. | 便于 | biànyú | 29. | 历来 | lìlái |
| 20. | 愈 | yù | 25. | 并非 | bìngfēi | 30. | 屡次 | lǚcì |
| 21. | 亦 | yì | 26. | 不禁 | bùjīn | 31. | 任意 | rènyì |

| 32. 势必 | shìbì | 42. 依次 | yīcì | 52. 未免 | wèimiǎn |
| 33. 随身 | suíshēn | 43. 依旧 | yījiù | 53. 偏偏 | piānpiān |
| 34. 随手 | suíshǒu | 44. 仍旧 | réngjiù | 54. 随即 | suíjí |
| 35. 无从 | wúcóng | 45. 以便 | yǐbiàn | 55. 无非 | wúfēi |
| 36. 姑且 | gūqiě | 46. 以至 | yǐzhì | 56. 反倒 | fǎndào |
| 37. 务必 | wùbì | 47. 以致 | yǐzhì | 57. 宁肯 | nìngkěn |
| 38. 一贯 | yíguàn | 48. 以免 | yǐmiǎn | 58. 宁愿 | nìngyuàn |
| 39. 一向 | yíxiàng | 49. 予以 | yǔyǐ | 59. 不妨 | bùfáng |
| 40. 时而 | shí'ér | 50. 过于 | guòyú | 60. 大不了 | dàbuliǎo |
| 41. 一再 | yízài | 51. 终究 | zhōngjiū | | |

## 5. 介词
### Preposition

| 61. 本着 | běnzhe | 62. 鉴于 | jiànyú |

## 6. 连词
### Conjunction

| 63. 反之 | fǎnzhī | 67. 进而 | jìn'ér | 71. 致使 | zhìshǐ |
| 64. 固然 | gùrán | 68. 况且 | kuàngqiě | 72. 鉴于 | jiànyú |
| 65. 即便 | jíbiàn | 69. 免得 | miǎnde | 73. 要不然 | yàobùrán |
| 66. 假使 | jiǎshǐ | 70. 倘若 | tǎngruò | | |

## 7. 助词
### Auxiliary Word

| 74. 而已 | éryǐ |

## 8. 叹词
### Interjection

| 75. 嗨 | hēi | 78. 嗯 | ng | 80. 哇 | wā |
| 76. 嘿 | hēi | 79. 哦 | ò | 81. 哎呦 | āiyāo |
| 77. 哼 | hēng | | | | |

## 9. 语气词
### Modalparticle

| 82. 啦 | la | 83. 嘛 | ma |

## 10. 象声词
### Onomatopoeia

84. 呵      hē

## 11. 习惯用语
### Idiomatic Phrases

| 85. 出洋相 | chū yángxiàng | 88. 伤脑筋 | shāng nǎojīn |
| 86. 不敢当 | bù gǎndāng | 89. 岂有此理 | qǐ yǒu cǐ lǐ |
| 87. 不像话 | bú xiànghuà | 90. 归根到底 | guī gēn dào dǐ |

## 12. 成语
### Set Phrases

| 91. 爱不释手 | ài bú shì shǒu | 106. 得天独厚 | dé tiān dú hòu |
| 92. 安居乐业 | ān jū lè yè | 107. 丢三落四 | diū sān là sì |
| 93. 博大精深 | bódà jīngshēn | 108. 东张西望 | dōng zhāng xī wàng |
| 94. 不可思议 | bù kě sīyì | 109. 飞禽走兽 | fēi qín zǒu shòu |
| 95. 不相上下 | bù xiāng shàng xià | 110. 风土人情 | fēngtǔ rénqíng |
| 96. 不屑一顾 | bú xiè yí gù | 111. 各抒己见 | gè shū jǐ jiàn |
| 97. 不言而喻 | bù yán ér yù | 112. 根深蒂固 | gēn shēn dì gù |
| 98. 不择手段 | bù zé shǒuduàn | 113. 供不应求 | gōng bú yìng qiú |
| 99. 层出不穷 | céng chū bù qióng | 114. 后顾之忧 | hòu gù zhī yōu |
| 100. 朝气蓬勃 | zhāoqì péngbó | 115. 画蛇添足 | huà shé tiān zú |
| 101. 称心如意 | chèn xīn rú yì | 116. 恍然大悟 | huǎngrán dà wù |
| 102. 川流不息 | chuān liú bù xī | 117. 急功近利 | jí gōng jìn lì |
| 103. 从容不迫 | cóngróng bú pò | 118. 急于求成 | jí yú qiú chéng |
| 104. 当务之急 | dāngwù zhī jí | 119. 继往开来 | jì wǎng kāi lái |
| 105. 得不偿失 | dé bù cháng shī | 120. 家喻户晓 | jiā yù hù xiǎo |

| 121. | 见多识广 | jiàn duō shí guǎng | | 153. | 日新月异 | rì xīn yuè yì |
|---|---|---|---|---|---|---|
| 122. | 见义勇为 | jiàn yì yǒng wéi | | 154. | 深情厚谊 | shēn qíng hòu yì |
| 123. | 竭尽全力 | jié jìn quán lì | | 155. | 实事求是 | shí shì qiú shì |
| 124. | 津津有味 | jīnjīn yǒu wèi | | 156. | 肆无忌惮 | sì wú jìdàn |
| 125. | 锦绣前程 | jǐnxiù qiánchéng | | 157. | 滔滔不绝 | tāotāo bù jué |
| 126. | 精打细算 | jīng dǎ xì suàn | | 158. | 讨价还价 | tǎo jià huán jià |
| 127. | 精益求精 | jīng yì qiú jīng | | 159. | 天伦之乐 | tiānlún zhī lè |
| 128. | 举世瞩目 | jǔ shì zhǔmù | | 160. | 统筹兼顾 | tǒngchóu jiāngù |
| 129. | 举世闻名 | jǔ shì wén míng | | 161. | 微不足道 | wēi bù zú dào |
| 130. | 举足轻重 | jǔ zú qīng zhòng | | 162. | 无动于衷 | wú dòng yú zhōng |
| 131. | 聚精会神 | jù jīng huì shén | | 163. | 无精打采 | wú jīng dǎ cǎi |
| 132. | 刻不容缓 | kè bù róng huǎn | | 164. | 无可奉告 | wú kě fènggào |
| 133. | 空前绝后 | kōng qián jué hòu | | 165. | 无可奈何 | wú kě nàihé |
| 134. | 苦尽甘来 | kǔ jìn gān lái | | 166. | 无理取闹 | wú lǐ qǔ nào |
| 135. | 理所当然 | lǐ suǒ dāngrán | | 167. | 无能为力 | wú néng wéi lì |
| 136. | 理直气壮 | lǐ zhí qì zhuàng | | 168. | 无穷无尽 | wú qióng wú jìn |
| 137. | 力所能及 | lì suǒ néng jí | | 169. | 无微不至 | wú wēi bú zhì |
| 138. | 络绎不绝 | luòyì bù jué | | 170. | 无忧无虑 | wú yōu wú lù |
| 139. | 名副其实 | míng fù qí shí | | 171. | 物美价廉 | wù měi jià lián |
| 140. | 莫名其妙 | mò míng qí miào | | 172. | 喜闻乐见 | xǐ wén lè jiàn |
| 141. | 难能可贵 | nán néng kěguì | | 173. | 相辅相成 | xiāng fǔ xiāng chéng |
| 142. | 迫不及待 | pò bù jí dài | | 174. | 想方设法 | xiǎng fāng shè fǎ |
| 143. | 齐心协力 | qí xīn xié lì | | 175. | 小心翼翼 | xiǎoxīn yìyì |
| 144. | 迄今为止 | qì jīn wéi zhǐ | | 176. | 兴致勃勃 | xìngzhì bóbó |
| 145. | 恰到好处 | qià dào hǎo chù | | 177. | 兴高采烈 | xìng gāo cǎi liè |
| 146. | 千方百计 | qiān fāng bǎi jì | | 178. | 欣欣向荣 | xīnxīn xiàng róng |
| 147. | 潜移默化 | qián yí mò huà | | 179. | 悬崖峭壁 | xuán yá qiào bì |
| 148. | 锲而不舍 | qiè ér bù shě | | 180. | 雪上加霜 | xuě shàng jiā shuāng |
| 149. | 轻而易举 | qīng ér yì jǔ | | 181. | 循序渐进 | xún xù jiàn jìn |
| 150. | 全力以赴 | quán lì yǐ fù | | 182. | 咬牙切齿 | yǎo yá qiè chǐ |
| 151. | 热泪盈眶 | rèlèi yíng kuàng | | 183. | 一帆风顺 | yì fān fēng shùn |
| 152. | 任重道远 | rèn zhòng dào yuǎn | | 184. | 一目了然 | yí mù liǎorán |

| 185. | 一如既往 | yì rú jìwǎng | 194. | 知足常乐 | zhī zú cháng lè |
|---|---|---|---|---|---|
| 186. | 一丝不苟 | yì sī bù gǒu | 195. | 众所周知 | zhòng suǒ zhōu zhī |
| 187. | 一举两得 | yì jǔ liǎng dé | 196. | 自力更生 | zì lì gēng shēng |
| 188. | 优胜劣汰 | yōu shèng liè tài | 197. | 总而言之 | zǒng ér yán zhī |
| 189. | 有条不紊 | yǒu tiáo bù wěn | 198. | 波涛汹涌 | bōtāo xiōngyǒng |
| 190. | 与日俱增 | yǔ rì jù zēng | 199. | 半途而废 | bàn tú ér fèi |
| 191. | 再接再厉 | zài jiē zài lì | 200. | 饱经沧桑 | bǎo jīng cāngsāng |
| 192. | 斩钉截铁 | zhǎn dīng jié tiě | 201. | 拔苗助长 | bá miáo zhù zhǎng |
| 193. | 争先恐后 | zhēng xiān kǒng hòu | | | |

# 新 汉 语 水 平 考 试
## HSK（六级）答题卡

| 姓名 | |
|---|---|

国籍

[0] [1] [2] [3] [4] [5] [6] [7] [8] [9]
[0] [1] [2] [3] [4] [5] [6] [7] [8] [9]
[0] [1] [2] [3] [4] [5] [6] [7] [8] [9]

性别　　　　男 [1]　　　　女 [2]

序号

[0] [1] [2] [3] [4] [5] [6] [7] [8] [9]
[0] [1] [2] [3] [4] [5] [6] [7] [8] [9]
[0] [1] [2] [3] [4] [5] [6] [7] [8] [9]
[0] [1] [2] [3] [4] [5] [6] [7] [8] [9]
[0] [1] [2] [3] [4] [5] [6] [7] [8] [9]

考点

[0] [1] [2] [3] [4] [5] [6] [7] [8] [9]
[0] [1] [2] [3] [4] [5] [6] [7] [8] [9]
[0] [1] [2] [3] [4] [5] [6] [7] [8] [9]

你是华裔吗？

是 [1]　　　　不是 [2]

年龄

[0] [1] [2] [3] [4] [5] [6] [7] [8] [9]
[0] [1] [2] [3] [4] [5] [6] [7] [8] [9]

学习汉语的时间：

2年以下 [1]　　　2年—3年 [2]　　　3年—4年 [3]　　　4年—5年 [4]　　　5年以上 [5]

| 注 意 | 请用 2B 铅笔这样写：▀ |
|---|---|

### 一、听力

1. [A] [B] [C] [D]　　6. [A] [B] [C] [D]　　11. [A] [B] [C] [D]　　16. [A] [B] [C] [D]　　21. [A] [B] [C] [D]
2. [A] [B] [C] [D]　　7. [A] [B] [C] [D]　　12. [A] [B] [C] [D]　　17. [A] [B] [C] [D]　　22. [A] [B] [C] [D]
3. [A] [B] [C] [D]　　8. [A] [B] [C] [D]　　13. [A] [B] [C] [D]　　18. [A] [B] [C] [D]　　23. [A] [B] [C] [D]
4. [A] [B] [C] [D]　　9. [A] [B] [C] [D]　　14. [A] [B] [C] [D]　　19. [A] [B] [C] [D]　　24. [A] [B] [C] [D]
5. [A] [B] [C] [D]　　10. [A] [B] [C] [D]　　15. [A] [B] [C] [D]　　20. [A] [B] [C] [D]　　25. [A] [B] [C] [D]

26. [A] [B] [C] [D]　　31. [A] [B] [C] [D]　　36. [A] [B] [C] [D]　　41. [A] [B] [C] [D]　　46. [A] [B] [C] [D]
27. [A] [B] [C] [D]　　32. [A] [B] [C] [D]　　37. [A] [B] [C] [D]　　42. [A] [B] [C] [D]　　47. [A] [B] [C] [D]
28. [A] [B] [C] [D]　　33. [A] [B] [C] [D]　　38. [A] [B] [C] [D]　　43. [A] [B] [C] [D]　　48. [A] [B] [C] [D]
29. [A] [B] [C] [D]　　34. [A] [B] [C] [D]　　39. [A] [B] [C] [D]　　44. [A] [B] [C] [D]　　49. [A] [B] [C] [D]
30. [A] [B] [C] [D]　　35. [A] [B] [C] [D]　　40. [A] [B] [C] [D]　　45. [A] [B] [C] [D]　　50. [A] [B] [C] [D]

### 二、阅读

51. [A] [B] [C] [D]　　56. [A] [B] [C] [D]　　61. [A] [B] [C] [D]　　66. [A] [B] [C] [D]　　71. [A] [B] [C] [D] [E]
52. [A] [B] [C] [D]　　57. [A] [B] [C] [D]　　62. [A] [B] [C] [D]　　67. [A] [B] [C] [D]　　72. [A] [B] [C] [D] [E]
53. [A] [B] [C] [D]　　58. [A] [B] [C] [D]　　63. [A] [B] [C] [D]　　68. [A] [B] [C] [D]　　73. [A] [B] [C] [D] [E]
54. [A] [B] [C] [D]　　59. [A] [B] [C] [D]　　64. [A] [B] [C] [D]　　69. [A] [B] [C] [D]　　74. [A] [B] [C] [D] [E]
55. [A] [B] [C] [D]　　60. [A] [B] [C] [D]　　65. [A] [B] [C] [D]　　70. [A] [B] [C] [D]　　75. [A] [B] [C] [D] [E]

76. [A] [B] [C] [D] [E]　　81. [A] [B] [C] [D]　　86. [A] [B] [C] [D]　　91. [A] [B] [C] [D]　　96. [A] [B] [C] [D]
77. [A] [B] [C] [D] [E]　　82. [A] [B] [C] [D]　　87. [A] [B] [C] [D]　　92. [A] [B] [C] [D]　　97. [A] [B] [C] [D]
78. [A] [B] [C] [D] [E]　　83. [A] [B] [C] [D]　　88. [A] [B] [C] [D]　　93. [A] [B] [C] [D]　　98. [A] [B] [C] [D]
79. [A] [B] [C] [D] [E]　　84. [A] [B] [C] [D]　　89. [A] [B] [C] [D]　　94. [A] [B] [C] [D]　　99. [A] [B] [C] [D]
80. [A] [B] [C] [D] [E]　　85. [A] [B] [C] [D]　　90. [A] [B] [C] [D]　　95. [A] [B] [C] [D]　　100. [A] [B] [C] [D]

### 三、书写

101.

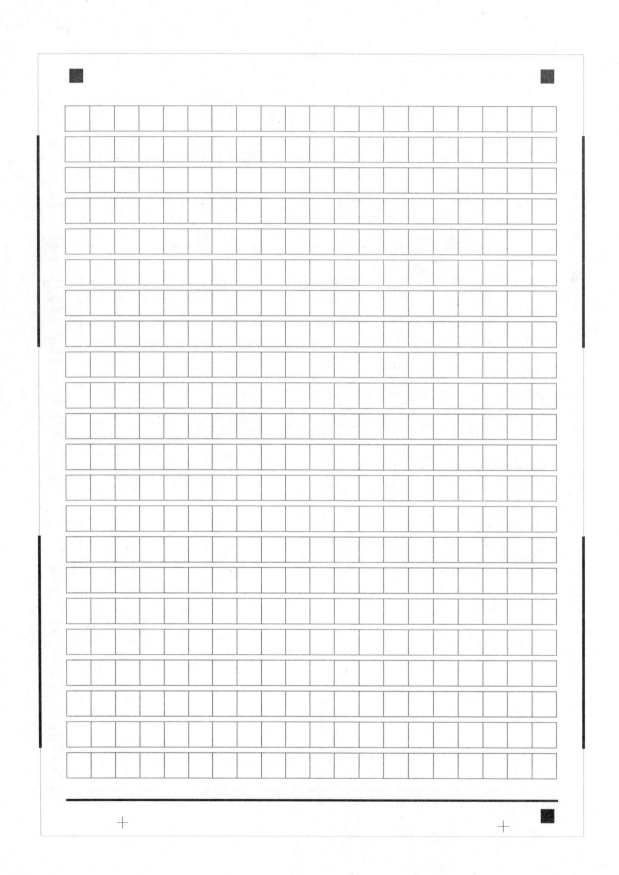